Alexander
Kent

Die Ersten an Land, die Letzten zurück

Hauptmann Blackwood
und die Royal Marines

Roman

ein Ullstein Buch

Für Winifred, in Liebe

Allen ehemaligen und heutigen Royal Marines, die mir bei der Arbeit an diesem Buch geholfen und mich unterstützt haben, möchte ich meinen Dank sagen, vor allem aber dem Direktor und den Mitarbeitern des Royal Marines Museum in Eastney sowie dem Royal Marines Commando Training Centre in Lympstone.

A. K.

Inhalt

Die Royal Marines

Vorwort des Übersetzers

Die Royal Marines, die Königliche Marineinfanterie, sind eine Spezialtruppe der Royal Navy, der Königlich Britischen Marine. Obwohl sie bereits bei der Eroberung von Gibraltar (1704) ersten Ruhm erwarben, sind sie erst seit 1755 eine ständige, in Frieden und Krieg bestehende Truppe.

Zu der Zeit, in der unsere Geschichte spielt, also in der Mitte des 19. Jahrhunderts, umfaßte das Marine Corps etwa Regimentsstärke, mit drei Abteilungen in der Nähe der Hauptkriegshäfen Chatham, Portsmouth und Plymouth. Auf der vom König 1827 verliehenen Regimentsfahne ist als Zeichen ihrer weltweiten Bedeutung und Bewährung die Weltkugel zu sehen.

Früher dienten die Marines als Schiffspolizei und zur Unterdrükkung von Meutereien. Das war in der Zeit, als die Besatzungen häufig durch ›press gangs‹, also Zwangsrekrutierungs-Streifen, mehr oder weniger gewaltsam zum Dienst gepreßt wurden, gewiß notwendig. Die Marines waren deshalb auch an Bord getrennt von den Seeleuten untergebracht.

Das zahlenmäßige Verhältnis der Marines zu den Seeleuten an Bord betrug rund eins zu vier. Auf einem Linienschiff befanden sich etwa einhundertsiebzig Mann der Marineinfanterie, auf einer kleinen Brigg zwölf Mann, geführt von einem Unteroffizier. An Bord hatten die Marines hauptsächlich Wachdienst und Repräsentationsaufgaben zu erfüllen. Sie standen als Posten an wichtigen oder gefährdeten Stellen des Schiffes, zum Beispiel vor der Kajüte des Kommandanten oder des Admirals, vor Munitionskammern, Verpflegungslasten und der Kombüse. Bei Empfängen oder sonstigen feierlichen Anlässen stellten sie die Ehrenwache.

Im Gefecht, beim Nahkampf Schiff gegen Schiff, postierten sie sich mit ihren Musketen auf dem Poop-* und dem Achterdeck, auf den Seitendecks, der Laufbrücke und dem Vorschiff sowie in den Mar-

* hüttenähnlicher Aufbau auf dem Achterdeck

sen*, um die Männer an den Brassen und in den Toppen des feindlichen Schiffes, vor allem aber auch die auf dem Achterdeck stehenden Offiziere des Gegners durch gezielten Einzelbeschuß auszuschalten. Beim Kampf Bord an Bord sollten sie gemeinsam mit bewaffneten Seeleuten das gegnerische Schiff entern oder feindliche Enterversuche abwehren.

Zu größeren Kontingenten der Marineinfanterie gehörten auch Trommler, Pfeifer und Hornisten, meist Knaben, noch jünger als die Schiffsjungen. Sie schlugen mit Trommeln und Pfeifen ›Klar Schiff zum Gefecht!‹ an und brachten während des Kampfes Kugeln und die abgewogenen Pulverladungen an die Geschütze.

Der Marineinfanterist war bekleidet mit rotem Waffenrock, enger weißer Kniehose und schwarzen Schaftstiefeln. Als Kopfbedeckung hatte er einen zylinderähnlichen schwarzen Filz-Tschako mit goldener Litze am Schirm, schmalem Goldband um den Kopfteil und einer Kokarde. An zwei weißen, kreuzförmig verlaufenden Schulterriemen (Bandeliers) trug er auf dem Rücken eine schwarz lackierte Patronentasche.

I Die alte Navy

Der August 1850 war einer der heißesten und schönsten, deren man sich erinnern konnte; auch in den letzten Tagen blieb es hochsommerlich. Die vor Spithead ankernde Flotte schimmerte im Abendlicht wie geschmolzenes Gold. Nur ein leichter Dunst um die Isle of Wight sowie die länger werdenden Schatten unter den hochaufragenden Konturen der Schiffe wiesen darauf hin, daß es kurz vor Sonnenuntergang war.

Viele kleinere Fahrzeuge verkehrten geschäftig zwischen Land und Reede, einige im Dienst der Flotte, andere, weniger kundig geführt, mit Fahrgästen auf beschaulichen Besichtigungsfahrten.

Ein weißer Kutter bahnte sich mit scheinbarer Lässigkeit schnell seinen Weg durch diesen Verkehr. Es war eines der Boote vom Flaggschiff, und wehe dem, der sich erdreistet hätte, seine Fahrt zu behindern.

* Plattform im Mast

Hauptmann Philip Blackwood, dessen roter Waffenrock sich leuchtend von den Uniformen des Bootssteurers und des Bootsfähnrichs abhob, sah sich um. Er war überrascht, schon so dicht beim Flaggschiff zu sein, hatte er es doch kaum bemerkt, als sie ablegten.

Das größte Schiff, das an der Spitze der Linie vor Anker lag, war *HMS Audacious*, mit neunzig Kanonen bestückt, das Flaggschiff des Geschwaders und ein Symbol für Englands unangefochtene Seeherrschaft. Es war noch nicht alt, doch auf Kiel gelegt und gebaut nach einem Entwurf, der sich seit der Schlacht von Trafalgar, also seit fast einem halben Jahrhundert, kaum geändert hatte. Als der Kutter näher glitt, schien es über ihm in die Höhe zu wachsen. Blackwood bemerkte, daß sich an der Eingangspforte ein Kieker hob, sein Kommen also beobachtet und gemeldet wurde.

Alles an Bord schien noch genauso, wie er es vor zwei Wochen verlassen hatte, um den Urlaub bei seinem Vater in Hampshire zu verbringen. Während dieser Wochen hatte er einen Entschluß gefaßt – oder zumindest glaubte er das. Er hatte seinen Burschen vorausgeschickt, der seinem Leutnant, dem einzigen anderen Offizier der Marineinfanterie auf diesem Schiff, einen Brief überbringen und seine persönliche Habe packen sollte, damit alles bereit war, wenn er später von Bord ging. Blackwood hatte seine Rückreise unterbrochen, um sich beim Kommandeur der Marineinfanterie in Forton Barracks zu melden. Es war kein leichtes Gespräch gewesen; er spürte immer noch die nüchterne Stille des Raumes, hörte die sich überschlagende Stimme des Ausbildungsunteroffiziers auf dem Hof und das Auf- und Abstampfen der neuen Rekruten unter Muskete und Marschgepäck.

In ruhigem, nüchternem Ton hatte Oberst Menzies geäußert: »Das Corps verlassen? Absoluter Blödsinn!« Eine Augenbraue hatte sich leicht gehoben. »Welche Antwort erwarten Sie von mir, Mann?«

Alles, was sich Blackwood vorher zurechtgelegt hatte, jede sorgfältig überlegte Begründung, schien unter der ruhigen Verneinung des Obersten wie welkes Laub davonzuwehen. Er fuhr fort: »Ich habe unter Ihrem Vater gedient und achte ihn sehr. Und denken Sie mal an Ihren Großvater – noch so ein guter Marineinfanterist. Ein großartiger Mann.«

Zu jeder anderen Zeit hätte Blackwood gelächelt, denn bei seinem Großvater hörte offenbar die Bewunderung des Kommandeurs für die Blackwood-Familie auf. Alle anderen Blackwoods waren nämlich bei der Armee gewesen.

Oberst Menzies legte die Fingerspitzen zusammen und blickte von seinem Schreibtisch auf.

»Sie sind sechsundzwanzig Jahre alt und bereits Hauptmann. Sie haben Ihren Wert im aktiven Dienst unter Beweis gestellt. Im Frieden ist es nicht leicht, befördert zu werden, besonders im Corps. Deshalb sind Sie aber doch ein wertvoller Soldat für uns und zudem ein weiterer Vertreter Ihrer Familientradition.«

Wenn er an die letzten Stunden zurückdachte, konnte sich Blackwood kaum noch erinnern, was er in diesem stillen Raum erwidert hatte.

Menzies hatte das Gespräch ganz nüchtern und sachlich beendet.

»Zur Zeit jedenfalls kommt Ihr Ausscheiden überhaupt nicht in Frage. Ich habe erfahren, daß das Geschwader noch in dieser Woche in See geht. Jetzt den dienstältesten Offizier der Marineinfanterie auf dem Flaggschiff zu ersetzen – nein ...« Selbst in seinem unbeweglichen Gesicht zuckte es. »Sechsundzwanzig Jahre alt oder nicht, es ist unmöglich. Ich muß weitere Marineinfanteristen zum Geschwader schicken, viele davon junge Rekruten. Offiziere und Unteroffiziere mit Fronterfahrung sind dann Gold wert.«

»Mein Gesuch ist also abgelehnt, Herr Oberst?« Das waren die einzigen seiner Worte, an die er sich erinnern konnte.

»Welches Gesuch, Blackwood?«

Aus.

»Boot ahoi!« Der Anruf vom Fallreep des Flaggschiffs brachte Blackwood mit einem Schlag wieder in die Gegenwart zurück.

Der Bootssteurer legte die Hände um den Mund. »Aye, aye!«

Vielleicht war es das, dachte Blackwood: die Tradition, immer noch das Wichtigste. Dem Fallreepspersonal war nun klar, daß dies ein Boot der *Audacious* war; man würde dem wachhabenden Offizier schon gemeldet haben, daß Hauptmann Blackwood von den Royal Marines an Bord zurückkehre. Er seufzte und nahm die Säbelscheide fest in die linke Hand.

Er wollte nicht vor den Augen der Fallreepsmannschaft über seinen Säbel stolpern oder gar kopfüber in den Solent fallen, um so der traditionellen Rivalität zwischen Seeleuten und Marineinfanteristen neue Nahrung zu geben.

Er zog sich schnell auf den Schiffsrumpf und das Fallreep hoch und merkte, daß er dabei nicht mehr außer Atem kam. Nach der bedrükkenden Enge eines überfüllten Schiffes hatten zwei Wochen an Land Wunder bewirkt. Lange Spaziergänge rund um ihre Ländereien, tägliche Ausritte mit seiner Halbschwester Georgina – wie ein Traum lag das alles nun hinter ihm.

Blackwood wandte sich der Flagge am Achterschiff zu und legte grüßend die Hand an den Tschako, dann nickte er der Fallreepsmannschaft zu. Zu seiner Überraschung war sein Vertreter, Dick Cleveland, nicht zur Begrüßung da, statt dessen wartete die riesige Gestalt von Feldwebel M'Crystal mit offensichtlicher Ungeduld darauf, daß er mit dem wachhabenden Offizier spräche.

Der sagte schnell: »Es hat einen Wechsel gegeben, Major.« Das klang gehetzt, nervös.

Blackwood wartete. Auch dies war Tradition: Der Hauptmann wurde als dienstältester Offizier der Marineinfanterie immer mit ›Major‹ angesprochen.

»Wir haben einen neuen Befehlshaber.«

Ein Warnsignal begann in Blackwood zu ticken. Davon hatte Menzies ihm nichts gesagt. Aber ein neuer Admiral für das Geschwader wäre sicher der Erwähnung wert gewesen.

»Der Kommandant hat hinterlassen, Sie möchten sich bei ihm melden, sobald Sie an Bord kämen.«

»Und was ist mit meinem Leutnant?«

Der wachhabende Offizier starrte ihn an: War ein Leutnant, verglichen mit der riesigen Verantwortung, einen neuen Admiral zu empfangen, nicht völlig unwichtig?

»Mr. Cleveland hat sich das Bein gebrochen.« Er errötete. »Bei einer Party an Bord der *Swiftsure*.«

Blackwood ließ sich nichts anmerken. Mehr brauchte der Leutnant nicht zu sagen, denn Parties auf anderen Schiffen waren immer Clevelands Schwäche gewesen. Nach ein paar Gläsern fiel er dann meist aus der Rolle. Also hatte ihn ein gebrochenes Bein ausgerechnet jetzt, da er wirklich gebraucht wurde, von der *Audacious* genommen.

»Ich gehe zum Kommandanten«, sagte Blackwood kurz.

Er nickte dem Feldwebel zu. Gott sei Dank, daß wenigstens M'Crystal da war. Auf einige Menschen wirkte der Mann beängstigend: groß und kräftig gebaut, doch ohne ein Gramm überflüssiges Fett am Körper. Der rote Waffenrock paßte zu seinem Gesicht, das sich trotz langer Dienstzeit niemals bräunte, sondern ziegelrot blieb. Blackwood kannte ihn, seit er im Alter von achtzehn Jahren eingetreten war.

M'Crystal war nicht ununterbrochen Unteroffizier gewesen, seine Streifen kamen und verschwanden; schuld daran waren Pannen und sein hitziges Temperament. Doch Blackwood kannte den wahren Wert des Mannes. Vier Jahre zuvor, in Neuseeland während des Maorikrieges, hatte er beobachtet, wie M'Crystal eine Handvoll Marineinfanteristen gegen eine zehnfache Übermacht führte.

»Was ist los, Feldwebel?«

M'Crystal ließ den Blick über den jugendlichen Hauptmann wandern, als wolle er sich vergewissern. Es war wie eine Musterung. Dann sagte er mit seiner heiseren Stimme: »Leutnant Cleveland liegt im Haslar-Hospital, Sir. Er ist tatsächlich hingefallen.« Im gleichen Tonfall berichtete er hastig weiter: »Der neue Admiral kommt morgen vormittag an Bord, Sir. Gesamte Wache, großes Zeremoniell natürlich. Zwanzig Rekruten sind heute eingetroffen, Sergant Quintin bringt sie gerade in ihre Unterkünfte. Marineinfanterist Doak sitzt wegen Trunkenheit im Arrest.«

»Aha.« Blackwood wartete, da mußte noch etwas kommen. Denn außer Meuterei wurde von M'Crystal und seinem Kumpan Sergeant Quintin alles für normale Routine und nicht erwähnenswert gehalten.

»Haben Sie schon die Befehle gesehen, Sir?« M'Crystal wartete die Antwort nicht ab. »Der neue Befehlshaber des Geschwaders ist Sir James Ashley-Chute.«

»Kommen Sie mit nach achtern in meine Kammer.«

Blackwood nahm Gleichschritt mit dem riesigen Feldwebel auf, gleichzeitig zogen sie unter der Poop die Köpfe ein und wandten sich dem Niedergang zu. Seltsam, gerade hatte er an die Tapferkeit M'Crystals in Neuseeland gedacht. Auch in ihm mußte die Ernennung von Vizeadmiral Sir James Ashley-Chute zum Befehlshaber ihres Geschwaders einige Erinnerungen geweckt haben. Kein Wunder, daß Oberst Menzies ihn nicht erwähnt hatte. Im selben Geschwader, das war schlimm genug, aber auf demselben Schiff? Weit schlimmer.

Blackwood erinnerte sich an die wilden Kämpfe auf der Nordinsel, als sei es erst gestern gewesen. Glühende Sonne, erstickender Staub und Musketenrauch, die Armee im Kampf gegen das gut verteidigte Maori-Bollwerk bei Ruapekapeka. Eine Abteilung Seeleute war zur Entlastung der Armee gelandet, und Ashley-Chute hatte die Operation geleitet, offenbar davon überzeugt, daß seine Leute, was die Armee auch versuchte, alles besser konnten. Das Ganze sah von Anfang an übel aus. Ungeübt im Landkampf, waren die Blaujacken bald von den Soldaten getrennt und von Hunderten kampfwütiger Maoris umzingelt worden. Blackwood lief es kalt über den Rücken, als ihm wieder der Anblick und die schrecklichen Schreie der angreifenden Maoris in den Sinn kamen.

M'Crystal war damals Korporal gewesen. Eine Schlägerei mit einem Schiffskoch hatte ihn gerade seine Unteroffiziers-Streifen gekostet.

Um die eingeschlossenen Seeleute zu entlasten, hatte der Major, der die Marineinfanteristen führte, um Erlaubnis zum Angriff gebeten. Diese wurde ihm von Ashley-Chute kurz verweigert. Zornig hatte der Major hervorgestoßen: »Ich habe ihn jedenfalls gefragt, verdammt noch mal!« Dann hatte er seinen Säbel gezogen und über das Getöse hinweg geschrien: »Die Royal Marines greifen an! Bajonett – pflanzt auf!«

Bis das Bollwerk genommen war und der Feind sich zurückgezogen hatte, waren von den knapp fünfzig Marineinfanteristen fünfundzwanzig gefallen. Der führende Marineoffizier war natürlich dankbar gewesen, doch Ashley-Chute hatte unverzüglich eine Aufforderung an den Major geschickt, sich bei ihm zu melden.

Bei Blackwoods Anblick, der damals Leutnant war, hatte er gebrüllt: »Ich habe nach Ihrem Kompaniechef verlangt! Hat er nicht den Mut, mir gegenüberzutreten?«

Blackwood hatte vor Müdigkeit und unter dem Schock des kurzen, heftigen Gefechts geschwankt. Es kostete ihn seine ganze Kraft, die Beherrschung zu wahren und dem Admiral die Verlustliste vorzulegen. »Der Major ist unter den Toten, Sir.«

Kein Zeichen von Reue oder Mitgefühl, nicht einmal Genugtuung darüber, daß das Eingreifen der Marineinfanterie noch schrecklichere Verluste und die fast sichere Niederlage verhindert hatte. Ashley-Chute hatte nur kalt erwidert: »Vielleicht besser für ihn.«

Jetzt beobachtete M'Crystal ernst seinen Hauptmann. »Es ging das Gerücht um, Sie wollten das Corps verlassen, Sir?«

Blackwood sah ihn an und lächelte. In Schiffen und Kasernen gab es keine Geheimnisse. »Nur ein Gerücht«, sagte er.

»Das ist gut«, strahlte M'Crystal. »Ich werd's weitergeben, Sir.«

Blackwood stieß die Tür auf und betrat die vertraute Kammer. Es waren weder Kisten noch Koffer zu sehen, seine Uniformen hingen im Segeltuchspind und schwangen leicht im Takt mit der Bewegung des großen Schiffes, das an seinem Anker zerrte.

Smithett, seit zwei Jahren sein Aufklarer, schien die kleine Kammer völlig auszufüllen. Er war fast so groß wie M'Crystal, doch während der Feldwebel je nach Laune entweder wütend oder vergnügt war, blieb Smithetts Stimmung stets gleich mürrisch. Alles in seiner stumpfen Miene wies abwärts; Augen, Mund, selbst das Kinn schienen ständig Mißfallen auszudrücken. Glücklicherweise hatte sich Blackwood langsam an ihn gewöhnt und schätzte seine mannigfachen Fähigkeiten. Ob Diener, ob Ordonnanz, Smithett war zu vielem zu gebrauchen, was in keiner Vorschrift stand. Er hatte sich freiwillig zum Dienst als Offiziersaufklarer gemeldet; als Blackwood ihn nach den Gründen fragte, hatte Smithett kaum merkbar mit den Schultern gezuckt und geantwortet: »Kannte Ihren Vater, Sir.« Das war offensichtlich der Schlüssel.

Blackwood setzte sich auf den Rand der Koje.

»Sie haben also meine Sachen nicht gepackt.«

Ihre Blicke trafen sich.

»Wozu, Sir?« entgegnete Smithett. »Wir laufen nächste Woche aus.«

Blackwood fühlte seinen früheren Entschluß wanken. M'Crystals besorgte Blicke, Smithetts feste Überzeugung, daß er das Corps und alles, was damit zusammenhing, nicht verlassen würde, hatten eine Menge damit zu tun.

Als er am ersten Urlaubstag seinem Vater gegenübergetreten war, hatte er eine Rüge, ja sogar Verachtung erwartet. Oberstleutnant Eugene Blackwood hätte immer noch aktiv gedient, wenn es nach ihm gegangen wäre, doch in Friedenszeiten waren Kommandierungen selten.

Sein Vater hatte nur gesagt: »Ich kenne dich, Philip, du suchst den Einsatz. Du glaubst, Kampf und Ruhm gehören zum Leben eines Marineinfanteristen. So geht es vielen – allen Männern, die vergessen, daß vor allem die Stetigkeit des Dienstes und der Ausbildung zählen. Einem Monat Krieg müssen Jahre der Erfahrung und Führung vorausgehen.«

Blackwood hatte versucht, ihm seine Gefühle beim Tod seines Kompaniechefs im Maori-Krieg zu beschreiben. Ihm schien es sinnlos, daß ein Mann wie er da draußen an einem Ort, von dem noch nie jemand gehört hatte, hatte sterben müssen.

Doch als er das zu erklären versuchte, stieg die gleiche Unsicherheit in ihm auf wie später beim Gespräch mit dem Kommandeur. Vielleicht hatte sein Vater recht. Waren Kampf und Ruhm wirklich das einzige, was er suchte?

Er mußte plötzlich an seinen Großvater denken. Was hatte Menzies über ihn gesagt? ›Ein großartiger Mann‹. Seltsamerweise hatte Blackwood seinem Großvater immer näher gestanden als seinem Vater. Als Junge war er mit den Erinnerungen des alten Mannes aufgewachsen, hatte die hellen Augen über dem weißen Backenbart leuchten sehen, wenn er immer wieder seine Geschichten von Schlachten und Schiffen erzählte, von Namen, die in die Geschichte eingegangen waren: Abukir, Kopenhagen, Trafalgar. Nur das Großartige war in seiner Erinnerung haften geblieben, von Sorgen und Langeweile dazwischen war nie die Rede gewesen. Der alte Mann war in demselben Haus gestorben, in dem Blackwood später versuchte, seinen Vater zu überzeugen.

Vielleicht wäre es anders gewesen, wenn seine Mutter noch gelebt hätte, dachte er. Doch sie war nach kurzem Fieber gestorben, und im folgenden Jahr hatte Blackwoods Vater wieder geheiratet, ein Mädchen, das zwanzig Jahre jünger war.

Vielleicht hatte sich sein Vater viel zu sehr mit eigenen Sorgen beschäftigt, um sich über die ungewisse Zukunft seines Sohnes Gedanken zu machen. Denn wie ein Kanonenschlag war seine Neuigkeit aus ihm herausgeplatzt: »Wir werden Hawk's Hill verkaufen, Philip. Deine Mutter – Pardon – Marguerite möchte nach London ziehen. Das ist ihre Welt, verstehst du?«

Blackwood runzelte die Stirn und dachte nach, während Smithett mit der Bürste über seine Schultern fuhr und den Waffenrock zurechtzog. Es war für ihn undenkbar, Hawk's Hill mit seinen Ländereien zu verlassen. Auch seinem Vater war der Gedanke offensichtlich zuwider, aber wie gewöhnlich wollte er alles für seine Frau tun. Des ›Colonel's Lady‹ nannte man sie im Dorf. Man hatte sie niemals ganz akzeptiert, aber sie hatte auch wenig getan, um den ›Bauernlümmeln‹, wie sie sie nannte, entgegenzukommen.

»Ich gehe zum Kommandanten«, informierte er Smithett. »Morgen müssen wir dafür sorgen, daß man uns einen anderen Leutnant schickt.«

›Wir‹ und ›uns‹, das kam ganz von selbst, wenn er mit Smithett sprach, fast wie mit einem treuen Hund. Er stellte nichts in Frage, konnte aber sein Mißfallen sehr deutlich machen.

Blackwood nahm seinen Tschako und verließ die Kammer. Einen Augenblick blieb er stehen und warf einen Blick nach achtern auf die große Kajüte und die Privaträume, in denen der Admiral residieren würde. Bis die Offiziere an Bord die kleinen Eigenarten von Ashley-Chute kannten, würde das Leben für sie schwierig werden.

Mit einem Seufzer lief Blackwood den Niedergang hoch und wandte sich der düsteren Enge unter der Poop zu. Während des kurzen Aufenthalts in seiner Kammer war es dunkel geworden. Um ihn und unter ihm knarrte und ächzte das große Linienschiff. Die dicken Spanten, die hochaufragenden Masten und die Takelage sangen die gleiche Melodie wie seit dem Tag, an dem das Schiff zum erstenmal ins Salzwasser geglitten war.

Auch die Gerüche waren vertraut: Farbe und Teer, Tauwerk und feuchtes Segeltuch. Blackwood verhielt kurz im Blickfeld des Wachtpostens vor der Heckkabine. Auch das war vielleicht ein Grund: Er wollte nicht in einer Marine bleiben, die sich mit Althergebrachtem und Unverändertem zufriedengab. Andere junge Offiziere meldeten sich freiwillig zum Dienst auf den neuen Dampfschiffen, trotz der Unbequemlichkeit und dem Schmutz, einfach weil sie neu waren und jung wie sie selbst.

Der Posten schlug die Hacken zusammen und starrte geradeaus auf einen Punkt über Blackwoods linker Epaulette.

Blackwood lächelte kurz. »Guten Abend, Rocke.«

»Sir!« Rocke grinste.

Blackwood klopfte an die Tür und überlegte, ob er wohl jemals herausfinden würde, mit welchem der Rocke-Zwillinge er gerade sprach. Wenn sie zusammen in der Korporalschaft standen, sahen sie einander zum Verwechseln ähnlich. Sergeant Quintin wußte, daß sie einander, wann und wie es ihnen gefiel, im Dienst ablösten, konnte es jedoch nie beweisen. Die beiden stammten aus Somerset, ihr Vater war ebenfalls Marineinfanterist gewesen.

So war es oft. Ein Sergeant hatte mal gesagt: »Wir rekrutieren keine Marineinfanteristen für das Corps, wir züchten sie.«

Die Tür öffnete sich, und der Schreiber des Kommandanten ließ Blackwood ein.

Hinter den großen Heckfenstern sah Blackwood die glitzernden, durch das dicke Glas verzerrten Lichter der vor Anker liegenden Schiffe.

Er war wieder daheim. Wogegen er auch gekämpft hatte, es war weit stärker gewesen als gedacht.

Kapitän John Ackworthy erhob sich halb aus seinem Sessel und sank wieder zurück. Er war ein schwerer Mann mit struppigen braunen Augenbrauen und einem Gesicht wie aus gegerbtem Leder, von hundert dünnen Fältchen durchzogen. Ackworthy war alt für seinen Rang und seit seinem zwölften Lebensjahr zur See gefahren. Die *Audacious* würde sein letztes Kommando sein und war mit Sicherheit das größte Schiff, auf dem er je gedient hatte. Mit dem vorigen, ebenfalls alten Admiral war er gut zurechtgekommen; zudem hatte er sich damit abgefunden, daß er es selbst nie bis zum Admiral bringen würde. Wenn die *Audacious* außer Dienst gestellt wurde, würde sich Kapitän Ackworthy zu den anderen pensionierten Kapitänen an der Küste gesellen.

Der schnelle Ablauf der Ereignisse sowie die Ernennung eines neuen Befehlshabers hatten ihn erheblich durcheinandergebracht. Das Geschwader bestand aus vier Linienschiffen; Ackworthy hätte bereitwillig das Kommando über das älteste und kleinste davon übernommen, wenn er damit der Vizeadmiralsflagge im Vortopp und einem Mann mit dem Ruf von Ashley-Chute hätte entgehen können.

Nachdenklich betrachtete er seinen Hauptmann der Marineinfanterie. Blackwood wirkte gespannt, schien die Zähne zu fest zusammenzubeißen. Ackworthy hatte nie viel Verständnis für die Marineinfanterie gehabt, Blackwood jedoch mochte er seit ihrer ersten Begegnung. Er hatte den Tschako abgenommen, und seine braunen Haare waren so zerzaust, daß er noch jünger wirkte. Er hatte regelmäßige Gesichtszüge und helle, graublaue Augen: ein vertrauenerweckendes, englisches Gesicht. Aber einer, den du selbst in tausend Jahren nicht ganz kennenlernst, entschied Ackworthy.

»Setzen Sie sich, Major. Ich möchte mit Ihnen über morgen sprechen.« Er blickte bedeutungsvoll zur Decke, als könne er sie mit Blikken durchbohren und bereits die entfaltete Vizeadmiralsflagge im Vortopp sehen.

Blackwood hörte zu, während Ackworthy sich über die Ankunftszeit des Admirals in Portsmouth Point verbreitete, über Ehrenwache und Musik und wie nötig es sei, daß alles, vom Kapitän bis zum Schiffsjungen, einen tadellosen Eindruck mache.

Ob Kapitän Ackworthy Ashley-Chutes Spitznamen kannte? Monkey – der Affe. Sehr passend. Vielleicht hatte er sich in den letzten vier Jahren geändert, aber das war unwahrscheinlich.

Blackwood hatte sich oft gefragt, ob die Admiralität eine offizielle Untersuchung angestellt hatte oder anderweitig gegen Ashley-Chute vorgegangen war, weil er die Gefährdung seiner Landungstruppen an diesem schrecklichen Tag auf der Nordinsel nicht erkannt hatte. Aber wenn, dann war es in aller Stille geschehen. Doch Ashley-Chute hatte trotz seines Ehrgeizes immer noch den gleichen Rang. Möglicherweise war er wie Ackworthy stillschweigend übergangen worden. Also mußte er besonders scharf darauf sein, dem Geschwader unverzüglich seinen Stempel aufzudrücken.

Ackworthy stöberte in einigen Papieren auf dem Tisch. »Beinahe vergessen«, murmelte er dabei. »Wachboot brachte eine Nachricht aus den Forton Barracks. Ein Sekondeleutnant der Marines wird morgen an Bord kommen, anscheinend direkt von der Ausbildung. Kenne nicht mal seinen Namen. Aber egal ...« Er sprach nicht weiter.

Blackwood nutzte die Gelegenheit. Sie waren allein bis auf Ackworthys Steward, der wahrscheinlich in der Pantry auf die Aufforderung wartete, den Rotwein zu bringen.

»Darf ich fragen, welche Befehle wir haben, Sir?«

Ackworthy schob die Unterlippe vor. »Wir übernehmen die Aufgaben des Westafrika-Geschwaders. Für wie lange und zu welchem Zweck, das kann ich noch nicht sagen.« Er runzelte die Stirn, bis seine Augen fast verschwanden. »Aber ich wäre Ihnen dankbar, wenn Sie darüber nicht sprechen würden.«

Blackwood nickte. »Selbstverständlich, Sir.« Armer alter Kerl, dachte er. Du hast schon Angst vor Monkey, dabei ist er noch nicht mal hier.

Leise trat der Steward ein, stellte ein Tablett mit Gläsern auf den Tisch und zog sich ebenso lautlos wieder zurück.

Ackworthy nahm die Karaffe hoch und hielt sie gegen die Deckenlaterne. In seiner mächtigen Faust sah sie wie ein Fläschchen aus.

»Wie ich hörte, haben Sie schon früher unter Sir James Ashley-Chute gedient?« Mit äußerster Sorgfalt goß er zwei Gläser ein. »Diese Geschichte in Neuseeland, stimmt's?«

Blackwood nahm einen Schluck Wein. »Jawohl, Sir. 1846.«

»Ich habe einen neuen Wachoffizier bekommen, während Sie auf Urlaub waren.« Ackworthy goß sich Wein nach und verschüttete dabei etwas auf seine Papiere, schien es aber nicht zu bemerken. »Dachte, Sie sollten das wissen: Er ist der Sohn von Sir James.« Heftig schob er sich vom Tisch ab und starrte durch ein Heckfenster. »Als wenn ich nicht schon genug Ärger hätte!« Er schien zu merken, daß er recht freimütig zu einem Untergebenen sprach, und setzte schroff hinzu: »Sorgen Sie dafür, daß Ihre Marines morgen einen guten Eindruck machen.« Dann wandte er sich vom Fenster ab. »Ich nehme an, Sie haben noch zu tun.«

Blackwood stand auf. »Jawohl, Sir. Und vielen Dank.«

Ackworthy zuckte mit den Schultern. »Übrigens – ich bin froh, daß Sie bei mir an Bord bleiben.«

Blackwood verließ die Kabine und ging langsam zum Vordeck. Also nach Westafrika – eine lange Reise. Und wenn er wiederkam, würde kein Hawk's Hill mehr da sein, keine vertraute Gegend, um dort spazierenzugehen und zu reiten.

Dann dachte er an seine Halbschwester Georgina. Sie war sechzehn, schön und wild wie ein junges Fohlen. Heute morgen hatte sie ihn zum Abschied geküßt. War das erst heute gewesen? Sie hatte sich weder wie eine Schwester noch er sich wie ein Bruder verhalten, als sie sich an ihn drückte. Vielleicht war Westafrika doch gerade die richtige Entfernung.

Feldwebel M'Crystal und sein Freund Sergeant Quintin standen regungslos im Schatten, als sich Blackwood dem hellen Rechteck des Niedergangs näherte.

M'Crystal flüsterte heiser: »Da geht er, Joe. Kalt wie Stahl. Kein Grund zur Sorge.«

Quintin brummte: »Wir werden sehen. Wenn du diese verdammte Reise gut hinter dich gebracht und danach noch deine Streifen am Arm hast, dann will ich dir glauben.«

Als die ersten blassen Sterne über den sanft kreisenden Mastspitzen glitzerten, gingen das Schiff und die achthundertfünfzig Männer darauf in Erwartung des neuen Tages, der die Lage für sie alle ändern konnte, zur Ruhe.

»Scheint ein schöner Tag zu werden, Sir.« Smithett schnippte ein unsichtbares Stäubchen von Blackwoods Waffenrock und beobachtete ihn ernst.

Blackwood betrachtete sich im Spiegel über dem kleinen Schreibtisch und zog eine Grimasse. Vielleicht machte er sich ja zu viele Gedanken über Ashley-Chute. »Paß gut auf den neuen Sekondeleutnant auf«, meinte er seufzend.

Er stieg den Niedergang in dem Bewußtsein hoch, daß Smithett nun bis zum Ende des Zeremoniells verschwunden sein würde.

Oben strahlte die Sonne, und der Widerschein vom Solent stach grell in die Augen. Da alle Mann früh hochgejagt und schon nach dem Deckwaschen zum Frühstück gepfiffen worden waren, herrschte jetzt im ganzen Schiff Erwartungsstimmung.

Blackwood zog seine weißen Handschuhe an und musterte schnell das Oberdeck.

Jede Leine, jedes Fall war sauber aufgeschossen oder über seinen Belegnagel gehängt, jedes Kardeel des Riggs straff und steif gesetzt. Zu beiden Seiten des Decks, zum Teil verborgen durch die beiden Laufstege, die das Vorschiff mit dem Achterdeck verbanden, schienen die beiden Batterien aus Zwölfpfündern wie mit dem Winkelmaß ausgerichtet.

Blackwoods Blicke gingen hinüber zur Ehrenwache der Marines und den Spielleuten, die von Korporal Bly instruiert wurden. Quer über die Poop standen weitere Reihen von Marines. Sergeant Quintin war sicher vernünftig genug gewesen, die neuen Rekruten so weit hinten wie möglich aufzustellen, damit sie ihm keine Schande machten.

Langsam schritt Blackwood auf die Ehrenwache zu, seine Augen suchten automatisch die vertrauten Gesichter heraus, deren Ausdruck so gar nichts über den Träger verriet. Die Herkunft war einer der Hauptunterschiede zwischen Marineinfanteristen und Seeleuten, dachte er. Die Seeleute kamen gewöhnlich aus Hafen- und Küstenstädten oder zumindest aus Küstennähe, während die Marines oft weit im Inland rekrutiert wurden oder aus Familientradition eintraten. Marines wurden an Land ausgebildet, Seeleute lernten von dem Augenblick an, in dem sie an Bord kamen, ihr Schiff von oben bis unten kennen.

Mit der Schiffsbewegung leicht schwankend, standen die Marines gelockert in Linie, die langen Musketen zur Seite.

Feldwebel M'Crystal stieß seinen Kurzspieß auf. »Marines ...« Er hob nicht einmal die Stimme, es war mehr ein tiefes Brummeln. Doch Blackwood bemerkte, wie die Reihen der roten Röcke und weißen Hosen erstarrten.

M'Crystal meldete: »Klar zur Musterung, Sir!«

Langsam schritt Blackwood jedes Glied ab. Er merkte, daß ihn die Offiziere vom Achterdeck aus beobachteten, daß die Seeleute oben in der Takelage bei ihrer Suche nach den letzten Mängeln innehielten und auf das Ritual der Marines herunterschauten.

Unter dem Schirm jedes Tschakos sah er flüchtig ein ausdrucksloses Gesicht. Wie die weißen Kreuzbandeliers und die funkelnden Bajonette waren sie Teil des Ganzen. Doch Blackwood kannte jeden einzelnen: Korporal Jones, der sich als Preisboxer gefiel. Callow, der über Bord gesprungen war, um einen von der Großrah gestürzten Seemann zu retten. Frazier kannte er bereits seit Neuseeland, ein hervorragender Schütze, der aber vor jeder Beförderung zurückschreckte. Die Rocke-Zwillinge, gleich wie Spiegelbilder. M'Crystal behauptete, wenn einer sich beim Rasieren schnitt, täte der andere das Gleiche, um die Verwirrung voll zu machen. Bulford, der daheim weggelaufen war, um sich zu den Marines zu melden. Später hatte man herausgefunden, daß es ihn zu Hause nicht hielt, weil sein Vater wegen Raubes im Gefängnis saß.

Die Soldaten machten wie erwartet einen guten Eindruck. Wie sie das in ihren Unterkünften – von ihnen immer ›Kaserne‹ genannt – zuwege brachten, konnte sich Blackwood kaum vorstellen. Besonders, da die zusätzlichen Marines, die von Land herübergeschickt worden waren, die Enge noch verschlimmerten. Warum brauchten sie überhaupt diese zusätzlichen Männer? Die Truppen an Bord der vier Linienschiffe und der beiden Fregatten sollten für jede normale Unternehmung ausreichen.

»Admiralsboot kommt aus der Hafenausfahrt, Sir«, rief der Fähnrich der Wache mit lauter Stimme.

Auf dem Achterdeck wurde es sofort lebendig. Ein zweiter Fähnrich lief, dem Kommandanten Meldung zu machen. Die Bootsmannsmaaten an der Eingangspforte befeuchteten ihre silbernen Pfeifen mit den Lippen, um für die Begrüßung des neuen Befehlshabers bereit zu sein.

Die Seeleute verschwanden von den Rahen; die an Deck hatten ihre besten Uniformen an, die hornigen Füße höchst unbequem in Schuhe gezwängt.

Blackwood blickte zum Achterdeck, wo schwitzend und ungemütlich die Leutnants und älteren Decksoffiziere standen. Man sah sie höchst selten alle zusammen, nur beim Appell. Dreispitze und goldene Litzen, Säbel und Handschuhe. Sein Blick ruhte auf einem kleinen blassen Leutnant in der ersten Reihe. Das mußte Ashley-Chutes Sohn sein. Die gleichen kurzen Beine, die Arme baumelnd an beiden Seiten, als seien sie zu schwer für ihn: Monkey junior. Er empfand Mitleid mit ihm, auch wenn er ihn noch gar nicht kannte. Blackwood war es immer gelungen zu vermeiden, daß er unter seinem Vater dienen mußte. Zu viel hatte er über den dadurch entstehenden Zwiespalt gehört.

Kapitän Ackworthy erschien an Deck, noch mächtiger und beeindruckender in seiner Galauniform. Wahrscheinlich hatte er lauschend in seiner Kammer gewartet, dachte Blackwood.

Er wandte leicht den Kopf und schaute über das glitzernde Wasser. In den rund um die ankernden Schiffe schaukelnden Booten konnte er die emporstarrenden Gesichter und die leuchtenden Kleider der Damen erkennen. Das Wachboot pullte vorsichtig dazwischen, nur für den Fall, daß einer an diesem Tag zu dicht herankäme.

Acht Glockenschläge erklangen vom Vorschiff, und aus den Augenwinkeln sah Blackwood das dunkelgrüne Admiralsboot der *Audacious* in elegantem Bogen zum Anlauf auf das Fallreep eindrehen. Zwischen den gebeugten Rücken der Ruderer konnte er den Dreispitz des Fahrgasts erkennen und dahinter, wie aus Holz geschnitzt, einen der Schiffsleutnants mit dem Bootssteurer.

»Achterdeck – Achtung!«

Die Spielleute hoben ihre Instrumente oder richteten ihre Trommeln, und Blackwood zog seinen Säbel. In plötzlicher Klarheit stand wieder der Tag vor ihm, an dem er über den Schreibtisch hinweg Ashley-Chute Auge in Auge gegenübergestanden hatte, der Tag, an dem der Major den Säbel gezogen und an der Spitze seiner Leute gefallen war.

Aufgeregt zischelte Feldwebel M'Crystal: »Allmächtiger Gott, Sir!«

Es war höchst ungewöhnlich, daß M'Crystal während eines feierlichen Appells die Selbstbeherrschung verlor.

Blackwood sah ein weiteres Boot zielstrebig auf die *Audacious* zupullen. Es mußte um das Heck herum gekommen sein, als alle anderen in die entgegengesetzte Richtung schauten. Ein kleines Boot, wahrscheinlich aus Gosport, aber das war nun unwesentlich. Es hatte nur einen einzigen Fahrgast, und Blackwood konnte verstehen, warum M'Crystal so erregt war. Das war ohne Zweifel die Uniform eines Sekondeleutnants der Royal Marines.

Kapitän Ackworthy öffnete und schloß den Mund, doch es kam kein Ton heraus. Netten, dem Ersten Offizier der *Audacious*, blieb es überlassen zu rufen: »Bleiben Sie weg da!«

Auch das Wachboot hatte nun die Lage erkannt und erhöhte die Fahrt, um den Fährmann abzufangen. Unglücklicherweise kam einer seiner Ruderer aus dem Schlag, kippte vornüber und strampelte zum Vergnügen der Trommler und Pfeifer wild mit den Beinen. Sie waren noch zu jung, um die Ungeheuerlichkeit dieses Unheils zu begreifen.

Das Admiralsboot legte mit erhobenen Riemen an, die Schlagmänner hakten in die Großrüst* ein, die Fallreepsgäste preßten das Dollbord fest an den dicken Rumpf der *Audacious*.

Dann ging alles im Schrillen der Pfeifen, im Stampfen und Krachen der präsentierten Musketen und dem Präsentiermarsch der Spielleute unter.

Blackwood senkte mit Schwung den Säbel und beobachtete unter dem Schatten seines Mützenschirms hervor, wie der Dreispitz und die Epauletten von Vizeadmiral Sir James Ashley-Chute über der Bordwand auftauchten.

Er sah noch genauso aus, bloß älter geworden; auch seinen Dreispitz trug er nach wie vor verwegen schief. Hätten jedoch seine Untergebenen es gewagt, ihren Hut anders als schnurgerade zu tragen, wäre der Himmel über ihnen eingestürzt.

Breite kurze Nase und langer, eisengrauer Backenbart, dazu der hochmütige Blick, an den sich Blackwood so gut erinnerte. Der Mund nur eine dünne Linie, als hätte er überhaupt keine Lippen. Mit einem Paar weißer Handschuhe tippte er an seinen Hut, es war eher ein Abwinken als ein Gruß.

Als Ackworthy zur Begrüßung auf ihn zueilte, wirkte der Vizeadmiral noch kleiner. Aber nur figürlich, dachte Blackwood. Denn irgendwie schien Ashley-Chutes geballte Streitlust den Kapitän zu einem wankenden, linkischen Mann zu reduzieren.

»Willkommen an Bord, Sir James.«

Die Augen des Admirals streiften die Ehrenwache und ruhten eine Sekunde auf M'Crystal. Dann glitten sie über das Schiff, die sauber aufgetuchten Segel, die angetretenen Leutnants und die blaue Menge der Seeleute an Oberdeck.

»Recht so, Kapitän Ackworthy.« Gleichzeitig schlug er sich mit seinen Handschuhen in die Handfläche. »Ihr Schiff sieht gut aus.« Ackworthys Lächeln schwand, als der kleine Admiral scharf hinzusetzte: »Aber dann habe ich auch das Recht, auf hervorragenden Leistungen zu bestehen, was?« Seine Augen blieben zum erstenmal an Blackwood

* Befestigung der Wanten außen an der Bordwand, etwa in halber Höhe zwischen Wasserlinie und Reling

hängen. »Lassen Sie die Wache wegtreten. Sehr schneidig! Ganz wie man es auch bei solcher Gelegenheit und nach reichlicher Vorankündigung erwarten kann.«

»Möchten Sie die Offiziere kennenlernen, Sir?« Ackworthy schien bereits ziemlich durcheinander.

»Später. Zuerst möchte ich meine Räume sehen. Mein Flaggleutnant wird in Kürze eintreffen. Sie können aber schon ans Geschwader durchgeben, daß alle Kommandanten sich in zwei Stunden hier einfinden sollen.«

Ackworthy senkte die Stimme. »Ich fürchte, Kapitän Boyd von der *Argyll* ist noch an Land, Sir.«

Ashley-Chute sah ungläubig zu ihm hoch. »Ich sagte, *alle* Kommandanten. Bitte sorgen Sie dafür.«

Schon wandte er sich der Poop zu, da zögerte er noch einmal. Ohne den Kopf zu wenden, sagte er: »Da schien so ein Offizier der Marineinfanterie sich meinem Flaggschiff in einer Weise nähern zu wollen, die eher zu einem spanischen Fischer paßt. Sorgen Sie dafür, daß er disziplinarisch belangt wird, oder schmeißen Sie ihn raus. Aber kümmern Sie sich bitte darum.«

Während Ackworthy dem Admiral in den Schatten der Poop folgte, stieß der Erste Offizier den angehaltenen Atem aus. Leise sagte er zu Blackwood: »Schöner Anfang, Major, was?«

Die entlassene Wache stampfte vorbei, um nach unten zu gehen, und ließ einen wütenden M'Crystal zurück. Sein rotes Haar unter dem Tschako verstärkte noch den Eindruck kochenden Zorns.

»Ich bringe den Namen für Sie in Erfahrung, Sir.«

»Nicht nötig, Feldwebel. Er heißt genau wie ich.«

Wie Oberleutnant Netten schon richtig bemerkt hatte: Es war ein schöner Anfang.

II Alle in einem Schiff

Philip Blackwood saß an seinem kleinen Schreibtisch und überflog den Dienstplan, den M'Crystal und Quintin aufgestellt hatten. Die neuen Rekruten waren umsichtig auf die erfahrenen Gruppen verteilt, außerdem würden die Unteroffiziere schnell Änderungen vornehmen, wenn sich das als notwendig erwies.

Er dachte an die Tage, die vergangen waren, seit sich die Flagge von

Vizeadmiral Sir James Ashley-Chute im Topp entfaltet hatte. Nach seiner knappen Musterung der Versammelten hatte man ihn kaum gesehen. Nichts an ihm hatte sich geändert, nicht einmal seine bezeichnende Überempfindlichkeit. Auch in Neuseeland war er für seine Zurückhaltung bekannt gewesen. Nur selten sah man ihn mit einem untergebenen Offizier sprechen und gar nicht mit einem einfachen Seemann. Seinen Zorn machte er durch die Kommandanten fühlbar. Es war seltsam, aber Blackwood konnte sich nicht erinnern, daß Ashley-Chute jemals ein Wort des Lobes geäußert hätte.

Als ob sie zum Schafott schritten, waren die Kommandanten des Geschwaders jeden Vormittag an Bord des Flaggschiffes erschienen und in die Räume des Admirals gegangen. Wortlos – abgesehen von den Floskeln des Zeremoniells – hatten sie danach in ihren Booten das Schiff wieder verlassen.

Blackwood fiel das Heer von Zimmerleuten und Arbeitsgruppen ein, das sich innerhalb einer Stunde nach seiner Ankunft auf die Räume des Admirals gestürzt hatte. Offiziere wurden aus ihren Kammern vertrieben und mußten mit anderen auf dem unteren Deck zusammenziehen. Wände wurden versetzt, neue Möbel von Land gebracht. Eine Reihe Kanonen wurde aus den Kajütpforten entfernt und – um in den Räumen Ashley-Chutes mehr Platz zu schaffen – durch verkürzte Attrappen oder hölzerne Nachbildungen ersetzt. Sein Flaggleutnant namens Pelham, ein nervöser Mann mit unbeweglichem Gesicht, hastete häufig im Wachboot an Land oder mit einer wichtigen Nachricht für seinen Herrn wieder zurück.

Doch abgesehen von einem flüchtigen Auftauchen bei Sonnenuntergang, meist auf der Poop oder auf der Heckgalerie seiner Kajüte, hielt sich der Admiral von der Besatzung fern.

Blackwood nahm die Feder und zögerte, als er den Namen des ihm unterstellten Offiziers oben auf der Liste sah: H. Blackwood, RM2L.

Als sie sich nach der Unmutsäußerung des Admirals gegenübersaßen, hatte Blackwood, dessen erinnerte er sich recht gut, Ärger und noch etwas anderes empfunden: vielleicht Scham?

Harry Blackwood, sein achtzehnjähriger Halbbruder, war so leichtlebig wie Georgina. Beide hatten die gleiche Unbekümmertheit des Blicks und diese Art, sich ernsthaft zu geben, obwohl sie sich dabei insgeheim lustigmachten.

Man konnte Harry wegen seines Eifers, schnell an Bord seines ersten Schiffes zu kommen, nur schwer böse sein, selbst wenn er damit den Admiral und natürlich Feldwebel M'Crystal in Wut gebracht hatte.

Oben an Deck zwitscherten die Pfeifen; Blackwood hörte die gedämpften Rufe der Bootsmannsmaaten, die den Arbeitsgruppen an Deck zuriefen, aufzuklaren und sich zum Mittagessen bereitzuhalten.

Es war gut, von England wegzukommen, dachte er plötzlich. Er war der Ungewißheit über seines Vaters geplanten Umzug nach London, seiner eigenen schwachen Versuche, den Soldatenberuf aufzugeben, und mancher anderer Dinge überdrüssig.

Er unterschrieb die Liste mit einem wütenden Schnörkel und wünschte, er könnte an Land gehen und die späten Sommertage für einen letzten Gang durch die sorglose Menge nutzen. Es wäre jedoch zu riskant gewesen, seinen jungen Vertreter mit den Angelegenheiten des Flaggschiffes und einem Haufen neuer Rekruten allein zu lassen.

Doch den Gedanken an ein weiteres Essen in der Messe, mit all den unausgesprochenen Fragen und der Unbehaglichkeit in Gegenwart des launischen Admirals, fand er unerträglich.

Die Mitteilung, daß vor dem Auslaufen ein großer Empfang an Bord stattfinden sollte, hatte alle, die Ashley-Chutes Gewohnheiten noch nicht kannten, am Morgen überrascht. Nachmittags war ein Wettrudern der Geschwaderboote angesetzt. Die Schiffsbesatzung sollte mit einem Matrosentanz und anderem zur Unterhaltung beitragen, und als Abschluß plante Vizeadmiral Ashley-Chute, seine persönlichen Gäste zum Dinner einzuladen. Einige Offiziere des Geschwaders sollten ebenfalls daran teilnehmen: die Kommandanten, der Flaggleutnant, Ashley-Chutes Sohn und zu Blackwoods Erstaunen auch er.

Er ging zu einer offenen Stückpforte und lehnte sich hinaus; ruhig lag der Solent da, kaum eine Brise kräuselte seine Oberfläche. Hoffentlich blieb es so, bis die Gäste des Admirals gekommen und wieder gegangen waren.

Eine Menge Boote drängte sich immer noch an die Bordwand des Schiffes. Sie brachten Proviant- und Versorgungsgüter, Ausrüstungs- und Ersatzteile für die Takelage, alles, was ein Kriegsschiff auf einer Reise zu den Küsten Afrikas benötigte.

Blackwood dachte an seinen Großvater. Ihm war, als höre er immer noch des alten Mannes Stimme von weit zurückliegenden Feldzügen, von den Schrecken und der Kameradschaft lange vergangener Schlachten erzählen. Aber wenn die *Audacious* jetzt ihre Anker lichtete und an der Spitze des Geschwaders den Heimathafen verließ, würde sie nur auf fügsame fremde Handelsschiffe treffen, die bereitwillig ihre Flagge vor Königin Viktorias unangefochtener Macht dippten. Routine, Zeremoniell, Exerzieren und immer wieder Routine – daraus bestand jetzt ihr Leben.

Es klopfte, und als er sich umwandte, stand Sekondeleutnant Harry Blackwood stramm im Eingang.

»Komm rein.«

Der jugendliche Offizier schloß die Tür hinter sich und nahm wieder die Haltung beflissener Aufmerksamkeit an.

Blackwood wies auf den anderen Stuhl: »Um Himmels willen, setz dich, Harry.«

Der Leutnant ließ sich nieder und schlug die Beine übereinander, die Augen mit einer Mischung aus Harmlosigkeit und Belustigung auf den Bruder gerichtet.

»Ich möchte, daß du mit einem Wachoffizier durch das Schiff gehst und alles kennenlernst, so lange noch Zeit dazu ist.« Blackwood ärgerte sich ein wenig; das klang ja, als sei er in der Defensive. Kurz setzte er hinzu: »Feldwebel M'Crystal wird dich über die Aufgaben unserer Leute ins Bild setzen. Hör auf ihn und versuch nicht, klüger zu sein als er. Seine Ansichten über jüngere Offiziere sind nicht die besten.« Trotz der Spannung zwischen ihnen lächelte er. »Auch ich mußte meine Sporen bei ihm erst verdienen.«

»Wir laufen doch übermorgen aus, Sir?« fragte Harry Blackwood unbeeindruckt. »Nach Afrika!« Er ließ das Wort auf der Zunge zergehen. »Ich bin so glücklich, daß ich mitkommen kann.«

Blackwood beobachtete ihn aufmerksam. Eine gewisse Weichheit lag um Harrys Mund, auch Gutmütigkeit, wie bei seiner Schwester.

»Wie hast du es übrigens geschafft, im letzten Moment auf die *Audacious* zu kommen? Du warst doch in Woolwich. Es wäre sicher leichter gewesen, von Portsmouth aus einen Ersatz zu schicken.« Die abrupte Frage klang wie eine Anklage.

Der Leutnant zuckte die Achseln. »Zufall, Sir. Man hatte mir gesagt, ich würde bald in Portsmouth auf ein Schiff kommen, und als ich hörte, daß dieses Geschwader noch Bedarf an Marines hatte, erkundigte ich mich, ob auch Offiziere gebraucht würden.« Unter Blackwoods Blick schlug er die Augen nieder. »Dann – hm – hat Mutter mit jemandem gesprochen und die Sache beschleunigt.«

Blackwood nickte langsam. »Bestimmt hat sie das.«

Das war es also. Man konnte darüber streiten, ob die Aufgaben des Geschwaders wichtig sein würden oder nicht. Aber für einen jungen Offizier, Seemann oder Infanterist, war in Friedenszeiten jeder der seltenen Einsätze im Ausland eine wichtige Gelegenheit, etwas für seine Karriere zu tun. Und des ›Colonel's Lady‹ hatte eine solche Chance bestimmt als erste erkannt, dachte er grimmig.

Etwas mitleidig meinte er: »Vielleicht hast du nicht ganz so viel Glück, wie du glaubst, mein Junge. Ich bin beim Admiral nicht sehr beliebt, aber ich nehme an, das weißt du schon.«

Harry Blackwood beäugte ihn milde. »Tatsächlich?«

»Sei also auf der Hut. Der Männer wegen, wenn schon nicht meinetwegen. Sie sind ein verläßlicher Haufen, rauh und zu allem bereit; aber sie reagieren so, wie man sie behandelt. Steh also für sie ein, ganz egal, was geschieht.«

Harrys Blick folgte ihm durch die schmale Kammer. »Auch wenn sie im Unrecht sind?«

Blackwood sah auf ihn nieder. »Ja, notfalls auch dann. So etwas klären wir unter uns, auf unsere Art. Verstanden?«

Er überlegte, warum er so sprach. War es ihm nicht recht, sein Leben nun mit einem Mitglied der Familie zu teilen, oder sorgte er sich wirklich um die Männer, die er noch vor kurzem hatte verlassen wollen?

Harry Blackwood stand schon an der Tür, den Tschako in der Armbeuge.

»Ist noch was?«

»Ich habe noch eine Frage.« Harrys Blick war auf Blackwoods Gesicht gerichtet. »Ich hatte in den letzten Jahren niemals Gelegenheit, dir näherzukommen. Entweder warst du auf See, oder ich war sonstwo.« Er zuckte die Schultern und sah dadurch noch jünger und verwundbarer aus. »Ich meine, wie ist das, jemanden zu töten? Im Kampf. Wie ist das wirklich?«

Blackwood wandte sich ab. Die Frage traf ihn wie ein Faustschlag – vielleicht, weil er sich das selbst gefragt hatte, damals am Anfang.

»Du denkst nicht darüber nach, Harry. Du rückst an deinen Kameraden heran und machst weiter. Ganz egal, was geschieht und wie schlimm es aussieht. Hinterher ...« Er sah zu Boden. »Vielleicht erinnerst du dich dann an Einzelheiten, aber das weiß ich nicht genau.« Er sah ihn fest an, wußte, daß das jetzt wichtig war. »Einen Mann zu töten, ist nur Teil des ganzen Geschehens. Wie ein Gewehr laden und abfeuern. Entweder du machst es richtig, oder du bist verloren.«

Korporal Bly wartete im Durchgang und meldete, als der Leutnant herauskam: »Fallreepsposten klar zur Musterung, Sir.«

Der junge Leutnant zog den Tschako in die Stirn und folgte Bly zum Aufgang.

Smithett wartete darauf, die Kammer zu reinigen, wenn Blackwood zum Mittagessen gegangen war. Den schweigsamen Marineinfanteristen schien nichts zu berühren, selbst wenn das Geschwader für volle drei Jahre an die unwirtliche afrikanische Küste verlegt wurde. Doch falls sie so lange wegblieben, dann war Blackwood bei der Rückkehr fast dreißig, während Harry mit nur einundzwanzig noch das ganze Leben vor sich hatte.

Smithett hängte das Jackett sorgfältig auf. »An Land mag ich nicht leben, Sir.« Er blickte sich in der Kammer um, als sei es seine eigene. »Dies ist mein Zuhause. Das Schiff mit meinen Kumpels.«

Es war der längste Satz, den Blackwood je von ihm gehört hatte, und er war von seiner Offenheit seltsam bewegt. Immer noch in Gedanken, verließ er die Kammer. Vielleicht war es besser, wie Smithett zu sein. Ohne über das Unmögliche oder Unwahrscheinliche zu grübeln, immer nur einen Tag im Auge zu behalten. Er lachte im stillen. Mit seinen Kumpels.

»Wirklich, Kapitän Ackworthy, ich behaupte mit aller Bestimmtheit, der Kutter der *Audacious* liegt an der Spitze!« Ashley-Chute schwenkte seinen Kieker etwas, um die anderen Regattaboote zu beobachten. »Ist doch prächtig, was?«

Ackworthy erwiderte nichts. Blackwood, der in ihrer Nähe auf dem Achterdeck stand, beobachtete, wie sich die Hände des Kapitäns öffneten und schlossen, als müsse er seine Empfindungen gewaltsam abwürgen. Obwohl erst eine Woche vergangen war, schien Ackworthy noch weiter gealtert.

Rein äußerlich betrachtet, lief alles gut. Das Wetter war schön und warm, auch wenn es am Abend bereits kühl wurde und die wechselnden Strömungen des Solent noch klarer und silbriger schimmerten.

Seit dem Vormittag waren ständig Besucher an Bord gekommen: örtliche Würdenträger mit ihren Frauen, der Hafenadmiral und die älteren Kommandanten aus dem Hafenbereich. Trommler und Pfeifer der Marines spielten lustige Tänze, und ein kleines Orchester, das eigens von Southampton herübergebracht worden war, stand bereit, die Lücken im Programm zu füllen.

Ein sehr wichtiger Besucher war zugleich persönlicher Gast des Admirals: Sir Geoffrey Slade, hochrangiger Regierungsberater für überseeische Angelegenheiten, ein Mann, von dem es hieß, er sei gleichermaßen bei Hofe wie im Parlament zu Hause. Er machte einen ruhigen, bescheidenen Eindruck, und Blackwood überlegte, was er wohl mit Ashley-Chute gemeinsam hatte.

Aber aller Augen, vom Fähnrich bis zum Ersten Offizier, ruhten auf der jungen Frau, die mit Sir Geoffrey Slade an Bord gekommen war. Sie machte auf Blackwood einen jugendlichen, doch schon selbstsicheren Eindruck; unter dem dunklen, fast schwarzen Haar leuchtete ein Gesicht, das jeden Mann schwach werden ließ. Das Mädchen war Slades Nichte, mehr wußte Blackwood nicht von ihr. Bisher.

Noch viele andere Damen waren unter den Gästen. Ihre Gegenwart trug zu einer für die Navy typischen Fröhlichkeit bei und machte die Spannung vor dem Auslaufen vergessen.

Von irgendwoher dröhnte dumpf ein Kanonenschuß. »Die Regatten sind beendet, Sir James«, bemerkte Ackworthy.

»Gut, großartig.« Ashley-Chutes Mopsgesicht musterte die sich drängelnden Besucher, die leuchtenden Gewänder und bloßen Schultern. »Ein Fäßchen Rum für die Sieger, klar?«

Niemand, der Ashley-Chute nicht kannte, hätte geglaubt, daß seine Bonhommie noch eine Kehrseite hatte. Mochte er auch klein von Statur sein, die Leute schienen zu ihm aufzublicken. Er stolzierte unter den Gästen einher, küßte hier eine Hand, kniff dort in eine Wange, dazu leise etwas murmelnd, das mit Sicherheit ein plötzliches Erröten hervorrief. Jeder andere, der sich ähnliche Freiheiten herausgenommen hätte, wäre wahrscheinlich mit blutiger Nase oder auch Schlimmerem davongegangen.

Nur zweimal zeigte er seine andere Seite, und Blackwood hätte beides fast übersehen.

Wegen der großen Zahl der Besucher waren Mitglieder der Besatzung, meist Seeleute, für den Dienst als Messediener oder Stewards eingesetzt worden. Wohl von so vielen Frauen überwältigt, ließ ein Mann ein Tablett voller Gläser an Deck fallen, so daß Wein auf einige Gewänder und die Füße der Offiziere spritzte. Ashley-Chute war mitten in der Unterhaltung erstarrt und hatte dem Mann einen Blick zugeworfen, der ihn auf der Stelle hätte töten sollen.

Dann hatte ein älterer Kapitän der Werft in Richtung Portsmouth Point gezeigt. Gut erkennbar vor den Befestigungen und den auf der

Landspitze verstreuten Häusern, hing dort eine langgezogene Rauchwolke. Wahrscheinlich von einem Schaufelradschlepper oder von einem der erst kürzlich in der *Gazette* abgebildeten Dampfkanonenboote.

»Was halten Sie von der neuen Navy, Sir James?« fragte der Kapitän. »Ich fürchte, die Zeiten Ihres und ähnlicher Geschwader gehen zu Ende.«

Ashley-Chutes Blicke bohrten sich wie Dolche in seine Augen. »Was für eine Unverschämtheit! Sie wären besser mit den Frauen an Land geblieben. Hol Sie der Teufel!«

Der Kapitän war fast zusammengebrochen. »Ich bitte Sie, Sir – ich – ich wollte nicht andeuten, daß ...«

Aber Ashley-Chute hatte gar nicht hingehört. Sichtlich angeekelt starrte er auf die treibende schwarze Rauchwolke.

»Das Dampfschiff hat eine gewisse Zukunft, aber niemals kann es ein richtiges Kriegsschiff ersetzen«, sagte er. »Zu meiner großen Beruhigung wird die künftige Flotte zweifellos weiter unter Segeln fahren und nicht vor dem Dreck und der Unzuverlässigkeit kapitulieren.«

Damit hatte er auf dem Absatz kehrtgemacht und war auf einen jungen Leutnant zugegangen, der Hand in Hand mit der Tochter des Bürgermeisters dastand. »Ah, meine Liebe!« Er hatte das Mädchen am Ellbogen ergriffen und es nach achtern zur Poop geführt. »Kommen Sie, unterhalten Sie sich mit mir.« Den Leutnant hatte er völlig ignoriert.

Blackwood merkte, daß sein Halbbruder neben ihm auftauchte.

»Alles in Ordnung, Harry?«

»Ja, Sir.« Die Augen des Leutnants suchten in der Menge. »Hast du das Mädchen gesehen?«

»Welches?« Er wußte natürlich genau, welches Harry meinte, und ärgerte sich über seinen Unmut.

»Die dunkelhaarige Schönheit«, erwiderte Harry. »Sir Geoffrey Slades Nichte.« Er rieb sich die behandschuhten Hände. »Sie lächelt nie, aber ich möchte wetten, ich könnte sie rumkriegen.«

Blackwood sah, daß Ackworthy ihn heranwinkte. »Sie würde dich frühstücken, du Esel!«

»Sie heißt Davern Seymour, Sir«, rief Harry ihm nach. Und ein Lachen unterdrückend: »Miss!«

»Die Boote legen nun ab, Major«, sagte Ackworthy und blickte ins dunkle Gewirr der Takelage auf. »Alles ist ganz gut gelaufen, glaube ich.«

Aber es klang mehr wie eine Frage.

Blackwood beobachtete, wie sich die Besucher in die Boote helfen ließen. Es hatte reichlich Wein gegeben, zudem war die Punschmischung mit jedem Nachfüllen durch den Admiralssteward immer stärker geworden. Der eine oder andere Gast sah aus, als würde er einen Sturz ins Wasser nicht einmal bemerken.

»Sie haben sich alle amüsiert, Sir. Wenn sie ihren Rausch ausgeschlafen haben, werden wir schon ankerauf und mit der Tide unterwegs sein.«

Er blickte über das Hängemattsnetz* zu den anderen Schiffen des Geschwaders hinüber. Im schwindenden Sonnenlicht glitzerte ihr Widerschein auf dem Wasser, ihre bunten Lichter und die langen Reihen offener Geschützpforten machten diese letzte Nacht zu einem denkwürdigen Erlebnis.

Blackwood fuhr zusammen, als Ackworthy wieder zu sprechen begann.

»Ich hätte nie geglaubt, daß ich noch mal zu einer solchen Unternehmung fort müßte, Major.« Es war fast ein Selbstgespräch. »Ich dachte, ich würde wie dieser Werftkapitän enden, der ...«

Also hatte auch Ackworthy bemerkt, wie der Admiral seinen Ärger an diesem Mann ausließ.

»Aber vielleicht sieht alles anders aus, wenn wir erst auf See sind.«

Blackwood fühlte plötzlich Mitleid mit Ackworthy. Er glaubte wohl, unter allen seinen Offizieren nur mit dem Marineinfanteristen offen sprechen zu können, der zwar dazugehörte, aber doch außerhalb der Bordhierarchie stand.

Blackwood versuchte, den Kommandanten aus seinem Trübsinn zu reißen. »Fährt Sir Geoffrey Slade mit dem Geschwader, Sir?«

Ackworthy schüttelte den Kopf, in Gedanken schon wieder woanders. »Nein, er fährt mit einem schnellen Postschiff voraus. Mir schmeckt das Ganze nicht. Streitkräfte und Politik sollten nach meiner Auffassung auseinander gehalten werden.«

Geigen klangen auf, und die verbleibenden Gäste drängten nach achtern zur Poop und zur lockenden Musik.

* Netz aus starkem Tauwerk, das längs des Achterdecks, des Oberdecks und über das Vorschiff bis zum Bug lief, die zusammengerollten Hängematten aufnahm und so als Brustwehr und Kugelfang diente.

In den Räumen des Admirals waren die meisten Zwischenwände entweder entfernt oder hochgeklappt worden, um möglichst viel Platz zu schaffen. An den Seiten standen Tische mit Gläsern und weiterer Punsch zum Nachfüllen. Ganz achtern in der großen Kajüte war ein Tisch voll ausgezogen, an dem Ashley-Chutes Gäste alle Platz fanden. In angemessenen Zwischenräumen standen silberne Leuchter; kaum ein Zentimeter der glänzenden Oberfläche, der nicht mit Speisen, schimmernden Bestecken und Blumen bedeckt gewesen wäre.

Ashley-Chute stand bei seinem Freund Slade und beobachtete die Reaktion der Gäste mit kaum verhohlener Genugtuung.

Pelham, der Flaggleutnant, hielt nervös die lachende, schwatzende Menge im Auge und sah in der Namensliste nach, wo die einzelnen Gäste sitzen sollten.

Blackwood nahm ein gefülltes Glas entgegen und versuchte sich zu erinnern, wieviel er schon getrunken hatte. Dies war nicht der richtige Zeitpunkt für einen Rausch. Bei dem Gedanken mußte er insgeheim lächeln. Ashley-Chute hätte ihn dann wahrscheinlich an Land gesetzt und Harry an seiner Stelle den Befehl über die Marines übernehmen lassen, sehr zur Freude von ›Mutter‹.

»Was amüsiert Sie so, Hauptmann Blackwood?«

Er wandte sich um, stutzte und sah sie dicht vor sich. So aus der Nähe war sie noch bezaubernder; das Kerzenlicht und die Deckenlaternen ließen die dunklen Haarlocken auf ihren nackten Schultern glänzen.

»Ich ... Pardon – nur etwas, das dieses fröhliche Ereignis unter Umständen hätte verderben können.«

Vergeblich hoffte er, sie möge ihre Zurückhaltung aufgeben. Aber Harry hatte recht, sie lächelte nie. Doch sie hatte eine wunderschöne, im Licht schimmernde Haut, und ihre Augen waren dunkel, vielleicht veilchenblau.

»Woher wissen Sie meinen Namen?« fragte er.

»Ist das so wichtig?«

Ihre Direktheit machte ihn unsicher. »Eigentlich nicht. Ich kenne ja auch den Ihren, Miss Seymour.«

Sie sah sich um, machte aber keine Anstalten zu gehen. »Ich hasse diese Menschenmengen mit all ihrem Gerede.« Sie schaute ihn wieder an. »Übrigens, mein Onkel hat Sie mir gezeigt. Sie haben am Maori-Krieg teilgenommen, nicht wahr?«

Blackwood geriet ins Schwimmen. Es mußte wohl mehr an Slade

dran sein, als er glaubte, wenn er über die Beteiligung der Marineinfanterie am Maori-Krieg Bescheid wußte und sogar den Namen eines kleinen Leutnants behielt. Es sei denn, Ashley-Chute hatte etwas über ihn verlauten lassen. Ein inneres Alarmzeichen riet ihm zur Vorsicht.

»Jawohl, ich war dabei.« Als sie nichts sagte, fuhr er fort: »Ein einfaches Landeunternehmen. Dafür sind wir ausgebildet.«

»Das klingt aber gar nicht so überzeugt, Hauptmann Blackwood.«

Er zuckte die Achseln. »Das bin ich aber.« Ihm war, als frage Harry wieder: *Wie ist das wirklich?*

Er sah auf sie hinunter. Mein Gott, war sie schön! Das Parfüm paßte genau zu ihr.

»Wir gehen, wohin man es uns befiehlt, Miss Seymour«, fuhr er fort. »Kein Land kann ohne Streitmacht überleben, aber das wissen Sie ja.«

Sie schüttelte den Kopf.

»Ich glaube, es ist falsch, Menschen zu unterdrücken, ganz gleich, wer sie sind. Aber manche Leute scheinen Freude an der Macht zu haben, gleichgültig, was sie kostet. Habgier und Gewalt gehen gewöhnlich Hand in Hand.«

»Das würde ich nicht sagen.« Seine Erwiderung hatte scharf geklungen, aber er konnte nicht anders. Ihre Worte waren ihm unter die Haut gegangen, und er fühlte sich von so viel Offenheit und Selbstsicherheit verwirrt. »Ich tue meine ...«

Sie nickte langsam. »Ihre Pflicht, meinen Sie?«

Leutnant Pelham rief mit quäkender Stimme: »Meine Damen und Herren, es wird jetzt angerichtet.«

Blackwood stand wieder allein, die anderen gingen zu ihren Plätzen. Davern Seymour hatte ihn ausgelacht, wie ein Narr kam er sich vor, wie der einfachste Soldat.

Pelham nahm seinen Ellbogen. »Dort, Sir. Neben der Frau des Bürgermeisters.«

Er war fast dankbar, daß ihn nun Konversation, Essen und Trinken ablenken würden.

Auf den prächtigen Abendroben und den Epauletten der Offiziere flackerte Kerzenschein. Aber unter dem vollbeladenen Tisch fühlte Blackwood, wie das Schiff sich bewegte, als fühle es sich genauso unbehaglich wie er.

Davern Seymour saß am Kopf der Tafel zwischen Ashley-Chute und ihrem Onkel. Ab und zu hörte er ihr Lachen, aber es klang beherrscht, und nicht einmal sah sie zu ihm herüber.

Die Frau des Bürgermeisters hatte eine Menge getrunken; als der Tisch für einen besonderen Pudding, den der Koch des Admirals bereitet hatte, neu gedeckt wurde, lehnte sie sich gegen ihn.

»Mein Vater war Seemann, wissen Sie«, flüsterte sie heiser.

Zwar fiel es ihr schwer, Blackwood direkt anzusehen, aber sie schaffte es leicht, unter dem Tisch ihre Knie an seines zu drücken.

Blackwood sah sie verzweifelt an. Er nahm noch einen Schluck Wein und betupfte sein Gesicht mit der Serviette. Was war nur mit ihm los? Hatte ihn Davern so durcheinandergebracht?

Die Bürgermeisterin schien sein Schweigen für Zustimmung zu halten; er fühlte ihre Hand auf seinem Schenkel.

Vom Kopf des Tisches hörte man ein scharfes Klopfen, und Blackwood glaubte im ersten Augenblick, es habe jemand bemerkt, was da vor sich ging.

Vizeadmiral Sir James Ashley-Chute erhob sich und blickte über die Tafel, bis alle Aufmerksamkeit auf ihn gerichtet war.

»Ehe unsere verehrten Damen uns verlassen«, seine Augen huschten unruhig über ihre Gesichter, »möchte ich im Namen des Geschwaders, meines Geschwaders, das diese Küste bald verlassen wird, ein paar Worte sagen.« Er schob eine Hand in den Rock und fuhr fort: »Wir alle leben in aufregenden Zeiten. Es ist ein Zeitalter der Entdekkungen, der Gründung von Niederlassungen und Kolonien überall auf der Welt. Bald wird es kein blühendes Land mehr geben, in dem nicht zum Nutzen unseres Vaterlandes die englische Flagge achtunggebietend weht.« Etwas von seiner Feierlichkeit fiel von ihm ab, als er fortfuhr: »Aber ich bin nur ein einfacher Seemann, solche Dinge überlasse ich anderen. Im Gegensatz zu manchem ...« Er hielt inne und blickte kühl auf Kapitän Boyd von der *Argyll* herab, von dem es hieß, er habe eine Geliebte in Southsea, »... begnüge ich mich damit, meinem Land zu dienen, und nehme die See zu meiner Geliebten.«

Jemand lachte nervös.

Der Admiral blickte in die Ferne, auf seinem eisengrauen Backenbart spielten die Lichter.

»Wir haben eine junge Königin, eine Flotte, auf die wir stolz sein können, und eine Zukunft vor uns, die keine Gefahr birgt für jene, die tüchtig genug sind, ein Ziel zu verfolgen und auch zu gewinnen!«

Noch immer rot vor Zorn über die Anspielung des Admirals murmelte Kapitän Boyd von der *Argyll*: »Ach du lieber Gott, man könnte glauben, wir zögen in einen Krieg.«

Blackwood merkte, daß ihn Davern vom anderen Tischende her beobachtete.

»Treue und Pflicht sind die Grundsteine meiner Überzeugung«, tönte Ashley-Chute.

Blackwood beobachtete, wie der Mund des Mädchens leicht zuckte. Sie lachte über ihn, reizte ihn.

Der Admiral brach ab und stieß hervor: »Ja, was ist, Pelham?« Er schien irritiert durch die plötzlichen Winke seines Flaggleutnants. »Noch spreche ich, Mann!«

Aber er hörte dennoch zu und bedeutete Pelham, die Nachricht Kapitän Ackworthy zu überbringen.

Danach erhob sich dieser, seltsam befangen auf seinem eigenen Schiff, wobei sein Haar fast die Decke berührte, und sagte: »Ich bitte um Verzeihung, meine Damen und Herren, aber der Hafenmeister läßt uns mitteilen, daß von Südwesten ein Gewitter naht. Unter diesen Umständen wäre es wohl sicherer für unsere Besucher, unverzüglich an Land zurückzukehren.«

»Ein bißchen plötzlich, was?« meinte Blackwood, zum Flaggleutnant gewandt.

Der Mann schüttelte deprimiert den Kopf. »Sir James ist nur gelangweilt oder müde, das weiß ich nie so genau. Er hat mir befohlen, ihm diese Nachricht zu überbringen. Es gibt gar kein Gewitter, nur diesen alten Trick von ihm.« Er musterte den langarmigen Leutnant, den Sohn des Admirals. »Ich hab' Mitleid mit ihm. Mit uns allen.«

»Kommen Sie, Pelham.« Ashley-Chute sprach wie mit einem zurückgebliebenen Kind. »Sorgen Sie dafür, daß die Damen zum Fallreep begleitet werden.« Sein Blick fiel auf Blackwood, er nickte ihm kurz zu. »So, Ihr Bruder ist also auch an Bord? Ein bißchen nachgeholfen bei der Admiralität, was?« Damit wandte er sich ab, um mit einem Gast zu sprechen.

Davern wartete auf ihn, vom Hals bis zu den Zehenspitzen in einen Umhang gehüllt.

»Gute Nacht, Hauptmann Blackwood.« Nachdenklich blickte sie ihn an. »Hoffentlich belastet Ihre Pflicht Sie nicht zu sehr.« Sie reichte ihm keine Hand aus dem Umhang.

Blackwood verbeugte sich. »Ich freue mich auf unser nächstes Zusammentreffen, Miss Seymour.«

Sie lächelte kurz. »Ich fürchte, das wird lange dauern.«

Dann knickste sie dem Admiral zu und verschwand wie eine geübte Tänzerin durch die Tür ins Dunkle.

Blackwood ging hinaus und sog tief die kühle feuchte Luft ein. Die Boote stießen bereits vom Schiff ab; Lachen und gedämpfte Rufe drangen zu ihm herauf.

»Wie ist's gegangen, Sir?«

Blackwood drehte sich um und erkannte den roten Schimmer von Harrys Rock in der Dunkelheit. Er zuckte die Achseln. Was hatte er denn erwartet? Daß ein Mädchen wie Davern ihm in die Arme sinken würde, nur weil er nach Übersee ging?

»Ich hab's überlebt, Harry.« Er nahm den Leutnant am Arm und war plötzlich froh über seine Gesellschaft. »Komm nach unten und trink noch ein Glas mit mir, ehe du dich hinlegst.«

In den Admiralsräumen war es bereits ruhig; die Zwischenwände waren wieder eingesetzt, und ein Posten stand wie ein Zinnsoldat vor der Tür.

Als Blackwood in seine Kammer trat, drang Ashley-Chutes Stimme wie eine Säge durch die Wand.

»Was, zum Teufel, haben Sie sich dabei gedacht, Ackworthy? Ein Teil der Bedienung waren Bauern, gewohnt, mit Mist umzugehen, nicht mit zivilisierten Menschen.«

Ackworthy mußte etwas gemurmelt haben, die Stimme des Admirals wurde noch lauter.

»Es war ein wildes Durcheinander und demütigend für mich! Bei Gott, Kapitän, Sie werden es bedauern, wenn Sie solche Unfähigkeiten noch einmal zulassen.«

Harry Blackwood starrte seinen Halbbruder erstaunt an.

»Was war denn das?«

Blackwood blickte sich in der ruhigen Kammer um, gewahrte die bereitgestellten Flaschen und Gläser. Smithett brauchte man niemals etwas zu sagen.

»Ich fürchte, Harry, die Party ist nun vorbei.«

III Ein einflußreicher Mann

»Zum Salut – erstes Geschütz – feuern!«

Das Krachen zerriß die nachmittägliche Stille und scheuchte eine Wolke kreischender Möwen auf.

Zielstrebig und langsam zog das Flaggschiff *Adacious* an der Spitze des Geschwaders seinem Ankerplatz zu, hinter dem der eindrucksvolle Felsen von Gibraltar in den Dunst aufragte.

Die See lag in vollständiger Flaute da, nur gelegentlich bewegte ein Windstoß die Topp- und Vorsegel des Schiffes.

Dem Land mußte das Geschwader einen zwar nicht ungewohnten, aber wunderschönen Anblick bieten, dachte Blackwood. Wie auf einem großen Gemälde oder einem Bild in der Erinnerung seines Großvaters.

Hinter *Audacious* folgten die drei Zweidecker *Swiftsure*, *Valiant* und *Argyll* gehorsam im Kielwasser. Nur die Schiffsrümpfe unterschieden sich von denen, die unter dem Dröhnen der Geschütze bei Trafalgar gebebt hatten: weiß mit schwarzen Streifen statt schwarz und beige wie zu Nelsons Zeiten. Sonst gab es äußerlich kaum einen Unterschied.

Geschütz um Geschütz donnerte den Salut für den Gouverneur von Gibraltar heraus. Ihnen wurde mit gleicher Präzision erwidert. Wahrscheinlich die einzigen Schüsse, die sie auf dieser Reise hören würden, dachte Blackwood.

Er schaute vom Achterdeck nach vorn auf die dort versammelten Seeleute, die darauf warteten, das Schiff zu halsen und zum Ankern in den Wind zu drehen. Andere standen mit ihren Unteroffizieren und Leutnants auf Manöverstationen, um die Boote auszuschwingen, Sonnensegel und Windsäcke anzubringen und Besucher an der Pforte zu empfangen – all das innerhalb weniger Minuten, nachdem der große Anker gefallen war.

Die Marines waren in drei Gliedern angetreten, Feldwebel M'Crystal am rechten Flügel, Sergeant Quintin am Schluß.

Vor dem ersten Zug stand Sekondeleutnant Harry Blackwood, den gezogenen Säbel zwischen den Füßen, die Augen zum Schutz gegen das grelle Licht zusammengekniffen. Dunst und abziehender Geschützqualm mischten sich, und in der feuchten Hitze waren die Marines in ihren roten Röcken mit hohem Kragen besonders schlecht dran.

»Klar, Sir!«

Ackworthy nickte. »Ruder in Lee!«

Langsam und schwerfällig drehte die *Audacious* in den Wind. Segel klatschten müde gegen die Takelage. Es herrschte kaum genug Wind, um das Schiff zu dem stilliegenden Wachboot zu treiben, das mit buntleuchtendem Stander den Punkt markierte, wo der Anker fallen sollte.

Blackwood schaute hinüber zu der Gruppe an der Quer-Reling. Neben der grotesken Figur von Ashley-Chute, dessen Hände über dem Gesäß ein Paar Handschuhe hielten, die er rechtzeitig für den Geschützsalut herausgeholt hatte, standen Ackworthy und sein Erster Offizier; dahinter die Signalfähnriche, bereit, Signale zu setzen und zu bestätigen, und die Signalgasten, mitten unter ihren bunten Flaggen stets auf dem Sprung, denn der Admiral stand nur wenige Schritte entfernt.

»Fallen Anker!«

Mit hochaufspritzendem Gischt verschwand das Eisen im Wasser; der Segelmeister warf dem Rudergänger einen kurzen Blick zu und verzog das Gesicht. Blackwood konnte sich denken, was dem Mann durch den Kopf ging. Vierzehn Tage hatten sie von Spithead bis Gibraltar gebraucht; es waren die längsten Tage, an die er sich erinnern konnte. Fast in jeder dieser Stunden hatte das Geschwader auf Ashley-Chutes nicht enden wollende Signale hin alle Stufen des Geschwaderexerzierens durchgemacht.

Nur drei Schiffe des Geschwaders waren davon ausgenommen. Die leichte Fregatte *Peregrine* war nach Gibraltar vorausgeschickt worden, aber selbst sie hatte zwei Tage gebraucht, um sich von ihren großen Gefährten zu lösen. Die andere Fregatte, das Vierundvierzig-Kanonen-Schiff *Laertes*, hatte sich nach Luv abgesetzt und nur beobachtet, wie die Linienschiffe sich vor oder hinter dem Flaggschiff formierten, die Abstände wie befohlen vergrößerten oder verkleinerten, wie die schlappen Segel von der einen zur anderen Seite und wieder zurück geholt wurden, bis die Besatzungen am Ende ihrer Kraft waren.

Nur das Depotschiff des Geschwaders, die *Amelia*, ein altes Schiff, das früher zum Transport von Sträflingen benutzt worden war, durfte allein nach Süden laufen.

Selbst die Biskaya hatte völlig ruhig dagelegen, so daß ihnen wenigstens hastiges Reffen und Überstaggehen erspart blieb. Sie hatten die Nordwestecke von Spanien gerundet und waren dann weiter nach Süden gesegelt, mit reichlichem Abstand zur Küste Portugals, die vom Ausguck im Mast gerade noch gesichtet werden konnte.

Und dann Geschützexerzieren bei sengender Sonne: Keuchend und fluchend mußten die Bedienungen die dicken Rohre durch die Pforten schieben, während der Erste Offizier mit der Uhr in der Hand die Zeit nahm und die kleine Gestalt Ashley-Chutes vom Achterdeck oder der Poop zusah.

Pelham hielt sich wie ein schmaler Schatten, Notizblock in Händen, stets an seiner Seite. Ab und zu öffnete sich der schmale Mund des Admirals zu einer Kritik oder der Frage, wer für diesen Fehler oder jene Verzögerung verantwortlich sei. Er war nun ein ganz anderer Mensch als der gewandte Gastgeber von Spithead, der die Schönheit des Segelns schilderte, die Vorzüge des Dampfantriebs weit von sich wies und nicht den Schatten eines Zweifels bei seinen Zuhörern aufkommen ließ.

Dabei hatte auch eine Rolle gespielt, daß die Reise so langsam verlief. Kaum ein Tag, an dem das Geschwader nicht von einem Paketboot oder Küstendampfer passiert oder – noch schlimmer – überholt worden war.

Mitten in der Biskaya hatten sie weit achteraus eine typische schwarze Rauchwolke gesichtet. »Verdammter Klapperkasten! Was habe ich Ihnen gesagt, Pelham? Absolut nicht zu gebrauchen!« hatte Blackwood den Admiral sagen hören.

Dennoch war der kleine Raddampfer in den Linsen des Teleskops immer größer geworden, und als die Männer zum Mittagessen gepfiffen wurden, hatte er elegant zum Überholen angesetzt. Der Kapitän mußte das mit Absicht gemacht haben, denn sein Achterdeck war vom hochbrandenden Rückstrom der Schaufelräder fast überspült. Der spindeldürre Schornstein spie Qualm und Funken, und das Schiff warf eine Bugwelle auf, so groß wie der Schnauzbart eines Riesen.

Als die Männer der *Audacious* wieder zur Arbeit gepfiffen wurden, passierte der kleine Raddampfer gerade das Achterschiff der *Argyll*.

Ashley-Chute hatte einem erschreckten Fähnrich den Kieker entrissen und gebrüllt: »Kapitän Boyds Leute jubeln diesem Dreckstück auch noch zu!« Er hatte dem Fähnrich das Glas zugeworfen. »Verdammt, Ackworthy, muß ich denn mit Narren zusammenarbeiten?« Er hatte sich abgewandt und gerufen: »Signal ans Geschwader: Mehr Segel setzen und zum Flaggschiff aufschließen!«

Ackworthy hatte den Protest in den Augen des Segelmeisters gesehen und eingewendet: »Bei diesem schwachen Wind, Sir, wird das nichts nützen.«

Ashley-Chute hatte auf einen Poller steigen müssen, um nach dem Raddampfer Ausschau zu halten. »Tun Sie, was ich sage: mehr Segel!«

Wie die Affen waren die Seeleute die Wanten hochgestürmt, um die Bramsegel und dann die Royals zu setzen. Aber es war sinnlos, das Großsegel blähte sich kaum, so schwach war der Wind.

Das andere Schiff hatte im Vorbeilaufen seine Flagge gedippt. »Nicht nur das, es war auch noch ein verdammter Franzmann«, sagte der Erste Offizier später.

Mit eleganter Schwenkung hob Harry Blackwood jetzt den Griff seines Säbels zum Mund.

»Bitte um Erlaubnis, die Marines wegtreten zu lassen, Sir.«

Aus dem Augenwinkel sah Blackwood M'Crystal beifällig nicken. Er kannte seinen Bruder wirklich nur halb. Harry hätte Schauspieler werden sollen, nicht Marineinfanterist.

Ruhig sagte er: »Weitermachen, Mr. Blackwood. Weisen Sie Sergeant Quintin an, eine Landpatrouille abzuteilen, für den Fall, daß unsere Leute Landurlaub bekommen.«

Er schirmte seine Augen ab und schaute nach oben, wo die letzten der großen Segel ordentlich an den Rahen festgemacht wurden. Im ganzen Geschwader würde nun das gleiche geschehen. Wieder eine Reise beendet, ein Hafen angesteuert.

Blackwood ging zum Backbord-Fallreep, wo unter dem Rattern der Blöcke und mit lauten Befehlsrufen die ersten Boote ausgesetzt wurden.

Zu Füßen des Felsens lagen mehrere Dampfschiffe. Es mußte großartig sein, beliebig manövrieren zu können und den Wind wehen zu lassen, wie er wollte. Oder am Heck eines Gegners vorbeizufahren, ohne hilflos dazuliegen und den Rumpf voll Eisen zu bekommen, weil man durch eine Breitseite die Takelage verloren hatte.

»Sind Sie zum ersten Mal hier, Major?«

Blackwood wandte sich um und erblickte Ashley-Chutes Sohn. Er hatte mit dem Dritten Offizier kaum gesprochen, seit dieser im Spithead an Bord gekommen war. Ihr Dienst führte sie niemals zusammen, und er hatte geglaubt, dieser sei – wie sein Vater – sehr zurückhaltend.

»Nein, ich bin schon hier gewesen.«

Blackwood musterte den jungen Ashley-Chute interessiert. Etwa in seinem Alter, wirkte er aber viel älter oder wie aus einer ganz anderen Zeit, vielleicht aus der Raleighs oder Drakes. Er hatte tiefe Falten um Mund und Nase, und seine Augen mit den schweren Lidern blickten ruhelos.

»Sehen Sie dort den Mast hinter dem ankernden Depotschiff?« fragte Leutnant Ashley-Chute und wies zur Küste.

Blackwood beschirmte erneut die Augen mit der Hand. Der Leutnant mußte verdammt gute Augen haben.

Dann sah er es. Ein schräger Mast, fast ohne Spieren und Takelage, und ein dünner schwarzer Schornstein.

»Das ist die *Satyr*«, hörte er Ashley-Chute sagen. »Eine neue Dampffregatte.« Das klang erregt und heimlich stolz. »Ich sollte auf *Satyr* versetzt werden, hatte schon den neuen Artillerielehrgang gemacht – alles.« Seine Arme fielen herab, als seien sie ihm zu schwer. »Aber statt dessen bin ich nun Dritter Offizier auf der *Audacious*.«

Blackwood brauchte nicht nach dem Grund zu fragen. »Vielleicht werden Sie später versetzt.«

»Später?« In seinem Ton lag Bitterkeit. »Das würde er nie zulassen. Er wollte mich hier haben, um sicherzustellen, daß ich der ›Tradition‹ folge.« Fast spuckte er die Worte aus. »Ich liebe die Navy, wirklich. Aber er bringt es noch so weit, daß ich sie hasse.«

Ein Unteroffizier eilte herbei, und Ashley-Chute junior stieß sich vom Schanzkleid ab. »Verzeihen Sie, Major.«

Blackwood lächelte. »Ich weiß, wie Ihnen zumute ist.« Er wandte sich um und schaute erneut zu dem schrägen Mast hinüber. Elegant, moderner Antrieb – kein Wunder, daß ein junger Offizier davon träumte, auf einem solchen Schiff zu dienen und vielleicht einmal sein Kommandant zu werden. »Wir könnten hinüberfahren und uns das Schiff ansehen, solange wir hier sind.« Doch als er sich umwandte, war der Leutnant bereits verschwunden.

Der Erste Offizier schlenderte herbei. »Der Kommandant möchte heute abend große Ehrenwache, Major.« Er nahm seinen Hut ab und wischte den Innenrand trocken. »Weitere Besucher, die sich auf unsere Kosten betrinken, nehme ich an.«

Aber Netten, der Erste Offizier, hatte unrecht. Ihr einziger Besucher von Bedeutung war Sir Geoffrey Slade, adrett und gelassen wie immer, ganz in Weiß gekleidet und den Hut lüftend, als er mit großem Empfang an Bord erschien.

Später, als er mit dem Admiral in dessen Kajüte zu Abend gespeist hatte, kam er an Deck, wo Blackwood zusah, wie seine Marines auf Wache zogen und von Korporal Jones Befehle für die Nacht erhielten.

»Nett, Sie wiederzusehen, Blackwood«, nickte er freundlich.

Er wirkte so gelöst und ungezwungen, daß Blackwood fragte: »Bleiben Sie hier in Gibraltar, Sir Geoffrey?«

Sir Geoffrey schüttelte den Kopf und beugte sich vor, um ein paar

Boote mit Verkäufern zu beobachten, die sich, so nahe sie konnten, an der Bordwand herumtrieben. Durch die hinteren Stückpforten entwickelte sich ein reger Tauschhandel, bis der Profoß merkte, was vorging.

»Nein, ich werde mit dem Postboot bis Freetown weiterreisen und dann, wenn alles arrangiert ist, ein Dampfschiff nach Fernando Po nehmen. Wie sich doch die afrikanische Küste durch diese neue Technik erschließt, was?« Er lächelte belustigt. »Leider teile ich nicht die Ansichten von Sir James über den maritimen Fortschritt.«

Blackwood zögerte. »Äh – Ihre Nichte, Sir ...«

Slade sah ihn ruhig an. »Davern kam natürlich mit.« Er sah Blackwoods Überraschung und setzte hinzu: »Aber sie ist nicht mehr hier, sondern gestern abgereist. Sie wollte nicht warten, und es war mir unmöglich, sie zu begleiten. Meine Aufgaben hier und in Afrika drängen zu sehr.«

Blackwood hatte angenommen, Davern sei in England geblieben. Doch sie war hier gewesen und schon wieder fort. Das konnte er nicht verstehen.

»Sie wollte zu ihrem Vater, dieses eigensinnige Kind. Seit ihre Mutter starb, habe ich mich soweit möglich um sie gekümmert.« Nach einer kurzen Pause fuhr er freundlich fort: »Sie scheinen an meiner Nichte sehr interessiert zu sein.«

»Sie fand mich ziemlich töricht, fürchte ich, Sir.« Blackwood zuckte die Schultern. »Ich dagegen fand sie faszinierend.«

»So so. Ihr Vater ist Arzt. Er könnte eine Leuchte seines Berufs sein, hat sich jedoch für Tropenmedizin entschieden. Das war's auch, woran seine Frau zugrundegegangen ist. Nun sitzt er da unten und arbeitet sich auf irgendeiner elenden Missionsstation zu Tode. Ich habe unsere Leute in Freetown angewiesen, meiner Nichte zu helfen, aber ich bin doch recht beunruhigt. Das Gebiet, in dem sich ihr Vater zuletzt aufhielt, ist in Aufruhr. Deshalb bin ich auch unterwegs dorthin. Und Sie werden wahrscheinlich eine Demonstration unserer Stärke veranstalten müssen; ich kann nur hoffen, daß mehr nicht nötig ist.«

Versonnen starrte er zu dem dunklen großen Felsen hinüber. »Alles hängt jetzt von Afrika ab, Blackwood. Es ist die Hintertür zum Empire. Menschen gelten nicht viel, wenn solche Werte auf dem Spiel stehen.« Er wandte sich nach achtern zur Poop. »Noch ein Spielchen mit Sir James, ehe ich wieder an Land gehe.« Er winkte beiläufig. »Denken Sie an meine Worte.«

Blackwood griff mit beiden Händen in das Relingsnetz und starrte auf die glitzernden Lichter im Wasser hinunter.

Davern war das klar gewesen, als sie mit ihm gesprochen hatte: *Ich glaube, es ist unrecht, Menschen zu unterdrücken.* Nun war sie auf dem Weg nach Afrika, in einen Teil, in dem – das hatte Slade deutlich gemacht – aus hundert Gründen ein Aufstand ausbrechen konnte.

Eilig ging er übers Seitendeck, und nahm nur flüchtig Kenntnis von der Fallreepswache, dem Bootsmannsmaat und einem Posten der Marines, der Haltung annahm.

Vielleicht konnte er sie dazu bringen, anders über ihn zu denken, wenn er sie noch einmal wiedersah. Aber vor seinem geistigen Auge erschien Afrika wie ein riesiger Dschungel, der sie verschlang und ins Nichts hinabzog.

Er dachte an die schreiende Horde der Maoris, die gegen die dünne Front der Marines anstürmte, an den scheußlichen Schmerz im Arm, als er einen von ihnen niederschlug, während sich ihre Gesichter beinahe berührten.

Blackwood hielt kurz auf dem Vorkastell an. Dort stand ein einsamer Marineinfanterist auf einem kleinen Podest über der Gallion und wachte über die Ankerkette; er sollte unbefugte Besucher daran hindern, sich über die Kette an Bord zu ziehen; und andere schreckte er ab, auf diesem Weg zu desertieren.

Der Posten stampfte in Habachtstellung. Blackwood spähte in die Düsternis, kannte aber das starre, jugendliche Gesicht nicht mit Namen.

»Bist du einer von den neuen Rekruten?«

»Sir! Oldcastle, sechste Kompanie, Sir!« meldete der Mann mit schwerem Yorkshire-Dialekt.

»Hast du dich eingewöhnt, Oldcastle?«

Die Augen des Postens leuchteten im Laternenlicht und glitten über Blackwoods Bandelier und Epauletten. Davon konnte er später den anderen erzählen.

»Aye, Sir!«

»Wie alt bist du?«

»Sechs ...« Er schluckte. »Ich meine, siebzehn, Sir!«

Blackwood lächelte; gegen ihn kam er sich wie ein alter Mann vor.

»Warum bist du zur Marineinfanterie gekommen, Oldcastle?«

»Mein Vater hat auch gedient, Sir. Aber er starb im vergangenen Jahr, deshalb dachte ich, ich sollte da weitermachen.«

»Gut. Lern alles, was du kannst, und tu ...« Er zögerte und dachte an ihre Augen, die ihn über den Tisch hinweg verspottet hatten, »... deine Pflicht.« Grüßend tippte er an den Tschako und ging wieder nach achtern.

Plötzlich schienen ihm die Dinge gar nicht mehr so einfach und klar.

Der Alptraum steigerte sich zum wirbelnden Höhepunkt. Die geschnitzte Maorikeule, gezackt und blutig, schwang sich hoch über seinen Kopf, um ihn niederzuschlagen. Das Bild mit starrenden Augen und gefletschtem Gebiß war auf der Keule so lebendig geworden wie der Krieger, der sie schwang.

Jetzt kam's. Stöhnend warf sich Blackwood auf die Seite, seine Beine traten die Decke weg, als er versuchte, dem tödlichen Hieb auszuweichen.

Dann riß er die Augen auf und stützte sich auf die Ellbogen. Im Licht der abgeblendeten Laterne lag seine Kammer im Halbdunkel da, aber über dem Bett erkannte er die erschrockenen Augen eines Fähnrichs.

Blackwood leckte sich die Lippen. Sein Körper war schweißnaß und seine Kehle trocken wie ein Dörrofen. Langsam kehrte seine Erinnerung zurück. Erst das Gespräch mit Slade, dann der Fehler, sich noch mit dem Zahlmeister für einige Drinks vor dem Schlafengehen zusammenzusetzen. Der Zahlmeister hatte Geburtstag, außerdem war es immer gefährlich, mit einem Mann zu trinken, der Zugang zu unerschöpflichen Brandyvorräten hatte.

»Was ist?« krächzte er.

Der Fähnrich stotterte: »Verzeihung, Sir, aber der Kapitän bittet Sie, sofort zu ihm nach achtern zu kommen.«

Mit Schwung erhob sich Blackwood aus der Koje und versuchte, seine Gedanken zu sammeln, während er auf den Uhrenständer blickte: gerade drei Uhr früh.

»Was gibt's denn, zum Donnerwetter?«

Die Augen des Fähnrichs folgten dem nackten Blackwood durch die Kammer, seine Nervosität machte einer gewissen Neugier Platz.

»Weiß nicht, Sir. Das Wachboot brachte den Herrn, der schon mal hier war.«

»Slade?«

»Ich – ich glaube, Sir.«

Blackwood zog seine Hose an und griff nach dem Hemd, das Smithett ordentlich gefaltet hatte.

»Wecken Sie Mr. Harry Blackwood.« Er griff nach einer Bürste und blickte in den Spiegel. »Und lassen Sie sich nicht abwimmeln.«

An Deck war es nach dem heißen Tag überraschend kühl. Der Himmel war sternübersät, nur ein schwarzes Dreieck verriet die dräuende Gegenwart des Felsens.

Die Wache an Deck vertrat sich die Füße; Blackwood hörte das Wachboot längsseit quietschen, das Murmeln der Ruderer und das Klicken der Teebecher.

Ackworthy ging in seiner Kajüte auf und ab und wartete ungeduldig, bis Blackwood Platz genommen hatte. Auch Netten, der Erste Offizier, mit rot unterlaufenen Augen und erschöpft, war zugegen, Pelham ebenfalls; und in einem Stuhl an den Heckfenstern saß Slade, die Beine lässig übereinandergeschlagen, eine Teetasse auf den Knien balancierend. Er trug immer noch den weißen Anzug, als hätte er das Schiff nie verlassen.

»Vor zwei Stunden ist eine Kurier-Brigg eingelaufen«, berichtete Ackworthy mit belegter Stimme. Anscheinend wußte er nicht, wie er fortfahren sollte.

Sir Geoffrey Slade reichte seine Tasse dem Steward.

»Mit Depeschen für mich. Böse Nachrichten, leider. Nördlich von Freetown hat es einen Aufstand gegeben. Mdlaka, einer der dortigen Könige, den ich zu treffen hoffte, ist möglicherweise mit einer Anzahl Krieger niedergemetzelt worden. Daraus könnte sich eine außerordentlich gefährliche Situation für die Handelsmissionen ergeben, ja für die Stabilität des ganzen Küstengebiets.«

Slade brach ab, als die Tür aufflog und Ashley-Chute in langem, pflaumenfarbigem Seidenschlafrock in die Kajüte trat, beide Hände voller Papiere, die er auf Ackworthys Tisch knallte.

»Während ich rasiert wurde, habe ich Ihre Depeschen gelesen, Geoffrey.« Erst jetzt schien er die Anwesenheit der anderen zu bemerken. »Versammlung der klugen Köpfe, wie?«

Slade lächelte leicht. »Glauben Sie nicht auch, daß es ernst aussieht?«

Ashley-Chute schob die Hände in die Taschen. »Ernst? Natürlich. Ich habe schon immer gesagt, daß diese ganze verdammte Küste, von Freetown bis zur Sklavenküste, ein Pulverfaß ist. Die Sklaverei ist zwar verboten, darin sind sich alle großen Nationen einig.« Mit

Schärfe fuhr er fort: »Jedenfalls, nachdem Großbritannien beim Überzeugen der habgierigeren Nationen etwas nachgeholfen hat. Dennoch blüht der Handel mit afrikanischen Sklaven wie eh und je. Ich persönlich habe keine Einwände, wenn ein Siedler oder Pflanzer solche Arbeitskräfte benutzt. Ich nehme an, daß die meisten der sogenannten Sklaven in geordneten Verhältnissen besser dran sind. Aber das Gesetz verbietet es, und ich habe die Absicht, dem Gesetz Geltung zu verschaffen.« Mit einiger Mühe zwang er sich zur Ruhe. »Wenn mein Geschwader erst dort unten eingetroffen ist, werde ich sehr entschlossen vorgehen.« Er blickte Slade an, als erwarte er Widerspruch.

»Die Kurier-Brigg hat eine Rekordreise gemacht, um mich zu erreichen«, sagte Slade ruhig. »Dennoch hat es viel zu lange gedauert. Inzwischen hat sich die Lage möglicherweise weiter verschlechtert, Menschenleben gekostet und Untertanen Ihrer Majestät in Gefahr gebracht.« Er legte die gepflegten Fingerspitzen aneinander und beobachtete Ashley-Chute. »Wie lange wird es dauern, bis Sie das Gebiet erreichen?«

»Mindestens einen Monat, Sir«, bullerte Ackworthy los. »Selbst bei günstigem Wind ...«

»Ihre Meinung hören wir später, Kapitän Ackworthy«, sagte Ashley-Chute kalt.

»Ein Monat ist zu lang.« Slade sprach freundlich, ließ aber an seiner Autorität keinen Zweifel aufkommen.

Ganz leicht bewegte sich das Deck, als das Schiff um seine Ankerkette schwojte. Während eine kleine Handvoll über sie wachte, schliefen Hunderte von Männern im ganzen Geschwader und wußten nichts von der Spannung, die in dieser Kajüte herrschte.

Der Erste Offizier brach das Schweigen. »Ich nehme doch an, Sir, daß es in dem fraglichen Gebiet ständige Patrouillen gibt, Sir?«

»Gab.« Slades Blicke hatten den Admiral nicht losgelassen. »Das Patrouillenschiff wird vermißt, und unsere anderen Boote stehen weiter südlich.«

Ashley-Chute hielt in seiner Wanderung inne. »Ich weiß nicht, was ich daran ändern kann.«

Darauf hatte Slade gewartet. »Eine Dampffregatte liegt hier in Gibraltar, Sir James.«

»Was?« Die Augen des Vizeadmirals funkelten im Licht. »Ja, natürlich, ich weiß: die *Satyr*. Schließlich gehört sie fast zu meinem Geschwader.«

»Ich habe mit dem Gouverneur schon gesprochen und werde mit dem nächsten Postboot eine Nachricht nach London schicken. Die *Satyr*, die das Gebiet der Aufständischen in vierzehn Tagen, vielleicht noch schneller, erreichen kann, ist auslaufbereit. Jede Minute, die wir hier diskutieren, ist verschwendet.«

Blackwood beobachtete Slade fasziniert. Da war nichts Ruhiges und Freundliches mehr an dem Mann. Er war wie Stahl, wie eine Degenklinge.

»Ich verstehe.« Ashley-Chute ging zu den Fenstern und beugte sich vor. »Alles bereits entschieden, was?«

Slade erwiderte nichts, sondern blickte Blackwood an. »Auf der *Satyr* sind zwanzig Marineinfanteristen. Für den schlimmsten Fall reicht das nicht aus.« Er ließ seine Worte wirken. »Sir James ist bestimmt einverstanden, wenn Sie mit einer Abteilung Ihrer Männer auf die *Satyr* übersteigen und dort die Führung übernehmen.« Er lächelte gequält. »Natürlich unter dem Kommandanten der *Satyr*.«

»Jawohl, Sir!« Blackwood warf dem Admiral einen schnellen Blick zu und wartete auf seinen Ausbruch.

Aber der kleine Admiral blieb ruhig und gelassen. »Selbstverständlich. Wenn Sie darauf bestehen, Geoffrey, werde ich natürlich alles zu Ihrer Unterstützung Nötige tun. Und wenn Marineinfanterie hingeschickt werden muß, dann natürlich von meinem Flaggschiff.«

Slade verzog keine Miene. Das Gesicht war gewahrt. Jedenfalls beinahe. Denn Ashley-Chute konnte sich nicht enthalten, hinzuzusetzen: »Ich bin aber überzeugt, daß die *Satyr* lange, bevor sie die Küste Guineas erreicht, zusammenbricht oder keine Kohlen mehr hat. Deshalb werde ich mit dem Geschwader morgen ebenfalls auslaufen, um unsere Demonstration der Stärke zu gewährleisten.«

»Ich bin Ihnen sehr dankbar.« Slade erhob sich und zog seinen Rock gerade. »Ich schlage vor, wir brechen sofort auf.«

»Fahren Sie mit, Sir?« fragte Blackwood.

»Ja. Das Parlament weint und wehklagt immer über die Kosten einer starken Flotte. Diesmal wird es vielleicht zufrieden sein, wenn ich berichten kann, daß wenigstens etwas von dem Geld sinnvoll ausgegeben wurde.«

Blackwood verließ die Kajüte und trat in die Dunkelheit hinaus. Es fiel ihm nicht leicht, sich auf die Einzelheiten der ihm übertragenen Aufgabe zu konzentrieren, denn trotz seiner Ausbildung und Erfahrung konnte er die Erregung kaum beherrschen.

Feldwebel M'Crystal tauchte vollständig angezogen aus dem Dunkel auf, ein alter Hase. Mit Uniform und Ausrüstung war er zu allem bereit.

»Ich brauche dreißig Mann, Feldwebel. Volle Ausrüstung und Munition für Einsatz an Bord oder an Land.« Blackwood zwang sich zu einem Lächeln. »Aber nicht alle erfahrenen Männer. Nehmen Sie auch ein paar von den Neuankömmlingen.«

M'Crystal räusperte sich geräuschvoll. »Sofort, Sir.« Dann bellte er: »Korporal Bly! Die ersten Gruppen, wie befohlen! Zehn Minuten, keine Sekunde länger!«

Wie schon oft hätte Blackwood gerne M'Crystal für sein Mitdenken gelobt. Er war stets auf alles vorbereitet, ein Mann, den man in jeder Lage brauchen konnte. Aber er wußte, M'Crystal wäre erstaunt, ja, verletzt gewesen, wenn man seine Tüchtigkeit nicht als Selbstverständlichkeit nahm.

Harry Blackwood stolperte gähnend und augenreibend gegen M'Crystal.

»Du bleibst hier und übernimmst zusammen mit Sergeant Quintin das Kommando.«

Der Leutnant nickte vage. »Wieso, was ist los?«

»Dazu ist jetzt keine Zeit.«

Smithett kam mit Blackwoods persönlichem Gepäck und seinen Waffen und sorgte dafür, daß die Sachen des Hauptmanns in ein längsseit liegendes Boot hinabgelassen wurden. Dann gürtete er ihn mit dem Wehrgehenk und rückte den Säbel so zurecht, daß er genau unter der Hüfte hing.

Als Blackwood hinüberging, um zuzusehen, wie die erste Gruppe der Marines in die Boote kletterte, stapfte sein Halbbruder hinter ihm her.

»Bitte, Sir, kann ich nicht mitkommen?« flehte er.

»Nein.« Blackwood wandte sich um und sah ihn an. »Jetzt hast du hier die Verantwortung. Sergeant Quintin hat zwar eine lange Dienstzeit hinter sich, aber er erwartet, daß ein Offizier ihm Befehle gibt. Also tu das auch.« Impulsiv ergriff er ihn am Arm. »Du hast mich gefragt, wie es sei. Also: Auch das gehört dazu. Sie erwarten, daß du sie führst, obwohl weiß Gott die meisten von ihnen sehr gut allein zurechtkämen, auch wenn alle Offiziere gefallen wären.« Er schüttelte Harry leicht. »Ich werde Sergeant Quintin fragen, wie du dich bewährt hast, wenn wir uns wiedersehen.«

Der Leutnant nickte, das Gesicht im Dunkeln. »Sei vorsichtig, Philip.«

»Boote klar, Sir!«

Es war Zeit zum Aufbruch.

Blackwood blickte hinauf in die Masten, in das Netzwerk der Takelage, das bis zu den Sternen zu reichen schien. Vielleicht sah er *Audacious* nie wieder.

»Und bleib dem Admiral aus dem Weg«, riet er Harry noch.

Dann kletterte er ins Boot; die anderen legten bereits voll beladen mit Marines und Ausrüstung ab und hielten auf die innere Reede zu.

Feldwebel M'Crystal saß aufrecht im Heck, die Fahne in wasserdichter Hülle wie einen Schirm zwischen den Knien.

»Schon besser so, Sir«, sagte er heiser. »Zur Abwechslung mal ein bißchen Landkrieg.« Er drehte sich um und sog die Luft ein. »Was stinkt da, Sir?«

Blackwoods Herz klopfte vor Erregung. Es roch nach Kohle und Öl, nach Rauch und nassem Eisen.

»So, Feldwebel, riecht eine Dampffregatte.«

»Auch recht, Sir. Je eher wir hinkommen, umso schneller können wir uns mal richtig die Beine vertreten.«

Der Bugspriet der Fregatte ragte wie eine Lanze über ihrem Boot auf. Funken sprühten dort, wo der Schornstein sein mußte. Sie hörten ein ungewohntes Zischen und Quietschen von Maschinen, Rufe und Rasseln der Ankerkette. Das war eine andere Welt. Wie ein blutiger Laie kam Blackwood sich vor, wie ein Seemann, der auf einem ungesattelten Pferd zu reiten versucht.

Der Bootsgast am Bug hakte ein, über dem Schanzkleid der *Satyr* bewegten sich Gesichter. Smithett stand bereit, ihn zu stützen, falls er daneben trat. Aber er kletterte behende über die Reling und auf das Deck der Fregatte. Seltsame Schatten und Gestalten umgaben ihn, kaum glaublich, daß er überhaupt auf einem Schiff war.

Eine Gestalt löste sich aus der Gruppe und stellte sich vor: »Leutnant Lascelles, Sir.«

Blackwood ergriff seine Hand. Lascelles war ihm als Offizier der Royal Marines an Bord genannt worden, er trug jedoch Blau.

Er merkte Blackwoods Erstaunen und meinte entschuldigend: »Verzeihen Sie meinen Aufzug, Sir. Aber der rote Rock paßt nicht so recht zu Ruß und Funken hier.«

Blackwood lächelte. »Ich werd's mir merken.«

Von fern hörte er Slades Stimme, wahrscheinlich im Gespräch mit dem Kommandanten der *Satyr*. Alles hier war so anders, so neu.

Lascelles erblickte M'Crystal. »Mein Sergeant hält Kojen für Ihre Männer in den Unterkünften und auf dem Orlopdeck bereit. Bißchen eng, leider. Aber auf diesem Schiff haben die Maschinen Vorrang.« Als eine Sirene über ihnen losheulte und ihr Echo rund um die Bucht gellend widerhallte, zuckte Blackwood zusammen.

»Hauptmann Blackwood?« Ein breitschultriger, stämmiger Offizier im Wachmantel tauchte aus der Dunkelheit auf.

»Jawohl, Sir.«

»Ich bin Tobin, der Kommandant.« Ein fester, harter Händedruck. »Ich hoffe, Sie werden sich bei uns auf der *Satyr* wohl fühlen.« Er hatte eine tiefe, dröhnende Stimme und zeigte unverhohlen seinen Stolz auf dieses Schiff. »Wir sehen uns beim Frühstück.« Damit wurde auch er von den ziehenden Dampf- und Rauchschwaden verschluckt.

Blackwood ließ sich den Niedergang hinunter und in eine getäfelte Kammer führen.

»Ihr Quartier, Sir«, sagte Lascelles. »Ich rücke mit dem Dritten Offizier zusammen.« Er nahm einen Sack hoch. »Bin nebenan, wenn Sie mich brauchen.« Dann ging er hinaus und schloß die Tür.

Smithett war schon hier gewesen, vielleicht hatte er sogar Lascelles veranlaßt, die Kammer für ihn zu räumen. Jedenfalls war der Ständer für seine Taschenuhr bereits aufgestellt, und ein sauberes Hemd lag daneben.

Blackwood setzte sich auf die Koje und fühlte, wie der Schiffsrumpf ungeduldig bebte. Was mußte das für ein Vergnügen für den Kommandanten der *Satyr* gewesen sein, die Nachtwachen ringsum mit seiner Sirene aufzuscheuchen, ehe er den Hafen verließ. Das hatte er bestimmt Ashley-Chutes wegen getan.

Mit hinter dem Kopf verschränkten Händen legte sich Blackwood hin. Aber er würde bestimmt nicht schlafen können. Das ganze Schiff um ihn herum dröhnte und ratterte, von einem Lüfter kam ein sirrendes Geräusch. Dabei hatten sie noch nicht mal Fahrt aufgenommen.

Armer Harry. Wahrscheinlich würde er an Deck stehen, wenn sie am Flaggschiff vorbeidampften. Das war Hauptmann Philip Blackwoods letzter Gedanke. Noch ehe das erste Glied ihrer Ankerkette durch die Klüse klirrte, fiel er auf *Satyr* in tiefen Schlaf.

IV Die Ersten an Land ...

Smithett klemmte sich in einer Ecke der Kammer fest und knurrte durch die Zähne: »Ist das immer so, Sir?«

Blackwood drückte sich gegen ein Spind und blickte in den Spiegel. Jedesmal, wenn er das Rasiermesser zum Gesicht hob, holte Smithett erschreckt Luft, als fürchte er, sein Hauptmann werde sich die Kehle durchschneiden. Als die Schiffsgeräusche Blackwood geweckt hatten und er, erschrocken über das ungewohnte Rasseln und Brummen der Maschinen, aufzustehen versucht hatte, war er quer durch die Kammer geworfen und beinahe bewußtlos geschlagen worden.

Gepreßt antwortete er: »Ich nehme an.«

Er legte das Rasiermesser weg und betupfte sich die Haut mit einem Handtuch. Sein ganzer Körper fühlte sich feuchtkalt an, er war nahe daran, seekrank zu werden. Smithett hatte ihm schon erzählt, daß mehrere Marines »sich die Seele aus dem Leib kotzen«; selbst er hatte seine sonstige Vorliebe für Katastrophen eingebüßt.

Blackwood hatte vor, zum Frühstück zu gehen; doch als das Deck heftig schwankte und das ganze Schiff offenbar den Versuch machte, sich selbst kaputtzurütteln, klammerte er sich an eine Stütze. Das Wasser schoß donnernd an der Bordwand entlang, und ein Wellenkamm erhob sich unerwartet über dem Bulleye draußen. Frühstück? Vorläufig jedenfalls noch nicht.

Blackwood ließ sich von Smithett in den Rock helfen und kämpfte sich dann in den Gang, der sich ebenfalls auf die Seite zu legen versuchte.

Auf allen möglichen Schiffen, vom großen Linienschiff wie der *Audacious* bis zur kleinen Brigg, war Blackwood zur See gefahren und hatte Stürme erlebt, die fast die Masten aus den Decks rissen. Aber an solche Bewegungen konnte er sich nicht erinnern.

Stolpernd und keuchend gelangte er zum Fuß des Niedergangs und blickte zu seiner Überraschung in ein blaues, rechteckiges Stück Himmel. Er hatte sich eingebildet, sie führen in einen Sturm hinein. Langsam kletterte er an Deck und klammerte sich an einen Handlauf, ehe er ins Freie trat.

Die *Satyr* war größer, als er sich vorgestellt, und anders als jedes Kriegsschiff, das er bisher gesehen hatte. Sie trug zwei Masten und war anscheinend als Brigantine getakelt, doch ihre Segel waren alle sauber festgemacht. Als erstes fielen ihm mittschiffs zwei riesige Radkästen auf, einer auf jeder Seite und durch einen offenen Laufsteg verbunden. Hinter den beiden Schaufelrädern stand ein hoher Schornstein, dessen Rauch in langer Fahne über das Achterdeck zog. Dicht vor dem Besanmast befand sich ein großes Doppelrad, doch zu seinem Erstaunen stand nur ein Rudergänger daran. Der wachhabende Offizier, ein Steuermannsmaat und ein rotbäckiger Fähnrich vervollständigten die Gruppe beim Kompaß.

»Guten Morgen, Major.«

Blackwood ließ den Handlauf los und fiel beinahe hin. Kapitän Tobin war von achtern her aufgetaucht und beobachtete amüsiert seine Reaktion.

»Gut geschlafen?«

»Aye, Sir.« Blackwood sah sich erneut um; der offensichtliche Stolz des Kommandanten auf sein Schiff belebte ihn etwas. »Aber ich dachte, wir hätten Sturm.«

»Ich hätte Sie warnen sollen.« Tobins Hände steckten tief in seinem Wachmantel, die salzverkrustete Seemütze war bis dicht über die Augen gezogen: ein robuster, rotgesichtiger Mann, nach Blackwoods Schätzung Mitte der Dreißig. Man hätte ihn jederzeit als Seemann erkannt, ganz egal, was er anhatte.

»Sie sind daran gewöhnt, daß eine Menge Segel oben stehen«, fuhr Tobin fort. »Genauso ging es mir. Aber wir halten das Schiff stabil, ganz gleich, wie schief es liegt. Hier«, er winkte mit seiner Hand, ehe er sie wieder in die Tasche steckte, »reiten wir die See ab.«

Er pendelte auf den Absätzen rückwärts und wartete, bis das Schiff in ein tiefes Wellental sackte. Das Steuerbord-Schaufelrad hob sich, und als die Schaufeln die Oberfläche aufwühlten, fühlte Blackwood wieder das gleiche Vibrieren. Tobins dröhnende Stimme übertönte ohne Schwierigkeiten das Stampfen der Maschine. Mehrere Minuten sprach er über sein Schiff und was es leisten könne, wenn man ihm nur eine Chance dazu gäbe.

»Aber wir machen alle Dreckarbeit für die Flotte«, sagte er, jedoch ohne Bitterkeit. »Wir übernehmen jeden Auftrag, um Ihren Lordschaften keinen Anlaß zu geben, uns wieder loszuwerden.« Lächelnd schloß er: »Aber Sir James Ashley-Chute wird Ihnen das schon eingetrichtert haben: kein Platz für Dampf, das Majestätische eines Segelschiffes und ähnlichen Unsinn.«

Vom graziösen Steven bis zur Heckreling maß die *Satyr* 249 Fuß, also 75 Meter, und sie hatte eine Tragfähigkeit von zweitausend Tonnen.

Fasziniert hörte Blackwood zu. Selten hatte er einen Kommandanten mit so viel Verständnis, fast Liebe, über sein Schiff und die Aufgaben jedes einzelnen Besatzungsmitgliedes reden hören.

»Es ist weit bis zu unserem Bestimmungsort«, sagte Tobin grinsend. »Deshalb will ich versuchen, Ihnen den Aufenthalt an Bord so angenehm wie möglich zu machen. Vielleicht kann ich Sie sogar bekehren.«

Blackwood war aufgefallen, daß es keine Kanonen gab. Auf jedem anderen Schiff wären sie als sein wesentlicher Daseinszweck nicht zu übersehen gewesen. Ob Fregatte oder Linienschiff, auf jedem Deck standen an beiden Seiten Kanonen hinter den Stückpforten. Die Seeleute lebten, aßen und schliefen dazwischen. Wurden sie an Deck gepfiffen, standen auch dort Kanonen.

Tobin merkte Blackwoods Unsicherheit und wies mit dem Kinn auf das Mitteldeck.

»Da vorn habe ich zwei Zehn-Zoll-Jagdgeschütze mit gezogenem Lauf, und hinter den Radkästen stehen auf beiden Seiten Vierzöller.« Er sah ihn forschend an. »Nur sechs Kanonen, im Vergleich zu den rund vierzig auf einer normalen Fregatte. Doch mit dieser Bewaffnung kann ich alles, was schwimmt, niederkämpfen und ausmanövrieren.« Er nickte dem Leutnant am Ruder zu. »Ich gehe frühstücken, Mr. Spalding.« Und mit einem Blick auf Blackwood: »Wie ist's mit Ihnen?«

Blackwood atmete tief durch. Seine drohende Seekrankheit war verschwunden.

»Gern, Sir.«

Die Kommandantenräume lagen wie üblich achtern, doch sonst war alles anders. Der getäfelte Eßraum wurde nicht durch Geschützpforten verunstaltet. Den Boden bedeckte statt des schwarz-weiß-gewürfelten Segeltuchs ein richtiger Teppich, und alles wirkte intim und behaglich.

In einem Gestell an der Schottwand stand der Säbel des Kapitäns, daneben sah Blackwood das Bild einer Frau und eines kleinen Mädchens.

Nachdem er dem Kabinensteward seine Mütze gegeben hatte, setzte sich Tobin an den Tisch, an dem Sir Geoffrey Slade sichtlich unbeeindruckt vom Stampfen des Schiffes in Papieren las und Kaffee schlürfte.

Tobin machte sich an ein reichliches Frühstück, und Blackwood hing seinen Gedanken nach. Ob Dampf- oder Segelschiff, eines hatten beide gemeinsam: während des Frühstücks sprachen die Offiziere nur, wenn es unbedingt nötig war. Auch in der nur wenige Schritte entfernten Offiziersmesse blieb es still.

Plötzlich erhob sich Slade. »Kommen wir gut voran, Kapitän?« Er lächelte trotz seiner Sorgen. »Ich weiß, wir sind erst seit einigen Stunden auf See, aber ...«

Tobin betrachtete ihn seelenruhig. »Meine Offiziere sind sich über die Wichtigkeit dieser Reise durchaus klar, Sir Geoffrey. Und der Leitende Ingenieur ist guten Mutes. Wir werden Teneriffa wegen Kohlen anlaufen, auch wenn ich notfalls ohne Nachschub auskommen. Aber vielleicht erfahren wir dort mehr.«

Slade nickte langsam, seine Gedanken wanderten schon weiter. »Hoffentlich.« Er ging zur Tür. »Mal sehen, ob mein Sekretär seine Seekrankheit überwunden hat.«

Als sich die Tür schloß, grinste Tobin. »Slade scheint sich Sorgen zu machen. Trotzdem bin ich ihm verdammt dankbar. Wenn er nicht auf uns bestanden hätte, lägen wir immer noch in Gibraltar vor Anker.«

»Warum sind viele ältere Offiziere gegen Dampfantrieb, Sir?«

Tobin winkte dem Steward, Kaffee nachzugießen. »Sie haben nie gelernt, mit Dampf umzugehen und begreifen seine Bedeutung nicht. Von Schiffsverbänden und dem Einsatz Tausender von Männern verstehen sie was. Aber Gott möge verhüten, daß wir in einen Krieg ziehen ohne einen neuen Nelson, der sich auf Dampfschiffe versteht.«

Blackwood schickte sich an aufzustehen, doch Tobin bedeutete ihm, sitzenzubleiben.

»Einen Moment noch, Major. Ich habe Sie aus mehreren Gründen gebeten, mit mir und Sir Geoffrey zu essen, und nicht in der Offiziermesse. Wir können beide voneinander lernen. Ich zweifle nicht mehr daran, daß uns Gefährliches bevorsteht, sonst wäre Sir Geoffrey nicht hier, und Sie auch nicht.«

Der Kommandant ging zum Bulleye, seine breiten Schultern wiegten sich mit den ständigen Bewegungen des Schiffes. Versonnen fuhr er fort: »Ich bin fünf Jahre lang vor der westafrikanischen Küste gefahren, meist Patrouillen gegen die Sklavenhändler. Als ich noch sehr jung und grün war, kommandierte ich eine kleine Sloop unten im Golf von Guinea. Mein Gott, waren das Zeiten! Fast alle Sklavenschiffe waren besser bewaffnet als wir und zeigten uns meist die Hacken. Hätte ich damals die *Satyr* gehabt, hätte das anders ausgesehen.«

Blackwood wartete. Er konnte die Ruhelosigkeit dieses Mannes, die seiner eigenen so glich, verstehen.

»Haben Sie je ein Sklavenschiff gesehen?« fuhr Tobin fort, ohne jedoch eine Antwort abzuwarten. »Wenn es wirklich eine Hölle gibt, dann muß sie so aussehen. Wie Tiere angekettet liegen Männer und junge Mädchen, sogar Kleinkinder, in ihrem eigenen Dreck, bis sie den Markt erreichen. Und es geht noch heute so, glauben Sie mir, auch wenn Ihre Lordschaften lieber wegsehen. Es ist eher noch schlimmer geworden. Da unsere Patrouillen das Netz dichter gezogen haben, nimmt die Nachfrage nach schwarzem Elfenbein, wie sie es nennen, immer mehr zu. Die ganze Küste wird rebellieren, wenn wir nichts unternehmen. All die Handelsmissionen, die wir bisher geschützt haben, müssen aufgegeben werden. Damit drehen wir die Uhr um fünfzig Jahre zurück.« Er schlug mit der Faust gegen die Wand. »Und eine Menge Leute werden niedergemetzelt, wenn wir nicht schnell handeln.«

Blackwood gab sich Mühe, nicht an Daverns Gesicht zu denken oder sich ihre Suche nach dem Vater vorzustellen. Vielleicht würde ja einer von Slades Untergebenen sie daran hindern; doch insgeheim wußte er, daß Davern sich durchsetzen würde.

»Glauben Sie, daß auch dieser neue Aufstand mit dem Sklavenhandel zusammenhängt?«

»Sicher. Ich kenne Mdlaka, den König, von dem Sir Geoffrey sprach. Ein verdammter Pirat und Kannibale, soweit ich weiß. Doch loyal der Krone gegenüber, obwohl ›gekauft‹ wohl der bessere Ausdruck wäre.«

Oben schrillten Pfeifen, und Tobin schickte sich an, zu gehen.

»Beide Wachen zum Exerzieren. Besser, sie wissen, daß ich in der Nähe bin.« An der Tür zögerte er. »Dieses neue Schiff ist etwas Besonderes, und damit meine ich nicht den Unterschied zwischen Holz und Eisen. Hier muß jeder umlernen, das macht ihn stolz auf das Schiff und auf sich selbst. Für Verbrecher und Gepreßte ist in der Marine kein Platz mehr. In Zukunft wird man gern bei uns dienen, denn hier kann man zeigen, was man kann.« Er grinste. »Und das sage ich Ihnen, Major, noch ehe Sie von Mr. Lascelles mehr darüber erfahren. Wenn wir nach Teneriffa kommen und Kohle übernehmen, macht jeder mit und packt zu, sogar die Marines. Verstanden?«

Blackwood lachte. »Auch die Offiziere?«

»Alle.« Die Tür war schon fast geschlossen, als er noch hinzusetzte: »Außer dem Kapitän.«

Deacon, Erster Offizier der *Satyr*, reichte Blackwood sein Teleskop, als dieser zu ihm an die Reling trat.

»Da liegt Afrika, Major. Bei Tagesanbruch kam es in Sicht.« Wie Tobin gab auch er sich keine Mühe, seinen Stolz zu verbergen.

Blackwood hob das Glas und studierte die langgestreckte Küstenlinie. Tobin hatte Slade eine vierzehntägige Reise zugesagt. Einen Tag hatten sie in Teneriffa gelegen, dann waren sie mit kohleverschmierten Decks wieder aus dem Hafen gebraust. Dennoch hatte die Reise nur dreizehn Tage gedauert.

Was für eine trostlose Küste, dachte Blackwood. Lehmfarbige Felsbuckel, steile Höhen und weiter im Binnenland die Andeutung hoher Gebirgszüge. Schimmernder Dunst und wahrscheinlich Flugsand machten das Bild im Glas undeutlich und konturlos.

Die Dampffregatte war mit der Fahrt heruntergegangen, auf den Decks drängten sich Seeleute und Marines. Die alten Hasen erzählten den Neulingen, wie es in Afrika aussah. Immer die gleichen Geschichten, nur die Erzähler wechselten.

Nach dem Getöse der letzten Tage wühlten sich die neun Meter hohen Schaufelräder jetzt fast gemütlich durchs Wasser.

Blackwood blickte sich suchend um und erkannte in der Menge einige seiner Leute. Kaum zu glauben, daß über zweihundert Männer in einem schon so vollgepackten Schiff verschwinden konnten. Denn fast ein Drittel des Raumes wurde von Maschinen und Kesseln eingenommen; die Deckoffiziere und die Matrosen mußten sich so gut sie konnten vor den Schaufelrädern einrichten. Dahinter, relativ komfortabel und mit etwas mehr Platz, wohnten die Offiziere und natürlich der Kommandant. Tief unter ihnen, auf dem Orlopdeck, wohin niemals Tageslicht drang, hausten wie die Eulen die restlichen der Besatzung.

Trotz der Überfüllung und des Vorrangs von Maschine und Kohle herrschte gute Kameradschaft, das war Blackwood bei der beschwerlichen Kohlenübernahme aufgefallen. Bei sengender Sonne, in erstikkenden Kohlestaubwolken, hatten sich die Männer mit ihren Körben zwischen Bunkern und Schiff hin und her geschleppt, bis Hamilton, der Leitende Ingenieur, zufrieden war. Niemand trug Uniform, ohne Rücksicht auf Rang und Stellung rempelten die geschwärzten, fast nackten Gestalten einander an.

Selbst als das Deck wieder saubergewaschen und das Messing der engen Brücke auf Hochglanz gebracht worden war, ging es an Bord lässig zu. Ohne Dreispitz und Epauletten, war Tobin trotzdem immer irgendwo an Deck zu sehen; aber vor seiner Seemannschaft hatte Blackwood wie die Matrosen Respekt.

Von Slade hatte man nach dem Auslaufen aus Teneriffa kaum etwas bemerkt. Während ihres kurzen Aufenthalts war er an Land gewesen und mit verbissenem Gesicht zurückgekehrt. Noch immer lag keine Nachricht von dem vermißten Patrouillenschiff vor, einem bewaffneten Schoner namens *Kingsmill*, befehligt von einem jungen Leutnant. Es war sein erster Einsatz vor der Sklavenküste, deshalb konnte so gut wie alles passiert sein.

Der Erste Offizier straffte sich, als Tobin hinzutrat. Daß ein so großer Mann sich so leise wie eine Katze bewegen konnte!

»Ja, wahrhaftig, diese sanft abfallende Anhöhe ist die Landzunge. Südlich davon windet sich der Fluß landeinwärts. Zu dieser Jahreszeit ist es zu riskant, weit flußaufwärts zu fahren. Aber wir ankern dicht unter Land, so nahe wie möglich.« Ohne den Kopf zu wenden, befahl er: »Kursänderung um vier Strich, Mr. Oliver. Ost zu Süd.«

Blackwood beobachtete, wie der Befehl durch ein Sprachrohr zum Maschinenraum gegeben wurde, und als das Ruder gelegt war, sah er das nächstgelegene Schaufelrad plötzlich stärker arbeiten. Es war heiß auf dem ungeschützten Achterdeck. Wie mochte es erst dort unten sein, wo die Kohle in die hungrigen Feuerschlünde geschaufelt wurde!

»Ost zu Süd liegt an, Sir.«

»Recht so, Mr. Oliver.«

Tobin kratzte sich am Kinn. »Ich wette, wir werden bereits von einer Million Augen beobachtet. Haben Sie alles genau im Kopf?« fragte er Blackwood.

Dieser dachte an die vielen Stunden, die er mit Tobin in dessen Kajüte verbracht hatte. Der Kommandant hatte mit ihm die Karten und Skizzen durchgearbeitet, hatte ihm aus seinen eigenen Notizbüchern vorgelesen, bis sich die Gegend ihm genau einprägte. Jeden Morgen, ehe die Sonne zu heiß wurde, hatte er mit den Marines exerziert, bis auch sie wußten, was ihnen bevorstand, wenn sie erst einmal die Sicherheit der *Satyr* verlassen hatten.

»Aye, Sir, dank Ihrer Hilfe.«

Tobin sah ihn ernst an. »Ich möchte nicht für nichts und wieder nichts Menschenleben aufs Spiel setzen.« Wieder ein kurzes Kommando. »Ganz langsam, Mr. Oliver!«

Irgendwo ertönte ein Gong, und die großen Schaufelräder schlugen noch langsamer.

Das Gesicht von einem Strohhut beschattet, kam Slade vom Niedergang her. »Tut sich irgendwas?«

»Nein, Sir Geoffrey, nicht mal ein Fischer ist zu sehen. Grabesstille.«

Slade sah mit leerem Blick an ihm vorbei. »Das hab' ich mir gedacht.« Plötzlich zog er Blackwood zur Seite. »Ich wollte es nicht so weit kommen lassen. Aber ich muß wissen, was hier geschah, es ist entscheidend für das, was wir später unternehmen. Die einzigen, die uns helfen könnten, sind die Leute auf der Mission. Sie standen unter Mdlakas Schutz und konnten tun, was ihnen beliebte. Jedoch ...« Wie eine Drohung hing das Wort in der Luft. »Wenn dieser Aufstand nicht nur eine vorübergehende Angelegenheit ist, bei der alte Rechnungen beglichen werden, dann steckt jemand dahinter, der die Flammen schürt.« Heftig ergriff er Blackwoods Arm. »Es tut mir leid, daß ich Sie darum bitten muß, aber ich muß einfach Bescheid wissen!«

»Ich bin bereit, Sir. Es tut meinen Männern gut, wenn sie sich mal die Beine vertreten.«

Slade lächelte nicht. »So schnell es geht rein – und wieder raus, bevor die Nacht anbricht.« Er sah Blackwood so scharf an, als wolle er sich sein Gesicht einprägen. »Verstanden?«

»Verstanden, Sir.« Blackwood ging zur Reling. »Klarhalten, Feldwebel, sobald der Anker fällt.«

Lascelles stand neben ihm, er hatte sich umgezogen und trug nun den roten Rock.

»Wir nehmen zwei Boote, Mr. Lascelles«, fuhr Blackwood fort, »damit wir nicht nur ein Ziel bilden.« Die Augen des Leutnants wurden größer, als hätte er erst jetzt begriffen, was los war. »Ich vermute, uns steht einiger Ärger bevor. Überprüfen Sie also die Waffen, und stellen Sie sicher, daß jeder Mann eine zusätzliche Patronentasche mitführt.«

Auf dem Hauptdeck der Fregatte rannten Marineinfanteristen hin und her, um Waffen und Ausrüstung zur Verladung bereitzustellen. Endlich waren sie keine Passagiere mehr, jetzt wurde die übrige Schiffsbesatzung zu bloßen Zuschauern.

Lascelles würde kaum von Nutzen sein, diese Erkenntnis traf Blackwood wie ein Faustschlag. Nach außen hin ein guter Offizier, verstand er sich prächtig mit seinen Männern, aber wenn es zum Gefecht kam, würde er zusammenklappen. Doch jetzt war es zu spät für diese Erkenntnis.

Blackwood schlug ihm auf die Schulter und fühlte die Verkrampfung unter dem roten Tuch. »Sie beziehen guten Sold, Mr. Lascelles, nun verdienen Sie ihn auch!«

Der Leutnant ging davon, sein angespanntes Gesicht zeigte, daß er sich gedemütigt fühlte.

Zu M'Crystal sagte Blackwood leise: »Sie bleiben bei Mr. Lascelles, Feldwebel.« An M'Crystals rotem Gesicht war alles, was er dagegen einwenden wollte, abzulesen. »Ich nehme seinen Sergeanten.«

M'Crystal nickte. »Aye, Sir, verstehe.«

Tobin kam aus dem Niedergang. »Ich habe das zufällig mitangehört, Major. Für einen so jungen Mann haben Sie schon einen ziemlich klugen Kopf. Sehen Sie zu, daß er auf Ihren Schultern bleibt. Wir werden Sie noch brauchen.«

Lascelles kam von achtern und legte, ohne Blackwood anzusehen, die Hand an den Tschako. »Landungsabteilung klar zur Musterung.«

»Danke.« Was hatte Großvater gesagt? Im Corps war es immer das gleiche: *die Ersten an Land, die Letzten zurück.* Blackwoods Blick strich über die kahle Bergkette und die steil abfallenden Felsen. Und das galt überall.

Er wunderte sich, daß seine Stimme so flach und gleichgültig klang. »Hinter dieser ersten Biegung sind wir auf uns allein gestellt. Was auch geschieht, denken Sie daran, und achten Sie auf Ihre Männer!«

Fast dasselbe hatte er dem jungen Harry gesagt. Der hätte das hier gemocht: Gefahr, Abenteuer und ein neues Land.

Beim zweiten Marineinfanteristen in der ersten Reihe blieb er stehen. Es war der junge Rekrut, mit dem er in Gibraltar gesprochen hatte.

»Freuen Sie sich, daß es losgeht, Oldcastle?« Es war so schrecklich einfach, die Jungs für sich einzunehmen, einfach dadurch, daß man ihre Namen behielt.

»Yes, Sir!« Er konnte kaum stillstehen, als M'Crystal seine Waffen überprüfte. »Wo sind wir, Sir?«

M'Crystal schnaubte ungehalten. »Das ist egal, mein Junge, im Augenblick jedenfalls.«

Eine halbe Stunde später fiel der Anker, und die *Satyr* drehte in die Strömung, die um die Landzunge stand.

Im letzten Augenblick schaute Blackwood nach achtern und sah, daß Tobin ihn beobachtete. Ohne die Hände aus den Taschen zu nehmen, nickte er nur kurz.

Er kletterte über die Reling hinab und in eins der Boote. Deacon, der Erste Offizier, saß bereits darin, und die Marines hatten sich eng wie Heringe zwischen die Ruderer gepackt.

»Absetzen vorn! Riemen aus!« Das Boot glitt aus dem Schatten des Schiffes. »Ruder an!«

Blackwood faßte seinen Kinnriemen mit den Zähnen und versuchte, im grellen Licht nicht zu blinzeln. Nachdem sie das Schiff verlassen hatten, wurde es plötzlich sehr ruhig, nur das regelmäßige Knarren der Riemen war zu hören und ab und zu ein Wellenschlag irgendwo an der Landspitze. Das Wasser war tief und floß träge dahin; er konnte das Land riechen, so wie er die Stille und die dräuende Atmosphäre fühlen konnte.

»Wir werden uns ziemlich dumm vorkommen, wenn hier alles ganz normal ist«, sagte Deacon leise.

Die Augen des Schlagmannes wandten sich leicht zur Seite; als Blackwood sich zufällig umdrehte, schob sich die Landzunge wie eine Tür vor die verankerte Fregatte. Gut sah sie aus, so über ihrem eigenen Spiegelbild liegend; die Flagge bewegte sich kaum im ablandigen Wind. Das Boot drehte in die erste Biegung, *Satyr* kam außer Sicht.

Der Schlagmann blickte zu Blackwood auf. Was steht mir mit Ihnen bevor? schienen seine Augen zu fragen. Wirst du was taugen, wenn es losgeht?

Er verdrängte den Mann aus seinen Gedanken und versuchte, sich auf das zu konzentrieren, was Tobin ihm beigebracht hatte.

In Kürze würde der Fluß breiter werden. Die Handelsmission lag dann an Steuerbord. Was waren das für Verrückte, die freiwillig an einem solchen Ort arbeiteten? Er biß mit den Zähnen auf den Kinnriemen. Laß dich nicht ablenken. Du bist jetzt ganz auf dich selbst angewiesen. Diesmal war kein verwegener Major zur Stelle, der ihn führte.

»Hinter der nächsten Biegung muß es sein, Frazier.«

Neben den zwei Seeleuten an der Drehbasse* im Bug hatte sich bereits ein Scharfschütze niedergekauert; seine lange Muskete ragte wie ein Fühler über das Schanzkleid.

* Schwenkgeschütz

Blackwood blickte zum anderen Boot hinüber und stellte verärgert fest, daß Lascelles ihn beobachtete, statt auf seine Männer zu achten.

Während Deacon seine Pistole überprüfte, meinte er: »Wenn ich bedenke, daß ich die Möglichkeit hatte, an Land zu bleiben und eine sichere Stellung in der Werft zu bekommen ...« Er sah zu Blackwood auf, und beide lächelten sich wie Verschwörer zu.

Der Mann am Schlagriemen lehnte sich auf seinem Sitz zurück und entspannte sich. Die Offiziere hätten keine Witze gemacht, wenn die Lage wirklich gefährlich gewesen wäre.

An beiden Ufern des Flusses wuchs dichte Vegetation, für die Augen völlig undurchdringlich. Im Vorbeigleiten ging Blackwood in Gedanken alle Möglichkeiten durch, mit denen er rechnen mußte.

Im Bug rief ein Seemann: »Jetzt kommt es, Sir.« Er dämpfte seine Stimme, als sei auch er sich der unnatürlichen Stille bewußt. Kein Vogel war zu hören, nicht mal ein leichter Windhauch in den Büschen.

»Oben auf der Höhe hat etwas geblitzt, Sir. Backbord achteraus!« rief Korporal Jones.

Lascelles Sergeant murmelte: »Wichtigtuer!«

»Was war das, Jones?« Blackwood gab dem Bootssteurer einen Wink; die Ruderer hielten inne, bedrückend legte sich die Stille über sie.

Von allen Männern im Boot hatte Korporal Jones wahrscheinlich die meiste Fronterfahrung. Früher war er als Soldat bei einem Linienregiment in Indien gewesen. Waren auch nur die Hälfte seiner ›Kantinenerzählungen‹ wahr, dann hatte er alles, was einem Soldaten an der Indien-Front begegnen konnte, erlebt.

Ohne Zögern antwortete Jones: »Lichtblitz von einem Spiegel, Sir. Irgendeine Art Signal. Auch die verdammten Afghanen haben sich so verständigt.«

Blackwood winkte zu dem anderen Boot hinüber, um seinen Männern zu sagen, was auf sie zukam: er wollte auf Lascelles warten und hoffte, daß dieser bei den ersten Anzeichen von Gefahr nicht alles vergessen hatte.

Smithett rutschte unruhig auf der Ruderbank hin und her. »Hier, Sir.« Er reichte Blackwood eine geladene Pistole. »Die andere ist klar, wenn Sie sie brauchen.«

Blackwood sah Deacon an. »Wir wollen es hinter uns bringen.« Als das Boot wieder Fahrt aufnahm, setzte er hinzu: »Glauben Sie immer noch, daß wir uns hier nur dumm vorkommen werden?«

Deacon blieb die Antwort schuldig.

Blackwood stand auf und starrte über die Köpfe der Seeleute und Marines hinweg. Nach dem, was Jones gesehen hatte, fiel es ihm schwer, sich zu konzentrieren. Er hatte ein prickelndes Gefühl im Nacken, als sei er bereits von einem Scharfschützen aufs Korn genommen.

Das Boot fuhr um die nächste Biegung, hinter der sich der Fluß plötzlich bis auf die Breite einer Viertelmeile weitete. An Backbord war das Ufer weiterhin steil und felsig, an Steuerbord aber fiel es in einen langen, steinigen Strand ab; ein brüchig wirkender Anleger war dort das erste Anzeichen menschlichen Lebens. Mitten im Strom verriet ein Wirbel das Vorhandensein einer Sandbank. Kein Wunder, daß Tobin es abgelehnt hatte, sich mit der *Satyr* bis hierher zu wagen.

»Da liegt die Mission«, flüsterte Deacon.

Sie sah mehr wie ein primitives Fort aus, günstig am oberen Rand des Strandes erbaut, mit einer kräftigen Umzäunung aus festgestampften Stein- und Sandschichten hinter den Holzpalisaden: häßlich aber sicher, nur nicht gegen Artilleriebeschuß.

Deacon erhob sich ebenfalls. »Kein Anzeichen von Leben.« Etwas zuversichtlicher setzte er hinzu: »Wahrscheinlich war alles nur ein Gerücht.«

Blackwood überging das und fragte den Sergeanten der *Satyr*: »Wenn *Sie* hier Männer an Land setzen sollten, wo wäre es Ihrer Meinung nach am gefährlichsten?«

Nicht gewohnt, nach seiner Meinung gefragt zu werden, zögerte der Sergeant. Währenddessen wurde die Entfernung immer geringer, aber es war wichtig, daß er mitdachte. In Minuten, gar Sekunden, mußte er vielleicht die Führung übernehmen.

»An der Pier da, Sir: keine Deckung, langer Weg zum Strand.«

Blackwood beugte sich vor und klopfte ihm auf die Schulter, ließ das Land jedoch nicht aus den Augen.

»Gut. Ich bin derselben Meinung.«

Dann zwang er sich, geruhsam die Arme zu verschränken. Möglicherweise wartete drüben jemand mit einem Fernglas auf ein alarmierendes Zeichen. Auf dem offenen Wasser hatten sie bei Beschuß keine Chance.

»Also halten Sie auf die Pier zu, Bootssteurer. Ganz ruhig, gleichmäßiger Schlag. Keine Aufregung!« Er zwang sich zu einem Lächeln, als er das überfüllte Boot musterte. »Aber wenn ich Befehl gebe, dann rudert wie der Teufel ans Ende des Strandes. Schiebt das Boot hinauf und nutzt es als Deckung.«

Seine Stimme war heiser, doch er wagte nicht, sich zu räuspern. Hier und dort bewegte sich eine Hand, um das Bajonett in der Scheide zu lockern. Ein Finger trommelte einen Marsch auf den Musketenschaft.

Blackwood maß die Entfernung. Wenn sie den Strand erreichten, waren es noch fünfzig Meter bis zur nächsten Deckung, einigen Felsbrocken unterhalb der Mission. Feuerschutz für sie würde dann Lascelles Sache sein. Wenn er versagte ... Er dachte an M'Crystals rotes Gesicht und tröstete sich. Zumindest der würde die richtigen Befehle geben.

Deacon fragte heiser: »Ich überlege, wo der Eingang zur Station ist?«

»Vermutlich auf der Landseite.«

Sie sprachen nur, um sich abzulenken. Nirgends eine Bewegung zu entdecken, kein Rauch, nicht einmal ein Boot.

Der Anleger kam näher, der Strom gurgelte leise zwischen den roh behauenen Pfählen. Hier landete das Missionsfort seine Versorgungsgüter an, um mit den Eingeborenen Handel zu treiben, von hier konnten die Landesprodukte für den Export abgeholt werden. Slade hatte es die ›Hintertür des Empire‹ genannt. Jetzt schien es ein Ort der Toten.

Jones zischte: »Da hat sich was bewegt, Sir! In den Büschen rechts von der Mission. Bei der Felsspalte.«

Blackwood drehte leicht den Kopf. »Ganz ruhig, Jungs, es dauert jetzt nicht mehr lange.« Mein Gott, dachte er, wenn Korporal Jones nicht wäre, lägen wir bald alle tot auf dem Anleger.

»Achtung! Beim ersten Zeichen eines Angriffs Drehbasse richten! Haben Sie die Richtung?«

Die beiden Seeleute am Bug nickten fahrig wie Marionetten.

»Jetzt!«

Wenn einer der Seeleute mit dem Riemen unterschnitt wie neulich im Spithead, mußte es ein Chaos geben. Aber wie sie es gelernt hatten, warfen sich die Ruderer auf ihren Sitzen zurück, und als die Pinne hart übergelegt wurde, fiel die wacklige Pier zurück; sie fegten vorbei, die Ruderblätter warfen das Wasser fast so hoch auf wie die Schaufeln der *Satyr*.

Einen Augenblick dachte Blackwood, er hätte einen schweren Fehler gemacht; doch dann bewegten sich Schatten hinter dem dichten

Gebüsch, und er hörte das harte Krachen einer Muskete. Ein Seemann schrie vor Schreck auf, denn eine Kugel schlug ins Schanzkleid und stanzte oberhalb seines Knies ein sauberes Loch hinein, um dann auf der anderen Seite in die Planken zu schlagen. Sie kam aus einer gefährlichen Waffe, die ganz gewiß nicht von einem ungeübten Wilden geführt wurde.

»Schneller, Jungs, schneller!«

Ein weiterer Schuß krachte, pfiff aber über die schwitzenden Ruderer hinweg.

Im Bug zielte Frazier, der erfahrene Scharfschütze, langsam und überlegt und drückte dann ab. Er würde selbst auf solche Entfernung und aus einem fahrenden Boot treffen. Noch nie hatte Blackwood erlebt, daß er vorbeischoß.

Aus dem Gestrüpp brach eine Gestalt hervor, taumelte gegen den Fels und stürzte dann kopfüber den Hang hinunter. Sie war in ein langes Gewand gehüllt und sah eher wie ein Araber als wie ein Neger aus.

Blackwood zog den Säbel und wies zum Ufer. »Feuer!«

Die Drehbasse, längst gerichtet, spie eine lange, orangefarbene Zunge aus; der Krach des Schusses hallte wie ein Donnerschlag vom Steilufer wider. Wenige Fuß von der Stelle, wo die Gestalt hervorgebrochen war, explodierte die Kartätsche im Gestrüpp.

Aus der Entfernung sah es so aus, als hätte ein Windstoß den Hang getroffen. Steine und Zweige wurden in alle Richtungen geschleudert. Blackwood bildete sich ein, jemand tiefer in Deckung kriechen zu sehen, möglicherweise war er durch die mörderische Ladung verwundet worden.

Doch jetzt blieb keine Zeit, sich darüber Gedanken zu machen. Plötzlich war der Strand da, die Riemen wurden eingenommen, Seeleute und Marineinfanteristen warfen sich über das Dollbord, um das Boot watend auf den Strand zu schieben.

Blackwood merkte nicht einmal, daß er nasse Füße bekam. Nach dem Auflaufen hatte er kurz Halt gesucht, dann stand er schon, alles überblickend, auf dem heißen Strand. Taumelnd rannten die Marines in zwei Gruppen auf die Felsen zu, mit zusammengekniffenen Augen nach dem Feind ausspähend.

Blackwood sah über das langsam ziehende Wasser. Um Gottes willen! Lascelles lag in direkter Linie hinter seinem Boot. Ohne die Hälfte der Landungsabteilung zu töten oder zu verwunden, hätte er ihnen keinen Feuerschutz geben können. Doch dann ruderte das Boot wieder an, und Blackwood atmete geräuschvoll aus. Entweder Lascelles oder M'Crystal hatte die Gefahr rechtzeitig erkannt.

»Deckung hinter den Felsen! Erste Gruppe marsch, marsch!«

Die Marines stapften unter Führung des Sergeanten den Strand hoch, während die anderen niederknieten und ihre Musketen auf die Stelle richteten, wo die Drehbasse eine Schneise in den Busch geschlagen hatte.

»Soll ich das zweite Boot heranwinken, Major?« rief Deacon.

»Noch nicht!« Blackwood wischte sich mit dem Ärmel über die Augen. Die erste Gruppe war angekommen, wie Granatäpfel lagen die Männer zwischen den Felsen. Seine Finger waren so schweißnaß, daß er kaum den Säbel halten konnte. Wie war das jetzt mit dem Mut?

Korporal Jones sah fragend zu ihm hoch. »Sir?«

Das gab Blackwood wieder Halt. *Sir.* Er mußte wohl, ohne es zu merken, laut gesprochen haben.

Grinsend entblößte er die Zähne, doch seine Augen blieben eiskalt. »Zweite Gruppe, Sprung auf, marsch, marsch!«

Wie sie wohl für einen Beobachter aussahen? dachte er. Marineinfanteristen, die in Linie vom Strand hoch auf die Mission vorrückten. Er schaute schnell nach rechts und links. Nur eine Handvoll Leute waren um ihn, die Gesichter verbissen unter den schwarzen Tschakos, die Musketen schußbereit, so stapften sie über das freie Gelände: Doak, der wegen Trunkenheit im Arrest gesessen hatte, Frazier, der eine Eichel vom Baum schoß, aber alles tat, um einer Beförderung zu entgehen; Oldcastle, noch nicht ganz siebzehn und schon bereit, dem Tod ins Auge zu sehen.

Wenn ich daran denke, daß ich sie und ihresgleichen fast verlassen hätte . . .

Zwischen den Felsen sah er die andere Gruppe, die ihr Vorgehen beobachtete und feuerbereit war für den Fall, daß sich etwas regen sollte.

Sein Herz schlug so laut gegen die Rippen, daß Jones oder die anderen es bestimmt hören konnten. Jetzt mußte er bald kommen, der Einschlag. Hoffentlich ging es schnell, ohne Qualen unter den Händen des Bordarztes, ohne die Demütigung, als Krüppel nach Hause zu kommen.

Jetzt standen sie vor der grob behauenen Palisade. Blackwood sah hoch und horchte. Wer der Feind auch sein mochte, er wußte, daß der einzige Weg ins Fort durch das Tor auf der anderen Seite führte, wo sie ohne Deckung zusammengeschossen werden konnten.

»Greifhaken, Sir?« fragte Korporal Jones.

Blackwood nickte. Vielleicht war der erste spärliche Beschuß nur ein Trick gewesen, um sie hierher zu locken? Die wirkliche Gefahr lag möglicherweise hinter der Umzäumung, lauerte darauf, daß sie durchs Tor stürmten oder über den Wall kletterten.

Doak hängte sich die Muskete um, trat zurück und schwang einen Haken in der Hand. Er war ein Einzelgänger, an dem nach Blackwoods Meinung ein heimlicher Kummer nagte. Und so oft er dazu Gelegenheit bekam, tat er alles, um ihn mit Rum zu betäuben.

Blackwood überlegte kurz, hakte sein Wehrgehenk ab und reichte es mit Säbel und Tschako an Smithett weiter. Gespannt beobachteten ihn die Nächststehenden.

»Pardon, Sir, aber so geht das nicht. *Ich* klettere hinauf«, sagte Korporal Jones behutsam.

Blackwood ignorierte ihn; er beobachtete, wie der Haken auf der Brustwehr oben faßte. Dann nahm er die Leine und prüfte sie. »Wenn ich falle, Korporal Jones, zieht euch aufs Boot zurück.« Mit festem Griff packte er die Leine und hoffte nur, daß seine feuchten Handflächen nicht abrutschen würden. Jones alles zu erklären, hätte zu lange gedauert.

Einen Fuß gegen die Palisade gestemmt, lehnte er sich zurück. Was hatte sein Vater gesagt – Ehre und Ruhm seien sein Ziel? Fluchend begann er, sich an der Leine hochzuziehen. Es war leicht gewesen, Lascelles einen forschen Rat zu geben, aber nun war es an ihm, seinen Sold zu verdienen.

Einmal hielt er inne, um auszuruhen, und wurde sich der Stille und der zu ihm emporgewandten Gesichter bewußt. Neben seiner Hand sah er eine Ameise in einem Loch verschwinden. Wie viele Menschen waren wohl gestorben, ehe diese Anlage fertig war?

Plötzlich war sein Kopf in der Höhe der oberen Kante. Er hielt den Atem an und suchte nach einem Halt, sein Herz schlug wild vor Anstrengung und Konzentration.

Vor sich sah er einen ausgebrannten Dachstuhl und ein paar heruntergefallene Balken. Tür und Tor jedoch waren verschlossen und mit einem schweren Balken verbarrikadiert. Blackwood schnüffelte und merkte, wie sich sein Körper verkrampfte. Es roch nach Tod. Den Gestank kannte er genau.

»Ist was, Sir?« Jones unten wurde unruhig.

Ohne zu antworten zog sich Blackwood behutsam höher, bis er flach oben auf dem Wall lag. Da hörte er einen Knall und zuckte zusammen. Eine Kugel schlug in die Holzbohlen, die von innen die Brustwehr stützten. Als Antwort ratterte sofort Musketenfeuer und die Drehbasse des zweiten Bootes los.

Blackwood warf sich über die Umzäumung und fiel innen auf die Knie. Als er die Pistole aus dem Gürtel zog, sah er ein Gesicht über den Rand der inneren Brustwehr spähen. Bärtig und dreckig, mit vor Verzweiflung und Angst weit aufgerissenen Augen, schrie das Geschöpf: »Um Gottes willen, wer sind Sie?«

Überzeugt, daß es in den nächsten Sekunden auf seine Beherrschung ankam, ging Blackwood auf ihn zu. Der Mann war bewaffnet, auch wenn er seine Waffe hinter den Planken der Brustwehr verbarg. Zudem stand er am Rande des Wahnsinns. Eine falsche Bewegung, und er bekam eine volle Ladung in den Bauch.

»Die Marine ist da«, sagte er. Langsam steckte er die Pistole wieder in den Gürtel und beobachtete die Augen des Mannes, der um Begreifen rang: glanzlose, alte Augen wie die seines Großvaters.

Es war schier unerträglich, daß dieses zerlumpte Wesen nun zu weinen begann. Zwar lautlos, aber das machte es nur noch schlimmer. Dabei starrte er Blackwood die ganze Zeit an, als könne er immer noch nicht begreifen, was vor sich ging. Ein weißes Bein kam über die Brustwehr; gleich darauf kauerte Korporal Jones neben ihm.

»Das stinkt wie die Hölle, Sir!« Er schnüffelte. »Leichen!«

Blackwood starrte den zerlumpten Verteidiger an.

»Wie viele seid ihr?«

»Vier, glaube ich.« Benommen schüttelte er den Kopf. »Seit Tagen wehren wir sie ab, aber die Teufel sind immer noch da draußen.« Mit seiner schmutzigen Hand packte er Blackwoods Rock. »Von der Marine, sagen Sie?« Ein Flehen lag in seinen Augen. »Gekommen, um uns zu helfen?«

Langsam erhob sich Blackwood. Alles in ihm rebellierte, als er am Tor die Leichen herumliegen sah, noch in der Stellung, wie sie gefallen waren. Es mußte ein heftiger Kampf gewesen sein. Er hörte das dumpfe Summen der Fliegen, doch im Geiste auch die Angstschreie und das Gebrüll, das diesen Ort des Schreckens erfüllt haben mußte.

Dann sah er Smithett über die Brustwehr klettern und sich mit stoischem Gesicht ducken, als eine Kugel über seinen Kopf hinwegpfiff.

»Wir brauchen jetzt wohl eine von Ihren Flaschen, Smithett«, sagte Blackwood, und zu Jones gewandt: »Rufen Sie die anderen und bringen Sie sie in Stellung.« Plötzlich dachte er an den jungen Oldcastle; was sagte der wohl zu diesen Schreckensbildern hier? Schwarze und Weiße, starrende Augen und klaffende Wunden. »Danach rufen Sie die erste Gruppe schleunigst von den Felsen herbei.«

Er wandte sich an den alten Mann mit der Muskete. »Ja, wir sind gekommen, um Ihnen zu helfen.« Er zwang sich zu einem Lächeln, obwohl ihm mehr nach Weinen zumute war. »Aber zuerst möchte ich, daß Sie *mir* helfen.«

V Zermürbungskampf

Kapitän George Tobin lehnte mit ernstem Gesicht an einem Heckfenster seiner Tageskajüte und hörte den Bericht seines Ersten Offiziers an. Es war früher Abend, völlig windstill, und die *Satyr* dümpelte in einer toten Dünung.

So zusammengekauert, als wolle er sich unsichtbar machen, saß Sir Geoffrey Slade in einem von Tobins Ledersesseln. Bartow, sein Privatsekretär, ging Akten durch und kritzelte ab und zu etwas.

Erschöpft und mit einem Notverband ums Handgelenk, berichtete der Erste Offizier, was sie in der Handelsmission vorgefunden hatten. »Der alte Mann, Thomas Fenwick heißt er, sagt, daß ursprünglich zweiunddreißig Männer im Fort waren.«

In Erinnerung an die zerrissenen Leiber und die Fliegenschwärme schlug er die Augen nieder. »Als wir eintrafen, waren es nur noch fünf. Kurz nachdem wir den Wall erklommen hatten, starb ein weiterer. Drei habe ich an Bord zum Arzt gebracht.« Er zuckte so heftig mit den Schultern, als übersteige das alles seine Vorstellungskraft. »Der alte Thomas Fenwick weigert sich, das Fort zu verlassen.«

»Kann ich mir denken. Seit es hier Weiße gibt, hat er an dieser Küste Handel getrieben.« Slade erhob sich, ging zum Tisch und blickte seinem Sekretär über die Schultern. »Wenn es sich wirklich so abgespielt hat, Kapitän, dann habe ich mich in Mdlaka geirrt. Wir alle haben uns geirrt. Der alte König wurde nicht gestürzt, er hat das Massaker offensichtlich selbst geplant und dabei Hilfe von außen gehabt.« Er blickte scharf auf. »Gewehre mit gezogenem Lauf, sagen Sie?«

Deacon nickte. »Jawohl, Sir. Hauptmann Blackwood bestand darauf, daß ich Ihnen das melde. Nicht viele, vielleicht drei oder vier. Aber ein Schuß durchschlug glatt die Bordwand des Bootes. Das schafft kein normaler Lauf.«

Slade rieb sich nachdenklich das Kinn. »Den ganzen Tag haben Sie gewartet, und es geschah weiter nichts? Interessant. Das unvermutete Auftauchen der *Satyr* hat ihre Pläne zweifellos über den Haufen geworfen. Sie wollten auch die letzten Verteidiger umbringen; das Ganze sollte so aussehen, als ob andere diesen Überfall begangen hätten.«

»Jedes kleinere Schiff wäre in die Flußmündung eingelaufen und hätte wie üblich an der Pier festgemacht. Und mit diesen wenigen Musketen hätten sie jeden Versuch, wieder Segel zu setzen und zu entkommen, unterbinden können. Sie haben recht, Sir Geoffrey, mit einer Dampffregatte haben sie nicht gerechnet.« Diesmal lag kein Stolz in Tobins Stimme, nur Abscheu.

»Warten Sie draußen, Deacon«, bat Slade. Sobald die Tür geschlossen war, sagte er knapp: »Ich kann Ihnen keinen Befehl geben, Kapitän Tobin, ich kann Sie nur beraten. Das ist ein feiner Unterschied.«

Tobin lächelte. »Ich weiß, Sir. Dazu habe ich lange genug in der Navy gedient. Als ranghöchster Offizier muß ich, bis ich in Freetown auf Vorgesetzte treffe, hier so handeln, wie ich es für richtig halte.«

»Sie meinen, daß andere das Lob einstecken, wenn Sie sich klug verhalten, man aber Ihnen allein die Schuld geben wird, wenn Sie einen Fehler machen?«

»So ungefähr, Sir.«

»Dann erlauben Sie mir, daß ich Ihnen einen Rat gebe. Mdlaka war nur einer von vielen afrikanischen Königen oder Häuptlingen, die auf unser Geheiß einen unsicheren Frieden einhielten. Sie sind durch Sklavenhandel reich geworden, neuerdings auch durch den steigenden Export an Palmöl. Obwohl die meisten europäischen Länder, wenn auch nur mit Worten, ihr Bestes getan haben, um die Sklaverei zu unterbinden, so gibt es doch Leute, für die Sklaven immer noch Profit bringen. Kuba, Brasilien, ja sogar die westindischen Inseln sind gute Absatzmärkte. Es hat nicht gereicht, die ehemaligen Sklavenhalter zu entschädigen, nein, die Quellen müssen verstopft werden. Wenn sogar ein alter König wie Mdlaka mit ein paar modernen Gewehren bestochen und dazu veranlaßt werden kann, Massenmord zu begehen, dann ist das, was weiter südlich am Golf geschehen kann, völlig offen.«

Tobin setzte sich. »Seltsam, Sir. Kürzlich habe ich Hauptmann

Blackwood erzählt, was ich seinerzeit hier am Golf erlebte.« Er schaute auf und blickte Slade gerade in die Augen. »Sie wollen ihn hierlassen, nicht wahr?«

»Sie mögen den Hauptmann?« Slade ging zu einem Bulleye und schaute über das im goldenen Sonnenlicht liegende Wasser. Bald würde der Abend dämmern. »Ja, ich muß ihn hierlassen. Wäre das Fort eingenommen, wären die Leichen und alle Beweise verbrannt worden, dann könnte ich es vielleicht dabei belassen.« Kühl fuhr er fort: »Aber Mdlaka kennt mich und wird wissen, daß ich ihn durchschaut habe. Wenn wir uns zurückziehen, wird es sich wie ein Lauffeuer herumsprechen: Der weiße Mann ist vor Mdlaka geflohen. Sie würden sich überschlagen, um seinem Beispiel zu folgen.«

»Und Ihr Rat, Sir?«

»Sobald es dunkel ist, schicken Sie die restlichen Marinesoldaten hinüber und mit ihnen alles, was Hauptmann Blackwood Ihrer Ansicht nach braucht.«

Tobin verzog keine Miene. Es war sinnlos, Slade zu sagen, daß nur noch sechs Marineinfanteristen an Bord waren. Er war eine Landratte, ein Politiker.

»Ich selbst muß unverzüglich nach Freetown. Dort werde ich hoffentlich die neuesten Lageberichte über das Geschehen erhalten.« Er sah den Kapitän traurig an. »Grämen Sie sich nicht um den jungen Blackwood. Er schlägt seinem Vater nach, obwohl ich bezweifle, daß er es zugeben würde. Aber er ist ebenso einfallsreich und tapfer. Und«, setzte er hinzu, »wie Sie ist auch er der einzige, der zur Hand ist.«

Tobin erhob sich. »Ich unterrichte den Ersten Offizier. Die Boote können ablegen, sobald es dunkel ist.« Er sah sein Gegenüber an. »Sir, Sie hätten Admiral werden sollen.«

Slade wartete, bis die Tür geschlossen war. »Haben Sie alles mitgeschrieben, Barrow?« fragte er dann seinen Sekretär. »Ich möchte nicht, daß später etwas falsch interpretiert wird.«

Er spähte erneut durch das Bulleye. Manche Menschen fürchteten sich vor Afrika, weil es auf der Karte so riesig aussah. Aber man brauchte Mut und Forschergeist, um hier ein neues Leben zu beginnen. Schon strömten religiöse und ärztliche Idealisten ins Land, einige sogar in die gefürchtetesten, feindlich eingestellten Gebiete. Sie waren Englands Vorhut, auch wenn sie selbst es nicht wußten. Nicht einmal tausend Mdlakas würde es mehr gelingen, den Traum vom Empire zu zerstören, dazu stand zu viel auf dem Spiel.

Tobin kam kopfschüttelnd zurück. »Ein eigenartiger Haufen, diese Marines. Die letzten sechs, die ich an Bord habe, riefen hurra, als Deacon ihnen sagte, sie würden ins Fort geschickt.«

Slade lächelte. »Sie machen sich zu viele Gedanken, Käpt'n. Wer weiß, vielleicht schreiben wir hier alle ein Stück Geschichte?«

Tobin hob den Kopf, als das Boot mit Soldaten um das Heck gerudert wurde. Nun waren sie auf sich allein gestellt, da draußen im Nirgendwo. Er überlegte, wie *er* sich wohl unter diesen Umständen fühlen würde. Ohne Schiff? Hilflos.

»Ich habe den Leitenden Ingenieur angewiesen, ankerzauf zu gehen, sobald das Boot zurück ist.« Er verabschiedete sich.

Alles, bloß nicht allein bleiben mit diesem kalten, sachlich denkenden Mann, der jede Gefühlsregung für Schwäche zu halten schien.

Als das Boot zurückkehrte und eiligst eingesetzt wurde, war es schon dunkel.

Tobin erwartete seinen Ersten Offizier auf dem Achterdeck. »Wie war es?« fragte er.

»Schrecklich, Sir. Der Gestank – alles!« Deacon versuchte zu lächeln. »Übrigens, Hauptmann Blackwood läßt Sie grüßen. Der Kerl ist kalt wie Eis.«

Tobin wandte sich ab. Schattenhafte Gestalten um ihn herum warteten auf Befehle, um wieder einmal zu beweisen, was sie leisten konnten. Deacon war ein guter Mann, aber er begriff nur die Hälfte, dachte Tobin.

»Ich werde ihm auch einen Gruß schicken. Von uns allen, vom Schiff.«

Wenige Augenblicke später, als der Anker triefend zum Kattdavit emporschwebte und die Fregatte in einem Wirbel von Schaum und Sprühwasser aufdrehte, ließ die Sirene ihr durchdringendes Heulen zum Himmel steigen.

Tobin kletterte auf seine ungeschützte Brücke und blickte achteraus über das in der Dunkelheit leuchtende Kielwasser.

»Wir kommen zurück, verlaßt euch drauf!«

Hauptmann Philip Blackwood ging langsam an der Brustwehr entlang und sah angestrengten Auges in die Dunkelheit, die wie eine schwarze Wand hinter dem verbarrikadierten Tor lag. Die Marines hatten den ganzen Tag lang hart gearbeitet, mit kaum einer Essenspause oder einem Schluck Wasser. Bei der grausigen Arbeit, die Leichen über die

Brustwehr zu heben, waren einige Soldaten würgend zurückgetorkelt. Obwohl die Schreckensbilder jetzt beseitigt waren, hing der Gestank noch immer über dem Fort. In einem abgelegenen Teil des Lagerbereichs hatte man die toten Weißen begraben. Nahrungsmittel und sonstige Vorräte von der *Satyr* waren im Gemeinschaftshaus an der Flußseite des Forts gestapelt. Die gesamte Anlage maß achtzig mal fünfzig Yards* und mußte, nach der Größe der niedergebrannten Lagerhütten zu urteilen, einst eine blühende Niederlassung gewesen sein.

Sergeant Brogan von der *Satyr* schien außerordentlich tüchtig zu sein. Zur Zeit war er mit einer Patrouille von fünf Mann draußen unterwegs, um festzustellen, ob sich noch Angreifer im Gestrüpp verborgen hielten.

Blackwood blieb stehen und schaute über die Umzäunung; das lange Gespräch mit Tom Fenwick ging ihm nicht aus dem Sinn. Der Mann wirkte wie eine Gestalt aus einem Jugendbuch: ein Glücksritter. Seit Jahren lebte er hier im Fort und kannte die Stämme ringsum besser als jeder andere.

Als Sergeant Brogan sich angeschickt hatte, seine Patrouille nach draußen zu führen, hat der Alte mit zittriger Stimme gesagt: »Das bringt nichts, Hauptmann. Die Kerle sind weg. Jetzt hüpfen und tanzen sie nach ihren heidnischen Riten, und wenn sie sich die Bäuche gefüllt und getrunken haben, greifen sie sich ihre Weiber, um sich so richtig als Krieger zu fühlen.«

Blackwood starrte in die Dunkelheit und dachte an die Sirene der *Satyr*, deren Abschiedssignal über den Fluß zu ihnen gedrungen war. Typisch für Tobin, daß er trotz Uniform und Autorität Mensch blieb. Blackwood hatte auch bemerkt, wie das Signal auf die anderen wirkte: Die Jüngeren hatten einander angesehen, als würde ihnen erst jetzt klar, daß sie nun auf sich allein gestellt waren. Schweigend waren die Älteren weiter ihrer Arbeit nachgegangen. Sie wußten, was sie erwartete, oder glaubten es zumindest.

Blackwood hörte behutsame Schritte näherkommen und erkannte Lascelles.

»Wachen aufgestellt, Sir. Die übrigen haben sich wie befohlen hingelegt.«

Seltsam, dachte Blackwood, der Leutnant wirkte noch unsicherer

* Yard = drei Fuß = 91,5 cm

als die Rekruten. Er war wohl zu lange mit seiner kleinen Abteilung auf einem Schiff wie der *Satyr* gewesen. Unter solchen Umständen wurde ein Soldat leicht zum Passagier.

Er rief sich in die Gegenwart zurück. »Für drei Wochen haben wir notfalls Proviant und Wasser.« Lascelles zuckte zusammen. »Das Wasser muß rationiert werden, obwohl der Bach durchs Fort fließt. Aber der alte Fenwick meint, er sei vielleicht vergiftet worden. Ich habe die Männer gewarnt, halten Sie trotzdem die Augen offen.« Er fühlte sich ausgelaugt und war ärgerlich, daß Lascelles ihn offenbar alle Entscheidungen treffen ließ, ohne selbst etwas beizutragen. »Vom Augenblick ihres Dienstantritts an sind Marines dazu erzogen worden, immer ordentlich und sauber zu sein. Ab sofort müssen sie umlernen. Ich wünsche, daß alle Uniformröcke weggepackt werden und jeder Mann sein Hemd so beschmiert, daß er nicht zur Zielscheibe wird. Feldwebel M'Crystal nimmt das in die Hand.«

M'Crystals entsetzter Blick fiel ihm wieder ein, als er ihm befohlen hatte, die Hemden der Männer mit Kaffee oder Tee braun zu färben. Für ihn mußte sich das fast wie Gotteslästerung angehört haben.

»Wir sind zwar zum Kampf geschult«, fuhr Blackwood fort, »aber nicht gegen einen solchen Feind. Ich möchte nicht, daß unsere Männer, nur weil das Exerzierreglement es verlangt, von einem verdammten Heckenschützen niedergeknallt werden.«

Lascelles legte die Handflächen auf das rohe Holz. »Sie werden also zurückkommen?«

»Ja.«

Blackwoods Gedanken wanderten zu dem alten Tom Fenwick, der von der Schwelle zur Hölle wieder zu sich selbst gefunden hatte. Nach Fenwicks Meinung mußte König Mdlaka irgend jemandem für eine wichtige Fracht freie Durchfahrt flußabwärts versprochen haben. Das schien glaubhaft. Es war ein leichtes, an der Küste zu verladen, nachdem der bewaffnete Schoner *Kingsmill* verschwunden, möglicherweise zerstört war. Nur noch die Handelsniederlassung stand im Wege, deshalb wollte Mdlaka, daß hier kein einziger überlebte. Vor dem eigentlichen Angriff hatte er sogar Männer ausgeschickt, um die beiden Boote des Forts zu stehlen.

Fenwick hatte das ohne Gefühlsregung beschrieben, als sei er ganz woanders oder nur ein bloßer Zuschauer gewesen.

Die Angreifer hatten das Tor, das für die Tauschhändler aus den Nachbardörfern geöffnet worden war, gestürmt. Der Kampf hatte hin und her gewogt, Mann gegen Mann, ohne Pardon. Irgendwie war es ihnen gelungen, die ersten Angreifer so lange vor dem Lager aufzuhalten, bis sie das Tor schließen konnten. Das Weitere hatte sich zwar langsamer, aber um so fürchterlicher abgespielt. Brandpfeile entzündeten die Hütten, und auf den Berghängen versteckte Scharfschützen schossen die Verteidiger nieder.

Zwei Händler hatten heimlich das Fort verlassen, um die vermißten Boote zu suchen. Aber am nächsten Morgen hatte man den einen vor dem Tor gefunden, schrecklich verstümmelt und offensichtlich bei lebendigem Leibe enthäutet. Am nächsten Tag hatte man den zweiten Mann entdeckt; direkt gegenüber dem Tor, für eine Rettung jedoch zu weit entfernt, war er an einen Baum gebunden. Selbst Fenwick, der wußte, wie Wilde quälen konnten, hatte erklärt, er wisse nicht, wieso der Mann noch einen ganzen Tag gelebt habe. »Sie müssen ihn wohl den Weibern überantwortet haben«, sagte er.

»Möglicherweise werden sie einen Scheinangriff unternehmen, um festzustellen, wie stark wir sind«, meinte Blackwood jetzt. »Diese Gewehre mit gezogenen Läufen machen mir Sorge.«

»Das Marinecorps soll sie erst im nächsten Jahr bekommen, Sir. Wie die Armee«, warf Lascelles ein.

»Das hilft uns jetzt auch nichts!« Im selben Moment bedauerte er seine Schärfe, sie war ein Zeichen seiner Überanstrengung. »Fenwick hat eine Karte gezeichnet.« Er deutete über die Umzäunung in die Dunkelheit. »Dort drüben hinter dem Hügelkamm liegt eine flache Senke, dahinter kommt ein spitzer Bergkegel, wie ein Zuckerhut. Ein hervorragender Platz für Beobachtungsposten. Sobald wir wissen, daß der Feind auf Abstand bleibt, müssen wir ihn besetzen.«

Lascelles schluckte heftig. »Verstehe, Sir.«

»Ich weiß, das hört sich nicht gut an, aber mehr können wir nicht tun. Wer der Gegner auch ist, er kämpft auf seine Art; wir müssen es ihm gleichtun. Dieses Fort ist eine wichtige Schlüsselstellung. Nun kontrollieren Sie die Posten, und in einer Stunde löse ich Sie ab.« Er tastete sich zur Leiter und stieg in den Lagerbereich hinunter.

Hinter einer Mauer flackerte ein freundliches Feuer, um das mehrere Marines kauerten; ohne ihre roten Röcke und weißen Schulterriemen wirkten sie fremd. Als sie vor ihm aufstehen wollten, winkte Blackwood ihnen, sitzen zu bleiben; er bemerkte, daß ihre Waffen in Reichweite lagen und die Munitionstaschen sowie die Zündhütchen innerhalb von Sekunden ergriffen werden konnten.

»Weitermachen, Korporal Jones.«

Er ging wieder in das Dunkel zurück und zwang sich, nicht an die *Satyr* zu denken, die ungehindert nach Süden stampfte.

An einer anderen Mauer fand er eine Decke und einen zusammengerollten Mantel, daneben einen Metallbecher mit Brandy, über den ein Stück Brot gedeckt war, um die Insekten abzuhalten. Langsam setzte er sich hin und nippte an dem Brandy. Gott sei Dank, daß es Smithett gab!

Er versuchte, seine Gedanken vom nächsten Tag abzulenken, und dachte an daheim. Ob sein Vater wohl weitere Schritte für den Verkauf des Gutes und den Umzug nach London unternommen hatte? Im Gegensatz zu ihm hatte sein Vater ein langes, ausgefülltes Leben geführt: zwei Frauen, eine ereignisreiche Laufbahn im Corps und zwei Söhne, die die Familientradition fortsetzten.

Jenseits der Palisade schrie ein Tier – oder ein Mensch. Blackwood drehte sich auf die andere Seite und schloß fest die Augen. Harry hatte eine gute Chance, der einzig überlebende Sohn zu sein, dachte er.

Dann versuchte er, sich an das schwarzhaarige Mädchen zu erinnern, doch ihr Bild blieb verschwommen. Das beunruhigte ihn und ließ ungute Ahnungen in ihm aufsteigen. Als Leutnant Lascelles kam, um ihn zu wecken, fand er ihn noch hellwach; das Kinn auf die Knie gestützt, starrte er ins Feuer.

Bei seinem Rundgang beobachtete er die Männer; sie waren unruhig und suchten einander, um sich zu vergewissern.

Jenseits der Umzäunung erwachte das Land zum Leben. Ungewöhnliche Vogelschreie erklangen, ein Sonnenschimmer lag auf dem Bergkamm.

Sergeant Brogan hatte gemeldet, daß er dort, wo die Drehbasse eine Schneise ins Unterholz gerissen hatte, getrocknetes Blut gefunden hatte. Die Leiche war jedoch verschwunden oder – wie Fenwick bemerkte: »Wahrscheinlich von einer Hyäne aufgefressen worden.«

Blackwood musterte seinen derzeitigen Kommandobereich ohne großes Zutrauen. Er wirkte wie ein Hort der Verlorenen und hatte sogar seine Marines verändert. Ungewaschen und unrasiert, in braungefleckten Hemden und längst nicht mehr weißen Hosen sahen sie wie Deserteure aus. Ein himmelweiter Unterschied war das zum Exerzierdienst auf dem Kasernenhof in Fornton und zu ihrem schmucken Aussehen, um das sie selbst die Garde zu Fuß beneidete.

Lascelles beobachtete ihn ängstlich. »Beide Wachen haben gefrühstückt, Sir. Waffen sind gemustert.«

Blackwood betrachtete die Hemden der Marines. Die Verfärbung hatte nur zum Teil gewirkt, doch half sie sicher, vor allem nachts, die Konturen zu verwischen.

Fenwick saß auf der gegenüberliegenden Seite der Umzäunung, kaute auf einem Stück trockenem Rindfleisch und starrte trübsinnig die Gräber an. Wie gut hatte er die Toten gekannt? Vermißte er sie? Oder war es bei ihm wie bei den Soldaten, überlegte Blackwood, denen nur das Überleben etwas galt?

Als hätte er gefühlt, daß man ihn beobachtete, wandte sich Fenwick plötzlich um. »Sie kommen«, sagte er wie unbeteiligt.

Lascelles starrte ihn an. »Wie können Sie ...«

»An die Gewehre!« befahl Blackwood.

Schweigend ergriffen die Marines ihre Musketen und Patronentaschen und rannten wie beim Exerzieren zu den Leitern. Doch Blackwood konnte auch hier ein bestimmtes Verhaltensmuster erkennen. Alte Freunde blieben beieinander. Ein altgedienter Soldat warf einen prüfenden Blick auf einen jüngeren Kameraden, der mit maskenhaftem Gesicht zur Brustwehr hochstieg.

Blackwood erklomm die Brustwehr über dem Tor. Nun hörte er selbst das klopfende Rauschen, das wie der Flügelschlag eines großen Vogels klang.

Fenwick folgte ihm keuchend. »Sie machen sich Mut. Zum Teufel mit ihnen!«

Blackwood biß auf seinen Kinnriemen, bis ihn der Schmerz beruhigte. Eine Staubwolke erhob sich über dem Berghang, mit jeder Minute wurde das Trommeln stärker.

Er warf einen Blick auf die nächststehenden Marines. Den Tschako ins Gesicht gezogen, um die Augen vor der Sonne zu schützen, die Musketen an der Seite und die Schultern zurückgenommen: So mußten auch die Männer bei Abukir oder bei Trafalgar ausgesehen haben. Nur war dies keine Seeschlacht, kein Feld der Ehre.

»Da kommen sie!« Sergeant Brogan zeigte über die Umzäunung.

Lascelles flüsterte: »O mein Gott!«

Es war unmöglich, ihre Zahl zu schätzen oder festzustellen, wie weit diese vorrückende Masse reichte. Die wirbelnde Staubwolke konnte weder die schwarzen, schweißnaß glänzenden Leiber verhüllen noch den rhythmischen Schlag dämpfen, den sie mit den Speerschäften gegen ihre Schilde trommelten. Vor den dichtgedrängten Reihen hoben sich ein paar Einzelgestalten ab, die in komplizierten Schritten vorwärts sprangen, mit ihren Speeren in die Luft stießen und so ihre Krieger in die Schlacht führten.

»Nehmt euch diese Männer als erste vor«, sagte Blackwood.

Frazier murmelte eine Erwiderung. Zweifellos hatte er sein erstes Ziel bereits gewählt.

»Mdlaka muß Verstärkung angefordert haben«, meinte Fenwick. »Jetzt geht's ums Ganze. Verrecken soll er!«

Blackwood starrte der sich nähernden, tanzenden Flut entgegen, bis seine Augen schmerzten. Das ist nicht wie in Neuseeland, dachte er grimmig, jetzt liegen keine Schiffe hinter dir, die dich wegbringen, wenn die Sache schiefgeht. Keine Armeesoldaten oder Seeleute zur Unterstützung.

Die Umzäunung schien zu beben, als vielstimmiges Gebrüll wie Donnergrollen gegen sie anbrandete. Das mußten viele Hunderte sein.

Dann begannen sie zu rennen. Nun war es keine geführte Bewegung mehr, kein langsames Vorrücken, sondern ein wildes Vorwärtsstürzen; offenbar galt es als Ehre, zuerst am Tor zu sein.

Speere flogen gegen die Flügel und wurden von der angreifenden Masse niedergetrampelt.

»Legt an! Zielen!«

Entlang der Brustwehr hoben sich alle Musketen gleichzeitig.

Blackwood schluckte, denn ihm war, als sei seine Kehle mit Staub verstopft.

»Feuer!«

Die Salve rollte die Brustwehr entlang, und als die erste Reihe der Marines zurückwich, um neu zu laden, trat die zweite Reihe vor und zielte.

»Legt an! Feuer!«

Jeder Schuß mußte getroffen haben, sie konnten gar nicht vorbeischießen; doch auf die Menge der vorwärtsstürmenden Leiber hatten die Salven nicht mehr Wirkung als ein Mückenstich auf einen Elefanten.

Wie eine kompakte Masse prallten die ersten gegen Tor und Umzäunung; Kommandorufe und das sporadische Knallen der Musketen vereinigten sich mit dem Brüllen und Schreien zu einem schrecklichen Chor.

Laden und wieder laden, die Marines feuerten ohne Pause. Blackwood schoß mit seiner Pistole in die Angreifer direkt unter der Brustwehr, dabei sah er, daß schwere Baumstämme durch die Menge nach vorn geschoben wurden, die als Rammböcke gegen das Tor dienen sollten.

Ein Mann neben ihm brach stöhnend zusammen, einen kurzen Speer in der Schulter. Ein anderer hielt sich das Gesicht, seine Finger trieften von Blut.

»Laden ... Legt an ... Feuer!«

Sergeant Brogan gab das Tempo an; während sich die Ladestöcke noch hoben und senkten, traten die nächsten Männer erneut an die Brustwehr vor.

Plötzlich schrie einer: »Sie kommen auch von der Flußseite, Sir!«

Blackwood fuhr herum. »Lascelles, Sie helfen dort mit Ihrer Gruppe!«

Die Angreifer gingen mit Stämmen und Ästen so geschickt um wie Grenadiere mit Sturmleitern. Als ein schwarzes Gesicht brüllend über der Umzäunung auftauchte, feuerte einer seine Muskete aus der Hüfte ab. Das Gesicht des Wilden zerplatzte in einer blutigen Masse, dann verschwand er.

Blackwood zog seinen Säbel, dachte wie fließend an den toten Major und rief heiser: »Marines! Seitengewehr – pflanzt auf!«

Stählernes Klirren lief die Brustwehr entlang. Als weitere Gestalten versuchten, sich über den Wall zu schwingen, stießen die Klingen mit entsetzlicher Präzision zu.

Einer der Angreifer, den mächtigen Körper nackt bis auf ein Federgeflecht, schwang ein Bein über die Umzäunung und schlug einen Marineinfanteristen mit seiner Keule in Sekundenschnelle nieder. Rekrut Oldcastle dahinter blickte mit schreckensstarrem Gesicht und zitterndem Bajonett auf den Wilden. Er wurde von Bulford beiseite gerissen, der dem Schwarzen sein Bajonett in den Bauch stieß. Mit einem Ruck zog er es wieder heraus und zischte Oldcastle zu: »Nicht herumtrödeln, mein Junge! Sonst macht so ein Kerl dich fertig!«

Feldwebel M'Crystal, gewichtig noch im verfärbten Hemd, rief: »Sie hauen ab, Sir!«

»Feuer einstellen!«

Sergeant Brogan mußte einem Mann die Muskete gewaltsam entreißen. Der Angriff verwandelte sich schnell in Flucht. Überall lagen sie herum, einige still, andere stöhnend, wo sie gerade hingefallen waren.

Blackwood nahm den Tschako ab und wischte sich das Gesicht mit einem Lappen. Das war noch mal gutgegangen! Sein Herz schlug schneller, als er es je für möglich gehalten hatte. Dann stülpte er den Tschako wieder auf und biß die Zähne zusammen. Nichts anmerken lassen!

Einer der verwundeten Marines wimmerte wie ein krankes Tier, als sie ihn in den Schutz des restlichen Gemäuers brachten.

»Überprüfen Sie den Munitionsbestand, Sergeant. Korporal Jones, wie viele sind verwundet?«

Feldwebel M'Crystal wischte seinen Säbel sorgfältig an einem trokkenen Grasbüschel ab. Das Blut sah in der Sonne schwarz aus.

Fenwick kaute immer noch auf seinem Fleischstück. »Die kommen wieder. Mdlaka, der schlaue Hund, schätzt nur eure Stärke ab. Er wird versuchen, euch auszubluten.«

»Sieben Mann sind verwundet, Sir, Simcoe ziemlich schwer. Lunge, glaube ich, Sir«, meldete Jones.

»Danke.«

Blackwood starrte zum Berghang hinüber. Die Sache mußte Mdlaka ungeheuer wichtig sein, wenn er so viele Menschen aufs Spiel setzte. Nicht ein paar Händler verteidigten jetzt das Fort, sondern die Marines, ein sehr viel härterer Brocken. Und doch war der Angriff mit einer Wut und einer Leidenschaft vorgetragen worden, die Zahl und Erfahrung fast zunichte machte.

Welche Möglichkeiten hatte er? Hinter der Umzäunung bleiben und bei jedem dieser wütenden Angriffe mehr Leute verlieren – oder ausbrechen und sie draußen bekämpfen? Anscheinend gab es gar keine andere Wahl.

Krach! Ein Steinsplitter flog aus der Brustwehr und knapp an seinem Gesicht vorbei.

Blackwood trat hinter einen Stützbalken, als M'Crystal wütend sagte: »Wieder eins dieser neuen Gewehre, Sir. Den Kerl möchte ich in die Finger kriegen!«

Mit voller Absicht wandte Blackwood dem unsichtbaren Scharfschützen den Rücken zu. »Ich denke, wir sollten für jeden Mann einen Schluck Rum ausgeben, Feldwebel. Das hat Durst gemacht, was?«

Er fühlte, wie seine Schulterblätter bebten, und wartete auf den Schmerz des Einschlags. Einige der rußverschmierten Marines sahen ihn an und grinsten beeindruckt von seiner billigen Tapferkeitsschau.

Sergeant Brogan kam zurück. »Die meisten Männer haben ihre Zusatzmunition verbraucht. Jeder hat noch sechzig Schuß, und dazu die Munition von der *Satyr*. Natürlich hängt alles davon ab, wie lange wir hierbleiben, Sir.«

Blackwood nickte. Sie brauchten Ermutigung, wollten wissen, daß alles in Ordnung war und ihrem Offizier schon was einfallen würde.

»Da kommen sie wieder!«

»An die Gewehre! Kontrolliertes Feuer diesmal!«

Ein weiterer Schuß des verborgenen Scharfschützen schlug in die Mauer, daß Splitter über ihre Köpfe pfiffen.

Wenn das die Marines daran hinderte, die Brustwehr zu besetzen, und die Angreifer dann durch das Tor brachen, mußte alles in Minutenschnelle vorbei sein. Blackwood starrte die treibende Staubwolke und die Gestrüppwand an, bis seine Augen tränten.

»Feuer!«

Die Mündungsblitze der Musketen zuckten an der Brustwehr auf, mehrere der vorwärtsstürmenden Gestalten stürzten zwischen die Toten des vorigen Angriffs.

Aber der Scharfschütze mußte zur gleichen Zeit gefeuert haben, denn Blackwood sah, daß einer seiner Männer von der Brustwehr in den Lagerbereich stürzte.

Korporal Jones rannte ihm zu Hilfe, sah dann aber auf, schüttelte den Kopf und eilte wieder zu seiner Gruppe zurück.

Der erste Tote.

Blackwood trat vor und feuerte auf einen Mann direkt unter ihm. Smithett drückte ihm die zweite Pistole geladen in die Hand. Beim nächsten Schuß fiel der Angreifer und wurde von den glänzenden Leibern und Schilden zermalmt.

M'Crystal hatte die Muskete eines Verwundeten übernommen und stand da wie ein in die Enge getriebener Bär. Zu wütend, um genau zu zielen, feuerte und lud er in einem fort.

»Kommt her, ihr schwarzen Schweine!« M'Crystal hatte sich immer vorgestellt, einstmals ruhmvoll in der Schlacht zu sterben, wie es auf den Gemälden in den Kasernen der Marines dargestellt war: unter anderen Rotröcken, die unbewegten Gesichts und im geschlossenen Karree sich dem Feind ihres Landes entgegenstellten.

Es schien ihm undenkbar, in diesem Dreck hier zu sterben. Seine Wut übertrug sich auf die Männer neben ihm, sie schrien wie die Verrückten und feuerten, luden und feuerten erneut.

Blackwood trat von der Brustwehr weg und senkte den Arm. Die Angreifer fielen zurück und zerstreuten sich.

»Feuer einstellen!«

Wie viele waren diesmal verwundet? Blackwood wagte kaum zu fragen. Er sah, wie der tote Marineinfanterist – einer der Rekruten – zu den Gräbern getragen wurde. Nicht einmal an seinen Namen konnte er sich erinnern.

Er blickte Fenwick an. »Was halten Sie von der Lage?«

Der alte Mann zupfte an seinem Bart. »Mdlaka weiß jetzt, wie stark Sie sind. Er wird's weiter versuchen. Sonst verliert er sein Gesicht, und er ist ein alter Mann.« Grinsend zeigte er seine letzten Zähne. »Andernfalls würden sie sich schnell seiner entledigen.«

Also weitere Angriffe. Blackwood sah hinaus auf die herumliegenden Leichen und die wenigen, die sich noch im Todeskampf wanden.

Sergeant Brogan meldete nach oben: »Insgesamt fünfzehn Verwundete, Sir. Carson ist gefallen, und mit Simcoe geht es meiner Meinung nach zu Ende.«

Blackwood nickte, zu sprechen wagte er nicht. Sechzehn Tote und Verwundete insgesamt, ein Drittel ihrer Gesamtstärke. Und das alles an einem einzigen Tag!

Lascelles trat zu ihm und sagte nach kurzem Zögern: »Was den Beobachtungsposten auf dem Berg angeht, Sir ...« Seine Lippen waren zusammengepreßt, er sah verzweifelt aus.

»Ja?«

»Ich könnte es schaffen, wenn Sie meinen, daß es uns hilft, Sir.«

Blackwood blickte ihn ernst an. »Wenn sie wieder angreifen, und Fenwick, der sie besser kennt als wir, rechnet fest damit, dann werden wir in einer Woche nur noch ein Dutzend sein, vielleicht sogar weniger. Mdlaka hat keine Zeit zu verlieren. Er versucht, unsere Abwehr durch Masseneinsatz zu erdrücken.«

Lascelles Augen wanderten zu einem Verwundeten hinüber, der mit blutüberströmtem Gesicht in Deckung gebracht wurde.

»Fenwick ist der Ansicht, daß Sklavenhändler Mdlaka unter Druck gesetzt haben, damit er das Fort zerstört. Ich glaube, das trifft zu. Ein Spiegel für Signalzwecke, die Treffgenauigkeit der Gewehre mit gezogenem Lauf sagen mir, daß ein anderer Kopf dahintersteckt als Mdlaka.« Blackwood sprach seine Gedanken laut aus. »Diese Scharfschützen, auch wenn es nur wenige sind, können unsere Männer bei jedem Angriff dezimieren. Entweder sterben wir so nach und nach, oder wir werden abgeschlachtet, wenn die anderen das Tor aufbrechen.« Er sah wieder Lascelles an und sagte ruhig: »Ich möchte Ihnen nicht befehlen, auf den Berg zu gehen. Sie kennen die Chancen, hier zu überleben, und Sie wissen, was passiert, wenn man Sie gefangen nimmt.«

Lascelles schluckte. »Aber ich möchte gehen!«

»Gut.« Blackwood wandte sich ab, er konnte Lascelles offensichtliche Angst und sein Bemühen, sie zu überwinden, nicht mehr mit ansehen. »Bei Anbruch der Dämmerung nehmen Sie Koporal Jones und Frazier und was Sie an Verpflegung benötigen und marschieren los. Versuchen Sie, die Scharfschützen auszumachen, wenn die anderen morgen wieder gegen das Fort stürmen.« Er drückte Lascelles sein kleines Teleskop in die schlaffe Hand. »Jones und Frazier werden das Ihre tun.«

»Und was unternehmen Sie, Sir?«

Blackwood lächelte. »Jedenfalls werde ich nicht untätig auf den Tod warten.« Er faßte Lascelles am Arm und fühlte, unter welcher Spannung er stand. »Wenn wir scheitern, dann versuchen Sie, sich zur Landzunge durchzuschlagen; dort warten Sie auf die *Satyr*. Irgend jemand muß draußen berichten, was hier geschehen ist.«

Feldwebel M'Crystal kam schwer atmend herbei. »Befehle, Sir?«

»Mr. Lascelles geht mit einer Patrouille hinaus, sobald es dunkelt. Sorgen Sie dafür, daß er alles bekommt, was er braucht.«

Blackwood schaute zu den hohläugigen Marines hinüber, die, auf ihre Waffen oder an die Palisaden gelehnt, nach dem erbitterten Kampf ausruhten. Der Mut begann sie zu verlassen, aber das konnte man ihnen nicht übelnehmen. Vielleicht war alles von Anfang an so bestimmt gewesen.

Blackwood kam zu einem Entschluß. »Danach möchte ich, daß jeder noch kampffähige Mann zur Musterung antritt, gewaschen und rasiert und gekleidet wie ein Marineinfanterist.« Er bemerkte das plötzliche Erstaunen um sich herum, als sei er plötzlich verrückt geworden. »Die Verwundeten werden vor der Morgendämmerung auf die Brustwehr geschafft, jede überzählige Muskete und Pistole muß feuerbereit sein. Vielleicht bleibt zum Nachladen keine Zeit mehr.«

»Wollen wir sie denn draußen bekämpfen, Sir?« fragte Sergeant Brogan vorsichtig.

Blackwood sah, wie Smithett unterhalb des Walles sein Gepäck entrollte. Er mußte Ohren haben wie ein Luchs.

Dann wandte er sich wieder an Lascelles. »Lassen Sie mich's wissen, wenn Sie fertig sind. Ich sage Ihnen dann, was ich vorhabe.« Und zu Brogan: »Sie übernehmen das Kommando hier im Fort. Wenn mein Vorhaben morgen mißlingt, erwarte ich von Ihnen, daß Sie bis zum letzten Mann kämpfen und die Verwundeten nicht in die Hände dieser Wilden fallen lassen.«

Brogan nickte, er wurde ganz bleich. Jetzt hatte er verstanden.

Blackwood stieg auf die Umzäunung und hoffte nur, daß sein Schwindelgefühl ihn nicht stolpern ließ.

Ob richtig oder falsch, er hatte jedenfalls eine Entscheidung getroffen. Morgen würde sich zeigen, ob es die richtige war.

VI Einer der Besten

»Alles ruhig, Sergeant?« Blackwood spähte wohl zum tausendsten Mal über die Brustwehr.

»Aye, Sir.« Brogans schmieriges Hemd bildete einen scharfen Gegensatz zu Blackwoods rotem Rock und weißem Bandelier.

Drei Stunden waren verstrichen, seit Lascelles Gruppe das Fort verließ. Sie hatten sich auf der dem Fluß zugewandten Seite über den Wall abgeseilt; danach hatte Blackwood auf einen Anruf oder einen schrecklichen Schrei gewartet, der angezeigt hätte, daß sie geschnappt worden waren. Zum Glück war kein Ton zu hören gewesen. Aber das besagte noch gar nichts. Fenwick hatte deutlich beschrieben, wie seine beiden Gefährten ohne den leisesten Laut verschwunden waren.

»Sie wissen, was Sie zu tun haben?«

Brogan biß sich auf die Lippen. »Ich ginge lieber mit Ihnen, Sir.«

Blackwood dachte an die verwundeten Marines, die genau das gleiche gesagt hatten. Es war nicht nur eine Treue- oder Tapferkeitsbezeugung. Sie waren es gewohnt, beieinander zu sein. Der Gedanke, im Angesicht des fast sicheren Todes getrennt zu werden, war zuviel für sie.

Die zwölf Verwundeten konnten die Vorderseite vielleicht für kurze Zeit verteidigen. Dabei war es Brogans und Fenwicks Aufgabe, so viel Lärm wie möglich zu machen und so viele Schußwaffen abzufeuern, wie sie nur konnten, um die Täuschung aufrechtzuhalten.

Er sah zum Himmel auf. Sie würden eine Menge Zeit brauchen, um in Position zu gehen. Trotz allem, was Fenwick gesagt hatte, bestand immer die Möglichkeit, daß ein paar von Mdlakas Männern das Fort beobachteten. Aber warum? Ohne Boote konnten sie nicht entkommen, das wußte Mdlaka. Sollten sie versuchen, sich über Land durchzuschlagen, würde man sie aufspüren und wie wilde Tiere abschlachten.

»Ich inspiziere jetzt die Männer.«

Nur vom flackernden Feuer beleuchtet, waren die Marines wie an Bord ihres Schiffes in zwei Gliedern angetreten.

Blackwood ging mit M'Crystal hinter sich langsam jede Reihe ab und war sich der Stille und der seltsamen Resignation der Männer bewußt.

Diesmal trugen sie keine Tornister oder unnötige Ausrüstung, nur Musketen, Bajonette und Patronentaschen. Im tanzenden Reflex des Feuerscheins wirkten ihre Bandeliere und roten Röcke völlig unwirklich: gekleidet um zu töten oder getötet zu werden.

»Rührt euch!« Blackwood mußte die Stimme nicht heben. »Wir werden in Kürze das Fort verlassen, und zwar ohne Geräusch, ohne ein Wort. Wir müssen drüben auf dem Hang sein, ehe es hell wird.« Er warf einen Blick auf das erste Glied. »Ackland, vergessen Sie Ihr Horn nicht. Lutschen Sie einen Kieselstein, wenn's sein muß, jedenfalls darf Ihr Mund nicht trocken sein, wenn ich den Befehl zum Angriffssignal gebe.«

Einige glucksten vor Lachen, als sei das Ganze ein großer Spaß.

»Wenn Mdlakas Leute das Tor angreifen«, fuhr Blackwood fort, »werden sie nur das sehen, was sie erwarten: nämlich unsere Männer, die auf sie schießen.« Vorausgesetzt, flüsterte eine warnende Stimme ihm zu, Lascelles ist nicht bereits tot oder schreit sich noch unter der Folter die Seele aus dem Leib. Und vorausgesetzt, die Scharfschützen sind noch nicht in Position, wenn wir abrücken. »Das Letzte, was sie erwarten, ist ein Angriff von hinten durch Marines in voller Montur und nicht durch Sergeant Brogans Vogelscheuchen!«

Ein paar lachten diesmal laut heraus.

Blackwood wartete, bis alles ruhig war. »Wir sind nicht freiwillig hier, und es könnte für jeden von uns der letzte Tag sein.« Er ließ diese Worte wirken, bis absolute Stille herrschte. »Aber wir sind Royal Marines und werden wie Royal Marines kämpfen!«

Er wandte sich ab, wollte jetzt nicht ihre Gesichter sehen. In dem seltsam düsteren Licht sahen sie ohnehin schon wie Gespenster einer Walstatt aus.

An der Umzäunung trat Feldwebel M'Crystal zu ihm. »Das war gut gesagt, Sir. Wir werden Sie nicht im Stich lassen.« Er rückte sein Wehrgehenk zurecht. »Wenn Sergeant Quintin das hört, wird er sich krank ärgern. Das hätte er sich um keinen Preis entgehen lassen.«

Ein durchdringender Schrei zerriß die Nacht, und Blackwood erstarrte.

»Nein, Sir, das war nur irgendein Tier«, beruhigte ihn M'Crystal.

Blackwood atmete langsam aus. Viel mehr konnte er nicht ertragen. Die Bemühung, seine Furcht und Unsicherheit zu verbergen, preßte sein Inneres wie mit Klauen zusammen und verzerrte jeden seiner Gedanken.

»Hoffentlich haben Sie recht!« Smithett goß ihm Brandy in einen Becher; nun wurde es bald Zeit. »Tut mir leid, daß es hier sein muß, an diesem elenden Ort.«

M'Crystal entblößte grinsend die Zähne. »Mein Vater starb bei einer Schlägerei in Neapel, Sir. Wenn ich die Wahl habe, dann lieber so.«

Er verschwand im Dunkeln, um den Rekruten noch etwas von seiner rauhen Zuversicht einzuflößen.

Der Brandy war feurig und stark. Blackwood gab den Becher an Smithett zurück, der schon alles, was nicht unbedingt nötig war, zusammengepackt hatte. Der perfekte Bursche. Jetzt rückte Smithett sein Koppel und Bajonett zurecht. Bald würde er ein ebenso perfekter Marineinfanterist sein.

Lascelles lag platt auf dem Bauch in einer schmalen Kuhle oben auf dem Berg; sein ganzer Körper schmerzte von einem Dutzend Schnitten und Quetschungen, die er sich in der Dunkelheit zugezogen hatte. Er hörte Frazier in der Nähe mit Gestrüpp seine Stellung tarnen, die Muskete lag vor ihm auf ein paar Steinen auf.

Es war die schrecklichste Nacht, die er je erlebt hatte. Jedes Geräusch erschreckte ihn wie der nahende Tod, jedes Rascheln trockener Blätter wie unsichtbare Heerscharen. Er sah sich in der Hand des Gegners, noch ehe er die Pistole an die eigene Schläfe setzen konnte, hörte sich flehen und wimmern, ehe sie ihm das Leben aus dem Leibe brannten und schnitten.

Daß sie die Bergspitze erreicht hatten, war nur ein Aufschub, dennoch empfand er es als Triumph. Ängstlich sah er zum Himmel auf. Wurde es schon heller? Wo wohl Korporal Jones jetzt war? Wahrscheinlich ein paar Schritte weiter unten, wo er die Scharfschützen besser erkennen konnte.

Lascelles dachte an das Leben an Bord, das ihm so gefallen hatte. Der Geruch der See war hier oben stärker zu spüren. Vor seinem geistigen Auge sah er ein Dutzend Schiffe draußen durch die Dunkelheit fahren, zu weit draußen, um zu erkennen, was geschah.

»Kannst du Korporal Jones sehen?«

Frazier ließ sich Zeit mit der Antwort. Jones war ein alter Krieger und wußte schon, was er tat. Der Leutnant wollte nur reden. Er schnaufte. Verdammte Offiziere.

»Da unten links«, und zögernd: »Sir.«

»Richtig, ja.«

Lascelles griff nach seiner Feldflasche und trank Wasser. Es war warm und schmeckte scheußlich. Gott, dieses Warten!

Er dachte an Blackwood, an seine ruhige Selbstsicherheit und kurze Ungeduld. Mit sechsundzwanzig Jahren war er schon Hauptmann und in jeder Beziehung ein richtiger Held. Nun saß er da in diesem verfluchten Fort und wartete darauf, seine letzten Männer in den Tod zu führen. Lascelles rieb sich die Augen. Es war unfair, daß sie hier sterben mußten. Er dachte an seine Kammer auf der *Satyr*, an seine Bücher, das Bild seiner Mutter, an seine in England verheiratete Schwester; wie ihre Kinder beim letzten Urlaub seine Uniform bewundert hatten!

Ein kalter Schauer durchlief ihn, als Frazier wisperte: »Da ist schon jemand, ich hab' ein Husten gehört.«

Lascelles wagte kaum zu atmen. So nahe bereits? Er tastete nach seiner Pistole und zwinkerte, um klare Sicht zu bekommen. Am Fuß des Abhangs sah er tief unter sich ein kleines schwarzes Viereck: das Fort. Und dahinter den Fluß, dann weiter draußen die See. Die Sicherheit. Wenn nur ...

Frazier war die Angst seines Leutnants nicht entgangen. Er hatte schon einen Offizier erlebt, der bei der Attacke steif wie ein Ladestock dastand, zu entsetzt, um sich zu rühren oder der Klinge auszuweichen, die ihn niederhieb.

»Nur die Ruhe, Sir. Im Augenblick sind wir völlig sicher.« Er wandte den Kopf um ein paar Zentimeter und setzte hinzu: »Hier kommt der Korporal.«

Lascelles gab sich große Mühe, sein Zittern zu beherrschen. Er hatte Jones' verstohlenes Näherkommen weder gehört noch gesehen, obwohl dieser ein großer Mann war.

Jetzt kniete Jones neben ihrem Versteck und zupfte an seinem zerrissenen Hemd. Ohne die Augen vom Berghang zu nehmen, sagte er leise: »Einer der Kerle ist direkt unter uns, bei dem Felsen dort. Ich hörte, wie er mit seinem Kumpel sprach. Dem Klang nach Dagos*. Der andere hockt weiter rechts, ihn kann ich jetzt nicht sehen.«

Lascelles sah zu ihm hinüber. »Und was machen wir jetzt?«

Jones wandte den Blick ab. Blackwood, selbst der versoffene Leutnant Cleveland hätte *ihm* jetzt gesagt, was zu tun war.

»Der erste ist einfach, Sir, den übernehme ich. Der andere sitzt zu weit weg. Den können wir erst ausmachen, wenn er anfängt zu schießen.« Er spähte in die Dunkelheit. »Gehört dir, Frazier.«

Lascelles nickte heftig. »Ja, ja, das geht in Ordnung.«

Jones legte vorsichtig seine Muskete hin und zog ein Messer mit breiter Klinge.

Entsetzt sah Lascelles ihn an. »Damit?«

Jones zuckte die Achseln. »Hab' ich einem Dago abgenommen. Möchte es sozusagen zurückgeben.« Sein sanfter Walliser Tonfall ließ die Worte um so schrecklicher klingen.

Lautlos griff Frazier nach seiner Muskete. »Das wär's dann wohl.«

Lascelles sah das erste Tageslicht einen schwachen Schatten unter seinen ausgestreckten Arm werfen. Er wandte sich, um Jones etwas zu sagen, doch der war verschwunden, als hätte es ihn nie gegeben.

Sergeant Brogan beobachtete den Himmel über der Hügelkette im Osten. Nun mußte die Sonne jeden Moment zu sehen sein.

Jemand rief: »Simcoe ist tot, Sergeant!«

»In Ordnung. Laß ihn liegen und nimm deinen Posten ein.«

Eine andere Stimme murmelte: »Der ist jetzt besser dran, wenn ihr mich fragt.«

»Wir fragen nicht, also halt's Maul!«

Brogan spähte über die kümmerliche Verschanzung des Forts und wunderte sich, daß er keine Furcht empfand. Vielleicht hatte er auf diesen Morgen gewartet, seit er seinen Vater zum ersten Mal im roten Rock der Marines gesehen hatte. Im Gegensatz zu anderen hatte es bei Brogan nie Zweifel über seinen Beruf gegeben. Er war in Sicht- und Hörweite der Kasernen geboren und kannte ihren Tagesablauf

* Dago = verächtliche Bezeichnung für Spanier und Portugiesen

und das Exerzierreglement, noch ehe er seinen Namen schreiben konnte.

Mein Gott, wie sehen wir aus, dachte er erbittert. Wie Krüppel lehnten die Verwundeten in ihren verschmierten Hemden und primitiven Verbänden an der Brustwehr. Der eine saß mit ausgestreckten Beinen da, den Rücken zur Wand, die Augen fest geschlossen. Er kämpfte gegen den Schmerz seiner tiefen Brustwunde an, trotzdem war er von Beuteln mit Kugeln und Zündhütchen umgeben und hielt einen Ladestock so fest wie einen Talisman.

Brogan beäugte ihn grimmig. Der Mann sah nicht aus, als würde er es lange machen, aber noch mit geschlossenen Augen konnte er die Reservemusketen laden, bis ihn die Kräfte verließen. Brogan kannte seine Männer. Sie konnten ihre Waffen notfalls im Stockdunkeln reinigen oder laden.

Er schaute zu Fenwick hinüber, dem alten, langbärtigen Händler in der anderen Ecke des Lagers, der eine riesige Muskete im Arm hielt. Sie sah aus, als könne man damit gleichzeitig sechs Männer niederschlagen. Was waren das für Verrückte, die in dieser Hölle blieben und Handel trieben mit einem Haufen tückischer Eingeborener? Fenwicks Gefährten hatten teuer dafür bezahlt, und er würde ihnen bald folgen.

Brogans Nachbar fragte: »Glauben Sie, daß wir sie wieder zurückschlagen werden, Sergeant?«

Brogan zuckte die Schultern. »Weiß nicht, Oastler.« Er versuchte, nicht an Leutnant Lascelles zu denken und daran, was er ihnen wohl nützen würde, wenn Hauptmann Blackwood fiel. Während ihrer gemeinsamen Zeit auf der *Satyr* hatte Brogan den Leutnant mit durchgezogen, und das wußten beide. »Wenn wir überrannt werden und das Tor nachgibt, dann sammeln wir uns an der Flußmündung, klar?«

Dann wandten sich beide um: Ihre Augen erglänzten im ersten roten Sonnenlicht, das über den Hügelkamm fiel.

»Da kommen sie schon, die Bastarde!« rief Oastler und biß gegen den Schmerz in seinem Bein die Zähne zusammen.

Brogan warf einen Blick auf die Handvoll Männer und die geladenen Waffen an seiner Seite.

»Sie haben die Sonne im Rücken«, warnte Fenwick mit zittriger Stimme.

Brogan schnappte sich eine Muskete. Warum hielt der alte Sack nicht das Maul? Die meisten seiner Männer wußten ohnehin, was los war, und die anderen – nun ja, die waren besser dran, wenn sie nichts wußten.

Die Staubwolke schien diesmal noch dichter zu sein, doch das Trommeln klang genauso.

»An die Gewehre!« Es war nicht nötig, die Stimme zu heben, alle waren ohnehin auf dem Sprung.

Die Sonne stieg nun schneller. Brogan beschirmte die Augen und spähte über die verzerrten Konturen der Felsen zum dunklen Unterholz. Zum ersten Mal spürte er, wie sich seine Brust in Angst zusammenzog. Sie kamen. Wie lange würde es dauern, bis es vorbei war? Und wie würde er sich verhalten, wenn es geschah? Noch ein Blick zu seinen Männern, in ihre gespannten Gesichter und angsterfüllten Augen. Einige hatte er im Rausch torkeln, andere bei den Flottenregatten sich im Wettstreit mit den Besten messen gesehen. Er hatte gehört, wie sie über ihn fluchten, wenn er sie zur Zeugmusterung oder zum Exerzieren an Deck geholt hatte. Und er hatte erlebt, wie ihre Kameradschaft im rauhbeinigen, aber verläßlichen Milieu des Zwischendecks wuchs.

Brogan dachte plötzlich daran, wie Blackwood ihm seinen unmöglichen Plan erläutert hatte. Mein Gott, war das erst gestern gewesen, vor wenigen Stunden? Aber um so deutlicher war ihm in Erinnerung, was er gesagt hatte: ›Kämpft bis zum letzten Mann!‹ Das richtete ihn auf, als hätte er es gerade erst gehört.

»Auf die Plätze!«

Er legte seine Muskete auf die Brustwehr. Vielleicht hatte ihn einer der versteckten Scharfschützen schon im Visier, aber jetzt war es wichtig, seine Männer davon zu überzeugen, daß er keine Angst hatte.

Das Trommeln wurde lauter; Brogan sah Lichtreflexe auf nackten Rücken und geschwungenen Waffen. Sie hielten direkt auf das Fort zu, waren jedoch weiter auseinandergezogen, als wollten sie das Abwehrfeuer der Marines zersplittern.

»Achtung!«

Brogan hörte, wie seine Männer zu schreien begannen, einige mit vor Angst so heiserer Stimme, als seien sie alte Männer. Selbst Fenwick brüllte unsinnige Kommandos; all das sollte die Angreifer glauben machen, die gleiche Anzahl Männer stände hinter den Palisaden.

Brogan blinzelte über den Lauf und zielte auf eine der rennenden Gestalten. Nach der ersten Salve würden sie schnell die Wahrheit erkennen.

»Legt an!«

Irgend etwas, ein Speer oder ein Stein, stieß gegen die Palisade am Tor.

Oastler holte tief Luft wie vor Schmerz. Der Mann mit den geschlossenen Augen und dem Ladestock rief: »Was war das, Tom?«

Oastler konnte kaum sprechen. »Es sind unsere Jungs!« krächzte er.

Brogan verstand seine Erregung, fast hätte auch er sie gezeigt. Zuerst hatte er geglaubt, er hätte den Verstand verloren. Aber dann, als es heller wurde, hörte er es wieder, das schmetternde Hornsignal, so klar und deutlich wie daheim in der Kaserne.

Als die anstürmenden Gestalten den Angriff in ihrem Rücken bemerkten, schienen sie aus dem Schwung zu kommen und fuhren in völliger Verwirrung herum.

»Und wenn ich hundert Jahre alt werde«, kam es gepreßt aus Brogans Mund, »das werde ich nie vergessen!«

Wie aus dem Boden gewachsen, rückten die Reihen der Rotröcke den Abhang hinunter und auf das Fort zu, die Musketen schräg vor dem Körper erhoben. In der blutroten Morgensonne blitzten ihre Bajonette. Im Zentrum, etwas vor der langsam vorrückenden Reihe, erkannte Brogan die schlanke Gestalt des Hauptmanns und im Hintergrund die massige Figur des Feldwebels, der den gezogenen Säbel auf der Schulter trug.

Brogan mußte sich gewaltsam aus seiner Erstarrung reißen.

»Achtung – Feuer!«

Fast noch ehe die Salve in die Masse der Angreifer gefegt war, schnappte er sich die nächste Muskete.

Alle schrien wie die Verrückten; der Gefahr nicht achtend, standen zwei Marineinfanteristen oben auf dem Wall, luden und feuerten pausenlos.

Doch einige Angreifer kamen trotzdem näher. »Bajonett pflanzt auf!« schrie Brogan.

Das letzte Mal? Nun war ihm alles gleichgültig.

»Da ist das Fort, Sir.« M'Crystal sprach mit gedämpfter Stimme; das erste Sonnenlicht hob die Konturen von Wall und Brustwehr hervor.

Blackwood nickte und überprüfte das Gelände. Wie anders sah das alles bei Tageslicht und aus diesem Blickwinkel aus! Das verkohlte Gebälk des ausgebrannten Lagerhauses ragte über die Brustwehr, schwarze Schatten lagen wie welke Blätter rund um das Tor verstreut, bis die Sonne auch ihre Konturen enthüllte.

»Hören Sie?« M'Crystal hob den Kopf, als schnuppere er die Gefahr. »Die sind früh dran, Sir.«

Blackwood kroch weiter; die Marines knieten oder saßen in langer Reihe im hohen trockenen Gras, das dichter war, als er es sich vorgestellt hatte. Er versuchte, nicht an Lascelles zu denken. Ob die Scharfschützen erledigt waren? Wenn sie sich erst in Bewegung setzten, war alles zu spät; mit den weißen Kreuzbandelieren gab jeder ein perfektes Ziel ab.

Er wischte eine Hand am Ärmel trocken und zog sich die weißen Handschuhe an. Wenigstens seine Waffen wollte er fest im Griff behalten.

»Fertig machen!«

Flüsternd wurden seine Worte durch die Reihe weitergegeben.

Seine Säbelklinge raschelte im Gras, als er vorkroch, um die ersten anstürmenden Gestalten zu beobachten. Diesmal waren es nicht so viele. Vielleicht hatte Fenwick recht, und einige Krieger hatten Mdlaka bereits im Stich gelassen. Trotzdem sagte ihm ein kurzer Blick, daß seine Männer mindestens eins zu vier unterlegen waren. Doch daran wollte er jetzt nicht denken. »Fertig, Ackland?«

Der sommersprossige Hornist nickte, spuckte einen Stein aus und befeuchtete das Mundstück mit der Zunge.

Blackwoods Blick fiel auf Oldcastle. »Alles in Ordnung?«

»Jawohl, Sir!«

»Zusammenbleiben, denkt daran!«

Er stand auf und wies zum Fort. Ohne hinzusehen wußte er, daß seine Männer sich ebenfalls erhoben hatten. Er machte einen Schritt vorwärts und rief: »Angriffssignal!«

Über den Berghang und das ebene Feld dort unten, wo sie ihrem Schicksal entgegentreten würden, schallte das Horn.

Leutnant Lascelles richtete sich kniend auf und zeigte erregt nach unten: »Seht dort! Schaut sie euch an!«

Ohne Rücksicht auf seinen Rang packte ihn Korporal Jones am Arm und zog ihn herunter. »Passen Sie doch auf, Sir!«

Lascelles keuchte wie ein Kranker beim Anblick der roten Reihen, die aus ihrer Deckung heraus und auf das flache Gelände vor dem Fort zumarschierten.

Am Mündungsfeuer erkannte er, daß die Männer auf der Brustwehr die Angreifer beschossen. Zwei Marines standen für alle sichtbar auf dem Wall und luden und feuerten in rascher Folge. Das war total verrückt und doch das Erregendste, was Lascelles je gesehen hatte. Dazu das durchdringende Hornsignal und die Kameraden, die so gravitätisch vorrückten, als hätten sie unendlich viel Zeit.

Frazier nahm keine Notiz von der Aufregung des Leutnants, sondern hob langsam und überlegt die Muskete an die Wange. Auch er hatte die beiden Verrückten auf der Palisade gesehen und ebenso Jones, der – sein Messer an einem Grasbüschel abwischend – aus seinem Versteck auftauchte. Also war einer tot; blieb noch einer.

Frazier hielt den Atem an. Vom Berghang hallte das Echo eines Schusses herüber, noch verstärkt durch die Felsen, hinter denen der andere Scharfschütze saß. Eine der beiden Gestalten stürzte von der Palisade herab und verschwand sofort zwischen den zuhackenden Angreifern. Aber Frazier konzentrierte sich nur auf den dünnen Rauchstreifen, der von den Felsen emporstieg, und wartete gespannt.

Dann zeigte sich langsam ein Kopf; Frazier glaubte zu sehen, wie der Mann nachlud. Der verschwendet nur seine Zeit, dachte er, zog den Abzug durch und atmete aus. Der Scharfschütze machte einen Satz in die Luft und rollte dann wie ein Bündel Lumpen den Abhang hinunter.

»Das war's, Sir«, sagte Frazier rauh. »Jetzt können wir zu den anderen gehen.«

Lascelles erhob sich halb. Mit stumpfer Miene hörte er unten Schüsse krachen und das Horn erklingen.

Frazier feuerte erneut; eine der herumrennenden Gestalten, die die Krieger auf die heranmarschierenden Marines aufmerksam gemacht hatte, fiel vornüber.

Lascelles befeuchtete sich die Lippen. »Ich weiß nicht so recht ...«

Frazier stand auf und pflanzte sein Bajonett auf. »Aber ich weiß es.« Ohne sich noch einmal umzudrehen, lief er den Hang hinunter.

»Kommen Sie, Sir«, sagte Korporal Jones. »Hauptmann Blackwood erwartet das von Ihnen. Was er verlangte, ist erledigt.«

Verbittert beobachtete er den Offizier, denn schließlich hatten Frazier und er die ganze Arbeit getan. Noch immer fühlte er, wie sein Arm sich um den Hals des Scharfschützen schlang, hörte sein schreckliches Röcheln, als er ihm die Klinge zwischen die Rippen stieß.

Doch Jones war vor allem ein geschulter Marineinfanterist, er hätte seinen Offizier ebensowenig im Stich gelassen wie die Flucht ergriffen. Und Frazier bekam vielleicht eine Disziplinarstrafe, wenn einer von ihnen überlebte, aber das war er gewohnt.

»Los jetzt!« drängte Jones.

Lascelles nickte und hob seine Pistole auf. Dann schritten sie gemeinsam den Hang hinunter.

»Halt! Klar zum Feuern!«

Die ungeraden Nummern der Reihe traten vor und ließen sich auf die Knie nieder; die anderen blieben stehen.

Blackwood wagte kaum zu atmen. Ihm schien jeder Muskel seines Körpers zu zittern.

Trotzdem, sie hatten nichts vergessen. Auch noch angesichts des Todes hatte sich selbst der jüngste Rekrut an das erinnert, was er beim Exerzieren gelernt hatte.

Blackwood sah der heranflutenden Welle bemalter Schilde und blitzender Speere entgegen. Die erste Überraschung war vorüber, die Masse der Angreifer hatte sich nun den reglos dastehenden Marines zugewandt. Als der Mann von der Palisade stürzte, hatte Blackwood den Schuß einem der Scharfschützen zugeschrieben. Doch dann waren keine Schüsse mehr vom Berghang gekommen. Nur noch ein weiterer Knall, der seine Hoffnungen Lügen zu strafen schien; doch statt eines Briten stürzte ein Wilder getroffen zu Boden.

»Legt an!«

Blackwood hob seinen Säbel, die Augen auf die an der Spitze laufenden Feinde gerichtet. Dreißig Schritte, zwanzig, noch weniger ... Ein Speer fuhr neben ihm in die Erde.

»Feuern!«

Wie eine unsichtbare Sense mähte der Feuerhagel die Vorstürmenden nieder.

Zun Nachladen blieb keine Zeit mehr. Sie waren im freien Gelände, es gab kein Zurück für sie und keine andere Hilfe als die des Nebenmannes.

»Noch einmal, Ackland!«

Daß der Hornist trotz des Getöses und der Raserei noch blasen konnte, schien ihm wie ein Wunder.

Die erste Reihe erhob sich geschlossen, und als die anderen nachrückten, um die Lücken zu schließen, rief Blackwood: »Auf sie, Jungs!«

Schulter an Schulter stürmten sie blindlings gegen die Schilder vor. Sie schrien und fluchten dabei, und immer schneller wurde ihr Schritt, als die Angreifer zu weichen begannen. Ihre hinteren Reihen stießen gegen die vom Fort Zurückweichenden und bildeten ein Knäuel aus Gliedmaßen und Waffen.

Wie ein Sturmbock prallten die Marines auf die ersten Reihen, schlugen mit ihren Bajonetten die Speere und Keulen beiseite; ihre Verzweiflung hatte sich in rasende Wildheit verwandelt.

Undeutlich hörte Blackwood eine lückenhafte Salve vom Fort. Brogan tat alles, was möglich war, um Verwirrung zu stiften.

Über einen Schildrand blickte er in ein Paar hervorquellender Augen; ein Pistolenschuß durch den bemalten Schutz streckte den Mann zu Boden; mit einem Sprung über ihn hinweg schlitzte er einem anderen die Brust auf. Smithett stieß an seiner Seite mit dem bluttriefenden Bajonett zu, dann streifte er mit dem Stiefel den Toten von der Klinge und wehrte einen Keulenschlag ab.

Aus dem Augenwinkel sah Blackwood einen Rotrock unter die stampfenden Füße und zustoßenden Bajonette fallen. Ein anderer Marineinfanterist stürzte sich auf die Angreifer, aber sein Schreien verstummte unter einem Axthieb.

Blackwood trampelte halb benommen über mehrere am Boden liegende Körper, dann wurde ihm plötzlich bewußt, daß sie vorstießen, daß der Feind zurückwich, daß im Hintergrund Panik aufkam.

»Halt!«

Atemlos, taumelnd, mit weit aufgerissenen Augen, hörten die Marines sein Kommando und gehorchten.

Blackwoods Herz klopfte wie ein Hammer, er stand da und wartete auf den nächsten Angriff. Doch der Abstand wurde größer, und kein Kriegsgeschrei trieb die Wilden mehr an.

»Laden!«

Eine Gestalt schoß aus der stampfenden, gestikulierenden Menge und stürmte blindlings auf die Marines zu: einer der Anführer, der einen letzten Vorstoß wagte.

Ein einzelner Schuß, der vorwärts stürmende Mann fiel zu Boden – Frazier war also wieder da.

»Fertig, Sir.«

Im Niederschauen entdeckte Blackwood Blut an seinem Bein. Bisher hatte er noch nichts gefühlt.

»Legt an!«

Erneut hoben sich die Musketen, wenn auch nicht so ruhig wie sonst, denn einige Männer waren nach dem kurzen, heftigen Angriff noch nicht wieder zu Atem gekommen.

»Feuer!«

Sie machten nicht einmal den Versuch, wegzulaufen. Die Salve schlug in die dicht gedrängten Körper und riß einige zu Boden. Doch die anderen blieben, wo sie waren. Wie Tiere vor der Schlachtbank, nicht wie Krieger, dachte Blackwood. Ihm wurde übel vom Anblick der Leichen und dem Gestank, aber noch war es nicht zu Ende.

Gemächlich ging er auf Mdlakas Krieger zu, innerlich betend, daß sein Bein nicht versagen möge. Denn der Schmerz schnitt jetzt wie ein heißes Eisen durch seinen Schenkel.

Jede Sekunde mochte einer von ihnen vorstürzen. Nicht einmal Frazier konnte ihm dann helfen.

Zehn Schritte vor der Menschenmauer steckte er seinen blutverkrusteten Säbel in die Scheide.

Er konnte sie jetzt riechen, empfand ihre Kraft, die nur vorübergehend von ihnen gewichen war, da der Anführer fehlte.

Dann teilte sich die Menge und ließ eine kleine Gestalt durch. Winzig und voller Runzeln, glich sie mehr einem Affen als einem Menschen. Blackwood mußte an Ashley-Chute denken, der auf seinem Flaggschiff in Sicherheit, in einer anderen Welt war.

Der alte Mann mußte sein Schweigen wohl als Mißfallen gedeutet haben, denn mit erstaunlicher Würde winkte er seinen Männern, die daraufhin ohne Zögern ihre Waffen und Schilde neben die Toten warfen.

Abgestoßen von dem sinnlosen Gemetzel, schaute Blackwood ihn an. Slade hatte ihm von seiner Begegnung mit diesem Mann, der offensichtlich Mdlaka war, erzählt. Vielleicht waren beide von der gleichen Art.

Blackwood schüttelte sich ärgerlich. Was sollten diese Gedanken jetzt?

»Du bist mein Gefangener!« stieß er hervor. Zum ersten Mal schien so etwas wie eine Gefühlsregung in den rötlichen Augen aufzutauchen: Furcht oder Verachtung, Blackwood war sich da nicht sicher. Kalt fügte er hinzu: »Schick deine Leute nach Hause. Sofort!« Er wandte sich an die Reihe der Marines hinter ihm. »Legt an!«

Es war nur eine Drohgebärde, denn er wußte, daß die Marines noch nicht wieder geladen hatten. Alle Blicke waren auf ihn gerichtet, als er auf die Gegner zuschritt. Aber es wirkte. Anfangs nur langsam zurückweichend, als vermuteten sie eine weitere Falle, wandte sich die Mehrzahl der Krieger schließlich zur Flucht.

Feldwebel M'Crystal kam im Stelzschritt über die Leichen heran sagte leise: »Großer Gott, das war ja der reinste Irrsinn, was Sie sich da geleistet haben. Verzeihung, Sir.« Er blickte den König an. »Was machen wir mit dem da?«

Blackwood sah sich nach den Männern um, die ihm bei dem Versuch, das Unmögliche zu tun, ohne Fragen gefolgt waren. Drei waren tot, ein paar kauerten am Boden oder humpelten durch die unbewegte Reihe aufgepflanzter Bajonette.

Smithett trat zu ihm. »Mein Gott, Ihr Bein hat ja was abgekriegt, Sir!« Das klang wie ein Vorwurf.

Doch Blackwood nahm keine Notiz von ihm. Statt dessen sah er auf eine ausgestreckt daliegende Gestalt nieder, die, die Muskete noch in der Hand, den starren Blick gen Himmel richtete: ein sechzehnjähriger Junge aus Yorkshire, der sich zur Marineinfanterie gemeldet hatte, als sein Vater starb.

Ruhig sagte er schließlich: »Legt den Gefangenen in Eisen, und sorgt dafür, daß er gut bewacht wird.«

Dann riß er den Blick von dem toten Marineinfanteristen los, dem Jungen, der sich so gefürchtet hatte, aber ihm vertraute.

»Mdlaka soll für das büßen, was er getan hat.« Kaum konnte er seine Stimme beherrschen. »Ich möchte ihn hängen sehen.« Er blickte M'Crystal an. »Kehren Sie ins Fort zurück. Sie wissen, was nun zu tun ist.«

M'Crystal nickte bekümmert. »Aye, Sir. Wir werden keinen der unsrigen hier draußen lassen.« Er folgte Blackwoods Blick und erkannte den toten Oldcastle. »Besonders ihn nicht.«

Blackwood machte kehrt und hinkte auf das Tor zu. Wie durch einen Schleier bemerkte er, daß es offenstand, daß die kleine Schar der Verteidiger winkte und rief.

Er wußte, daß er gleich zusammenbrechen würde. Der Schmerz war stärker geworden, aber er wirkte zugleich wie ein Stachel, der ihn durch das Tor trieb.

Sergeant Brogan rannte herbei, um ihn zu stützen, aber aus dem Nebel hörte er Smithett wütend sagen: »Das ist meine Sache, Sergeant!«

Brogan trat zur Seite, müde stapften M'Crystal und die erste Gruppe der Marines durch das Tor.

»Das war knapp, Feldwebel.«

Blackwood wurde mit schmerzverzerrtem Gesicht auf eine Decke gelegt.

M'Crystal murmelte vor sich hin. »Er ist mir über, das steht fest: einer der Besten«, sagte er zu niemandem im besonderen.

VII Davongekommen

»Backbord, das Ruder! Recht so! Ostnordost steuern!«

Kapitän Tobins Blick folgte dem Bug der Fregatte, der auf das Vorgebirge zudrehte und dann in die Stromwirbel steuerte.

»Maschine ganz langsame Fahrt voraus!«

Wäre er nicht so besorgt gewesen, hätte er gelächelt. Denn unverzüglich quittierte der Maschinenraum den Befehl, als hätte Hamilton, der Leitende Ingenieur, nur darauf gewartet. Sie waren seit Freetown mit aller Kraft die Küste heraufgefahren, und Tobin hatte ein dutzendmal Hamiltons Bitte abgelehnt, die Fahrt zu verringern.

Deacon tippte grüßend an seine Mütze. »Besatzung auf Gefechtsstationen, Sir.«

Brummend nahm Tobin das Teleskop aus der Hand seines Signalfähnrichs: die gleiche öde Küste, die tückischen Felsen und Sandbänke, an die er sich noch so lebhaft aus seiner Patrouillenzeit erinnerte.

Nirgendwo ein Anzeichen von Leben, nur die treibende Rauchwolke, die sie gleich nach Sonnenaufgang gesichtet hatten, als die großen Schaufelräder die *Satyr* dem Land entgegentrieben.

Tobins Blick wanderte über das Schiff; die Männer standen an den Kanonen, und ganz vorn Spalding, der Dritte Offizier, bei den beiden Zehnzöllern, die Arme verschränkt, einen Fuß auf einer Taurolle; wie alle anderen ließ er die Küste nicht aus den Augen.

Tobin fluchte leise. Er kommandierte eines der stärksten und modernsten Schiffe, aber was nutzten seine mächtigen Kanonen gegen Speere und vergiftete Pfeile?

»Wir gehen dicht unter das Vorgebirge, Mr. Deacon.«

Tobin versuchte, nicht an das zu denken, was sie möglicherweise dort vorfinden würden, und konzentrierte sich lieber auf die Sicherheit seines Schiffes.

»Stellen Sie den besten Lotgasten auf die Fockrüst. Ich traue den Karten nicht. Die Sandbänke kommen und gehen hier wie Rauch.«

»Zwo Strich nach Steuerbord!«

Geräuschvoll schlugen die langsam drehenden Schaufeln in die Küstenströmung, die jetzt um den Rumpf brandete.

»Halten Sie sich klar, die Boote mit der Landungsabteilung auszusetzen.«

Deacon nickte, seine Augen suchten den Kamm des Vorgebirges nach einem eventuellen Späher ab.

Wie banal hatte man das alles in Freetown darzustellen versucht, dachte Tobin grimmig. Sie waren alle viel zu sehr mit ihren hochfliegenden Plänen, wie sie die Geschäfte über das ganze afrikanische Festland ausdehnen konnten, beschäftigt gewesen, um Blackwoods Lage ernst zu nehmen.

Der ranghöchste Marineoffizier, ein Kommodore, hatte mürrisch geknurrt: »Das kann jedem von uns passieren, deswegen sind wir ja hier, verdammt noch mal!« Vielleicht hatte man ihm gerade mitgeteilt, Ashley-Chute würde ihn ablösen, und nun konnte er an nichts anderes mehr denken. Sogar Slade, der wenige Minuten nach dem Ankern mit seinem Sekretär an Land gestürzt war, hatte erklärt: »Blackwood wird schon wissen, was zu tun ist. Er ganz bestimmt!«

Unter ständigem Ruderlegen, um den Strom auszumanövrieren, suchte sich *Satyr* behutsam ihren Weg durch die Untiefen. Gespannt und voller Sorge horchten der Steuermann und seine Helfer auf die Rufe des Lotgasten.

Als die Umrisse des Forts in Sicht kamen, hob Tobin sein Glas. Das metallische Klirren des Steuerbord-Zehnzöllers verriet, daß er sich langsam auf seiner Lafette drehte und die schwarze Mündung auf das Fort richtete.

Noch war es früher Morgen. Über der Küste hing Dunst, der sich mit dem Rauch vom Land her mischte.

Gespannt beobachtete Deacon den Kommandanten. Sollte das Schiff hier auflaufen, dann wäre es das Ende seiner Karriere. Eine Pfeife schrillte, der Signalfähnrich rief: »Leitender Ingenieur, Sir.«

Tobin nahm das Mundstück des Sprachrohrs und brüllte hinein: »Belästigen Sie mich jetzt nicht, Chief! Ist mir völlig egal, ob Ihre Klauenkupplung defekt ist.« Nach einer kurzen Pause sagte er jedoch: »Entschuldigung, Chief«, und steckte die Pfeife wieder ins Sprachrohr. »Er wollte mir nur sagen, daß ich nun jede Geschwindigkeit haben könne, die ich brauche. Und ich hätte ihm dafür fast den Kopf abgerissen«, meinte er zu Deacon.

Beide vergaßen Hamilton und seine dröhnende, donnernde Welt dort unten, als der Ausguck schrie: »Das Fort, Sir!«

Tobin starrte hinüber, weil sich etwas auf der Umzäunung bewegte. Es war besetzt, von wem und wozu, das wußte er noch nicht.

»Alle Geschütze Achtung!« Tobin warf einen Blick zum Steuermann. »Klar halten zum Abdrehen, und achten Sie auf diese verdammte Sandbank!«

»Sie setzen unsere Flagge, Sir!« Deacon war so aufgeregt, daß er seinen Kommandanten am Arm packte.

Tobin hob erneut das Glas und sah das vertraute Tuch an einem Behelfsmast über der Umwallung ruckartig emporsteigen. Er sah rote Röcke und jemanden, der mit dem Hut winkte, obwohl sein Rufen über die Entfernung nicht zu hören war. Ein bewegender Anblick, selbst durch die Linse des Fernrohrs.

»Nach Steuerbord drehen! Recht so! Klar halten auf dem Vorschiff, Mr. Spalding! Ein bißchen Bewegung!«

Männer stürzten mit Fendern nach vorn, andere kletterten auf das Kattdavit, um von dort auf die wackelige Pier zu springen.

»Maschine stopp! Machen Sie weiter, Mr. Deacon, ich gehe an Land.«

Tobin wußte jetzt, daß seine ursprünglichen Befürchtungen falsch gewesen waren. Er hatte erwartet, alle tot vorzufinden, ausgelöscht wie einige andere Außenposten, von denen er in Freetown gehört hatte. Normalerweise hätte er bis zum letzten Zittern der abgestellten Maschine gewartet, bis er sich entspannte. Und auch dann nur so lange, bis er erneut gefordert wurde. Das war eben seine Art, und er glaubte, daß seine Untergebenen es nicht bemerkten. Doch seit er diese Flagge gesehen hatte, die M'Crystal, wie er wußte, mitgenommen hatte, war es um seine Beherrschung geschehen.

Leinen flogen auf die Pier, Männer sprangen hinunter, um die Bug- und Hecktrossen festzumachen. Die *Satyr* drückte sich gegen die schwankenden Pfosten und lag fest.

Tobin winkte seinem Fähnrich. »Kommen Sie mit, Mr. Allison!« Er übersah die Blicke des Zweiten Offiziers und seiner Landungsabteilung, die schon mittschiffs angetreten war, und kletterte über den großen Radkasten hinunter. Der Fähnrich folgte ihm eilends.

Als sie schon halb den Strand hinaufgelaufen waren, blieb er stehen und sagte ruhig: »Wir wollen lieber warten, Mr. Allison, nur einen Augenblick.«

Eine Reihe Marines bog um die Ecke des Forts, die aufgepflanzten Bajonette glänzten hell in der Morgensonne.

»Marines halt! Reeechts um!«

Leise sagte Tobin: »Sehen Sie sich das an, Allison, und merken Sie es sich gut!«

Feldwebel M'Crystal kam den Abhang heruntermarschiert und grüßte zackig. Nur aus allernächster Nähe konnte man die Flecken auf Hose und Rock sowie die Stoppeln an seinem Kinn erkennen.

Tobin erwiderte den Gruß. »War es schlimm?«

M'Crystal blickte an ihm vorbei zum Schiff. »Insgesamt sieben Tote, Sir. Gar nicht mal so schlimm, wenn man die Übermacht bedenkt. Zudem noch fünfzehn Verwundete.« Erst jetzt sah er Tobin in die Augen: »Darunter auch Hauptmann Blackwood, Sir.«

»Holen Sie den Arzt, Allison«, sagte Tobin. »Und sagen Sie Mr. Oliver, er möge mit seiner Landungsabteilung zum Fort kommen, aber schnell!«

Tobin schritt weiter den Hang hinauf, M'Crystal an seiner Seite. Ihm stand alles so klar vor Augen, als hätte er selbst daran teilgenommen. Die Erd- und Steinhügel, unter denen die Toten begraben waren, die Tausende von Fußspuren dort, wo die wilden Horden immer wieder angegriffen hatten. Als er sich dem Fort näherte, erkannte er auch die Schrammen an den Palisaden und die dunklen Blutflecken an Krone und Fuß, wo Menschen gestorben waren.

»Werden sie wieder angreifen?«

M'Crystal blickte ihn sichtlich überrascht an.

»Wir haben sie außerhalb des Forts bekämpft. Da oben, bei den Felsen. Mann gegen Mann.«

Schritte stapften den Strand herauf, Seeleute hasteten vorbei, doch Tobin schien sie nicht wahrzunehmen. Er sah nur die kleine Abteilung Marines vor sich, kämpfend auf freiem Feld, wie sie's gelernt hatten.

»Nein, Sir, die Hunde werden's nicht noch mal versuchen«, schloß M'Crystal bestimmt.

»Woher kommt der Rauch?«

»Hauptmann Blackwood bestand trotz seiner Verwundung darauf, daß wir weiter landeinwärts vordrangen. Am Tag nach der Schlacht nahm er die Hälfte von uns und marschierte um diesen Berg. Dahinter fanden wir mehrere Sklavenbaracken, jede groß genug für zweihundert Gefangene, die brannten wir nieder. Sie waren natürlich leer, als wir ankamen. Nur ein paar Tote und viele Ketten. Zum Andenken«, setzte er bitter hinzu.

So war das also. Die Sklavenhändler hatten ihre lebende Fracht hierhergeschafft, um sie auf irgendein Schiff zu verladen. Das Fort und eine Handvoll Marines hatten sie daran gehindert. Jetzt waren sie wahrscheinlich auf der Flucht durch den Busch und die Stammesangehörigen der Sklaven dicht auf ihren Fersen.

»Ich muß sofort Hauptmann Blackwood sprechen. Ist er schwer verwundet?«

Doch M'Crystal wich nicht von der Stelle. »Bei allem Respekt, Sir, aber wir warten schon seit zwei Wochen auf Sie. Hauptmann Blackwood würde es mir nicht verzeihen, wenn ich Sie nicht die Front abschreiten ließe.«

Bci seinem Dienst an der afrikanischen Küste war Tobin schon manches geboten worden. Doch die Musterung einer Gruppe abgemagerter und heruntergekommener Marinesoldaten, die so gerade wie Ladestöcke dastanden, als er in jedes unrasierte Gesicht blickte, war einzigartig.

Godby, der Arzt der Fregatte, stieß innerhalb der Umzäunung zu ihm. »Der Hauptmann hat eine böse Wunde im linken Bein, Sir. Irgendein Gift, vielleicht an der Waffe. Hier kann ich nicht viel tun.« Er warf einen Blick auf die Wache, die zurück ins Fort marschierte. »Das Bein verliert er wahrscheinlich sowieso.«

Tobin folgte ihm zu einer abgeschirmten Ecke des Forts. Dort lag Blackwood mit geschlossenen Augen auf einigen zusammengerollten Decken. Smithett seifte ihn gerade ein, um ihn zu rasieren. Er schien nicht zu bemerken, daß der Arzt die Decke lüftete und auch den Verband, den er gerade von der Wunde geschnitten hatte.

»Ich kann nichts Fauliges riechen«; meinte Godby leise. »Noch nicht.«

Endlich sah Blackwood Tobin mit glänzenden, fiebrigen Augen an.

»Schön, Sie wiederzusehen, Sir.« Er kniff die Augen zusammen, als Godby sein ausgestrecktes Bein hob, um es noch einmal genauer zu untersuchen. »Sehr schön. War ein bißchen schwierig hier.«

»Das habe ich gehört. Strengen Sie sich jetzt nicht an, Sie haben Wunder vollbracht.«

»Paar gute Leute verloren«, murmelte Blackwood. »Andere werden nie mehr bei der Parade mitmarschieren können. Und wofür? Für einen mordgierigen Häuptling und ein paar tote Sklaven.« Sein

Gesicht verzog sich. »Der Rest der Sklaven ist versprengt, so daß wir nicht mal die Kopfprämien kriegen.«

Vor Schmerz und Fieber begann er zu phantasieren.

Tobin sah M'Crystal an. »Wo ist Leutnant Lascelles? Ist er ...«

Der Feldwebel schüttelte den Kopf. »Nein, er lebt, Sir. Ist mit einer Patrouille und Old Fenwick auf dem Weg zum Dorf, um sicherzustellen, daß diese Teufel nicht noch irgendwelche Waffen versteckt haben. Er wird den Ort niederbrennen, wenn er welche findet.«

Tobin sah zu Boden. Das klang nicht nach dem liebenswürdigen Lascelles, wie er ihn kannte. Aber auch Blackwood hatte sich verändert.

»Lassen Sie die Verwundeten sofort an Bord bringen. Lascelles kann hier den Befehl übernehmen.« Mit einem Blick in M'Crystals rotes Gesicht fuhr er fort: »Über eine Gruppe Freiwilliger natürlich! Ich lasse eine Landungsabteilung und zwei Sechspfünder zur Unterstützung hier ...« Er brach ab, denn Blackwood richtete sich auf die Ellbogen auf.

»Das sind *meine* Leute, Sir!«

Tobin lächelte traurig. »Sie bleiben schön liegen und lassen sich rasieren. Ich bringe Sie nach Freetown. Keine Widerrede! Und machen Sie sich keine Sorgen mehr um dieses verdammte Fort, Sie haben hier genug geleistet. Heute abend trifft ein Dampfkanonenboot ein, es konnte mit *Satyr* nur nicht Schritt halten.«

Der Arzt winkte einigen Männern mit einer Trage, wartete jedoch, bis Smithett die Rasur beendet hatte. Dann half Smithett Blackwood in seinen Rock und versuchte, ihm das Hemd zurechtzuziehen.

Erst jetzt merkte Blackwood, wie schwach er geworden war. Irgendwie war es Lascelles und den anderen gelungen, ihm das zu verheimlichen.

Schritte stapften herbei, keuchend tauchte Lascelles auf.

»Machen Sie sich keine Sorgen, Sir. Das geht alles klar!« Ihre Blicke trafen sich. »Jetzt«, setzte er leise hinzu.

Blackwood wurde auf die Trage gehoben; wie Ballons schwammen die Gesichter um ihn herum.

Als man ihn aus dem Fort trug, streckte sich hier und da eine Hand aus, um seine Schulter oder auch nur die Trage zu berühren. Neben dem Tor sah er die Blutflecken, wo ein Marineinfanterist niedergehauen worden war. Jetzt war er an der Reihe. Mit brennenden Augen versuchte er, seine Verzweiflung zu verbergen. Er würde ein Bein verlieren. Da war es schon besser, wie Simcoe, Oldcastle und die anderen zu sterben.

Erst auf der Pier war er wieder imstande, die Augen zu öffnen. Ein Schatten fiel über ihn, er wußte, das war M'Crystal.

»Ich bleibe bei Mr. Lascelles, Sir. Er ist jetzt auf dem richtigen Weg.« Um auszudrücken, was er wirklich fühlte, war er zu sehr an die Sprache des Dienstes und die harte Disziplin gewöhnt. Statt dessen sagte er nur: »Ich sehe Sie bestimmt bald wieder, Sir. Wenn Sie uns abholen.« Er grinste. »Die Letzten zurück, so heißt es doch bei uns.«

Blackwood wandte den Kopf, um ihm zu antworten, aber M'Crystal war schon weg.

»Der ist fünfzig Mann wert, dieser Feldwebel.«

Seine Stimme klang, als läge er im Sterben, dachte Tobin und beobachtete, wie er vorsichtig an Bord der Fregatte gehievt wurde. »Es gibt auch nur wenige deinesgleichen, mein Freund«, murmelte er.

Später, in derselben Kammer, die er schon vorher bewohnt hatte, merkte Blackwood, daß das Schiff zu rütteln und zu zittern begann. Verzweifelt sah er zum Bulleye hoch und versuchte sich vorzustellen, wie die *Satyr* auslief. Der Arzt hatte ihm wohl etwas eingegeben, denn er fühlte keine Schmerzen mehr. Einen schrecklichen Augenblick lang glaubte er, sein Bein sei bereits abgenommen.

Die Tür öffnete sich, und Smithett trottete zum Bulleye, um es zu öffnen. Er sagte kein Wort, wandte sich nur um, die Reaktion seines Offiziers auf die Hochrufe in der Ferne zu beobachten.

Blackwood versuchte, sich etwas aufzurichten, doch ihm fehlte die Kraft dazu.

»Was rufen sie?«

Beim heiseren Dröhnen der Schiffssirene, das bis zu jenem versteckten Dorf zu hören war, dessen Häuptling nun als Gefangener im Orlopdeck eingesperrt war, zuckte Smithett zusammen.

Er schloß das Bulleye und antwortete: »Es sind Hochrufe, Sir. Auf Sie.«

Mit schiefem Mund nahm er Blackwoods Waffenrock auf. Es würde eine Woche dauern, bis er den wieder in Ordnung hatte. Arbeit, immer nur Arbeit, und kein Ende.

Er warf einen Blick auf Blackwood und wartete, bis dieser wieder in seinen Betäubungsschlaf fiel. Dann verließ er die Kammer.

Ein Unteroffizier kam durch den Gang und hielt bei ihm an. »Freut mich, daß du unbeschädigt davongekommen bist! Ihr habt alle eine

Medaille verdient, was man so hört.« Damit hastete er weiter auf seine Manöverstation.

Smithett stand stocksteif da, der Waffenrock baumelte in seiner Hand.

Erst jetzt verstand er die Bedeutung dessen, was der Unteroffizier gesagt hatte: Er war noch einmal davongekommen.

Tobin betrat die Kammer und musterte Blackwood nachdenklich. Zwar wurde der Kommandant überall draußen gebraucht – Verlegen auf einen anderen Ankerplatz, Kohlenübernahme, Meldung beim Standortkommandanten in Freetown –, aber auch dies hier war wichtig.

»Wie fühlen Sie sich?«

Blackwood stützte sich auf die Ellbogen und zuckte unter dem plötzlichen Schmerz im Bein zusammen. Als hätte er auf ihn gelauert, seine Abwehrkräfte eingelullt.

»Miserabel. Wie geht es weiter mit mir?«

Er wußte, daß Tobin den Arztbericht bereits gelesen hatte und deshalb besser als er über seinen Zustand informiert war. Die Wunde war tief und stark infiziert. Hätte er nicht so stur darauf bestanden, ihren Sieg durch einen Marsch zu Mdlakas Dorf noch zu vervollkommnen, wäre er vielleicht jetzt schon wieder auf den Beinen gewesen.

Tobin zuckte die Achseln. »Sie werden an Land gebracht. Die Ärzte dort sind eher in der Lage, Ihnen zu helfen. Und danach ... Wahrscheinlich fahren Sie zurück nach England.« Er versuchte zu lächeln. »Ich hörte ja gerüchtweise, daß Sie ohnehin aus dem Corps ausscheiden wollten?« Doch sofort bedauerte er, das gesagt zu haben, denn Blackwoods Gesicht erstarrte vor Entsetzen und Entmutigung.

Im Durchgang erschienen zwei Seeleute mit einer Trage; Smithett hatte Blackwoods Sachen bereits zusammengepackt, die Kammer sah so leer und fremd aus, als warte sie darauf, daß Lascelles sie wieder in Besitz nahm.

»Ich brauche keine Trage«, sagte Blackwood ruhig. »Mir geht's nicht schlechter als anderen und besser als den Gefallenen.« Er winkte Smithett heran. »Hilf mir hoch.«

Aber Smithett blieb stehen und brummte nur mürrisch: »Scheint mir nicht ganz das Richtige für Sie zu sein, Sir.«

»Tu was ich dir sage, verdammt!« Blackwood schluchzte beinahe vor Schmerz und Enttäuschung. »Und hol meinen Rock.«

Im Durchgang machte sich Tobins Fähnrich bemerkbar. »Meldung von Mr. Deacon, Sir: Die *Audacious* läuft ein.« Er gab sich Mühe, nicht zu Blackwood hinüberzusehen.

»Danke, Mr. Allison.« Tobin schloß sorgfältig die Tür, um die anderen draußen zu halten. »Sieh an, der Admiral ist schließlich doch noch angekommen.«

Die ganze Zeit, während er auf der *Satyr* gewesen war und dann im Fort, dachte Blackwood, war Ashley-Chutes Geschwader plump und gemächlich südwärts gesegelt. Die schrecklichen Bilder und Todesschreie, das Gemetzel auf diesem Stück hart umkämpften Landes, all das war dem in seiner täglichen Routine erstarrten Geschwader erspart geblieben. Und nun warf Monkey hier Anker, bereit, von einem einfachen Kommodore das Kommando über die Rebellenbekämpfung zu übernehmen. Ob das eine Beförderung war, schien Blackwood fraglich, trotzdem – all das sollte nun für ihn vorbei sein. Wenn er an Land ging, würde man ihn auf ein in die Heimat segelndes Schiff bringen. Ein Hauptmann der Marineinfanterie, ob nun jung oder alt, galt nicht viel. Man würde ihn ohne Federlesen aus dem Dienst entlassen, das war ihm klar.

Er wußte auch, die langsame und veraltete *Audacious* war seine einzige Chance. »Ich möchte wieder auf mein Schiff, Sir.«

Tobin starrte ihn an. »Der Admiral denkt möglicherweise anders darüber.«

»Lassen Sie's mich wenigstens versuchen, Sir.« Das klang flehend.

Tobin horchte auf das dumpfe Knallen des Saluts, der das zum Ankerplatz aufkreuzende Flaggschiff begrüßte.

Wenn sie Glück hatten, würde die *Satyr* in wenigen Tagen wieder in See gehen. Ließ er Blackwood auf das Flaggschiff schaffen, tat er ihm möglicherweise keinen Gefallen; ohne die richtige Behandlung an Land konnte er als Krüppel enden. Doch Tobin mußte daran denken, was er empfunden hatte, als das Fort in Sicht kam und die Flagge gehißt wurde, sowie an das trutzige Auftreten von M'Crystals abgerissener Garde. Und niemals würde er den Anblick der Männer vergessen, als sie später dastanden und zusahen, wie Blackwood weggetragen wurde. Wenn sie durchgehalten hatten, dann hatte *er* ihnen die Kraft dazu gegeben, das stand auf ihren Gesichtern zu lesen.

Tobins Entschluß war gefaßt. »Lassen Sie meine Gig für Hauptmann Blackwood klarmachen!«

Er schloß die Tür wieder, denn er wollte nicht, daß seine Männer jetzt Blackwoods Gesicht sahen.

»Vielen, vielen Dank!« stammelte dieser.

»Es lohnt jedenfalls den Versuch.« Tobin ließ nur Smithett ein. »Ich werde auf Nachricht von Ihnen warten. Vielleicht kommen Sie ja eines Tages wieder auf die *Satyr*?«

Ganz vorsichtig verlagerte Blackwood sein Gewicht auf die Füße, während Smithett ihn mit stählernem Griff um die Mitte faßte. Er hatte eine Rumfahne, und Blackwood vermutete, daß er sich schon auf seine Weise von den anderen verabschiedet hatte.

Der Weg zum Achterdeck schien eine Stunde zu dauern. Das starke Sonnenlicht blendete ihn, trotzdem sah er überall Kriegsschiffe ankern, dazwischen bunte Eingeborenenboote mit hohen Lateinersegeln und sogar einen stattlichen Ostindienfahrer, der seine Ladung in zahllose dümpelnde Leichter löschte.

Doch Blackwood hatte nur Augen für das langsam herankommende Flaggschiff; sein schwarz-weißer Rumpf spiegelte sich im klaren Wasser, in der Takelage hing der abziehende Pulverdampf des Saluts. Der Anblick gab ihm einen Stich, und gern hätte er Tobin seine Empfindungen mitgeteilt.

Der lächelte leicht. »Ich wünsche Ihnen Glück.« Dann trat er zur Seite und grüßte, als Blackwood in die längsseit liegende Gig gebracht wurde.

Der Erste Offizier trat zu Tobin an die Reling, um mit ihm die Arbeitseinteilung des Tages zu besprechen. Ohne die Landungsabteilung, die im Fort geblieben war, waren sie knapp an Leuten.

Tobin sah der Gig nach, bis sie im Gedränge der Boote verschwunden war. »Wenn er lange genug lebt, wird dieser junge Mann noch Großes leisten«, murmelte er.

Von der Gig gesehen, wirkte die ausladende Bordwand des Flaggschiffs wie eine steile Felswand. Blackwood biß die Zähne zusammen, als ein Bootsgast an der Großrüst einhakte und sich Gesichter an der Gangway einfanden, um zu ihm herunter zu spähen.

Er mußte wirklich schlimm aussehen. Nach den Schwerverwundeten waren auch die diensttauglichen Marines bereits von *Satyr* herübergekommen, also mußte die Geschichte seiner Verwundung schon im ganzen Schiff bekannt sein.

»Das gefällt mir gar nicht, überhaupt nicht«, murmelte Smithett. Er schielte zu den Stufen und der Jakobsleiter hinüber, die von der Gangway baumelte. Beides forderte einen Sturz geradezu heraus.

Den Arm um Smithetts Schulter gelegt, stand Blackwood auf einem Bein da. Die Besatzung der Gig richtete sich auf und beobachtete jede seiner Bewegungen, und der Fähnrich als Bootssteurer schien sich zu fragen, was er nun tun müsse.

Wenn nur der Schmerz nachgelassen hätte! Blackwood rang mit der brennenden Qual in seinem Bein, vor seinen Augen hing Nebel. Jeden Augenblick konnte die Wunde aufbrechen. Warum nur hatte er sich eingebildet, er könne das Unmögliche schaffen?

Smithett sah ihn bekümmert an. »Ich lasse einen Bootsmannsstuhl holen, Sir.«

Auf der Gangway klapperten Schritte, Blackwood sah auf und in die Augen seines Halbbruders.

»Kommen Sie, Sir.« Harry griff hinunter und schob eine Hand unter Blackwoods Arm. »Vorsichtig. Zugleich.«

Ein Seemann war ebenfalls heruntergestiegen; sie warteten, bis sich das Boot hob, dann tat Blackwood den ersten Schritt. Behutsam führte Harry ihn so, daß er den Handlauf benutzen konnte. Blackwood fühlte die Kraft seines Armes, die Mühe, die er sich gab, ihm zu helfen. Es war, als hielte das ganze Schiff den Atem an, spornte ihn an, ohne zu stolpern an Bord zu kommen.

Am ganzen Körper triefte er vor Schweiß; Feuchtigkeit am Bein ließ vermuten, daß sich der Verband gelöst hatte.

»Danke, Harry.« Er spähte zu den ausgestreckten Händen und mitfühlenden Gesichtern hinauf. »Es geht schon, verdammt noch mal!« Halb stöhnte, halb lachte er.

»Philip, du verrückter, großartiger Idiot!« flüsterte Harry ihm ins Ohr. Es schien ihn nicht zu kümmern, ob Blackwood ihn hörte. Das einzig Wichtige für ihn war die Eingangspforte.

Weitere Hände griffen nach Blackwoods Armen, um ihn auf das Achterdeck zu heben.

Der Anblick der versammelten Fallreepswache, des wachhabenden Offiziers und dieser ganzen geordneten Welt war fast zu viel für ihn. Wie durch einen Nebel sah er Kapitän Ackworthys füllige Gestalt auf sich zukommen; hinter ihm tauchte Sergeant Quintin vom Hauptdeck her auf. Welchen Anblick mußte er ihnen bieten!

Aber dann erstarrte alles, selbst die Angst, die Überraschung oder die Neugier in den Gesichtern der Zuschauer. Denn eine kleine Gestalt trat mit vorgestrecktem Kopf an die Querreling, und ihre Stimme schnitt wie eine Säge durch die Schiffsgeräusche.

»Mein Hauptmann hat offensichtlich beschlossen, daß ein Leben in Kohlenstaub und Dreck nicht das Richtige für ihn ist! Das verrät Vernunft. Ich möchte ihn achtern bei mir sehen, wenn er soweit ist!« Damit verschwand der Admiral.

Blackwood sah sich um. Monkey konnte und wollte ihn nicht willkommen heißen, das war nicht sein Stil; aber in diesem Augenblick war er einer solchen Regung näher gewesen, als Blackwood es je für möglich gehalten hätte.

Langsam und vorsichtig richtete er sich auf und balancierte auf einem Fuß die leichten Bewegungen des Schiffes aus. Dann sah er in Ackworthys überanstrengtes Gesicht und salutierte. »Melde mich wieder an Bord, Sir.«

Ackworthys Blick wanderte von Blackwoods bleichem Gesicht zu dem hellen Blutfleck, der sich vor seinen Füßen an Deck gebildet hatte und dort wie ein böses rotes Auge glühte. Er suchte nach den richtigen Worten, um auszudrücken, was ihn bewegte, aber er hätte nur seinen Neid auf diesen Mann verraten. Also schwieg er, und das machte auch nichts, denn in diesem Moment brach Blackwood zusammen.

VIII Die Verlockung

Zwei Wochen, nachdem er so würdelos an Bord der *Audacious* gekommen war, lebte Blackwood im Zustand wachsender Frustration. Seine Erleichterung darüber, daß er wieder zurückgekehrt war, wich der Überzeugung, daß dies nur eine Gnadenfrist war, ein kurzer Aufschub, bevor man ihn doch nach England zurückschickte. Er hatte viele Besucher, doch ihm fiel auf, daß sie sich hüteten, über die tägliche Arbeit mit ihm zu sprechen, als könnte dies, wenn erst einmal die Entscheidung fiel, den Abschied für ihn bloß noch schwerer machen.

Dalrymple, der Schiffsarzt, sprach ihm nicht viel Mut zu und blieb ebenso einsilbig wie Smithett. Es sei zu früh, um etwas zu sagen; man würde ja sehen. Das schienen die Eckpfeiler seiner Diagnose zu sein.

In seiner Kammer spürte Blackwood zunehmend seine Isoliertheit. Wenn er gerade keine Betäubungsmittel bekommen hatte, lag er in der Koje und versuchte, die Geräusche um sich herum mit Gesichtern und Namen zu verbinden. Anläßlich Ashley-Chutes Kommandoübernahme über das Westküstengeschwader fanden viele Empfänge und

Partys statt. Während er in seiner feuchtheißen Kammer lag, lauschte Blackwood auf die gedämpfte Musik, das Klingen der Gläser und das unbekümmerte Kommen und Gehen.

Er dachte viel an das Fort und besonders an die Männer, die dort gefallen waren. An Oldcastle mit seiner Angst und seiner Entschlossenheit; an Lascelles, der eher sein Leben geopfert als ihn in Stich gelassen hätte. Was würde aus Old Fenwick werden? fragte er sich. Ob er wohl blieb, bis wieder Händler in die Mission kamen? Oder würde er sonstwo sein Glück suchen?

Spätabends, wenn es im Schiff ruhig war, pflegte Harry in Blackwoods Kammer zu kommen; dann saß er bei ihm, bis er einschlief. Blackwood hatte seinen achtzehn Jahre alten Halbbruder endlich besser kennengelernt, sie hatten über ihre Zukunft gesprochen, über Hawk's Hill und sein Schicksal nach der Versteigerung. Auch über seine Mutter hatte Harry sich recht freimütig geäußert. »Viel zu jung für den alten Herrn. Doch ohne sie müßte das Corps wohl auf die Dienste eines ausgezeichneten Leutnants verzichten.«

Auch Ashley-Chutes Sohn hatte Blackwood mehrmals besucht, vor allem, um üder die *Satyr* und ihre Möglichkeiten zu sprechen.

Eines späten Nachmittags, als Blackwood aus seiner Koje geklettert war und nackt vor Dalrymple und seinem Assistenten stand, wurde ihm klar, daß jetzt der Moment der Entscheidung nahte. Schon seit einigen Tagen hatte er das vertraute Quietschen der Taljen, das Zwitschern der Bootsmannsmaatenpfeifen gehört; aus Leichtern wurde Proviant an Bord gehievt. Das Schiff rüstete sich zum Auslaufen.

Starr blickte er in den Spiegel über seinem Tisch und zwang sich, ganz still zu stehen, als Dalrymples harte Finger sein Bein abtasteten. Im Spiegel sah er älter aus; die Belastung hatte tiefe Falten um seinen Mund eingekerbt.

Beiläufig bemerkte Dalrymple: »Ihre restlichen Marines sind heute an Bord zurückgekehrt, ein Kanonenboot brachte sie vom Fort mit. Die Kerle sind voller Schwung. Kämpfen scheint ihnen Spaß zu machen.«

Der Assistent kicherte und schrieb in sein Notizbuch, was Dalrymple ihm zuflüsterte.

Blackwood fühlte einen Schweißtropfen aus seinem Haar auf seine nackte Schulter fallen. Sie waren also wieder da – bis auf jene, die nie mehr zurückkehren würden.

Denk an sie und sei nicht so verdammt undankbar, sagte er sich. Du lebst. Sie nicht.

Er hielt es nicht länger aus. »Kann ich bleiben?«

Dalrymple sah auf. Wie durch Zauberei erschien eine Wasserschüssel vor ihm; Smithett hatte sich zu ihm durchgeschlängelt.

»Natürlich muß ich zuerst dem Kommandanten berichten.« Prüfend musterte ihn der Arzt. »Was glauben Sie denn? Könnten Sie wieder Ihren Dienst verrichten – unter den gleichen Umständen, die Ihnen diese Wunde einbrachten?«

Smithetts Stimme erlöste Blackwood aus seiner plötzlichen Unsicherheit. »Der Kommandant kommt, Sir.«

Die Kammer schien zu schrumpfen, als Ackworthy, den Kopf unter die Decksbalken gebeugt, eintrat. Mit noch sorgenvolleren Blicken als sonst betrachtete er Blackwood.

»Das Geschwader geht morgen früh ankerauf«, sagte Ackworthy plötzlich. »Offensichtlich unabhängig davon, ob wir Wind haben oder nicht. Wie fühlen Sie sich?«

Blackwood merkte, daß er von den beiden Medizinern und von Smithett, der sich im Hintergrund unsichtbar zu machen versuchte, beobachtet wurde. Ackworthys versteckte Skepsis machte ihm mehr zu schaffen als die Tatsache, daß er nackt vor ihnen stand.

»Nach meiner Ansicht, Sir ...« murmelte der Arzt.

»Ich bin in Ordnung, Sir«, entgegnete Blackwood. »Nur bißchen steif.« Es sollte klingen wie die Meldung eines Adjutanten auf dem Kasernenhof, knapp und fest. Statt dessen hörte sich seine Stimme wie die eines schuldbewußten Schuljungen an.

»Können Sie sich anziehen?« Als Blackwood nickte, fuhr der Kommandant fort: »Wir laufen nach Fernando Po. Sir Geoffrey Slade hat sich bereits auf *Satyr* eingeschifft und ist gestern ausgelaufen.« Er blickte in Blackwoods fahles Gesicht. »Er hat Sie wohl nicht hier besucht?«

Blackwood schüttelte den Kopf; es überraschte ihn, daß es ihn immer noch kränkte, obwohl er sich schon so viele Entschuldigungen für Slades Gleichgültigkeit ausgedacht hatte.

»Selbst wenn wir den richtigen Wind erwischen, bleiben es fast zweitausend Meilen bis Fernando Po.« Ackworthy ließ diese Worte wirken. »Eine scheußliche Küste da unten. Die ganze Strecke von Lagos bis Benin nichts als Fieber und Unruhen, denn dort hetzen einige mächtige Händler die örtlichen Könige auf, ihr Land für den Sklavenfang zur Verfügung zu stellen. Ihre Erlebnisse mit Mdlaka waren nur die Spitze eines Eisberges.« Er wischte sich mit dem Taschentuch über die Wangen.

Blackwood hatte verstanden. »Dann muß ich mich also jetzt entscheiden. Übermorgen gibt es kein Zurück mehr.« Sein Bein pochte, als wolle es ihn verhöhnen.

»Richtig. Ich habe mit dem Admiral gesprochen, er möchte Meldung.« Der Kommandant zwang sich zu einem Lächeln. »Das heißt bei ihm, spätestens vor einer Stunde.«

»Ich will auf der *Audacious* bleiben, Sir.«

Der Arzt machte einen letzten Versuch. »Ich habe noch nicht ganz entschieden ...«

»Aber ich. Er bleibt«, fuhr Ackworthy grob dazwischen. Er zog seine Uhr. »Ich erwarte Sie in einer Stunde achtern. Schaffen Sie's bis dorthin?«

Blackwood grinste; trotz des Schmerzes fielen die Jahre von ihm ab. »Und wenn ich kriechen muß!«

Als Ackworthy sich zum Gehen anschickte, fragte Blackwood: »König Mdlaka – hat man ihn ins Gefängnis gebracht, Sir?« Er sah ihn wieder vor sich: zwar alt, doch mit ererbter Verschlagenheit.

Ohne sich umzuwenden, sagte Kapitän Ackworthy: »Man hat ihn wieder in sein Dorf zurückgeschickt. Dort steht er unter britischem Schutz, denn den braucht er jetzt, um zu überleben. Sir Geoffrey Slade hat den Befehl selbst geschrieben. Besser ein Teufel, den man kennt ... Und ähnliche Sprüche. Aber nun verstehen Sie wohl auch, warum Sir Geoffrey Sie nicht besuchen wollte.« Mit einem Knall schloß er die Tür.

Dalrymple nahm seine Tasche auf. »Ich halte das für Wahnsinn. Erwarten Sie bloß keine Wunder, darum möchte ich doch sehr bitten.« Damit zogen sich die beiden zurück.

Blackwood ließ sich auf die Koje fallen und starrte an die Decke. »Na, Smithett, was halten Sie davon?«

Smithett entfaltete ein sauberes Hemd und schüttelte es aus. »Wovon, Sir?«

»Wir haben einige gute Männer verloren.« Er dachte an Oldcastle, sah, wie dessen Arm wie ein gebrochener Flügel herunterhing, als man ihn zur Beerdigung ins Fort trug. »Und alles für nichts! Hätte ich Mdlaka doch niedergeschossen, als ich's noch konnte!«

Smithett sah ihn ruhig an. »Vielleicht hätte dann ein noch Schlimmerer seinen Platz eingenommen? Wir haben getan, wozu man uns ausgeschickt hat, Sir. So ist das nun mal.«

Blackwood fuhr sich mit den Fingern durch die Haare. Ja, so war das nun mal.

»Komm, hilf mir ins Hemd.«

Smithett war einfach nicht zu schlagen.

Vizeadmiral Sir Ashley-Chute legte ein Bein über das andere und sah Blackwood ernst an.

»Ich höre, Sie halten sich für dienstfähig?« Sein lippenloser Mund stieß jedes Wort knapp hervor. »Noch ein Tag, und ich hätte Sie aus meinem Befehlsbereich entlassen müssen. Das aber ...« Ein kalter Blick auf Blackwoods Bein, »... hätte die Versetzung eines Offiziers von der *Valiant* oder *Argyll* hierher bedeutet – und Unruhe. Sie sind jedenfalls lange genug an Bord, um Ihre Männer zu kennen und zu wissen, was sie leisten können.« Er zeigte auf einen Stoß Papiere. »Interessante Lektüre. Mir scheint, Sie waren bei der Verteidigung des Forts sehr tatkräftig.«

Blackwood merkte, daß Ackworthy hinter ihm vor Unbehagen schwitzte. Der Schmerz in seinem Bein quälte ihn erneut, aber Ashley-Chute hatte ihn wohl absichtlich nicht gebeten, sich zu setzen.

»Hätte ich gewußt, was beabsichtigt war, Sir, hätte ich anders gehandelt.«

»Wirklich?« Ashley-Chute zupfte an seinem grauen Backenbart. »Das glaube ich nicht. Aber ich muß zugeben, auch ich war etwas irritiert, daß man diesen verdammten Eingeborenen wieder freigelassen hat.« Sein Blick wurde hart. »Bei mir hätte er ganz schnell an der Großrah gezappelt, Politik hin oder her.«

Langsam schwojte die *Audacious* an ihrer Ankerkette herum. Durch die Kajütfenster sah Blackwood im Dunst saftig grüne Berge und fahlweiße Gebäude an der Küste.

Ashley-Chute fuhr fort: »Von jetzt an wird sich alles ändern, das habe ich dem Kommodore erklärt, ehe er abreiste.«

Blackwood versuchte, sich zu konzentrieren und den Schmerz und die Übelkeit nicht zu beachten. Ashley-Chute prüfte ihn mit nicht geringerer Aufmerksamkeit als der Arzt. Es war noch immer Zeit, ihn an Land schaffen zu lassen.

»Jahrelang haben wir uns mit den Flotten der Sklavenhändler herumgeschlagen«, sagte der Vizeadmiral. »Aber sie sind immer reicher geworden. Unsere Bewacher haben hier und da eine Prise gemacht, und die schuldigen Schiffsführer sind bestraft worden. Doch der Handel geht weiter und wird weitergehen, solange wir nur Nadelstiche austeilen, statt das Übel an der Wurzel auszurotten. *Britannia rules the waves*, heißt es, aber das hat auch seine Nachteile. Andere Nationen, die bei der Ausrottung der Sklaverei unsere Verbündeten sein sollten, beschränken sich deshalb darauf, uns die Arbeit machen zu lassen. Da ist Frankreich bei der Kolonisierung schon weniger behutsam als wir und sorgfältig darauf bedacht, sich die Stammeshäuptlinge und Händler nicht zu Feinden zu machen. Amerika ist zu schwerfällig, unsere Patrouillen zu unterstützen, und hat uns mehrfach beschuldigt, zu hart zuzuschlagen.« Seine Blicke trafen sich erneut mit denen Blackwoods. »Aber wir müssen noch härter durchgreifen, glauben Sie mir!«

»Ich denke, Hauptmann Blackwood sollte sich hinsetzen, Sir James«, warf Ackworthy ein.

»Oh, wirklich?« Ashley-Chute lächelte dünn. »Nehmen Sie Platz, Blackwood.«

Blackwood setzte sich und haßte Ackworthy beinahe für seine Fürsorglichkeit.

»Nun haben wir fast drei Wochen Zeit, um uns vorzubereiten.« Ashley-Chute stand auf und ging, die Hände fest auf dem Rücken verschränkt, zum Heckfenster. »Man hat mir dieses Kommando gegeben, damit ich die Dinge in Ordnung bringe. Hätte man mich ein Jahr früher ernannt...« Er zuckte die Schultern. »Aber das ist Schnee vom letzten Jahr.«

Blackwood war verwirrt. Warum hatte Ashley-Chute nach ihm geschickt? Warum hatte er sich unter allen Kapitänen und Beratern ausgerechnet einen jüngeren Offizier ausgesucht?

Ashley-Chute fuhr fort: »Ich beabsichtige, die Sklavenhändler auf ihrem eigenen Territorium anzugreifen. Keine Jagd mehr auf Schiffe in aller Welt, nur um dann festzustellen, daß die Kapitäne beim ersten Anzeichen von Gefahr ihre Opfer über Bord geworfen haben. Vielleicht glauben Sie, daß Ihr Scharmützel beim Fort reine Zeitverschwendung war, Blackwood. Aber bei Gott, ich wünschte, es gäbe mehr solche Möglichkeiten, ihnen zu zeigen, daß wir es ernst meinen, verdammt noch mal!« In Sekundenschnelle änderte er das Thema. »Übrigens, haben Sie irgendwelche Vorschläge?«

»Wir benutzen veraltete Methoden, Sir.« Trotz des warnenden Aufleuchtens in Ashley-Chutes Augen stieß er nach. »Mein Vater erzählte, daß zu seiner Zeit die gleichen Taktiken angewandt wurden. Auf den großen Linienschiffen exerzieren wir wie von altersher. An Land marschieren und kämpfen wir wie Infanterie, bilden Karrees und sterben, wenn befohlen.«

Er wartete darauf, unterbrochen zu werden, der Admiral blieb jedoch ruhig, nur seine Augen bohrten sich in die seinen. Ackworthys Atem ging mit jeder Sekunde schwerer.

»Dies ist ein anderer Feind, Sir«, fuhr er fort. »Er zieht sich zurück und formiert sich neu, während wir mit kleinster Ausrüstung stur durchhalten und den nächsten Angriff erwarten. Der Feind kennt das Gelände, wir nicht.«

»Gut. Großartig. Ich habe gehofft, daß Sie das sagen würden.« Ashley-Chutes dünne Lippen öffneten sich zu einem breiten Lächeln. »Das wollte ich von Ihnen hören. Von jemandem, der es aus der Nähe erlebt hat, nicht von einem diensteifrigen Stabsoffizier, der mir nach dem Mund redet, um zu gefallen.« Er blickte Ackworthy an. »Kämpfernaturen, die brauche ich!«

Blackwood vergaß den Schmerz und die Beschwerden in seinem Bein. Ashley-Chute sprach, als wolle er zu einem privaten Rachefeldzug aufbrechen. Vielleicht stimmte es, daß er nach dem Vorfall in Neuseeland in aller Stille gerügt worden war. Bedeutete diese Ernennung für ihn eine Gelegenheit, sich zu bewähren, oder sollte er, wenn alles fehlschlug, den Sündenbock abgeben? Slade hatte geäußert, für ihn habe die Ausweitung des Empire Vorrang. Und er hatte keinen Zweifel daran gelassen, daß er jeden benutzen wolle, um dieses Ziel zu erreichen. Blackwood biß sich auf die Lippen. Selbst mich, dachte er.

Die Glocke vom Vorschiff erklang, und Ashley-Chute horchte auf. Es war Zeit zu gehen. Die Audienz war beendet.

Blackwood stand auf, zögerte aber. »Ich würde gern noch etwas sagen, Sir.«

Ein kurzes Aufflackern von Ärger. »Ja?«

»Flüsse sind die Hauptverkehrswege der Sklavenschiffe, Sir. Es wird Zeit kosten, unsere Männer auf Position zu bringen, selbst wenn wir an der Küste nicht auf Widerstand stoßen.«

Ashley-Chute schien fast erleichtert; hatte er etwas anderes erwartet?

»Sie wollen vorschlagen, daß ich mehr Dampfschiffe anfordere, habe ich recht?« Er schüttelte den Kopf. »Ich bin enttäuscht von Ihnen, Blackwood, muß es aber der Belastung zuschreiben, unter der Sie standen. Nein, es wird eine hervorragende Gelegenheit sein, Seemannschaft und Disziplin an Land und an Bord zu beweisen. Wir bekämpfen Sklavenhändler, größtenteils Spanier und Portugiesen, sowie unwissende Wilde. Was würde die Welt denken, wenn ich einer Flotte befehle, das zu tun, was jede gut ausgebildete Flottille erreichen kann?«

Ackworthy murmelte: »Ich – hm – ich glaube ...«

»Freut mich, das zu hören.« Ashley-Chute warf einen Blick zur Pantrytür. Die Zeit für sein Glas Rotwein war gekommen.

»Dampfgetriebene Schiffe sind eine Neuheit, Hauptmann Blackwood, aber unter harten Bedingungen noch nicht zuverlässig.« Sein Lächeln war fast liebenswürdig. »Habe ich mich klar genug ausgedrückt?«

Blackwood verließ die Admiralskajüte und versuchte, nicht zu hinken, bis er außerhalb der Reichweite prüfender Blicke war.

»An Ihrer Stelle, Major«, sagte Ackworthy dumpf, »wäre ich nach Hause gefahren. Ganz bestimmt.«

»Das bezweifle ich, Sir.«

Der bullige Kommandant zuckte zurück, als ein Fähnrich herbeihastete und keuchte: »Der Flaggleutnant läßt Sie bitten, Sir, noch mal zum Admiral zu kommen.« Er schluckte. »Sofort, Sir.«

Ackworthy drehte sich schwerfällig um, seine Hände öffneten und schlossen sich wie damals in Spithead. »Der Mann ist noch mein Tod, das steht fest.« Es klang, als spräche er zu seinem Schiff.

Blackwood trat ins gedämpfte Sonnenlicht und sah M'Crystal am Niedergang warten. Es war das erste Mal, daß sie sich sahen, seit man ihn aus dem Fort getragen hatte.

»Schön, Sie wiederzusehen, Feldwebel.«

M'Crystals Blicke glitten über Blackwoods Uniform und das verwundete Bein. »Bin auch nicht traurig, wieder an Bord zu sein, Sir.« Er machte eine Kopfbewegung. »Die Jungs veranstalten einen Verkauf in den Unterkünften, Sir: das Gepäck derer, die nicht durchgekommen sind.«

Blackwood suchte in seiner Tasche nach ein paar Münzen. Der Brauch war wohl älter als das Corps selbst: Das Geld sollte ein kleiner Trost für die Witwen und Freundinnen in England sein.

M'Crystal steckte die Spende in einen Beutel und schüttelte ihn. »Es ist nicht viel, Sir, aber ...«

»Ich weiß.«

Der Feldwebel wandte sich zum Gehen, fragte aber noch fröhlich: »Wir ziehen wieder ins Gefecht, Sir?«

Es gab keine Geheimnisse an Bord.

»Was sagen Sie dazu, Feldwebel?«

M'Crystal meinte, schon mit einem großen Fuß im Niedergang: »Kämpfen ist das, was ich gelernt habe, Sir.«

Für ihn gehörten Furcht und Tod oder Verstümmelung der Vergangenheit an. Er freute sich bereits auf den nächsten Einsatz.

Blackwood lächelte in sich hinein. Vielleicht mußte man so sein.

Am folgenden Tag lichtete das Geschwader die Anker und ging in See. Es war eine langsame und mühselige Angelegenheit, die Schiffe zur Linie zu formieren; mehrere Stunden lang flatterten von den Rahen der *Audacious* die Signalflaggen, bis Ashley-Chutes Kommandanten all seinen Forderungen entsprochen hatten.

Ein paar Tage später war es, als ob nie etwas geschehen sei und sich nichts je ändern würde. Die Neugier der Besatzung, sobald Blackwood an Deck erschien, wich bald der Gewohnheit. Die geräuschvolle, übersprudelnde Erregung auf Tobins *Satyr* war ihm kaum noch gegenwärtig. Er diente wieder in der alten Navy, und die war langsam, majestätisch, eintönig.

Schließlich ging das Geschwader auf Ostkurs, um immer tiefer in den Golf von Benin hineinzulaufen. Gelegentlich wurde vom Ausguck im Mast die afrikanische Küste gesichtet.

Einige meinten, Ashley-Chute hielte sich so weit ab, um seine Bewegungen zu verbergen. Andere, die weniger nachsichtig waren, behaupteten, er wolle nur nicht mit einem Dampfschiff zusammenstoßen, das dicht unter der Küste fahren konnte.

Zehn Tage nach Freetown wurde die Morgenwache durch das Grummeln fernen Geschützfeuers aufgeschreckt.

Die Männer schwärmten in die Wanten hinauf und legten auf den Rahen aus. Als Signal an alle erfolgte, mehr Segel zu setzen, gingen sie willig an die Arbeit. Endlich eine Unterbrechung der Langeweile.

Schließlich meldeten die Ausguckposten, sie hätten ein Segel gesichtet: die zum Geschwader gehörende Fregatte *Peregrine*, die weit vor ihnen gelaufen war. Direkt hinter ihr, im Morgendunst teilweise verdeckt, lag eine Brigantine.

Netten, der Erste Offizier, schob sein Teleskop mit einem Klicken zusammen. »Ein verdammtes Sklavenschiff! Die *Peregrine* muß direkt darauf gestoßen sein.«

Ackworthy stand an der Querreling, die Mütze über die Augen gezogen. »Ändern Sie Kurs zwei Strich nach Backbord, Mr. Tompkin.« Er schien nicht besonders begeistert über dieses unerwartete Zusammentreffen. »Und melden Sie dem Flaggleutnant . . .«

»Nicht nötig, Kapitän Ackworthy.« Ashley-Chute war an Deck erschienen, die Augen überall, während er zur Reling schritt. »Signal ans Geschwader: Marsch fortsetzen. Wir stoßen zur *Peregrine* und untersuchen die Brigantine.« Er sah Blackwood an der Leereling stehen. »Ah, Major, ich möchte, daß Sie bei dem Kerl an Bord gehen und nachschauen.« Seine hellen Augen zwinkerten im grellen Licht. »Sie sind doch hoffentlich nicht zimperlich?« Wieder seine übliche Stichelei. »Nicht wie andere, was?«

»Hier geschieht noch ein Mord«, flüsterte Netten, »wenn er nicht aufhört, den Kommandanten zu reizen.«

Es dauerte fast den ganzen Vormittag, bis sie die beiden treibenden Schiffe erreichten. Blackwood fragte sich im stillen, ob der kleine Admiral wohl daran dachte, wie schnell die *Satyr* oder ein anderes Dampfschiff diese Aufgabe erledigt hätte.

Als sie näherkamen, spürte Blackwood deutlich einen Stimmungswandel an Bord. Seeleute, die schon Wetten über die Höhe des Prisengeldes angestellt hatten, wurden plötzlich still beim Anblick der schwer in der Dünung rollenden Brigantine. Ihr dreckiger Rumpf konstrastierte stark an der kleinen Sechsundzwanzig-Kanonen-Fregatte.

»Beidrehen! Alle Mann klar zum Manöver!«

Die *Audacious* reagierte so langsam, als zögere sie, zu dicht an das Sklavenschiff heranzugehen.

»Bringen Sie den Schiffsführer mit, Blackwood.« Ashley-Chute rieb sich die Hände. »Eine hübsche Überraschung für ihn.«

Sergeant Quintin stampfte nach achtern und grüßte. »Boot zu Wasser, Sir.«

Netten folgte Blackwood zur Schanzkleidpforte. »Selbst ein Sklavenschiff ist mal 'ne Abwechslung« war sein einziger Kommentar, als sie in die wartende Barkasse hinunterkletterten.

Aus der Nähe sah die Brigantine noch heruntergekommener aus. Blackwood erkannte an Bord mehrere bewaffnete Seeleute der Fregatte, in Abständen über das Deck verteilt, sowie einen jungen Leutnant, der mit jemand am Ruder gestikulierend stritt.

Die Barkasse hakte ein, Blackwood hievte sich mühsam an der Bordwand hoch und hielt sein Bein dabei von Bolzen oder vorstehenden Balken frei. Das konnte er allmählich ganz gut.

Der Leutnant kam auf sie zu. »Kann ich Ihnen helfen, Sir?«

»Wir kommen vom Admiral«, entgegnete Netten grob. Mehr brauchte er nicht zu sagen.

Der junge Leutnant wies über das unordentliche Deck. »Kaum zu glauben, Sir, aber die meisten der Besatzung sind Neger. Der Kapitän ist Spanier, seine Offiziere sind niederländische Mischlinge.«

Blackwood erblickte einige auf die Luke gerichtete Bootskanonen. Unvorstellbar, daß der Rumpf darunter voll Menschen war. Es roch nach Schnaps; die Wache der Brigantine hatte wohl ihre Transaktion gefeiert und war deshalb nicht wachsam genug gewesen, die auf sie zulaufende Fregatte zu bemerken.

»Wollen Sie einen Blick hinunter werfen?« fragte Netten. »Ich habe das schon oft gesehen.«

Blackwood ging zum nächsten Lukenschacht, mit Quintin dicht auf den Fersen. »Aufmachen!«

Zwei Seeleute klappten die schweren eisernen Bügel auf und zogen die Lukendeckel auseinander. Blackwood hatte oft alte Fahrensleute über den Gestank in einem Sklavenschiff sprechen gehört, doch auf das hier war er nicht vorbereitet. Obwohl die Brigantine eine frische Sklavenladung an Bord hatte, war das Schiff zweifellos seit Jahren niemals gereinigt worden. Moder, Elend und Tod flossen zu einer unmenschlichen Pestilenz zusammen.

»Passen Sie auf, Sir«, sagte ein Unteroffizier. »Wenn Sie da hineinfallen, werden wir Sie nicht rechtzeitig herausholen können.«

Blackwood starrte lange Zeit hin, bis er die wogende Masse schwarzer Körper unten erkennen konnte. Als das beigedrehte Schiff in der Dünung rollte, fiel Sonnenlicht in den Lukenschacht und glitt über Hunderte nach oben gerichteter Augen. Und diese Totenstille dabei – das ging auf die Nerven. Als seien die dichtgedrängten Leiber schon tot und nur noch die Augen am Leben.

»Alle Luken öffnen!«

Sie konnten weder entkommen noch ihre Wut an den Neuankömmlingen auslassen. Blackwood bezweifelte nicht, daß sie beides getan hätten, wenn sie Gelegenheit dazu bekamen. Britische Seeleute, spanische Sklavenhändler, sie alle sahen gleich für sie aus.

Ihm fielen die Fesseln auf und die langen Ketten, die von vorn nach achtern durch jeden Laderaum liefen und an die alle Sklaven angeschlossen waren.

Da unten mußten zwei- oder dreihundert Menschen vegetieren.

»Ich möchte den Bestimmungsort und letzten Ankerplatz wissen«, sagte Netten plötzlich.

Der junge Leutnant verzog das Gesicht. »Der Kapitän hat seine Karten über Bord geworfen.«

»Danach habe ich nicht gefragt. Sagen Sie ihm, ich will die Wahrheit wissen, aber schnell!«

»Vorn sind eine ganze Menge Frauen«, murmelte der Unteroffizier.

Blackwood horchte auf. Die Stimme des Mannes verriet, daß Sklaven für ihn eine Sache, Frauen aber etwas anderes waren.

Die Seeleute nahmen den Bezug von der vorderen Luke und hoben für Blackwood und seinen Sergeanten einen Deckel an.

Hier herrschte keine Totenstille, sondern Angstgeschrei. Wahrscheinlich hatten die Frauen erwartet, daß einige von der Besatzung des Sklavenschiffes sie zur Vergewaltigung an Deck holten; nun rief der Anblick von Blackwoods rotem Rock neues Erschrecken hervor.

Blackwood ertappte sich dabei, daß er sie anstarrte: junge Körper mit kleinen Brüsten, weißen Zähnen und flehenden Augen. Er hätte empört sein müssen, reagierte aber nicht anders als vorhin der Unteroffizier.

»Können die Gefangenen Sie verstehen?«

Der Leutnant zuckte die Schultern. »Ich – ich weiß nicht genau.«

Blackwood sah die drei Gefangenen an. Der Kapitän war spindeldürr, die beiden Mischlinge dagegen quollen fast aus ihren dreckigen Leinenhosen. An Deck hingeworfen lagen genug Waffen, um ein Schiff doppelter Größe zu bewaffnen.

»Bringen Sie die drei aufs Flaggschiff. Ich sehe mich hier weiter um.«

Als er sich durch einen schmalen Niedergang beim Ruder hinunterließ, hörte er Netten zum Prisenoffizier der *Peregrine* sagen: »Typisch Marines. Was kann man da machen?«

Der junge Leutnant runzelte die Stirn. »Ist das nicht der ...«

Netten sah zu, wie die drei Gefangenen in die Barkasse gestoßen wurden. »Ja, das ist er. So sieht ein Held aus.«

Geduckt tastete sich Blackwood zur Kapitänskajüte vor und hörte mit einiger Überraschung Nettens Worte durch das weit offene Oberlicht. Daß seine Taten eine Barriere zwischen ihnen geschaffen hatten, war ihm noch nicht bewußt geworden. Er hatte Netten immer gemocht, doch das konnte sich nun ändern. Er neidete doch nicht im Ernst Blackwood die Erfahrung, fast getötet worden zu sein?

Der Hauptmann drückte die Tür auf und erstarrte beim Anblick eines Augenpaares, das ihn von einer niedrigen Koje her ansah.

»Donnerwetter, die ist Klasse!« hörte er Quintin hinter sich ausrufen.

Schwärzer als die meisten anderen, war sie sich selbst hier, inmitten des Schmutzes, ihrer primitiven Schönheit bewußt. Nackt wie sie war, erkannte sie sofort Blackwoods Unsicherheit, und nur eine goldene Halskette verriet ihr heftiges Atmen. Sie kam näher auf ihn zu, die Augen fest auf sein Gesicht gerichtet. Wie eine verlockende, hellrosa Schlange fuhr ihre Zungenspitze über Lippen und Zähne.

Was, zum Teufel, war schon dabei? Schließlich hatten sie all diese Leute vor Sklaverei und Schlimmerem gerettet. Niemand würde sich daran stören. Quintin würde den Mund halten, und selbst wenn nicht, hatten die Marines bestimmt nur ihren Spaß daran.

Blackwood ergriff ihre Schulter. Die Lippen wie ein Falle geöffnet, warf sie sich ihm entgegen. Er berührte ihre Brust – wie lange war es her seit dem letzten Mal!

Als habe er eine Feder ausgelöst, so heftig zog sie ihn an sich und tastete mit der Hand nach seiner Leistengegend.

»Schau unter der Koje nach!« Blackwood mußte schreien, mehr seinet- als Quintins wegen. »Sofort!«

Der Sergeant ließ sich fallen und griff mit beiden Händen unter die Koje, die Augen aber immer noch auf die langen Beine des Mädchens gerichtet. Dann taumelte er hoch und starrte Blackwood erstaunt an. »Woher wußten Sie, Sir?«

Blackwood stieß das Mädchen auf die Koje zurück und nahm Quintin die schimmernde Waffe aus der Hand. Genau wie die Gewehre, die man gegen das Fort benutzt hatte: neu, mit gezogenem Lauf, tödlich.

Wie zu sich selbst sagte er: »Sie war die Geliebte des Sklavenhändlers. Die Goldkette ist mehrere Guineas wert, die würde er nicht an eine Schlampe verschleudern. Aber sie fühlt sich hier zu Hause.«

Das Mädchen schien zu begreifen, was vorging; kreischend und kratzend wie ein wütender Puma, stürzte sie sich auf ihn. Aber Quintin drehte ihr den Arm um, bis sie wieder ruhig wurde.

»Paß auf sie auf«, befahl Blackwood. »Ich nehme das Gewehr mit hinüber zu Monk ... ich meine, zum Admiral.«

Quintin grinste. »In Ordnung, Sir.«

Blackwood ging, und Quintin drückte das Mädchen auf die Koje nieder. Zwar war jetzt nicht die rechte Zeit dafür, aber bis Fernando Po hatten sie noch einen langen Weg vor sich. Sein Grinsen verstärkte sich. »Nun sei ein braves kleines Mädchen, dann wird der nette Sergeant auch für dich sorgen.«

An Deck übergab Blackwood Smithett das Gewehr.

»Donnerwetter, das ist ein Fund! Wie konnte man das übersehen?« Netten pfiff leise durch die Zähne.

Blackwood warf einen Blick auf den Leutnant der *Peregrine*, der errötend zu Boden sah.

»Das passiert leicht.« An Nettens Erstaunen merkte er, daß er seine Empfindungen verraten hatte. »Aber durch eine solche Waffe wurde ein Marineinfanterist getötet. Auch *er* war ein Held.«

Blackwood kletterte in das Boot, das von der *Audacious* zurückgekommen war, und Netten sah ihm stumm nach.

Hatte wirklich der Erste Offizier seinen Zorn entflammt, oder war es die verführerische Negerin in der Kajüte gewesen?

Sie hätte ihn bei erster Gelegenheit umgebracht. Aber sie trotzdem zu nehmen, in sie zu versinken und alles zu vergessen, wäre das Risiko wert gewesen. Sergeant Quintin lachte sich jetzt wahrscheinlich halb tot über ihn.

»Der Wind frischt auf, Sir.«

Smithett hatte das Funkeln in Blackwoods Augen bemerkt und war erleichtert. Nichts hatte sich geändert. Sein Hauptmann war noch genauso temperamentvoll wie vor dem Kampf um das Fort. Einen ganz schön unruhigen Kerl hatte er sich da als Offizier ausgesucht.

Blackwood nickte. »Gut. Je eher wir dies hinter uns bringen, um so besser für uns alle.«

Smithett hatte keine Ahnung, worüber er sprach, aber es war ihm auch egal. Sie waren wieder alle zusammen, nur das zählte.

Kapitän John Ackworthy durchmaß schweren Schrittes seine Kajüte. Ab und zu hob er den Kopf und horchte auf die lauten Kommandos vom Achterschiff.

Wie Smithett bereits vor einer Stunde festgestellt hatte, war der Wind aufgefrischt; die *Audacious* lag auf Backbordbug stark über, die

Spieren und Wanten knarrten lebhaft unter dem unerwarteten Tempo.

Ackworthy blickte die ihn umgebenden Offiziere an; sie warteten wie Schauspieler, die ihren Text vergessen hatten.

Zu sehr in der Furcht vor seinem Herrn lebend, um sich auch nur die kleinste Information entgehen zu lassen, saß Pelham, der Flaggleutnant, mit ausdruckslosem Gesicht, doch aufmerksam da. Netten räkelte sich in einem Sessel, seine Schuhe waren noch vom Dreck des Sklavenschiffes beschmutzt. Auf der anderen Seite der Kajüte saß Blackwood, beobachtete Netten und fragte sich, warum er seinen Irrtum nicht früher bemerkt hatte. Netten gab sich zwar ungezwungen und lässig, war immer mit einem Scherz zur Hand, doch in Wirklichkeit war er gespannt wie eine Feder, abwartend, wachsam.

»Wenn wir Glück haben, können wir die Reise nach Fernando Po mit diesem Wind vielleicht um ein paar Tage verkürzen«, sagte Ackworthy. »Wie Sie wissen, sorgt dort unser Konsul in den Buchten von Benin und Biafra für die Rechte der Händler unterschiedlicher Nationalitäten. Sir Geoffrey Slade wird wohl jetzt bei ihm sein, und von der Entscheidung der beiden hängt unsere Rolle bei den zukünftigen Unternehmungen ab. Die Aufbringung der *Brigantine* durch die *Peregrine* war, wie sich herausgestellt hat, ein Glücksfall.« Sein Blick blieb auf Blackwood hängen. »Die Sklaven waren in Dahomey übernommen worden und auf der Fahrt nach Brasilien. Das ist der Beweis, wenn es eines solchen noch bedurfte, daß der Handel immer noch blüht.«

Blackwood dachte an die zusammengepferchten, glänzenden Körper und überlegte, wie viele von ihnen überhaupt ihren Bestimmungsort erreicht hätten. Die Hälfte wäre wahrscheinlich umgekommen. Es war ein grausamer Wahnsinn, so mit Menschen umzugehen.

Ackworthy fuhr ernst fort: »Die Entdeckung des Gewehrs in der Kapitänskajüte kam unerwartet. Es ist ein modernes, französisches Gewehr, das teils als Bezahlung, teils als Bestechung für diesen Verbrecher gedacht war.«

Blackwood fiel ein, wie Lascelles sich über das moderne Delvigne-Minie-Gewehr erregt hatte. Das britische Heer war bereits damit ausgerüstet, und die Marines sollten es im folgenden Jahr bekommen. Wenn aber jeder diese Waffe kaufen konnte, dann sollte man die Schuld am Schmuggel damit nicht den Franzosen in die Schuhe schieben.

»Ich bin angewiesen, Ihnen mitzuteilen, daß ein Geheimsignal an alle Kommandanten des Geschwaders abgegangen ist. Sir James Ashley-Chute will«, Ackworthy spuckte diesen Namen geradezu aus, und der Flaggleutnant erstarrte in seinem Stuhl, »daß wir die Hauptnachschublinie von Lagos angreifen, sobald wir die Bestätigung bekommen haben.« Er warf einen Blick in die Runde und fuhr fort: »Sie sind hier, weil Sie zum Spitzenverband gehören.« Und zu Blackwood gewandt: »Ihre Erfahrung wird wichtig sein, obwohl Sie nicht den Gesamtbefehl über die teilnehmenden Marineinfanteristen haben.«

Blackwood hatte bereits damit gerechnet. Der Offizier der Marineinfanterie auf der *Argyll* war an Jahren und Dienstzeit älter als er, ein Major namens Fynmore, bekannt als ziemlicher Perfektionist. Er merkte, daß Netten ihn beobachtete und auf seine Reaktion wartete.

»Ich verstehe.«

Ackworthy fuhr fort: »Mr. Netten, ich habe Sie darüber in Kenntnis zu setzen, daß Sie ab morgen Fregattenkapitän sind. Der Admiral wünscht, Sie vorrangig zu befördern.«

Netten preßte die Lippen zusammen und sagte dann: »Das habe ich nicht erwartet, Sir.«

Ackworthy blickte ihn kühl an. »Wirklich nicht?«

Blackwood erwog die Taktik des Admirals. Jeder Kommandant des Geschwaders hätte die Landungsoperation befehligen können. Aber nein, das wollte sich Ashley-Chute nicht aus der Hand nehmen lassen. Ein Major sollte die Marines führen und Netten den Gesamtbefehl haben.

Ackworthy wandte sich zu den Heckfenstern um, hinter denen die *Valiant* ihnen zwei Kabellängen entfernt folgte.

»Ich hatte vorgeschlagen, selbständig zu handeln.« Er wog jedes Wort ab, als sähe er es bereits auf einem Schriftsatz bei seinem eigenen Kriegsgerichtsverfahren. »Wir haben ein Sklavenschiff mit voller Ladung in die Hand bekommen. Und nachdem man ihn mit dem Gewehr konfrontiert hatte, gestand der Kapitän alles. Der Sklaverei ist er also überführt, doch nachdem Sir James ihn sich vorgenommen hatte, wurde er fast noch der Piraterie für schuldig befunden. Ich empfahl dem Admiral«, er wandte sich an Pelham, »daß wir sofort Truppen an Land setzen sollten.«

Pelham fingerte an irgendwelchen Papieren herum. »Es ist dringend erforderlich, daß das Geschwader nach Fernando Po läuft, Sir.«

Er wirkte wie ein Schuljunge, der eine Lektion aufsagt. »Sir Geoffrey Slades Instruktionen lauteten ...«

Ackworthy wischte das weg. »Das weiß ich alles, Flaggleutnant.«

Blackwood war klar, daß der Kapitän so viel gesagt hatte, wie er wagen durfte. Kam das Geschwader nach Fernando Po, würde sich diese Nachricht bereits wie ein Buschfeuer an der Küste verbreitet haben. Dann war bei einem Landungsversuch mit dem Ziel, den Hauptstützpunkt der Sklavenhändler auszumachen, die Überraschung nicht mehr auf ihrer Seite; sie mußten mit einem heißen Empfang rechnen.

Kein Wunder, daß Ackworthy besorgt war. Er war ein Seemann der alten Schule, jedoch kein angemessener Partner für den Admiral. Sicher, Ashley-Chute wollte wohl kaum eine blutige Konfrontation. War es möglicherweise Slade, der seine Schachfiguren mit geheimem Eifer schob und sich gerade das erhoffte?

Old Fenwick hatte, als sie eines Nachts im Fort auf der Brustwehr auf und ab gegangen waren und nervös auf die Morgendämmerung gewartet hatten, darüber gesprochen. »Zuerst lassen sie einige gutwillige Missionare ihr Glück bei den Stämmen versuchen«, erläuterte er. »Wenn die ihren Kopf auf den Schultern behalten, dann erlauben sie ein paar Händlern, eine Niederlassung zu gründen, vielleicht sogar ein Fort, wo sie ihre Waren gegen etwas Besseres eintauschen. Werden sie angegriffen und ermordet, dann kommen Soldaten, um die Ordnung wieder herzustellen.« Er fuchtelte mit der Pfeife. »Aber der Unterschied ist: Priester und Händler ziehen sich vielleicht wieder zurück, das Militär niemals.« Über Blackwoods zweifelnden Blick hatte er gekichert. »Das nennen sie dann Empire, verstehen Sie?«

Fenwick, Slade und Mdlaka kannten die Spielregeln. Hoffentlich kannte auch Ashley-Chute sie und betrachtete die ganze Unternehmung nicht nur als eine Art Neuseeland-Krawall.

»So, meine Herren, gehen Sie nun wieder an Ihre Arbeit. Beim Ankern erhalten wir möglicherweise neue Befehle.« Aber das klang nicht überzeugt.

Beim Verlassen der Kajüte sagte Netten: »Endlich bekommen wir Gelegenheit, etwas Nützliches zu tun.« Er sah Blackwood an. »Geht es Ihnen wieder ganz gut?«

»Danke, Sir, jawohl.«

Netten grinste gezwungen. »Lassen Sie das ›Sir‹. Wir sind jetzt unter uns und nicht vor versammelter Mannschaft.«

»Sagen Sie, Sir, haben Sie jemals an einer Unternehmung teilgenommen, wie sie unser Admiral beabsichtigt?« Blackwood bemerkte eine momentane Unsicherheit bei Netten und fuhr fort: »Das ist keine Spithead-Regatta mit einem Fäßchen Rum für den Sieger.«

Netten biß die Zähne zusammen. »Ich will Ihnen mal was sagen: Ich habe es satt, daß man mir dauernd Ihren Namen vorhält! Sie haben Ihre Aufgabe erfüllt, nicht mehr, und jetzt werde ich die meine erledigen.« Er schritt davon und fegte blicklos an Harry vorbei, der gefaßt wartend am Aufgang zur Poop stand.

Blackwood seufzte. Besser, daß es nun heraus war, welche Folgen das auch haben mochte.

»Gewitterwolken, Sir?« Harrys Stimme klang unschuldig.

»Halt's Maul, Harry, und komm mit auf ein Glas. Ich muß nachdenken.«

In der Kammer warf Blackwood seinen Rock auf die Koje. Während Harry zwei reichliche Brandys einschenkte, massierte er sein Bein. Seltsam, das war der erste Tag, an dem er bisher nicht an seine Wunde gedacht hatte.

»Ich höre, daß Major Fynmore in unserem kleinen Krieg die Führung übernimmt?«

Blackwood grinste. Es war erfrischend, Harry bei sich zu haben, obwohl er sich anfangs dagegen gesträubt hatte.

Der junge Leutnant hielt sein Glas gegen das Licht. »Alle reden schon darüber.« Er schaute ihm in die Augen. »Ihr beide kommt nicht gerade glänzend miteinander aus, was?«

Blackwood trank genießerisch seinen Brandy. Immer noch fühlte er die Geschmeidigkeit ihres Körpers, die animalische Wärme, als sie sich an ihn geschmiegt hatte.

»Nein, Harry, das tun wir nicht. Sein Vater diente mit unserem Vater zusammen, und auch sie waren sich herzlich zuwider.« Er trank aus und atmete tief durch. Mit Netten und Fynmore würde es recht aufregend werden.

Ohne ihn anzuschauen, goß Harry nach; seine Hand zitterte ein wenig. »Ich kann es kaum erwarten. Gott sei Dank, daß ich diese Kommandierung erreichen konnte.«

Blackwood, um acht Jahre älter, erinnerte sich: Er hatte genauso erpicht wie Harry auf den Einsatz gewartet. Nun kam er sich wie ein Beschützer vor.

»Du hast das erreicht?« scherzte er. »Und ich dachte, es war deine Mutter.«

Harry lachte. »Das kommt aufs selbe raus!«

Plötzlich merkte Philip, daß das Schlimmste hinter ihm lag. Es war doch schön, noch am Leben zu sein.

IX Ein alter Zwist

Vom Hafen bis zu den flachen Gebäuden des britischen Konsulats in Fernando Po war es nicht weit. Doch als Blackwood sich seinen Weg durch die unübersehbare Menge kämpfte, erinnerte er sich an die Warnung Ackworthys. Die Hitze war unerträglich, sein Gesicht brannte wie nach einem Wüstensturm. Lärm, Farben und eine Vielzahl von Gerüchen ließen ihn wünschen, er wäre auf dem Flaggschiff geblieben.

Vor ihm schritt M'Crystal und bahnte seinem Hauptmann wie ein schwerer Pflug den Weg. Blackwood bezweifelte, ob er überhaupt in der Lage gewesen wäre, ohne ihn auch nur den Hafen zu verlassen.

Das Geschwader war in den frühen Morgenstunden vor Anker gegangen. Nun boten die vier im Sonnenglanz schimmernden Linienschiffe, die Fregatten und die gekaperte Brigantine ein eindrucksvolles Bild. Blackwood hatte sich oft gefragt, warum Großbritannien eine spanische Insel wie Fernando Po als Sitz dieses Konsulats ausgesucht hatte. Es kontrollierte alle Händler in den Buchten von Benin und Biafra, was sich wiederum auf die Küstenschiffahrt im ganzen Golf auswirkte. Auch wenn die spanische Flagge über der Zitadelle wehte, die beeindruckende Stärke von Ashley-Chutes Geschwader ließ keinen Zweifel darüber, in wessen Händen die wirkliche Macht lag.

Ashley-Chutes Absichten konnten nicht länger geheim bleiben, dachte Blackwood. Hafen und Ankerplatz lagen gedrängt voller Schiffe: arabische Dhaus, afrikanische Küstensegler, spanische Schoner und amerikanische Briggs. Die Insel war ein Schmelztiegel der Nationalitäten.

M'Crystal sagte müde: »Da ist endlich das Tor, Sir.« Er schob einen plappernden Straßenhändler zur Seite und leitete Blackwood an zwei schwitzenden britischen Wachtposten vorbei durch die Einfahrt zum Konsulat.

Die Mauer wirkte wie eine Jalousie. Die Straßengeräusche verklangen, und Blackwood fühlte sich plötzlich unsicher. Harry hatte gesagt, er verschwende nur seine Zeit, wenn er Slade besuche. Und Ashley-Chute würde ihn dafür büßen lassen.

In der Tür erschien ein Diener in wallendem Gewand. »Hier entlang, Sir.«

»Ich warte, Sir. Für alle Fälle«, grunzte M'Crystal.

Wortlos folgte Blackwood dem Diener in die schattige Halle, wo es im Vergleich zur Straße fast kühl war. Es war ein schlichtes, spartanisch eingerichtetes Gebäude, und auf seinen wahren Zweck wies kaum etwas hin.

Nach wenigen Minuten tauchte Barrow, Slades Privatsekretär, auf und betrachtete ihn argwöhnisch. »Sir Geoffrey spricht noch mit dem Konsul. Aber ...« Er seufzte. »Ich werde sehen, was ich tun kann.«

Blackwood versuchte, sich zu entspannen. Barrow hatte ihn fast schon abgewiesen. Nach ein paar Minuten würde er wieder erscheinen, um zu sagen, Slade sei beschäftigt.

Die Tür öffnete sich, und Barrow sagte trocken: »Sir Geoffrey möchte Sie jetzt sehen.«

Blackwood folgte dem Privatsekretär durch die Tür. Ihm fiel auf, daß der arme Barrow einen dicken Gehrock trug, zweifellos sehr passend für London, aber hier ganz gewiß zu heiß. Dabei fiel ihm ein, daß in wenigen Tagen Dezember sein würde. Vielleicht lag jetzt Schnee in Hawk's Hill, in den Katen dachte man an Weihnachten, und die kleine Kirche war geschmückt.

Slade stand hinter einem großen Tisch mit Marmorplatte, als habe er auf Blackwood gewartet. Papiere und Meldungen lagen neben zwei leeren Gläsern. Der Konsul schien durch eine diskrete Tür verschwunden zu sein.

Slade blickte Blackwood ruhig entgegen. »Ein unerwarteter Besuch.« Mehrere Sekunden lang sah er ihn prüfend an. »Sie sehen erholt aus, das freut mich.« Überraschend lächelte er. »Nun, Hauptmann Blackwood, da Sie offensichtlich vergessen haben, was Sie sagen wollten, darf ich vorschlagen, sich zu setzen.« Er schwang eine kleine Glocke und bestellte Wein beim Diener.

Blackwood setzte sich. Er war ins Schwimmen geraten – was hatte er eigentlich erwartet? Sein Blick fiel auf das einzige Bild an der Wand: ein Porträt der Königin, wohl kurz nach ihrer Hochzeit mit Prinz Albert aufgenommen. Schon mit einundzwanzig Jahren wirkte ihr Gesicht energisch und empfindsam zugleich. Nun war sie zehn Jahre älter, und Blackwood fragte sich, was sie wohl von ihrem sich ausweitenden Empire hielt.

»Ich wollte Sie nach Mdlaka fragen, Sir«, platzte er heraus.

»Das habe ich mir gedacht. Natürlich wurde ich ständig über Ihre Taten und Verluste unterrichtet. Aber bedenken Sie, Sie und Ihresgleichen sind nur kleine, wenn auch sehr wichtige Teile des Ganzen. Ich tue meine Arbeit nach bestem Vermögen, aber selbst ich habe nicht den Gesamtüberblick. Im Krieg ist es genauso. Die auf sich allein gestellten Männer, von denen man nie hört, gibt es immer. Es sind die Männer der Angriffsspitze oder die ersten auf der Sturmleiter, alle mit wenig Aussicht aufs Überleben.« Slade war anzusehen, daß er an jemanden dachte. »Und dann gibt es andere, die zurückbleiben müssen, um den Rückzug ihrer Kameraden zu decken. Auch im Frieden sind solche Männer nötig.« Er wartete, bis der Diener die Gläser auf den Tisch gestellt hatte, und fuhr dann fort: »Mdlaka war ein Narr, doch seine Schwäche hat unseren Einfluß auf ihn verstärkt. Lebend und wieder bei seinen Leuten, ist er zwar ein unsicherer Faktor; aber tot oder in Ketten hätte er eine gefährliche Lücke hinterlassen, die bald wieder gefüllt würde.«

Blackwood hob das Glas an die Lippen. Der Wein war hervorragend und überraschenderweise ganz kalt.

»Ich hätte ihn am liebsten getötet und sein Dorf niedergebrannt.« Er schaute auf. »Aber mit meinem verwundeten Bein ...«

Slade lächelte freundlich und füllte sein Glas nach. »Sie und Rachsucht? Das glaube ich Ihnen nicht.« Er schien über Blackwoods Überraschung belustigt. »Ich habe Ihnen schon vor Wochen gesagt, daß ich Anteil an Ihrem Geschick nehme. Auf wen sollten sich die Gesandten Ihrer Majestät verlassen, wenn nicht auf Offiziere wie Sie?«

»Sie lachen mich aus, Sir.« Blackwood machte Anstalten, aufzustehen, aber Slade bedeutete ihm, sitzenzubleiben.

»Nein«, sagte er ernst. »Über das, was Sie geleistet haben und den Mut, den Sie Ihren Männern einflößten, könnte nur ein Narr lachen. Und das bin ich nicht.«

Barrow steckte den Kopf durch die Tür. »Es ist bald Zeit, Sir Geoffrey.«

»Gut.« Slade wandte sich wieder an Blackwood. »Sir James Ashley-Chute beabsichtigt, ein Gebiet anzugreifen, das als Hauptverbindungsweg der Sklavenhändler bekannt ist. Sie sind natürlich darüber unterrichtet, und ich will mich gar nicht einmischen. Ich lenke die Navy und die Truppen, aber ich versuche nicht, ihnen meinen Willen aufzuzwingen.« Wieder ein kurzes Lächeln. »Jedenfalls nicht allzu offensichtlich.« Er wurde wieder ernst. »Ich muß gestehen, daß ich die Wege der Navy nicht ganz verstehe, doch Sir James ist der Befehlshaber, ein Mann von Erfahrung und beachtlicher Zielstrebigkeit.«

Blackwood wartete. Slade schien insgeheim bestimmte Punkte abzuhaken, als erwarte er zu jedem eine Erwiderung.

»Besteht er auf seiner gegenwärtigen Strategie, dann werde ich mich nicht widersetzen.«

Trotzdem glaubte Blackwood, Besorgnis auf seinem Gesicht zu erkennen.

Dann fuhr Slade fort: »Sie haben mich doch einmal nach meiner Nichte gefragt.« Kühl wartete er auf Blackwoods Reaktion.

»Jawohl, Sir. Stimmt etwas nicht?«

»Ich habe herausgefunden, wo sie sich befindet: auf einer Mission etwa zehn Meilen landeinwärts von der Stelle, wo Sie möglicherweise mit Ihren Männern landen werden.« Nun merkte man ihm seine Sorge an. »Aber – zehn Meilen? In Afrika können das so viel wie hundert sein!«

»Ist sie dort sicher, Sir?«

»Im Augenblick. Doch wenn Sir James' erster Angriff fehlschlägt, sind sie und alle anderen Missionen dieses Gebiets in tödlicher Gefahr. Ich darf nicht zuviel daran denken. Muß über persönlichen Bindungen stehen.« Er ging um den Tisch und ergriff Blackwoods Hand. »Aber wenn Sie können, bringen Sie Davern raus.«

Blackwood schwirrte der Kopf. Auf Widerspruch, auch auf eine Rüge oder mehr war er gefaßt gewesen. Doch in wenigen Worten hatte Slade seine Zurückhaltung fallen lassen und den Kummer, den er um seine starrköpfige Nichte litt, verraten.

Blackwood erwiderte seinen Händedruck. »Sie können sich darauf verlassen, Sir.«

Mit warnendem Stirnrunzeln trat Barrow in den Raum, und Slade schlüpfte wieder in seine alte Rolle.

»Machen Sie keinen Wirbel, Barrow. Der Wein war zu gut, um ihn hastig zu trinken. Stimmt's, Blackwood?«

Als er mit dem Bild der Königin allein war, bedachte Blackwood seine Entdeckung: Auch Slade, ein Repräsentant der Regierung und des Empire, war schließlich nur ein Mensch.

Major Rupert Fynmore stützte die Hände auf das Süll von Ackworthys Kajütfenster und blickte auf das blitzende Gewimmel vorbeifahrender Fahrzeuge hinaus.

Blackwood wartete und überlegte dabei, warum er den dürren, sonnengebräunten Major nicht mochte.

Dann richtete Fynmore sich auf und wandte sich ihm zu. Er war schon vierzig Jahre alt, gab sich aber alle Mühe, dies nicht zu zeigen. Sein Rock saß faltenlos an der aufrechten Gestalt, seine Stiefel glänzten wie blankes Glas, und sein ordentliches, sandfarbenes Haar sah aus, als käme er gerade vom Kompaniebarbier.

»Kapitän Ackworthy ist an Land. Er hat mir erlaubt, seine Kajüte für meine Vorbereitungen zu benutzen.« Er hatte die Gewohnheit, nur mit einer Seite des Mundes zu lächeln. Und niemals erreichte das Lächeln seine Augen. »Ich hatte Sie etwas früher erwartet.«

»Tut mir leid, Sir. Ich war von Ihrem beabsichtigten Besuch nicht unterrichtet.«

»Besuch?« Der Mund hob sich wieder. »Das trifft es wohl kaum. Ich übernehme schließlich den Befehl über die Landungsoperation.«

»Unter Fregattenkapitän Netten, nehme ich an, Sir?«

»Richtig.« Fynmore sah ihn ruhig an. »Seltsam, das Leben, finden Sie nicht? Daß wir uns so wiedertreffen, meine ich.«

Blackwood schwieg. Fynmore genoß sein neues Kommando. Es hatte keinen Sinn, Menschenleben zu gefährden, indem er den Riß zwischen ihnen noch erweiterte.

Sachlich fuhr Fynmore fort: »Mein Vater diente unter dem Ihren am Erie-See und bei Navarino. Ziemlich harter Mann, wie ich hörte.«

»Er hat mit mir leider nie darüber gesprochen, Sir.« Das war eine Lüge, doch er wollte den Major nicht noch mehr reizen.

»Macht nichts. Ehe wir an die Arbeit gehen, wollte ich bloß einiges klarstellen. Ich habe von Ihnen gehört, Ihren Ideen und Ihren Tod-oder-Sieg-Eskapaden. Aber bei diesem neuen Einsatz ist kein Platz für blinden Heldenmut. Hier wird eine Aufgabe erfüllt, auf meine Art. Verstanden?«

»Ich glaube ja, Sir.« Er war überrascht, wie ruhig er blieb. Tod oder Sieg? Sein Vater hätte diesem Fynmore zugestimmt.

»Sie waren auf dem Konsulat?« fragte Fynmore scharf. »Auf wessen Befehl?«

»Es war ein Privatbesuch, Sir.«

»Bei Sir Geoffrey Slade?«

»Ja, Sir.«

»Aha. In diesem Fall ...« Fynmore ging zu Ackworthys Tisch und öffnete seinen Depeschenbeutel.

Blackwood hatte schon eine Menge über Fynmore gehört. Ziemlich alt für seinen Dienstgrad, würde er alles tun, was ihn zum Oberstleutnant befördern konnte. Und warum auch nicht? Warum aber war er so unbeliebt? Sein alter Chef in Neuseeland, der an der Spitze seiner Männer gefallen war, hatte – wenn es sich so ergab – wild bis zur Tollheit gekämpft. Schotte wie M'Crystal, konnte er am Schluß eines Messeessens dudelsackpfeifend über die Tische marschieren. Doch die Männer hatten ihn verehrt und waren ihm ohne Zögern selbst in den Tod gefolgt.

Fynmore zog einige Papiere heraus und legte sie auf den Tisch. »Ganz unklompliziert, scheint mir. Aber wollen Sie sich nicht setzen?« Er lächelte. »Wir sind die beiden einzigen Offiziere mit Fronterfahrung, seltsam, nicht?« Ohne Pause fuhr er fort: »Es wird wahrscheinlich gar nichts passieren. Wir zeigen die Parlamentärflagge, während Fregattenkapitän Netten mit dem örtlichen König spricht.« Er sah in seinen Notizen nach. »König Zwide heißt er und sollte kein Problem sein.«

Blackwood beobachtete Fynmores falkenähnliches Profil mit plötzlicher Besorgnis. Er tat nur so, als könne er ohne Brille mühelos lesen, während sein Sehvermögen ganz offensichtlich beeinträchtigt war. Die Angelegenheit wurde von Minute zu Minute bedenklicher.

»Darf ich einen Vorschlag machen, Sir?«

»Ja?« Fynmore sah ihn mißtrauisch an.

»Könnten Sie nicht als dienstältester unserer Offiziere dem Admiral den Rat geben, einige, wenn schon nicht alle, Dampfschiffe hier einzusetzen?«

Fynmore kicherte. »Daran habe ich schon gedacht und den Admiral darauf angesprochen. Er hat natürlich seine eigenen Vorstellungen. Das Flaggschiff und die Fregatte *Peregrine* werden an der Unternehmung beteiligt sein, begleitet von einem kleinen Dampfkanonenboot, der *Norseman*. Das will er wohl mehr als Schlepper denn als Kriegsschiff einsetzen.« Fynmores Brust bebte vor lautlosem Lachen.

Blackwood nickte. Der Großteil des Geschwaders würde also vor Anker bleiben, konnte sowieso im Labyrinth der von den Sklavenhändlern benutzten Flußarme nichts ausrichten. Wenn die Schiffe in Fernando Po blieben, zogen sie vielleicht Spione von ihrer Fährte ab.

»*Ein* Dampfschiff ist besser als gar nichts.«

Fynmore sah ihn an. »Natürlich, Sie waren ja auf der *Satyr.* Deshalb wissen Sie nun alles über Dampfschiffe, wie?«

»Hat das so geklungen?«

»Leider ja. Wissen Sie, was Ihr Fehler ist, Blackwood?« Ein kurzes Lächeln. »Ihr Stolz. Er wird so schnell zu Arroganz.«

Er will mich provozieren, dachte Blackwood und erhob sich langsam.

»Sie sind mir überlegen, Sir.« Er sah, wie Fynmores' Spannung nachließ. »Durch Ihren Rang, meine ich.«

Fynmore starrte ihn an. »Sie können gehen. Ich lasse es Sie wissen, wenn ich Sie brauche.« Und als Blackwood sich zum Gehen wandte, fragte er noch: »Ihr Bruder ist doch an Bord?«

Blackwoods Kehle wurde so trocken wie in der Nacht auf dem Bollwerk des Forts. Aus Furcht, aber diesmal nicht um sich. Fynmores beiläufige Frage war eine Drohung. Er kannte natürlich Name und Dienstalter jedes Marineinfanterieoffiziers im Geschwader ganz genau.

»Er ist noch hier.«

»Gut. Dann müssen wir ihn angemessen verwenden, nicht wahr?«

Blackwood verließ die Kajüte und schlug die Tür hinter sich zu. Marineinfanterist Callow, der früher mal einen Mann vor dem Ertrinken gerettet hatte, stand Posten vor der Kajüte, doch Blackwood bemerkte ihn nicht einmal.

Zu stolz, zu arrogant, zu ruhmsüchtig? Für einen Tag hatte Blackwood genug.

Plötzlich dachte er an das Mädchen mit den Veilchenaugen, an Davern Seymour. Was würde der dämliche Fynmore sagen, wenn er gewußt hätte, was Slade vorhatte?

Auf dem Achterdeck angekommen, hatte er seine Fassung wenigstens äußerlich wiedererlangt. Er sah, daß ein Boot mittschiffs anlegte und ein Bootsmannsstuhl abgefiert wurde. Mehrere Seeleute, die an Oberdeck arbeiteten, grinsten und stießen sich heimlich an. Als Blackwood zum Boot hinunter schaute, sah er Harry auf der Heckbank neben einer in ein langes grünes Gewand gehüllten Afrikanerin sitzen. Zwei Seeleute hielten den Stuhl fest, damit sie einsteigen konnte, und der junge Leutnant reichte ihr helfend die Hand. Der Anblick ließ Blackwood erstarren.

Als er sie das letzte Mal gesehen hatte, war sie nackt gewesen und hatte sich wie ein wildes Tier an ihn gepreßt. Ganz deutlich fühlte er noch ihre Brust und ihren Blick.

Der Bootsmannsstuhl quietschte zur Gangway hinauf, und sie merkte, daß er sie beobachtete. Ihr Schleier bedeckte Mund und Nase, nur ihre Augen blieben sichtbar und ließen ihn nicht los, bis sie abgesetzt wurde und seinen Blicken entschwand. Neben ihm tauchte Harry auf und legte grüßend die Hand an den Hut. Als er jedoch Blackwoods Gesicht sah, verging ihm die Munterkeit.

»Was soll die denn hier?«

Harry sah ihn neugierig an. »Sie ist anscheinend Prinzessin, Tochter eines Königs bei Benin. Ich erhielt Befehl, sie vom Sklavenschiff an Bord zu holen.«

Blackwood sah zur Seite; zweifellos steckte auch hier Slade dahinter. Sie war ein Verhandlungsobjekt, eine Geisel – oder eine Schlange in ihrer Mitte. Nur zu leicht konnte er sich vorstellen, wie die schwarze Prinzessin ihre Leute in die Sklaverei verkauft hatte.

Nun wurde unter den aufmunternden Rufen der Seeleute eine große Frau in auffallend buntgestreiftem Gewand an Bord gehievt.

Harry beobachtete ihn noch immer. »Eine Dienerin und Bewacherin der Prinzessin«, erläuterte er. »In einem Schiff voll lüsterner Teerjacken braucht sie das wahrscheinlich.«

Blackwood sah ihn an. »Umgekehrt wird ein Schuh daraus.«

Schnellen Schrittes näherte sich Major Fynmore und meinte gereizt: »Ich kann nicht zulassen, daß meine Offiziere ein schlechtes Beispiel geben und hier herumstehen und gaffen. Vom Geschwader werden weitere Marineinfanteristen an Bord kommen, und ich möchte heute nachmittag eine Gesamtmusterung. Weitere Befehle während der Abendwache, verstanden?« Harry gönnte er ein schiefes Lächeln. »Schließlich sind wir hier keine Passagiere, oder?«

Während Fynmore davonhastete, meinte Harry leise: »Ich frage mich, ob er von der Prinzessin weiß.«

Kapitän Ackworthy senkte grummelnd sein Teleskop. »Ein elender Küstenstrich!«

Mit festgemachten Segeln schwojte die *Audacious* schwerfällig um ihre Ankerkette; an Oberdeck wurden Boote aus ihren Lagerungen gehoben und längsseit ins Wasser gefiert. Etwas dichter unter der saftig grünen Küste lag die kleine Fregatte *Peregrine* vor Anker und wartete zweifellos auf das nächste Signal vom Flaggschiff.

Abseits von seinen Offizieren, die Hände hinter dem Rücken verschränkt, stand Ashley-Chute und starrte zum Land.

Blackwood beobachtete ihn. Schwer zu sagen, an was der Admiral dachte. War er ungeduldig über die Verzögerung beim Auslaufen von Fernando Po, über den ausbleibenden Wind und ihr Schneckentempo bis hierher, dann zeigte er es nicht. Seinen Gefühlen hatte er nur am ersten Seetag Luft gemacht, als das kleine Kanonenboot *Norseman* eine dichte Rauchwolke gen Himmel gespien und signalisiert hatte, seine Maschine sei ausgefallen, es könne nicht folgen.

Vor Vergnügen hatte Ashley-Chute fast gekräht. »Was habe ich gesagt, he?« Er hatte seine Offiziere der Reihe nach durchdringend angesehen. »Absolut unbrauchbar! Ein Haufen Eisenschrott!«

Nun ging der wachhabende Offizier auf Ackworthy zu und legte die Hand an den Hut. »Alle Boote zu Wasser, Sir.«

»Danke.«

Erneut bemerkte Blackwood Ackworthys Zögern, als sei er nicht bereit oder in der Lage, die nächste Entscheidung zu treffen. Oder als habe der Admiral ihn in seine Pläne nicht eingeweiht.

In dieser Hinsicht konnte er den bulligen Kapitän verstehen. Denn seit Major Fynmore an Bord gekommen war, klebten er und Fregattenkapitän Netten wie Pech und Schwefel aneinander und hatten ihrem Hauptmann kaum etwas gesagt, das über das Nötigste hinausging.

Fynmore schien sich an seiner neuen Stellung zu weiden. Während der drei Tage bis zu diesem Ankerplatz etwa fünfzig Meilen nordwestlich des Nigerdeltas hatte sich Fynmore verhalten, als sollten die Marines an einer feierlichen Parade, nicht an Kampfhandlungen teilnehmen. Jeden Tag mußten sie putzen, polieren und ihre Tornister streichen, bis sie wie schwarzes Leder glänzten. Einige Marines waren bestraft worden, weil angeblich Sand in ihren Musketen war, obwohl Blackwood den Verdacht nicht loswurde, daß Fynmore auf dieser Weise nur über sein schlechtes Sehvermögen hinwegtäuschen wollte.

Er unterdrückte ein Schaudern beim Blick auf die Küste. Keine auffliegenden Vögel, keine verräterische Rauchwolke, trotzdem hatte er das Gefühl, die beiden Schiffe würden seit ihrer ersten Annäherung am Morgen beobachtet.

Ein Jammer um die *Norseman,* dachte er. Mit ihr wäre die Überfahrt zur Küste schneller und sicherer gewesen. Vier Kabellängen, über siebenhundert Meter, waren es bis zur nächsten grünen Landspitze, eine lange Strecke für mit Männern und Waffen beladene

Boote. Die Landungsabteilung der Marineinfanterie würde aus neunzig Männern bestehen, dazu drei Leutnants von den anderen Schiffen des Geschwaders. Auch Harry würde mitgehen, als Verbindungsoffizier, wie Fynmore das etwas undeutlich umschrieben hatte.

Netten sollte eine Abteilung bewaffneter Seeleute der *Audacious* anführen; jedes Boot stand unter dem Kommando eines Leutnants oder Fähnrichs.

Blackwood sah erneut zur Küste hinüber. Sie schien undurchdringlich; die gewundenen Flußarme verschwanden hinter sich überlappenden, bewaldeten Hängen. Er umklammerte die Netze, bis der Schmerz seine Nerven beruhigte. Sie durften sich nicht ein zweites Mal überlisten lassen.

Dann erblickte er Fynmore, der zu einer Besprechung mit dem Admiral eintraf. Wie zufrieden er aussah!

Blackwood dachte an Slade. Vielleicht bedauerte dieser jetzt, nicht mitgefahren zu sein. Er hatte jedoch einen seiner Mitarbeiter entsandt, einen freundlichen Mann namens Patterson, dessen Kenntnisse über Afrika und den Sklavenhandel die ganze Offiziermesse in Erstaunen versetzt hatte.

Eines Abends war Patterson mit Blackwood an Deck auf und ab gegangen und hatte ihm erzählt, wie Slade jahrelang versucht hatte, die afrikanischen Könige und Häuptlinge von dem scheußlichen Menschenhandel abzubringen, indem er ihnen andere Profite anbot. Der bedeutendste war der Verkauf von Palmöl, für das in Europa steigender Bedarf bestand. Die mächtigeren Könige – und Zwide war einer von ihnen – hatten jedoch Tausende von Palmen niedergebrannt, um ihre Leute erneut zu dem grausamsten, aber lohnendsten Geschäft zu zwingen.

Slade mußte viel von Patterson halten, wenn er ihn mit einer so bedeutenden Mission betraute.

Der wachhabende Offizier hustete höflich. »Würden Sie bitte zum Admiral kommen, Sir?«

Blackwood ging über das Achterdeck, das schon halb im Schatten lag, da die Bootsmannsgruppe gerade die Sonnensegel ausbrachte.

Mit ausdruckslosem Gesicht betrachtete Ashley-Chute die kleine Gruppe von Offizieren. Netten würde also die Gesamtführung übernehmen, Fynmore die Landungsabteilung und sein Sohn das Kommando über die Boote.

Seine Augen blieben an Blackwood hängen. »Alle zur Stelle, gut. Je eher wir beginnen, umso besser.« Und zu seinem Sohn: »Geben Sie Befehl, die Boote zu beladen.« Er wandte sich ab und entließ ihn damit. »Noch Fragen?«

Netten beugte sich vor. »Wenn die Leute des Königs das Gebiet verlassen haben, Sir, was ...«

Ashley-Chutes großer Mund arbeitete. Zornig fragte er: »Verlassen? Warum sollten sie? Hier ist ihre Existenzgrundlage, Mann. Mr. Patterson hat vor, mit diesem Burschen Zwide zu sprechen – aber bitte keine langen Diskussionen! Ich kann eingeborene Emporkömmlinge nicht ertragen.« Ein kalter Blick zu Blackwood. »Das stimmt doch, oder?«

»Jawohl, Sir.«

Blackwood bemerkte Fynmores Unmut. Die Bemerkung rührte an irgendetwas von früher, an dem er nicht teilhatte.

In der Ferne hörte er Sergeant Quintins rauhe Stimme: »Erste Gruppe – in die Boote! Bewegung da! Infanterist Shadbolt, halten Sie den Kopf hoch, Sie sehen aus wie eine verdammte Hure am Morgen danach.«

Blackwood konnte sich vorstellen, wie sie alle grinsten. Quintin wiederholte seine Beschimpfungen so oft, daß jeder sie auswendig kannte.

Ackworthy stand etwas abseits. »Der Ausguck hat soeben Rauch in Südost gemeldet, Sir. Das muß die *Norseman* sein.«

»Ich warte nicht auf diesen Irren«, grollte Ashley-Chute. »Er fliegt sowieso bald in die Luft.«

Netten lachte, doch Fynmore fingerte an seinem Wehrgehenk. Sogar ihm mißfiel offenbar die Art, wie der Admiral seinen Flaggkapitän behandelte.

Gewaltig gähnend, als komme er gerade aus der Koje, tauchte Patterson unter der Poop auf. »Ich bin bereit, Sir James«, lächelte er freundlich.

Zu aller Überraschung schlug Ashley-Chute ihm auf die Schulter und rief: »Ausgezeichnet! Gehen Sie hin und übermitteln Sie den Wilden das Mißfallen unserer Königin, oder was Sie sonst unter diesen Umständen sagen!«

Einige lachten. Es kam selten vor, daß Ashley-Chute so gehobener Stimmung war.

Dann wandte er sich mit kurzem Nicken um und fügte hinzu: »Machen Sie weiter, meine Herren.«

Blackwood blieb an der Steuerbord-Gangway stehen und blickte über das Oberdeck. Wie leer sah es aus ohne die Gruppen der Rotröcke und die aufgestellten Waffen! Zum Achterdeck grüßend, kletterte er behende in das nächste Boot. Auf der Heckbank saß bereits Smithett mit einem Beutel, der zweifellos eine Flasche enthielt.

Die Hitze lag wie eine schwere Decke über dem Boot. Die Marines drängten sich zusammen, um den Ruderern Platz zu lassen, so wie in all den anderen Booten, die nun neben dem Schiff trieben.

Harry saß mit Major Fynmore und Netten in der großen Barkasse. Blackwood dachte an die schwarze Prinzessin in ihrer gut bewachten Kammer auf dem Orlopdeck. Heute würde sie zum erstenmal, seit sie von der Brigantine herübergebracht worden war, ins Freie kommen. Sie hieß Nandi. Das hatte Harry ihm erzählt, nachdem er die Wachtposten vor ihrer Tür inspiziert hatte.

Smithett zwinkerte, und als Blackwood aufsah, geleiteten ein Fähnrich sowie der sanfte Mr. Patterson die Prinzessin über das Fallreep in den Kutter. Verwundert beobachtete Feldwebel M'Crystal Blackwoods Gesicht. Quitin hatte ihm zwar einiges erzählt, aber offenbar war da noch mehr zu erwarten.

An Frazier, den erfahrenen Scharfschützen, gequetscht, schaute Korporal Jones im nächsten Boot Leutnant Blackwood an, der achtern bei Major Fynmore saß. Er mußte innerlich grinsen. Übermütiger junger Geck. Ganz kühl hatte er mit der Schwarzen in ihrer behelfsmäßigen Kammer gesprochen. Der war gut dran!

Über seinen Tornister und seine Waffen gebeugt, die Lippen in lautlosem Pfeifen gespitzt, saß Ackland da und blickte unauffällig zum Ufer hinüber. Er war einer von sechs Brüdern, die alle auf dem Land arbeiteten. Wie die meisten Landarbeiter war er ein bißchen langsamer als die, die sich mit Schläue durchs Leben schlagen mußten. Aufgemöbelt hatte ihn erst das Corps.

Dicht beieinander wie Erbsen in der Schote, saßen die Rocke-Zwillinge und sahen Doack beim Versuch zu, eine Flasche Rum in seiner gerollten Decke zu verstecken. Daneben Bulford, der seinen Schulterriemen lockerte und beobachtete, wie die Schwarze ins Boot geleitet wurde. Beim Anblick der Gefangenen mußte er unwillkürlich an seinen Vater denken, der für den Rest seines Lebens im Gefängnis saß. Bulford sah in den klaren blauen Himmel, fühlte die angenehme Nähe seiner Kameraden und war dankbar. Eingesperrt sein wie ein wildes Tier? Das war nichts für ihn.

Patterson plumpste ins Boot und fächelte sein schmales Gesicht mit dem Hut. »Anstrengend ist das, Hauptmann«, seufzte er.

Doch Blackwood schaute die Prinzessin an.

»Ach, Sie sind's«, sagte diese plötzlich.

Ihr Englisch war gebrochen, aber verständlich. Mit der Grazie eines Pumas raffte sie ihr alles verbergendes Gewand.

»Wir bringen Sie zu Ihrem Vater.«

»Dem König«, stieß sie hervor.

Scharf erwiderte Blackwood: »Setzen Sie sich hin und benehmen Sie sich.« Alle blickten auf und grinsten.

Sofort setzte sie sich, legte die Hände in den Schoß und schaute zur Küste hinüber.

Blackwood nickte dem Mann im Bug zu. »Loswerfen!«

Er versuchte, sich die Karte ins Gedächtnis zurückzurufen, den Fluß mit der scharfen Biegung, die an das Hinterbein eines Hundes erinnerte. Doch immer wieder mußte er das Mädchen auf der Ruderbank anblicken, das nun sittsam und zurückhaltend dasaß, ganz die Prinzessin. Als nackte Wilde in der dreckigen Kajüte konnte er sie sich kaum mehr vorstellen.

Der Fähnrich an der Pinne wartete, bis die anderen Boote sich in Kiellinie eingeordnet hatten, und steuerte dann den Kutter hinter das führende Boot, an dessen Heck die Kriegsflagge wehte.

»Setzen Sie sich zu mir, Hauptmann«, schlug Patterson vor.

Blackwood drängte sich neben ihn, und die Bootsinsassen sahen weg und taten so, als hätten sie nichts bemerkt.

»Sir Geoffrey hat Ihnen die Sache erklärt?« fragte Patterson leise.

Ihre Blicke trafen sich. »Ja.«

»Gut. Ich sprach mit dem Admiral. Falls es überhaupt geschafft werden kann, dann ist das Ihr Verdienst.« Er zögerte. »Falls.«

Der Kutter begann in der ersten auflandigen Dünung zu schlingern, da fühlte Blackwood, daß sich die Hüfte der Prinzessin gegen die seine preßte.

Wie hätte sein Vater reagiert? Sein Großvater hätte versucht, der Sache die beste Seite abzugewinnen. Selbst in seinem letzten Lebensjahr auf Hawk's Hill konnte er immer noch mit trüben Augen zwinkern, wenn er Geschichten von Frauen erzählte, die er ›bedient‹ hatte, wie er es nannte.

Ärgerlich schüttelte er sich. Er mußte verrückt geworden sein, so seinen Träumen nachzugeben. Er sah zu der grünen Barriere hinüber, die sich wie ein Vorhang vor ihren Bug legte, dann nach achtern zum Horizont. Dort, ganz weit hinten, hing ein verräterischer Rauchfleck: Monkeys Intimfeind. Jetzt kam er zu spät.

Als er wieder nach vorn sah, verriet ihm der Schimmer ruhigen Wassers hinter der nächsten Landspitze die Flußmündung: Zwides Königreich, das wie eine tückische Schlinge quer über dem Sklavenpfad lag. Die im Schoß ruhenden Hände des Mädchens waren völlig locker, und auch an seiner Hüfte fühlte er keinen Druck mehr.

Im führenden Boot stand Leutnant Ashley-Chute auf und hob sein Sprachrohr. Unglücklich schwankte seine Gestalt vor der saftig grünen Böschung. »Position einnehmen!« erklang seine Stimme.

Dem Befehl gehorchend, wechselten die Boote die Formation, bis sie in zwei Reihen nebeneinander fuhren, die sich nachher im Fluß an den beiden Ufern orientieren würden.

Blackwood wartete, bis der Fähnrich den Schlag erhöht hatte, um den Kutter an die Spitze der Steuerbordreihe, direkt querab von Nettens großer Barkasse, zu bringen.

Das alles ging viel zu glatt, zu leicht. Ein Signal in seinem Innern warnte ihn.

Aufstehend überblickte er das Boot. »Macht euch fertig, Jungs!«

Auch im nächsten Boot gab M'Crystal seiner Gruppe einen Wink. Es war nicht nötig, viel zu sagen, genausowenig wie damals, als der Feldwebel nach Lascelles Versagen die Dinge in die Hand genommen hatte. Hier und da schob sich eine Muskete über das Dollbord, oder ein Mann beschattete die Augen, um das Land zu beobachten, das sich ihnen nun öffnete.

Blackwood schaute zu dem Fähnrich hinüber, einem netten Jungen, etwa sechzehn Jahre alt. Ihm schien dies alles ungeheuren Spaß zu machen.

»Mr. Ward!« Der Fähnrich fuhr zusammen. »Überlassen Sie dem Bootssteurer die Pinne und kommen Sie her.« Gedämpft fuhr er fort: »Wenn wir beschossen werden, packen Sie die Prinzessin und drücken sie auf die Bodenbretter, klar?«

Der Junge nickte heftig. »Ich – ich glaube schon, Sir.«

»Gut. Ich mache Sie für ihre Sicherheit verantwortlich.«

»Ich wünschte, das verdammte Kanonenboot wäre hier«, murmelte Smithett.

Blackwood sah zu Fynmore hinüber. Der saß so kerzengerade da, als führe er in einer Kutsche über die Mall.

Harry warf einen Blick zu ihm herüber und winkte kurz, wie um ihm zu zeigen, daß alles in Ordnung sei.

Blackwood tippte dem Mädchen auf die Schulter. »Ihr Vater, der König – wann kommt er?«

Sie hob nicht einmal den Blick. »Er wird schon kommen.« Ihre Nüstern weiteten sich, als beobachte sie ein schreckliches Ritual. Sah sie sie schon alle tot? fragte sich Blackwood.

Er wandte sich an Patterson. »Wird es bereits gefährlich?«

Patterson zuckte die Schultern. »Man weiß wenig über diese Gegend. Zwide ist durch Flüsse von zwei Seiten gut geschützt. Auf der rechten kommt jetzt bald eine Hügelkette. Danach sind wir in einer besseren Position.«

»Haben Sie mit Major Fynmore über das Terrain gesprochen?« Doch Blackwood wußte bereits die Antwort.

Patterson lächelte flüchtig. »Habe ich. Er meinte, ich sollte das lieber den Fachleuten überlassen.«

»Das dachte ich mir.«

»Vorn haben sie die weiße Flagge gesetzt, Sir«, rief Fähnrich Ward.

Blackwood beobachtete Nettens vorwärtsschießende Barkasse mit den beiden Flaggen. Alles war so still, so unwirklich. Er fuhr sich mit dem Finger in den Kragen; seine Haut brannte wie Feuer.

»Da kommen sie!« Der Mann im Bug wies erregt nach vorn.

X Plötzlicher Tod

Harry Blackwood zupfte die Kleidung von seinem schweißtriefenden Körper. In der durch die bewachsenen Flußufer windgeschützten Barkasse war es heiß wie in einem Ofen. Leutnant Ashley-Chute, der den langsamen Vormarsch der Boote leitete, sprach hinter ihm mit dem Bootssteurer. Zehn Boote waren es insgesamt; als Harry zum Kutter hinüberblickte, der an der Spitze der anderen Reihe fuhr, winkte er seinem Halbbruder kurz zu, ohne eigentlich zu wissen, warum.

Vielleicht Fynmores wegen. Bei dessen Unterhaltung mit dem Fregattenkapitän hatte er sie auch über Philip sprechen gehört.

›Hauptmann Blackwood hält unsere Methoden für überholt‹, so hatte Sir James laut zu Netten gesagt. »Und tatsächlich hat ihm der Admiral bis zum Ende zugehört. Zu jeder anderen Zeit wäre er explodiert.«

»Der junge Bursche ist Vorgesetzten gegenüber verdammt intolerant. Er muß von seinem hohen Roß geholt werden«, erwiderte Fynmore.

Dann hatten sie das Thema gewechselt.

Harry dachte an England. Bald war sein Geburtstag. Er hatte es immer schrecklich gefunden, daß er so dicht vor Weihnachten lag. Als Kind hatte er gerne Geschenke ausgepackt, doch als er älter wurde, glaubten die Menschen wohl, ein Geschenk reiche für beide Feiern. Seine Gedanken weilten oft in Hawk's Hill, er fragte sich, was dort wohl geschehen werde.

Das alte Haus, in dem er geboren wurde, hatte ihm immer ein wenig Scheu eingejagt. An das einstmals befestigte, mit einem Graben umgebene Gutshaus aus der Tudorzeit waren im Lauf der Jahre Flügel angebaut worden, bis es dem heutigen Bild entsprach, einem Labyrinth von Zimmern und Gängen. Als kleiner Junge hatte Harry sich vorgestellt, daß in den Tiefen der Keller Kerkerverliese seien, und sich fast zu Tode gefürchtet, als er sich dort mal in einem Schrank eingeschlossen hatte.

Nun war von dem Graben nur noch ein kleiner Teich übrig, der für die durchziehenden Schwäne und Gänse erhalten wurde.

Sein Urgroßvater hatte Hawk's Hill gekauft. Wenn man den Porträts glauben konnte, hatte Generalmajor Samuel Blackwood ständig in irgendeinem Krieg gekämpft, hatte unter Wolfe bei Quebec gedient und sich durch die ganze amerikanische Revolution geschlagen. Dann war er aus der Armee geschieden, um sich in Hampshire niederzulassen. Er war der letzte der Blackwoods, der in der Armee gedient hatte; Harry hatte sich oft gefragt, was seinen Großvater wohl veranlaßt hatte, eine neue Tradition bei der Marineinfanterie zu beginnen.

»Die erste Flußkrümmung liegt jetzt eine halbe Meile voraus, Sir«, hörte er Leutnant Ashley-Chute sagen.

Netten grunzte und hob sein Fernrohr, um das nahe Ufer in Augenschein zu nehmen. Die Strömung war ziemlich stark, man merkte den Ruderern die Anstrengung an.

Harry Blackwood tupfte sich wieder das Gesicht ab, sein Taschentuch war nur noch ein nasser Fetzen. Er sehnte sich nach der Abendkühle und einem Bad. Aber ob es ratsam war, hier ins Wasser zu gehen?

Er beschattete die Augen und sah zu dem Mädchen im grünen Gewand hinüber, das neben, aber doch irgendwie getrennt von seinem Halbbruder saß. Seltsam, der hatte anscheinend keinen Sinn für Frauen, jedenfalls merkte er nicht, wie attraktiv er auf sie wirkte. Mit Belustigung und Neid hatte Harry das mehrfach beobachtet. Um Philip war eine gewisse Förmlichkeit und Reife, die weit über seine Jahre hinausging, doch er selbst war sich dessen nicht bewußt.

»Da! Sie haben was gesichtet!« stieß Fynmore hervor.

Netten hob die Hand, um das Geplapper im Boot zu unterbinden. »Genau zur rechten Zeit.«

Harry spähte zwischen seinen beiden Vorgesetzten hindurch und sah ein Boot um die Flußbiegung kommen. Es war kein einfacher Einbaum, sondern ein Langboot, größer womöglich als ihre Barkasse. Die Ruderer waren schwarz, im Heck waren jedoch zwei, vielleicht drei weiße Gesichter zu erkennen.

Ärgerlich rief Netten: »Verdammt noch mal, sie haben Heckanker geworfen.«

Die Riemen des anderen Bootes hoben sich und verhielten wie ausgebreitete Schwingen; die Strömung schäumte um den Rumpf, als führe es rückwärts.

»Signalisieren Sie den anderen Booten zu ankern!« Netten winkte dem Boot querab, das nach kurzem Zögern auf sie zuzurudern begann.

Fynmore drehte sich um. »Was haben Sie vor?«

Netten beobachtete das vor Anker gegangene Langboot. »Patterson will mit ihnen sprechen, vielleicht kennt er die Weißen. Möglicherweise Sklavenhändler, aber wenigens nicht verdammte Wilde.«

Trotz seiner achtzehn Jahre hörte Harry den Schrecken hinter diesen Worten heraus.

Der Kutter kam auf ein paar Meter heran. »Der König ist nicht dabei«, rief Patterson. »Einer der Männer heißt Lessard. Zum letzten Mal habe ich ihn im Senegal getroffen.« Von seiner Sanftmut war nichts mehr zu merken. »Ich denke, wir sollten auf Abstand bleiben und ihn den ersten Schritt tun lassen.«

»Ich habe schließlich die weiße Flagge gesetzt«, platzte Netten heraus. »Er muß wissen, daß wir als Unterhändler kommen.«

Patterson zuckte die Achseln. »Wäre König Zwide da, könnten wir ihm seine Tochter zeigen. Aber ohne ihn können wir nicht verhandeln. Lessard hat vor dem Leben anderer wenig Achtung.«

Netten funkelte ihn an. »Ich bin nicht zum Verhandeln hier, sondern komme im Namen der Königin. Sie täten gut daran, sich dessen zu erinnern.«

Fynmore sah zu Blackwood hinüber. »Was ist Ihre Ansicht?«

Harry beobachtete fasziniert seinen Halbbruder, der ohne Zögern erwiderte: »Wir sollten uns zurückziehen und unsere Männer auf dem rechten Ufer an Land setzen, Sir. Das läßt sich leichter verteidigen. Vor Einbruch der Dämmerung wird uns das Kanonenboot zu Hilfe kommen, und dann werden Lessard und seine Freunde es nicht mehr wagen, gegen uns vorzugehen.«

Fynmore ließ ihn ausreden. »Und das soll alles sein, Hauptmann Blackwood? So ganz ohne Schießen und Blutvergießen, einfach klein beigeben?«

Entschieden erwiderte Blackwood: »Dort drüben ist eine Hügelkette, Sir, nicht mehr als eine Kabellänge entfernt. Wenn oben Scharfschützen in Deckung liegen, können sie unsere Boote beschießen. Die Ruderer sind übermüdet. Es lohnt das Risiko nicht.«

Fynmore schluckte. »Mit Ihnen rede ich später.« Und zu Netten gewandt: »Ich bin der Ansicht, man sollte sie zwingen, Farbe zu bekennen. Und zwar gleich.«

Netten nickte. »Einverstanden.«

Fynmore sprach wieder zum Kutter hinüber. »Sie ankern und sind mir für Ihre Gruppe verantwortlich, Hauptmann Blackwood. Und für die Frauen natürlich.«

Harry beobachtete das Gesicht seines Bruders; man sah, daß ihn die Sticheleien Fynmores anekelten.

Netten wandte sich nach achtern. »Lassen Sie anrudern, Bootssteuerer.« Doch seine Blicke hingen an der anderen Bootsreihe; dort wurden Anker oder Draggen hervorgezerrt, die Ruderer sanken über ihren Riemenschäften zusammen, um wieder zu Atem zu kommen.

Als die Barkasse erneut Fahrt aufnahm, stand Blackwood im Kutter; bei dem Versuch, seinen Zorn zu bezwingen, schlug ihm das Herz gegen die Rippen. Ihm war gar nicht bewußt, daß er aufgestanden war, doch nun trafen ihn die beobachtenden Blicke seiner Männer, indifferent, kritisch, feindselig, verwirrt oder ungläubig.

»Was Sie sagten, war richtig«, meinte Patterson sanft. »Ich weiß, daß Untätigkeit einem Berufssoldaten gegen den Strich geht, aber als Zivilist weiß ich, daß Sie recht hatten.« Er sah der Barkasse nach. »Ich kenne Lessard, er hat Besitztümer in Georgia, andere in Brasilien und Kuba; er ist durch den Sklavenhandel unvorstellbar reich geworden. Kein einziges Mal haben wir es ihm nachweisen können.«

Blackwood versuchte, nicht hinter der Barkasse herzuschauen, die nun fast die Sicht auf Lessards Boot versperrte. »Warum ist er hier?«

»Weil ihm die Sache wichtig ist.« Patterson sah kurz zu der schwarzen Prinzessin hinüber. »Zu wichtig, um sich durch ein paar Rotröcke einschüchtern zu lassen.«

»Soll ich ankern, Sir?« fragte Fähnrich Ward heiser. Blackwood sah ihn an. Der Junge schämte sich für ihn. In seinen Augen hatte er versagt, war übervorsichtig gewesen, wo er nicht hätte zögern dürfen.

»Nein, Mr. Ward.« Scharf befahl er über die Köpfe hinweg: »Haltet euch klar, mit aller Kraft loszurudern. Und wenn eure Arme aus den Gelenken springen, es ist mir völlig egal! Korporal Bly, gehen Sie mit zwei der besten Schützen nach vorn.«

Es war, als striche ein kalter Wind durch das Boot. Ruckartig griffen Hände zu Waffen und Patronentaschen, andere zogen die Tschakos ins Gesicht.

»Haltet auf die Flußmitte zu.«

Blackwood hörte, wie Smithett seine Pistolen überprüfte.

»Da drüben muß ein Wagen gefahren sein, Sir«, sagte Fähnrich Ward plötzlich und zeigte querab auf den ersten Abhang der Hügelkette.

»Ziemlich unwahrscheinlich«, bemerkte Patterson.

Blackwood beugte sich über die sitzende Nandi und spürte, wie sie sich abwandte.

»Von wegen Wagen! Das sind Kanonenspuren!« Er richtete sich auf und brüllte: »Rudert an, Jungs, zugleich!« Die Bodenbretter unter seinen Füßen bebten, als sich die Ruderer in die Riemen stemmten. »Signalisieren Sie dem nächsten Boot . . .«

Seine letzten Worte wurden durch das Krachen einer Explosion zerrissen, die wie ein Donnerschlag über den Fluß hallte.

Dicht neben der Barkasse schoß eine Wassersäule hoch und riß mehrere Riemen in den Fluß. Der Strom packte das Boot und drehte es herum; vergeblich versuchten die Seeleute, mit den verbliebenen Riemen gegenan zu rudern.

Eine Rauchwolke stieg vom Hügel auf, und eine weitere Kanonenkugel durchschlug den Bug des Bootes. Blackwood wurde es übel, als etwas, das eine Sekunde zuvor noch ein Seemann gewesen war, wie ein blutiger Fleischbrocken über Bord geschleudert wurde.

Gott sei Dank hatte Netten noch nicht Zeit gehabt, in Rufweite von dem feindlichen Boot zu ankern. Nun trieb die Barkasse mit der Strömung davon, und irgend jemand versuchte verzweifelt, das nach dem letzten Schuß einströmende Wasser auszuschöpfen.

»Klarhalten im Bug!« Mit schreckgeweiteten Augen blickte Ward Blackwood an. »Runter die anderen!«

Von der Hügelkette hörte er das vertraute Krachen der Gewehre, sah die federleichten Spritzer der Geschosse, die rund um das andere Boot einschlugen oder seine Beplankung durchlöcherten.

Blackwood biß auf seinen Kinnriemen. Als nächste sind wir dran, dachte er. Allmächtiger Gott!

»Rudert!«

Fähnrich Ward schrie auf, als ihm ein Schuß wie mit unsichtbarer Hand die Mütze wegschlug.

»Sie vergessen Ihre Pflicht, Ward.« Blackwood packte ihn bei der Schulter. »Runter mit Ihnen und der Prinzessin.«

Der Fähnrich ließ sich auf die Bodenbretter fallen, sein Körper verdeckte das Mädchen fast völlig.

Ohne Furcht oder Haß sah sie über die Schulter des Jungen zu Blackwood auf.

Im Bug schickte sich ein Mann an, einen Greifhaken nach der treibenden Barkasse zu werfen. Blackwood sah, wie Harry versuchte, einen verwundeten Seemann vor dem einströmenden Wasser nach achtern zu zerren. Fynmore stand aufrecht im Heck, zeigte auf irgend etwas, und einer der Marines eröffnete das Feuer auf das Ufer.

Nun trafen Kugeln auch den Kutter, andere zischten darüber hinweg. Ein Seemann brach über seinem Riemen zusammen, aus einer Schädelwunde strömte Blut; ein anderer hielt sich die Brust und stöhnte vor Schmerz.

Weiter flußabwärts klagte traurig ein Horn; vermutlich hielten die anderen Boote aufs Ufer zu. Bei den drei Leutnants dort, die bisher noch nie im Gefecht gewesen waren, fiel es wohl wieder einmal M'Crystal zu, die heißen Kastanien aus dem Feuer zu holen.

Als der Kutter gegen die Barkasse stieß, wurden die Verwundeten in aller Hast in das bereits überfüllte Boot gezogen.

Auf einer Ducht stehend, achtete Blackwood nicht auf das tödliche Pfeifen der gefährlich nahen Kugeln. Offensichtlich sank die Barkasse schnell. Überall war Blut, sogar bis zu der kümmerlichen Parlamentärflagge war es hochgespritzt.

Fynmore blickte wild um sich. »Um Gottes willen, die haben ja Artillerie!«

Wie zum Hohn hallte eine weitere Detonation über den Fluß.

Blackwood ergriff den Arm eines verwundeten Seemanns und half ihm über das Dollbord. »Welche Befehle haben Sie, Sir?« fragte er Netten.

Fynmore wich taumelnd beiseite. »Hat keinen Zweck, er kann Ihnen nicht antworten.«

Fregattenkapitän Netten saß noch immer achtern, das Fernrohr wie einen Marschallstab in der Hand. Sein Kinn und der größte Teil seines Gesichts waren weggeschossen, doch über dem zerfetzten Fleisch blickten seine im Augenblick des Einschlags erstarrten Augen weiter geradeaus.

Die Barkasse trieb davon, und ihre toten Insassen sanken immer tiefer ins Wasser. Blackwoods Boot drehte und hielt auf das niedrige Ufer zu.

Wieder schlugen Schüsse in die Bordwand, und ein bewußtloser Seemann wurde ein zweites Mal getroffen; er starb, ohne noch etwas zu fühlen.

Blackwood tastete nach seinem Tschako, er war ihm jedoch wie Wards Mütze vom Kopf geschlagen worden, ohne daß er es bemerkt hatte.

Er sah zu Harry hinüber und wollte sprechen, aber seine Kehle war heiser vom Brüllen. »Das war knapp«, krächzte er. Sein Versuch zu lächeln mißlang. Er mußte an Netten denken, dem er seit dem Tag an Bord der *Brigantine* aus dem Weg gegangen war.

Jemand berührte seinen Fuß, und als er hinunter sah, schaute ihn Nandi an. Er ließ sich auf die Knie nieder, weil er Blut auf ihrem Gesicht bemerkte. Doch als er ihr helfen wollte, schüttelte sie nur den Kopf und legte mit unbeschreiblicher Zärtlichkeit die Arme um Fähnrich Ward.

»Es ist sein Blut, nicht meines.«

Vorsichtig hoben sie den Fähnrich vom Körper des Mädchens. Durch einen sauberen Einschlag in der Beplankung fiel Sonne auf seine fest geschlossenen Augen.

Harry beugte sich über ihn. »Ist er tot?«

Blackwood bedeckte das Gesicht des Fähnrichs mit einem Stück Segeltuch. Er fürchtete, seine Stimme würde ihn verraten.

»Ja, Harry. Er hat Befehle befolgt und die Frau hier geschützt.« Er sah Fynmore ins betroffene Gesicht. »Nun haben Sie die Führung, Sir.«

Fynmore schien aus einer Betäubung zu erwachen.

»Jawohl. Bringt die Männer an Land.« Seine Augen folgten der sinkenden Barkasse. Im Heck saß so aufrecht, als suche sie nach ihrem Mörder, die entsetzliche Gestalt Nettens.

Von dem Langboot und dem mysteriösen Lessard war nichts mehr zu sehen.

Smithett stieß langsam den Atem aus. »Nun spielen wir mal wieder Soldat, nehme ich an?«

Blackwood sah über den Fluß. Die Marines stolperten an Land und formierten sich zu Gruppen. Der Alptraum begann aufs neue.

Die versteckten Kanonen bestrichen den Fluß weiterhin regelmäßig. Staub und Geschützqualm bildeten eine dichte Wolke über dem Hügelkamm.

Blackwood beobachtete die Marines, die – wie sie das bei Hunderten von Übungen an Land und an Bord gelernt hatten – sprungartig nach beiden Seiten ausschwärmten. Mehr Männer waren nicht gefallen; die Boote lagen zusammengedrängt hinter der nächsten Uferböschung.

»Was meinen Sie, was für Kanonen sind das, Feldwebel?«

M'Crystal kniff die Augen zusammen. »Ziemlich groß, Sir. Zwölfpfünder, schätze ich. Zwei, möglicherweise drei.«

Den Abhang hinab schritt Major Fynmore, hinter sich seinen Burschen mit Säbel und Pistole wie einen eingeborenen Träger.

»Wo bleibt das verdammte Kanonenboot?«

Blackwood warf dem riesigen Feldwebel einen Blick zu. »Es ist ziemlich klein, Sir«, meinte er. »Hat nur einen Sechspfünder und eine Anzahl Mörser.«

Zornig wandte Fynmore sich ihm zu. »Nicht wie die *Satyr,* wie?«

Aus dem Gebüsch stiegen Qualmwölkchen auf, dort setzte Quartermain, einer der Leutnants, seine Schützen an.

Gleichmütig sagte Blackwood: »Wenn wir die Scharfschützen vom Kamm vertreiben, kann die *Norseman* dicht ans Ufer kommen und ihre Mörser zweckentsprechender einsetzen. Sollten sich die Kanonen auf sie einschießen, ehe sie ihre Waffen zur Wirkung bringen kann, hat sie keine Chance.«

Fynmore rieb sich das Kinn. »Daran habe ich auch bereits gedacht.«

Er winkte dem nächsten Leutnant. »Mr. Heighway, erster Zug fertigmachen zum Vorgehen!«

Der Offizier eilte mit bleichem, aber entschlossenem Gesicht davon. Fynmore befahl seinem Melder: »Geben Sie durch an beide Flanken: Deckungsfeuer.«

Patterson zuckte zusammen, als eine verirrte Kugel in die Felsen schlug. »Mir scheint, Sie gehen da ein großes Risiko ein, Major.«

»Sie halten sich da raus!« fuhr Fynmore ihn an. »Gehen Sie mit den Verwundeten zurück. Sobald der verdammte Sklavenhändler Vernunft annimmt, brauche ich Sie.«

Ein Horn schmetterte, und das Feuer auf dem Kamm erstarb, als pausiere der verborgene Feind, um zu lauschen.

Mit offensichtlicher Ungeduld beobachtete Fynmore, wie sich der mittlere Zug der Marines zu zwei langen Gliedern formierte.

»Verdammt noch mal, was treibt dieser blöde Quartermain bloß?« Er sah Blackwood an. »Gehen Sie hin. Ich will, daß der Kamm geräumt wird, bevor sie ihre Kanonen verlegen und uns beschießen!«

Blackwood zog seinen Säbel und legte ihn über die rechte Schulter; der Stahl drückte warm gegen seinen Hals.

Dann schritt er schnell den Hang hinan, seine Stiefel knirschten auf Sand und Steinen. Er ließ die nun vorrückenden Reihen der Marines nicht aus den Augen.

Er kannte den Zugführer kaum, aber der war sicher zu verblüfft über den schnellen Wechsel des Geschehens, um sich viele Gedanken zu machen.

Im Rücken der hinteren Linie stieß er auf Quartermain.

»Lassen Sie sie weit ausschwärmen!« Mit einer Mischung aus Dankbarkeit und Verwirrung starrte der Leutnant ihn an. »Und lassen Sie die Bajonette aufpflanzen, sofort!«

Quartermain nickte. »Zweiter Zug, Bajonett ...«

Im Knattern von Musketen- und Gewehrfeuer ging der Befehl unter. Über und durch die langsam vorrückenden Reihen zischten Schüsse, doch wie durch ein Wunder traf keiner tödlich. Die meisten Marines waren vollauf damit beschäftigt, ihre Bajonette zu ziehen und auf die Musketen zu klinken; sie stockten nicht einmal.

Blackwood fuhr sich mit der Zunge über die Lippen. Auf dem Kamm war eine lange Reihe Köpfe aufgetaucht. Nicht irgendwelche blutdürstige, halbnackte Eingeborene, sondern Männer im Burnus und andere, die fast wie Patterson gekleidet waren. Hunderte vielleicht, ein ganzes Heer. Der mysteriöse Lessard mußte alles aufgeboten haben, um das britische Expeditionskorps mit solchem Nachdruck von seinem Territorium zu vertreiben, daß es ein nochmaliges Eingreifen nicht mehr wagte.

»Halt! Legt an!« Die geschwungene Reihe hob die Musketen. »Feuer!«

Wie Korn im Wind schwankten die Gestalten zurück und wieder nach vorn.

»Zurück!«

Die erste Reihe der Marines trat durch die Lücken in der zweiten nach hinten und lud unter den Rufen des Korporals nach.

»Legt an!«

Aber ehe die Marines feuern konnten, krachte vom Hügel herunter eine Salve. Hier und da fiel ein Mann vornüber oder rollte stöhnend den Hang hinab.

Irgendwo blies ein Horn zum Angriff. Blackwood war klar, daß Fynmore ihnen zu Hilfe kam. Wenn sie nur den Kamm erreichen und Deckung finden konnten!

»Feuer!« Mit irrem Grinsen schwang Quartermain seinen Säbel, die Angst vertrieb jede Vorsicht.

Blackwood warf einen Blick den Hang hinab und sah den Zug von Leutnant Heighway vorrücken; die erste Reihe hatte schon die bei der zweiten Salve Gefallenen erreicht.

Mit umgehängter Muskete sprang Smithett leichtfüßig über das unebene Gelände.

Daß die Marines sich nicht zurückgezogen hatten, schien den Gegner zu überraschen. Er hatte wohl geglaubt, die Vernichtung von Nettens Barkasse und der Beschuß durch schwere Kaliber sei ausreichend gewesen.

Immer wieder tauchten sie in dem Gestrüpp auf, das den Hügelkamm krönte wie Borsten den Rücken eines wilden Ebers, schossen und verschwanden wieder, um mit geübter Schnelligkeit nachzuladen. Das hatten sie gewiß oft exerziert, wenn sie ein schlafendes Dorf überfielen, die Alten töteten und die Jungen als Sklaven wegführten.

Immer mehr Rotröcke lagen auf dem Boden. Es dauerte zu lange, die Marines waren durch den Angriff bergan und die gnadenlose Hitze erschöpft.

»Auf sie, Jungs!« rief Blackwood. »Greift an!«

Satanisch brüllend stapften die Marines den steiler werdenden

Hang empor, einige schossen im Laufen, andere brachen aus der Reihe aus und überholten ihre erschöpften Kameraden.

Blackwood rutschte und wäre beinahe gefallen, weil sein Fuß im Gestrüpp hängenblieb. Der Kamm war fast erreicht, da erhob sich nur wenige Meter vor ihm eine Gestalt, bleckte die Zähne, hob die Waffe und zielte direkt auf ihn.

Ein klatschendes Geräusch, der Mann fiel hintüber. Wie eine Lanze hatte ihn ein Bajonett durchbohrt. Der Marineinfanterist, der die Muskete geschleudert hatte, stürmte vor, riß sie aus dem Körper und stürzte hinter anderen, aus der Deckung brechenden Gestalten her, die dem wilden Angriff nicht gewachsen waren.

»Von der Mitte her ausschwärmen! Rechte Gruppe, Feuerschutz geben!«

Kugeln schlugen rings um Blackwood ein und warfen Steine auf. Einige Scharfschützen hatten offenbar kaltes Blut bewahrt und ihn als Führer erkannt.

Auf seinem Gesicht bildeten Staub und Schweiß eine Maske, und da er keinen schattenspendenden Tschako hatte, mußte er sich die Augen immer wieder mit dem Ärmel wischen.

»Feuer einstellen!«

Blackwood sah sich nach dem Hornisten um, doch der lag auf dem Gesicht, Blut strömte aus seinem Hals.

»Sergeant!« Er wartete, bis der Mann bei ihm war. »Gehen Sie mit Ihrer Schützenreihe auf die andere Seite des Hügels. Aber nichts riskieren. Versuchen Sie, herauszufinden, wohin sie verschwunden sind.« Er merkte, daß er schrie, obwohl Grabesstille herrschte, seit das Feuer beiderseits eingestellt worden war.

Der Sergeant wischte sich den Schweiß von der Stirn. »Sir!« Dann rannte er davon, rief seine Männer beim Namen und feuerte sie an wie Hunde, die die Fährte verloren hatten.

Blackwood ließ sich auf ein Knie nieder und zog sein Fernrohr aus dem Gürtel. Jenseits des Kammes erstreckte sich ein weiterer, und dann noch einer. Wo standen die Kanonen?

Er wandte sich um, sah auf den gewundenen Fluß hinunter und überlegte, ob sie auf der *Audacious* wohl das Schießen gehört hatten.

Neben ihm ließ sich keuchend ein Melder fallen, die Augen auf den toten Hornisten gerichtet. »Sir! Major Fynmore bittet Sie, zu ihm zu kommen.«

Blackwood berührte den Arm des Melders. Er war noch jung, aber wenn er dies überlebte, hatte er seine Lehrzeit hinter sich. »Nur ruhig, mein Junge.« Er zwang sich zu einem Lächeln. »Sag dem Major, ich komme, sobald ich die Männer hier angesetzt habe.«

Er winkte Leutnant Quartermain heran, und beide sahen zu, wie der Melder im Zickzack zwischen den Toten und Verwundeten den Hang hinablief.

Noch immer grinste Quartermain ungläubig. »Das waren Hunderte, Sir! Und wir nur dreißig. Trotzdem sind sie davongelaufen!«

Blackwood horchte auf die Rufe der Schützenkette im Gebüsch. Hoffentlich dachte der Sergeant daran, die neuen Gewehre einzusammeln, falls welche zurückgelassen worden waren.

»Die kommen wieder.«

Was war mit Fynmore los? Warum kam er nicht herauf, um seine Leute aufzumuntern?

Quartermain nahm sein Schweigen für Zustimmung und fuhr fort: »Ich habe mir einige der Erschossenen angesehen. Jede Rasse unter der Sonne ist vertreten, möchte ich sagen. Aber meist sind es Spanier und Portugiesen, nach dem Gesichtsschnitt zu urteilen. Ein Haufen Piraten.«

Blackwood erhob sich und straffte sich, als erwarte er einen Schuß. »Übernehmen Sie das Kommando hier. Sie haben sich gut gehalten.«

»Danke, Sir«, strahlte Quartermain.

Mit der von ihm gewohnten traurigen Miene stand Smithett wartend da. Blackwood ging schnell den Hügel hinab, in Gedanken mit dem beschäftigt, was jetzt getan werden mußte. Aber ohne Unterstützung durch die *Norseman* konnten sie wenig erreichen.

Neben einem gefallenen Marineinfanteristen kniete ein zweiter, der versuchte, das Gesicht seines Kameraden mit dem Körper vor der Sonne zu schützen. Verzweifelt wandte er sich Blackwood zu.

»Er ist mein Freund, Sir. Ich kann ihn doch nicht hier liegen lassen!«

Smithett kniete sich neben die beiden und hielt dem Verwundeten die Feldflasche an die Lippen. Als Blackwoods Schatten sich mit dem des anderen Soldaten traf, blickte Smithett auf und schüttelte kurz den Kopf.

Das Gesicht des Verwundeten war wie aus Pergament, die Lippen blutbefleckt. Er lag im Sterben. Erstaunlich, daß er trotz des Bauchschusses so lange durchgehalten hatte.

»Es wird ihm wieder gutgehen, wenn wir ihn an Bord schaffen können, Sir«, sagte sein Freund.

Blackwood sah auf den sterbenden Mann herab. »Hast du das gehört?«

Erst jetzt schien der Mann Blackwood zu bemerken. Heiser flüsterte er: »Das stimmt nicht, Sir. Die Schweine haben mich erledigt.« Er tastete nach dem Arm seines Freundes, hatte jedoch nicht mehr genug Kraft. Seine Hand fiel ins rauhe Gras, als sei sein Leben bereits erloschen. »Geh mit dem Offizier, Tim. Ich liege hier gut, das siehst du ja.«

»Tu, was er sagt«, befahl Smithett rauh. »Ich bleibe bei ihm.«

Blackwood ging davon, das Bild des Sterbenden und seines Freundes fest ins Gedächtnis eingegraben. Hinter sich hörte er die schleppenden Schritte des anderen, der immer wieder stehenblieb, um den Hang hinaufzublicken, wo Smithett neben dem Sterbenden kauerte. Er würde nicht lange warten müssen.

Fynmore begrüßte Blackwood unwirsch. »Sie haben sich viel Zeit gelassen.«

Blackwood fuhr sich mit den Fingern durch das zerzauste Haar, es war voller Sand.

»Wir haben den Kamm genommen, Sir. Damit ist die Gefahr, umgangen zu werden, geringer.«

»Umgangen? Ach so, ja, verstehe.« Fynmores Lippen verzogen sich zu einem Lächeln. »Kurz mal die blanke Waffe, das schafft es. War mir klar. Verdammte Barbaren!«

Sergeant Quintins Stiefel knirschten über die losen Steine. »Verluste, Sir: zehn Tote, darunter Fregattenkapitän Netten und Fähnrich Ward. Zwölf Verwundete.«

Blackwood sah Smithett den Hang herunterkommen. »Es muß heißen, elf Tote, Sergeant.« Er wandte sich an den Major. »Wollen Sie auch den dritten Zug auf den Kamm verlegen, Sir?«

Fynmore rieb sich eifrig das Kinn. »Ich glaube nicht. Hier sind wir besser dran. Ein Boot mit der ersten Gruppe Verwundeter und meiner Meldung an den Admiral habe ich bereits zur *Audacious* geschickt. In ein oder zwei Stunden werden wir neue Instruktionen erhalten. Ich nehme an, Sir James wird uns befehlen, an Bord zurückzukehren.« Als Blackwood nichts sagte, zischte er: »Klar?«

»Meiner Ansicht nach sollten wir die Höhe halten, zumindest bis das Kanonenboot kommt.«

Zwischen den Felsen war Patterson aufgetaucht. »Und dann ist da noch die Sache mit der Mission, Major.« Trotz des scharfen Tons blickten seine Augen gelassen.

Slade hatte sich seine Mitarbeiter sorgfältig ausgesucht, dachte Blackwood. Fast tat Fynmore ihm leid.

Patterson sah zu Blackwood hinüber. »Am besten brechen Sie gleich auf. Wenn Sie beim Morgendämmern nicht in der Mission sind, fürchte ich, daß Sie zu spät kommen. Falls es nicht bereits zu spät ist.«

»Ich muß Sie bitten«, rief Fynmore, »meinen Offizieren keine Befehle zu geben.«

Patterson blieb unbeirrt. »Wie Sir Geoffreys Nichte aussieht, weiß nur Hauptmann Blackwood, Major. Abgesehen von dem jungen Blackwood. Tot oder lebendig, Sir Geoffrey wird darauf bestehen, ihr Schicksal zu erfahren. Er erwartet eine Antwort.« Er ließ seine Worte wirken. »Ich kann natürlich auch selbst gehen.«

Fynmore sah betreten auf. »Nein, ich brauche Sie hier, wenn Lessard um Frieden bittet.«

Die Drohung mit Slade hatte alles geändert.

»Nun, Hauptmann Blackwood«, fuhr Patterson fort, »ich wünsche Ihnen Glück. Wenn Sie landeinwärts vorgehen, entfällt zumindest die Möglichkeit, sich hier völlig zurückzuziehen.«

Blackwood blickte Fynmore an, aber der war schon gegangen und hatte Pattersons bittere Worte nicht mehr gehört. Aber er merkte, daß Harry etwas sagen wollte. »Ja?«

»Ich habe soeben mit Prinzessin Nandi gesprochen, Sir.« Harry errötete unter den Blicken der anderen. »Sie ist bereit, uns auf einem kürzeren Weg zur Mission zu führen.«

Patterson schürzte nachdenklich die Lippen. »Scheint mir vernünftig. Sie kennt sicher alle Pfade in dieser Gegend. Notfalls könnte sie auch als Geisel benutzt werden.«

Doch Blackwood blieb mißtrauisch. Die schwarze Prinzessin konnte sie hintergehen, sobald sie sich vom Fluß entfernt hatten. Allerdings war sie böse, weil ihr Vater es unterlassen hatte, sie unter dem Schutz der Parlamentärflagge auszulösen. All das war erst heute morgen geschehen: die beiden Bootsreihen, Nettens schreckliches Ende, Fähnrich Wards Tod und der am Berghang sterbende Marineinfanterist, der den Freund nicht mit seinem Todeskampf aufhalten wollte.

Aufrecht und ohne Zeichen von Ermüdung kam Fynmore zurück.

»Also abgemacht. Sie nehmen zehn Leute und den Sekondeleutnant Blackwood und brechen auf, sobald Sie können.«

Wie Feinde beäugten sie einander. Blackwood hatte die Männer bereits ausgesucht, die er mitnehmen wollte.

»Und sobald Sie abgerückt sind«, fuhr Fynmore seltsam triumphierend fort, »werde ich die Männer vom Kamm abziehen.«

»Das wäre ein Fehler, Sir.«

Fynmore lächelte schief. »*Ihre* Meinung.« Er drehte sich auf dem Absatz um und suchte seinen Melder. »Aber ich werde dafür sorgen, daß Sie Ihre Worte bereuen, glauben Sie mir!«

Patterson lächelte trocken. »Er ist ein seltsamer Kerl, doch ich will ihm Mut nicht absprechen.« Er wußte, daß Blackwood gehen wollte, und reichte ihm die Hand. »Viel Glück. Und bewachen Sie diese schwarze Prinzessin bei Tag und Nacht.«

Später, als sich Blackwood mit seiner kleinen Gruppe vom Fluß und der langen Hügelkette, auf der so viele gefallen waren, entfernte, hörte er wieder den klagenden Ruf des Horns. Er dachte an Quartermain und überlegte, was der wohl zu dem Rückzug sagen würde – jetzt, nachdem er endlich die Angst überwunden hatte.

Zwei Marines bildeten die Vorhut und suchten im immer dichter werdenden Gebüsch nach möglichen Gefahren.

Hinter Blackwood folgte Harry, vor ihm schritt die schwarze Prinzessin mit leichtfüßiger Anmut. Hatte sie wirklich vorgeschlagen, sie zu führen, oder hatte sich Harry dies ausgedacht?

Am Nachmittag lagen der Fluß und sogar der Geruch der See weit hinter ihnen. Sie waren sich selbst überlassen.

XI Wort gehalten

Blackwood spürte einen leichten Druck an der Schulter und war sofort wach. »Noch alles ruhig, Sir«, flüsterte Smithett.

Langsam und behutsam setzte sich Blackwood auf, denn seine Muskeln schmerzten vom Gewaltmarsch durch den Busch; auf Gesicht und Haut brannten zahllose Insektenstiche und -bisse.

Smithett drückte ihm einen Becher in die Hand und goß ihm aus der Feldflasche Wasser ein.

»Ich kann Ihnen auch was Stärkeres geben, wenn Sie möchten, Sir.«

Blackwood schlürfte das lauwarme Wasser. »Heb's für später auf.«

Er fuhr mit der Hand ins offene Hemd und rieb sich die juckende Haut. Wie ruhig es hier war! Ganz anders als beim ersten Teil ihres mühsamen Marsches. Bei Einbruch der Dämmerung war die Luft von seltsamem tierischem Geschrei und Gekläff zerrissen worden. Nur die

Prinzessin hatte diese irre Kakophonie gelassen hingenommen; sie hatte weder gezögert noch geklagt. Ihr Fuß hatte immer Halt gefunden, wenn andere gestolpert waren oder sich fluchend in Dornen und Schlinggewächsen verfangen hatten.

Dunklere Schatten zeigten Blackwood, wo seine Männer schliefen, die Waffen in Griffweite. Sergeant Quintin war wohl irgendwo draußen in der Dunkelheit, um sich zu vergewissern, daß die Posten wach blieben. Ihm fiel wieder ein, wie aufreizend die Prinzessin Quintin angesehen hatte. In der Dunkelheit mußte er lächeln: *Wie sie es mit mir versucht hat.* Nichts deutete jedoch darauf hin, daß sie sie hinterging – noch nicht. Er hatte mehrere Stellen gesehen, an denen man ihnen leicht einen Hinterhalt hätte legen können.

Nun war es nicht mehr weit bis zur Mission; höchstens zwei Meilen. Deshalb wäre es unsinnig gewesen, in der Dunkelheit weiterzumarschieren, die Männer brauchten Ruhe, wenn sie besser bewaffnete und vorbereitete Sklavenhändler bekämpfen sollten.

Zwischen den Bäumen wurde es bereits heller, und die wenigen Sterne hatten ihren Glanz verloren. Blackwood gab sich einen Ruck, stand auf und überquerte die Lichtung, auf der sie ihr Lager aufgeschlagen und ihre knappen Rationen verzehrt hatten. Die schwarze Prinzessin hatte erneut ihre Zähigkeit bewiesen und sich geweigert, das Essen mit ihnen zu teilen. Sie hatte sich abseits gesetzt.

Wie angewurzelt blieb Blackwood stehen, als er in der Dunkelheit undeutlich die Gestalt seines Halbbruders ausmachte, dem er noch letzte Instruktionen geben wollte. Einen Augenblick konnte er weder sprechen noch atmen. Harry lag platt auf seiner Decke, einen Arm ausgestreckt, das Gesicht fest an den Boden gepreßt. Aber keine Spur von dem Mädchen.

Blackwood warf sich nieder und ergriff Harrys Arm. Er hatte sie bewacht, sich diesen Dienst mit Korporal Jones geteilt. Sie mußte ein Messer oder eine andere Waffe in ihrem Gewand versteckt haben und ...

»Was ist denn?« Harry drehte sich auf den Rücken und blinzelte ihn an.

»Du verdammter junger Narr! Nandi ist weg!«

Harry rappelte sich auf. Wie Fremde maßen sie sich. »Sie gab mir ihr Wort ...«

»Ist das alles, was sie dir gegeben hat?« rief Blackwood wütend.

»Du dachtest, sie hätte mich ermordet, stimmt's?«

»Was, zum Teufel, geht es dich an, was ich denke! Sie ist weg und holt jetzt wahrscheinlich die Krieger ihres Vaters.«

»Nein, Sir.« Harrys plötzliche Förmlichkeit machte alles noch unwirklicher. »Das tut sie nicht. Aber sie meinte, wenn ihre Leute sie als unsere Gefangene sähen, hätten wir keine Chance. Sie würden uns töten. Nandi hat fest versprochen, uns zu helfen, wenn sie in Freiheit ist.«

Jones tappte durch das Gestrüpp, und Blackwood winkte ihn herei. »Weck die Männer!« Und zu Harry gewandt, setzte er wütend hinzu: »Wenn wir hier lebend herauskommen, stelle ich dich vor ein Kriegsgericht, Familie hin oder her!« Damit schob er sich an dem in der Nähe stehenden Sergeant Quintin vorbei.

»Ärger, Sir?« fragte dieser.

Ohne Erfolg versuchte Harry zu lächeln. »Ich scheine ins Fettnäpfchen getreten zu haben, Sergeant.«

Quintin war froh, daß der Leutnant sein Gesicht nicht sehen konnte. Denn bei seinem Rundgang hatte Quintin die beiden gehört und zwischen den schwarzen Beinen des Mädchens Harrys Rücken erblickt. Wie ein Fiedelbogen war er hin und her gegangen. Hatte der Kerl ein Glück!

»Das kommt schon in Ordnung, Sir. Ich kenne ihn besser als Sie, sozusagen.«

»Sie mögen ihn sehr?«

»Mögen, Sir? Das ist für unsereinen ein zu starkes Wort. Er ist der beste Offizier, unter dem ich je gedient habe, das sagt genug.«

Kurze Zeit später rief Blackwood die anderen zu sich, und Harry versuchte, sich zwischen Sergeant Quintin und Korporal Jones unsichtbar zu machen. Auf der Lichtung schnallten sich die Marines mit einem letzten prüfenden Blick auf ihre Waffen Koppel und Patronentaschen um. Niemand verlor ein Wort über die schwarze Prinzessin. In Blackwood stieg der Verdacht auf, daß er als einziger nicht Bescheid wußte.

»Nach Mr. Pattersons Karte liegt die Mission noch zwei Meilen entfernt«, informierte er seine Männer. »Ein kurzer Anstieg, und dann geht es bis zu einem Fluß bergab.« Er blickte zum Himmel. Ohne die Führung der Prinzessin hätten sie bisher kaum die Hälfte des Weges geschafft. »Wenn es zum Schlimmsten kommt, schlagen wir uns bis dorthin durch, wo wir gelandet sind.« Er sah jeden einzelnen an. In ihrem Inneren halbe Seeleute, würden die Marineinfanteristen, wenn die Mission zerstört war und die Insassen niedergemacht waren, wahrscheinlich bis zum nächsten Fluß marschieren. Für Seeleute und Marines war Wasser weder etwas Feindliches noch eine Barriere, sondern ein Fluchtweg. Aber diesmal nicht, dachte er grimmig. »Noch Fragen?«

»Die Sklavenhändler, die unsere Boote beschossen haben, haben jetzt wohl anderes zu tun, als hierher zu kommen?« fragte Quintin.

Blackwood hatte sich das bereits überlegt. Lessard und die anderen, die örtliche Stammeskrieger als Privatarmee benutzten, konnten offenbar über Hunderte von Meilen an der Küste Kontakt halten. Anscheinend hatten sie auch genau gewußt, was Ashley-Chute vorhatte.

»Darauf können wir uns nicht verlassen. Wir marschieren durch König Zwides Territorium, möglicherweise denkt er unfreundlich über unseren Vormarsch.« Alle blickten Harry an. »Aber was geschehen ist, ist geschehen. Wir müssen die Chance nutzen. Wenn wir zum Fluß kommen«, fuhr er mit Blick auf Harry fort, »beziehst du mit Korporal Jones und Frazier Posten oberhalb der Mission, wir anderen gehen hinein.« Er wandte sich ab. »Korporal Jones, gehen Sie vor. Wenn Sie etwas Verdächtiges sehen oder hören, möchte ich es unverzüglich wissen.«

Sein Herz schlug schneller, und er wünschte plötzlich, er hätte Smithetts Angebot von etwas Stärkerem als Wasser angenommen.

Als sich die Marines durch Gras und Busch arbeiteten, sagte Harry leise: »Nehmen Sie meinen Tschako, Sir. Vielleicht weckt er in der Mission mehr Vertrauen.«

Blackwood schluckte eine zornige Erwiderung und drückte sich den Tschako auf den Kopf. »Danke.«

Dann machte er auf dem Absatz kehrt und folgte den anderen in den Schatten.

Harry blieb noch einen Moment stehen und starrte auf den kleinen, plattgedrückten Grasfleck nieder, wo seine Decke gelegen hatte. Seine Beine fühlten sich weich wie Pudding an, und er roch noch immer den Duft ihres Körpers.

Die Musketen schußbereit und beiderseits das Gebüsch beobachtend, stampften die Rocke-Zwillinge vorbei. Allmählich kannte er sie alle, mitsamt ihren Eigenheiten. Er dachte an die Bemerkung des Sergeanten. Vielleicht war es Vertrauen, was Philip ihnen entgegenbrachte, und dafür hielten sie so fest zu ihm.

Die gezogene Pistole in der Armbeuge, fiel er seufzend hinter den Zwillingen in Schritt.

Vater und Mutter wären stolz auf ihn gewesen, dachte er. Doch ihm war klar, daß der Mann, auf den es am meisten ankam, dort an der Spitze ging und seinen Tschako trug. Aber seine Nachdenklichkeit verflog schnell, und er lächelte. Morgen war das alles vielleicht unwichtig.

Der letzte Teil des Marsches dauerte länger als erwartet. Es war schon zu hell, als daß sie sich noch den Vorteil der Überraschung erhoffen konnten, als sie endlich nahe genug waren. Sergeant Quintin hinter sich, kroch Blackwood durch Stechginster und trockenes Gras, um sich zu vergewissern, daß jeder seiner Männer auf Position war.

Quintin hatte seinen Tschako abgenommen und suchte, auf die Ellbogen gestützt, den Fluß unter ihrem Versteck mit den Augen ab. Im ersten Tageslicht sah er schmutzig gelb aus, träge zog er durch langes Schilf und um Sandbänke dahin. Im Schutz einer Flußbiegung stand die Mission, eine Ansammlung primitiver Hütten um ein größeres Zentralgebäude, das aber genauso spartanisch wirkte.

Keine Bewegung war zu sehen, auch kein Rauch von Herdfeuern. Blackwood fröstelte, und seine Nackenhaare sträubten sich. Vielleicht hatte man sie längst gesehen und umzingelt; jede Sekunde konnte ein Speer in seinen Rücken fahren. Die Erzählungen des alten Tom Fenwick über die Verstümmelung seiner Kumpane fiel ihm ein, und er fühlte Galle in seine Kehle steigen.

»Eigentlich müßten einige Eingeborene in der Mission sein, Sir«, sagte Quintin langsam. »Aber soweit ich sehen kann, ist niemand da.«

Blackwood schluckte. »Gut. Zwei Mann gehen mit mir, Sie bleiben bei den anderen hier.« Sie sahen sich an. »Wenn es eine Falle ist, dann verschwindet, solange ihr noch könnt. Leutnant Blackwood und seine beiden Scharfschützen werden euch Feuerschutz geben.«

Er musterte das Gewirr von Bäumen und Schlingpflanzen. Harry mußte inzwischen da oben sein. Ob ihm wohl klar war, daß er ihn mit Jones und Frazier weggeschickt hatte, damit er in Sicherheit war, wenn die Sache schiefging?

Blackwood lauschte dem Kreischen aufgescheuchter Vögel; oder waren es menschliche Wesen, die einander Zeichen gaben, einen Hinterhalt legten?

Er erhob sich auf die Knie und überprüfte seine Pistole. Smithett stand mit verbissenem, gespanntem Gesicht bereit. Bell, berüchtigt für seine Kraft bei Raufereien und im Kampf Mann gegen Mann, war der zweite.

»Weitergeben: klar zum Feuern«, flüsterte Quintin.

Blackwood nickte Bell zu. »Nach links.«

Kriechend und hüpfend wie Frösche, arbeiteten sie sich langsam den Hang hinunter auf die Hütten zu. Als sie näherkamen, wuchsen ihre Furcht und Sorge. Offenbar kamen sie zu spät. Der Ort schien verlassen.

Bell ließ sich auf die Knie nieder und hob eine Hand, die andere umschloß fest die Muskete mit aufgepflanztem Bajonett.

Der Schrammen und Schnitte an Händen und Gesicht nicht achtend, wand sich Blackwood durch das Gestrüpp zu ihm hin.

»Hier, Sir«, flüsterte Bell. Er brauchte nichts weiter zu erklären.

Gegen einen Holzstoß gelehnt saß ein Mann, den Strohhut in die Stirn gezogen, als wolle er sein Gesicht vor der Sonne schützen. Quer über seinen Beinen lag eine Muskete, an seiner Seite eine Weinflasche.

Bell ergriff den Kopf des Mannes und bog ihn zurück, so daß Blackwood den schrecklichen Schnitt von einem Ohr zum anderen, quer über die Kehle, sehen konnte. Es mußte blitzschnell geschehen sein. Die weit geöffneten Augen des Mannes quollen hervor, der Tod hatte ihn wohl im Halbschlaf ereilt.

Er war ganz gewiß kein Angehöriger der Mission, eher schon einer von Lessards Männern. Blackwood wischte sich den Mund mit dem Handrücken. Wer das auch getan hatte, er hatte die Muskete zurückgelassen, ein Gegenstand, der in Afrika kostbarer war als Gold. Wer also? Vielleicht hatte sein Bruder doch recht gehabt? Die schwarze Prinzessin hatte ihr Wort gehalten und auf die einzige Weise geholfen, die sie verstand.

»Da ist jemand, Sir«, zischte Bell.

Sorgfältig spannte Blackwood die Pistole. Er hatte nichts gehört.

Füße schurrten, aus der Haupthütte tauchte eine Gestalt auf, trat gebückt durch den niedrigen Eingang, reckte die Arme und stieß ein lautes Gähnen aus. Aber beim Anblick von Blackwood und den anderen fror das Gähnen vor Schrecken ein. Es dauerte nur Sekunden, und doch schienen sie alle eine Ewigkeit lang zu erstarren.

Dann beugte Blackwood sich vor und schoß. Die Kugel durchschlug die Stirn des Mannes und warf ihn gegen die Hütte. Er war tot, ehe er den Boden berührte.

»Los!« Blackwood stürmte auf den niedrigen Eingang zu, warf die leere Pistole weg, zog seinen Säbel und bückte sich unter das primitive Strohdach.

Ein greller Blitz explodierte vor seinem Gesicht. Einen Augenblick war er geblendet, doch ihm war klar, daß der Schuß ihn verfehlt und Bell, der unmittelbar hinter ihm stand, getroffen hatte.

Verschwommene Schatten huschten um ihn herum. Mit gewaltigem Hieb schnitt seine Klinge durch Muskel und Knochen, schlug mit aller Kraft den nächsten nieder, bis ihn Handgelenk und Arme schmerzten.

Eine Gestalt verdunkelte den Eingang. Smithett stieß sie mit dem Bajonett um, erledigte sie mit einem zweiten Stoß und sprang dann zu Blackwood in die Mitte des Lehmbodens.

Ohne auf die beiden Männer, die er gerade niedergehauen hatte, zu achten, eilte Blackwood zu dem überlebenden Insassen der Hütte. Gegen altes Bettzeug und zerbrochene Kisten gelehnt, an Händen und Füßen gefesselt, lag ein Mächen da, den Mund mit einem Halstuch grausam geknebelt: Davern. Ihre Kleidung war fast bis zur Hüfte zerrissen, so daß ihre entblößten Brüste im einsickernden Tageslicht leuchteten. Gekrümmt vor Schmerzen, sah sie erschreckt und ungläubig zu ihm auf.

Blackwood ließ sich neben ihr nieder und zog ihre zerrissenen Kleider über den Brüsten zusammen; dabei folgten ihre Augen jeder seiner Bewegungen.

»Hol Sergeant Quintin und hilf Bell.«

Smithett deutete auf eine stöhnende Gestalt an der Wand. »Mit Bell ist es aus, Sir.« Dann hastete er davon.

Behutsam entfernte Blackwood den Knebel und hielt sie, als sie sich stöhnend und würgend übergab, voller Scham, daß er ihr dabei zusah. Dann durchschnitt er ihre Fesseln, und als er die blutunterlaufene Haut massierte, krümmte sie sich wieder vor Schmerzen. Sie mußte sehr gelitten haben. Es war ein Wunder, daß sie nicht den Verstand verloren hatte.

Schnell atmend fiel sie gegen ihn, eine Haarflut verbarg ihre Augen.

Außerhalb der Hütte erklangen disziplinierte Stimmen: Quintin und die anderen kamen an. Nicht mehr lange konnte er sie so ungestört in den Armen halten und darauf warten, daß sie wieder zu Atem kam.

»Ich kann es einfach nicht glauben«, sagte sie dann. »Ausgerechnet Sie!«

Mit einer Hand fuhr sie sich über Hals und Brust, mußte sich aber eingedenk der schrecklichen Erinnerungen schluchzend abwenden.

»Wir kamen so schnell wie möglich. Doch nun müssen wir bald weiter.«

Quintin bückte sich unter die Tür. »Zwei Eingeborene liegen tot hinter dem Haus, Sir. Sonst niemand, außer ...« Er sah das Mädchen an.

»Sie haben meinen Vater mitgenommen«, sagte sie heiser. »Dabei hat er so viel für die Leute hier getan.«

»Komm her, Smithett, paß auf die Dame auf«, befahl Blackwood. Er ließ Daverns Schulter los und sah ihr in das staubige, von Tränenstreifen durchzogene Gesicht. »Laß sie nicht allein.«

Die Sonne war höhergestiegen, aber sie wärmte ihn nicht.

»Sie haben ihn beim Fluß wohl noch lebend angepflockt«, berichtete Quintin zögernd. »Hier müssen Krokodile sein. Zum Beerdigen ist nicht mehr viel von ihm übrig.«

Blackwood stützte sich auf seinen Säbel und schloß die Augen. »Das muß erst kürzlich geschehen sein.«

Quintin nickte. »Sie sind im Boot gekommen, ich fand ihre Spuren im Sand. Die Leute in der Mission müssen sie gekannt haben, denn es gibt keine Anzeichen für einen Kampf. Und es kann nur Minuten gedauert haben. Diese Mordbande«, stieß er hervor.

»In ihrem Zustand kann Miss Seymour nicht zu Fuß gehen. Macht eine Trage. Wir müssen hier weg, ehe jemand von Zwides Leuten uns findet.«

Gebückt trat er wieder in die Hütte und wartete, bis sich Smithett entfernt hatte.

»Es wird Zeit zum Aufbruch, Miss Seymour. Bis wir bei den anderen sind, haben wir noch einen anstrengenden Marsch vor uns. Aber dann sind Sie in Sicherheit.« Er warf einen Blick auf die umgestürzten Kisten und Kästen. »Brauchen Sie etwas davon?«

Sie schüttelte heftig den Kopf. »Ich möchte nichts auch nur anrühren.« Dann sagte sie mit fast ruhiger Stimme: »Mein Vater kannte die Gefahr, man hatte ihn oft genug gewarnt. All seine Helfer waren schon gegangen, aber er meinte, bleiben zu müssen. Die Arbeit hier war sein Lebensinhalt, vor allem seit Mutter gestorben war. Dann kam ein Schiff.« Sie blickte zur Tür und schien die Leiche daneben gar nicht zu bemerken. Es war, als sähe sie wieder das Schiff auf dem Fluß.

Blackwood hielt sie fest, denn er war sich klar, daß ihre plötzliche Ruhe nicht von langer Dauer sein konnte.

»Ich erinnere mich an Vaters Worte«, fuhr sie mit zitternder Stimme fort. »›Das ist die Navy, Davern‹, sagte er. ›Der junge Leutnant, der immer wieder herkommt, mich zu warnen‹.« Sie wandte sich um und sah Blackwood mit dunkel umrandeten Augen an. »Es war aber nicht die Navy, sondern Männer wie die da drüben, die unsere Hausboys ermordeten und dann ...« Sie preßte das Gesicht an Blackwoods Schulter. »Dann schleppten sie meinen Vater fort ... Ich konnte hören, was sie ihm antaten ...«

Blackwood drückte sie an sich, als sie wieder zu schluchzen begann; es schien, als müsse ihr Körper zerbrechen.

Das Schiff war offenbar der vermißte bewaffnete Schoner *Kingsmill* gewesen, von dem Slade vor langer Zeit gesprochen hatte, ursprünglich von einem jungen Leutnant und wahrscheinlich zwei Maaten befehligt. Die Crew hatte vermutlich aus angeworbenen Eingeborenen bestanden, wie auf vielen der hier stationierten Schiffe. Im allgemeinen waren sie zuverlässig, diesen Dingen jedoch nicht gewachsen.

»Nun möchte ich Sie bitten, aufzustehen.« Blackwood erhob sich, ohne ihre Hand loszulassen. Sie schüttelte den Kopf und versuchte, wegzurücken. »Bitte, tun Sie mir den Gefallen. Wollen Sie es nicht wenigstens versuchen?« drängte er.

Sehr langsam und vorsichtig half ihr Blackwood auf die Füße und stützte sie, bis sie ihn wieder ansehen konnte.

Kaum konnte er ihre leise Stimme hören: »Das letzte Mal, als wir uns trafen, war ich grob und verletzend zu Ihnen.« Dann begann sie haltlos zu weinen und wehrte sich nicht, als er sie beruhigend an sich drückte.

Sergeant Quintin kam in die Hütte zurück. »Wir sind fertig, Sir.«

Blackwood sah ihn über den Kopf des Mädchens an. Quintin trug eine Schaufel in der Hand.

»Gut, wir kommen.«

Kalt blickte Quintin auf die beiden stöhnenden Gestalten hinab. »Soll ich sie erledigen, Sir?« Das klang, als spräche er über Suppenhühner.

Blackwood merkte, daß sich das Mädchen versteifte. »Nein, laß sie. Ein Arzt wie Dr. Seymour hätte ihnen helfen können. Darüber sollen sie nachdenken.«

Er führte das Mädchen hinaus in die Sonne, wo ein paar Marines stumm warteten. Unter den Bäumen bemerkte er einen Hügel aus Sand und Steinen, darauf ein roh gezimmertes Kreuz mit Bells Tschako. Wieder war ein bekanntes Gesicht und eine vertraute Stimme ausgelöscht.

Einer der Rocke-Zwillinge trat heran. »Hier ist Ihre Bahre, Missy.« Sein weicher Somerset-Dialekt half ihr über die Beklemmung hinweg.

Als sei sie zerbrechliches Porzellan, hoben Smithett und Quintin Davern auf die Tragbahre. Dabei versuchte sie, die zerrissenen Kleider zusammenzuhalten, aber ihr Blick hing an dem traurigen Grabhügel, den sie nun verließen.

»Ich habe selbst für Ihren Vater gesorgt, Miss. Jetzt ruht er in Frieden«, stieß Quintin rauh hervor.

Blackwood nahm seine wieder geladene Pistole von Smithett entgegen und schob den Säbel in die Scheide. »Ackland, geh voran.«

Im Gänsemarsch, die Bahre in der Mitte, stapften sie zurück in die Sicherheit des Dickichts. Harry stieß mit Jones und Frazier zu ihnen, und gemeinsam zogen sie dem anderen Flußarm entgegen.

Nach einer Weile gesellte sich Harry zu seinem Halbbruder. Er hatte weder nach dem Arzt gefragt, noch nach Bell. Die Gesichter der Kameraden und der Zustand des Mädchens auf der Bahre sprachen deutlicher als Worte.

»Sie wurden beobachtet, Sir. Wußten Sie das?«

Blackwood sah ihn an. »Beobachtet?«

»Auf dem uns benachbarten Hügel warteten etwa hundert Krieger, bis an die Zähne bewaffnet. Ohne sich zu rühren, standen sie nur da und beobachteten.«

Blackwood nahm den Tschako ab und gab ihn Harry zurück. »Anscheinend hattest du mit der Prinzessin recht und ich unrecht. Sie hat Wort gehalten, sonst wären wir alle tot.«

Harry blickte auf die Bahre. »Welch ein Glück für sie.« Er sah seinen Halbbruder von der Seite an. »Und auch für dich.«

Blackwood beschleunigte den Schritt. »Red nicht solchen Blödsinn, sondern geh nach vorn zu Ackland.«

Doch insgeheim freute er sich, auch wenn es ebenso hoffnungslos wie gefährlich war, ausgerechnet jetzt ins Phantasieren zu geraten. Sie befanden sich im Krieg. Zwar war er klein und örtlich begrenzt, und kein Mensch in Großbritannien wußte davon, doch brachte er genauso einen jähen Tod wie die eindrucksvollsten Feldschlachten.

Er sah sich nach Davern um, als wolle er sich vergewissern, daß ihre

Rettung kein Traum war. Auch sie schaute von der zwischen den beiden Brüdern schwankenden Tragbahre zu ihm herüber.

Konnte sie jemals vergessen, was sie da hinten erlebt hatte? Würde es einen Teil ihres Lebens geben, in dem er eine Rolle spielen konnte?

»Wie latschen Sie daher, Frazier?« hörte er Quintin krächzen. »Sie sind Marineinfanterist, vergessen Sie das nicht!«

Blackwood seufzte. Das war die Antwort, in aller Kürze.

XII Auf, auf, Marines!

Major Rupert Fynmore saß auf einer umgedrehten Proviantkiste und fragte ungeduldig: »In welcher Verfassung ist Sir Geoffreys Nichte? Muß schrecklich für sie gewesen sein.«

Blackwood wischte sich mit einem schmutzigen Taschentuch das Gesicht. Nach dem Rückmarsch durch den Busch und der ständigen Gefahr eines Überfalls waren selbst Fynmores brüske Manieren eine Wohltat.

Als seine kleine, übermüdete Gruppe wieder zu dem Flußufer herabgestiegen war, das sie drei Tage vorher verlassen hatten, war ihr Schritt schneller geworden; mit trotziger Miene und so etwas wie Stolz hatten sie die Tragbahre zu den Booten gebracht.

Soweit Blackwood sehen konnte, hatte sich nichts geändert. Ein paar Marines waren zwischen den Felsen verteilt, andere saßen oder lagen im Schutz des Ufers und warteten auf Befehle.

Zur Landungsabteilung waren weitere Seeleute gestoßen, darunter auch Leutnant Ashley-Chute.

»Miss Seymour war sehr tapfer. Niemand kann sich vorstellen, was sie alles durchgemacht hat!«

Fynmores scharfe Augen beobachteten Blackwood neugierig. »Wurde sie auch vergewaltigt?«

Blackwood sah zur Seite; Fynmores brutale Direktheit legte bloß, was er bisher nur gedacht hatte.

»Nein. Ich glaube, Lessard hatte seinen Leuten zu genaue Anweisungen gegeben.«

Fynmores Gedanken wanderten bereits weiter. »Und Sie halten den Schoner *Kingsmill* für verantwortlich? Genauer gesagt, das Schiff befindet sich noch hinter der Flußbiegung?«

»Ja, Sir. Ich glaube, es ist kurz vor uns in den Flußarm eingelaufen.«

Er dachte wieder daran, wie Lessards Langboot um die Biegung gekommen und auf Nettens Barkasse gestoßen war. König Zwides Territorium war Lessards Zufluchtsort. Wenn Fynmore nicht unverzüglich handelte, konnte es für sie zur Falle werden.

»Irgendwelche Nachricht vom Admiral?« fragte er.

»Er hat mir befohlen, auf Ihre Rückkehr zu warten, jedenfalls bis morgen.« Wieder dieses schiefe Lächeln. »Ich habe die *Audacious* informiert, sobald die Feldwachen Ihr Kommen meldeten. Wir müssen nur noch etwas Geduld haben.« Er zuckte zusammen, denn ein Knall hallte über den Berghang, und eine Kugel schlug in den Boden. »Wir hatten ein paar Verluste durch diese verdammten Scharfschützen«, sagte er nervös.

Blackwood schaute zum Kamm hinauf, wo Quartermains Zug gegen den Feind gestürmt war, wo der Marineinfanterist seinen Freund dazu bewogen hatte, ihn zum Sterben allein zu lassen. Fynmore hatte seine Leute tatsächlich von der Höhe zurückgezogen, dabei konnte ein guter Scharfschütze wie Frazier von dort eine ganze Armee niederhalten.

Doch das spielte nun auch keine Rolle mehr. Er führte seine Gleichgültigkeit auf Erschöpfung zurück, auf die Erleichterung, seine Männer heil zurückgebracht zu haben. Er erinnerte sich daran, wie Davern unter den wachsamen Augen Pattersons so schnell wie möglich in eines der Boote gebracht wurde. Wahrscheinlich war sie jetzt schon an Bord des Flaggschiffes und erinnerte sich kaum noch an ihre Flucht durch den Busch. Die meiste Zeit war sie kaum bei Bewußtsein gewesen und schien gar nicht zu bemerken, was vorging.

»Das Kanonenboot ist übrigens angekommen«, bemerkte Fynmore. »Der Admiral wird es uns in Kürze schicken.« Er preßte die Lippen zusammen. »Etwas anderes bleibt ihm auch nicht übrig, denn der Wind hat gedreht.« Das schien ihn köstlich zu amüsieren.

Peng! Ein weiterer Schuß hallte über die Felsen; wütend schrie ein Seemann zu dem unsichtbaren Scharfschützen hinüber.

»Und die Schwarze, die – eh –, Prinzessin –, Sie glauben, daß sie die Meute zurückgepfiffen hat?«

»Ja, zweifellos. Wir wurden den ganzen Weg über verfolgt, sie hätten uns jederzeit überrennen können.«

Einer der Leutnants eilte herbei. »Mr. Heighways Vorposten haben das Kanonenboot gesichtet, Sir«, meldete er.

»Schicken Sie einen Melder zu Mr. Quartermain, er weiß, was er zu tun hat.«

Vom Fluß drang ein schriller Pfiff herauf, Vögel stoben flatternd und kreischend aus dem Schilf. Aber mit Tobins *Satyr* ließ sich die Sirene des Kanonenboots nicht vergleichen.

Minuten vergingen, bis das kleine, flachgehende Kanonenboot mit rauchendem Schornstein um die erste Biegung kam. Im Grunde war es kaum mehr als eine zwischen zwei Schaufelrädern aufgehängte Plattform; bewaffnet mit zwei Mörsern und einem einzigen Sechspfünder, war es den gutplazierten Kanonen kaum gewachsen. Es sei denn, der Kommandant konnte sein Schiff, ehe es schwer zusammengeschlagen wurde, in eine günstige Schußposition bringen.

Unter den Spottrufen einiger Marines ratterte die Ankerkette des Kanonenboots in das wirbelnde Wasser, bis es unter einer Wolke dichten, schwarzen Rauches liegenblieb.

»Ich bitte den Kommandanten der *Norseman* schnellstens zu mir«, stieß Fynmore aus, und ein Melder hastete davon; dann wandte sich der Major wieder an Blackwood.

»Mein Plan ist folgender: Die *Norseman* geht weiter flußaufwärts, hinter sich die sechs Boote mit der Landungsabteilung der *Audacious*, geführt von dem jungen Ashley-Chute. Sobald das Gefecht beginnt, gehen Sie vom Kanonenboot mit einem Zug an Land, um den Feind im Rücken zu packen. Dann kann der Gegner zweierlei tun: sich zurückziehen, um nicht von Zwides Stützpunkt abgeschnitten zu werden; oder hierher vorstoßen. In diesem Fall werden die übrigen Marines von hier aus gegen ihn vorgehen.«

Er zog seinen tadellosen Uniformrock stramm und erwartete ganz offensichtlich Blackwoods Lob.

Dieser sagte bedächtig: »Wenn wir sie nicht dazu bringen können, sich zurückzuziehen und ihre Kanonen mitzunehmen, steht uns ein harter Kampf bevor.«

Was hatte es für einen Sinn, diesen Mann, bei dessen bloßem Anblick ihm der Ärger hochkam, daran zu erinnern, daß sie die Batterie gleichzeitig von beiden Seiten hätten angreifen können, wären Quartermains Männer noch auf dem Kamm geblieben? Aber auch wenn er das jetzt noch nicht begriff, bald würde er es merken.

Keuchend und schweißnaß kam Leutnant Heighway den Hang herauf.

»Sir!« Er blieb stehen und schnappte nach Luft.

Fynmore grollte: »Ja?«

»Der Admiral ist hier, Sir.«

»Waaas?« Fynmore sprang auf und rückte sorgfältig seinen Kinnriemen zurecht. »Auf einem Dampfschiff?«

Begleitet von einem sonnverbrannten Offizier, dem Kommandanten des Kanonenenbootes, tauchte die vertraute Gestalt von Sir James Ashley-Chute auf, in angemessenem Abstand gefolgt von seinem Flaggleutnant Pelham. Die Hände auf dem Rücken, den Hut verwegen aufgesetzt, marschierte er auf Fynmores Gefechtsstand zu.

»Um Himmels willen, Major, was ist hier los?« Und mit einem kurzen Blick zu Blackwood: »Sie sehen ziemlich unordentlich aus.«

»Auf mein Wort, Sir James«, stammelte Fynmore. »Ich habe mit Ihnen nicht gerechnet ...«

»Ich erwarte ja auch keine Ehrenwache, Major, sondern daß etwas geschieht! Ich beabsichtige nicht, mein Geschwader von einer Handvoll Banditen zur Zielscheibe allgemeinen Spotts machen zu lassen!«

Er brachte sich selbst in Weißglut, es war ein bühnenreifer Auftritt. Blackwood hatte das schon oft erlebt, aber es beeindruckte ihn immer wieder. Dieser unförmige, langarmige und wild um sich blickende Zwerg schien die Energie von zehn Männern in sich zu vereinen. Unter dem Zorn des Admirals wurde Fynmore immer kleiner.

»Bilden Sie sich ein«, brüllte Ashley-Chute, »daß ich sonst meinen Fuß auch nur für eine Sekunde auf dieses gräßliche Schiff gesetzt hätte?«

»Es ist ein schönes kleines Kanonenboot«, warf der Kommandant der *Norseman* ein.

»Werden Sie nicht unverschämt!« Der Admiral genoß ganz offensichtlich seine Wut. »Und Sie greifen sofort an!«

Unbehaglich blickte Fynmore zu Blackwood hinüber. »Melden Sie, wenn Sie bereit sind.«

Als Blackwood sich zum Gehen wandte, stand plötzlich Feldwebel M'Crystal vor ihm und grinste übers ganze Gesicht. »Wir sind alle miteinander froh, daß Sie mit dem armen Mädchen heil zurückgekommen sind, Sir.«

»Danke.« Blackwood schirmte die Augen ab und sah zum Kamm hoch. Alles hing jetzt vom Kanonenboot ab, das wußte auch der Admiral, obwohl er es niemals zugegeben hätte.

Der Kommandant der *Norseman* kam ihm nach. »Ich habe Anweisung, einen Zug an Bord zu nehmen.« Er konnte sich nicht zurückhalten. »Die *Norseman* ist ein feines Schiff! Das mußte ich ihm sagen, verdammt noch mal!«

Der Hauptmann mußte lächeln. »Ich bin Blackwood.« Er hielt ihm die Hand hin. »Ich komme mit Ihnen.«

Der Kommandant stellte sich als Leutnant Ridley vor, und gefolgt von M'Crystal gingen sie gemeinsam im Gleichschritt zum Wasser. Seit einiger Zeit war nicht mehr geschossen worden, und Blackwood vermutete, daß Lessards Männer die Ankunft des Kanonenbootes beobachtet hatten und nun abwarteten, was sie planten.

Die Marines kletterten in die Boote. »Wenn die Sache schiefläuft, könnten eine ganze Menge von ihnen fallen«, meinte Ridley.

Blackwood wischte sich Gesicht und Hals trocken. »Eine ganze Menge sind schon gefallen. Aber wir wollen los.«

Smithett, der dicht hinter ihm stand, grinste traurig. Da hatte der Hauptmann die Wahrheit gesagt.

»Absetzen vorn!« Der Bootssteurer hielt die Hand hoch. »Halt! Moment noch!« Ärgerlich sah er einen Sekondeleutnant der Marineinfanterie herbeilaufen und ins Boot springen.

Blackwood wartete auf eine Erklärung seines Halbbruders; während das Boot Fahrt aufnahm, sagte dieser keuchend: »Major Fynmore hat mir noch befohlen, nach der Landung die Verbindung zwischen beiden Abteilungen aufrechtzuhalten, Sir.« Er strahlte. »Und natürlich, Sir, könnte es ja sein, daß Sie mal wieder meinen Tschako brauchen!«

Bei den anderen Booten herrschte Geschäftigkeit, die Blaujacken gingen mit ihren Waffen an Bord, um dem ersten Boot zu folgen. Jedes Boot trug am Bug eine Kanone und wurde von einem Leutnant befehligt. Bis auf Fähnriche und alte Deckoffiziere waren Flaggschiff und Fregatte offensichtlich von Offizieren entblößt. Aber das war auch nötig. Nicht nur die Ungeduld hatte Monkey mit dem verhaßten Dampfschiff hierher getrieben, er wußte auch besser als jeder andere, daß sein Ruf auf dem Spiel stand.

In kürzester Zeit war das nicht sehr große Oberdeck der *Norseman* mit Marineinfanteristen und ihren Waffen vollgepackt.

Blackwood trat zu dem Kommandanten und seinem Bruder neben dem Ruder. »Melde dich bei Mr. Quartermain, er ist mein Stellvertreter. Dann geh nach achtern zu M'Crystal.«

»Damit ich aus der Gefahrenzone komme?« erwiderte Harry eigensinnig. »Wie auf dem Berg bei der Mission. Aber ich bin kein Kind mehr, Philip.«

»Tu, was ich dir sage.«

Harry legte die Hand an den Tschako. »Jawohl, Sir.«

Klink ... klink ... klink ... Die Ankerkette wurde kurzstag gehievt. Irgendwo unter ihren Füßen erklang eine Glocke, worauf sich die beiden Schaufelräder zu drehen begannen, zuerst langsam und dann, als der Anker triefend aus dem Fluß tauchte, immer schneller. Zwischen Blackwoods Zähnen knirschte Kohlenstaub, und die heiße Luft aus dem Kesselraum umwehte ihn wie Wüstenwind.

Der Kommandant rief seinem Rudergänger Befehle zu, während sich das Kanonenboot in tieferes Wasser vorarbeitete. Die beiden Mörser waren bereits bemannt und zeigten mit ihren dicken Rohren auf die Küste. Quartermain gab den Sergeanten und Korporalen, die den Angriff führen sollten, besondere Instruktionen.

»Langsam voraus, Mr. Pooley! Sonst bleiben die Boote zu weit zurück.«

Die kleinen Schaufelräder schienen die Oberfläche nur leicht wie die Beine einer Mücke zu streifen. Doch für Ridley, den jungen Kommandanten, bedeutete das Schiff alles, vielleicht mehr noch als die *Audacious* für Ackworthy.

Mit einem ganz neuen, frischen Ton rief Ridley seinem Ersten Offizier zu: »Das Schiff läuft gut, Mr. Pooley! Lassen Sie bitte die Gefechtsflaggen setzen.«

Die Bugwelle drückte Schilf auseinander, dazwischen sah man Teile eines zerschmetterten Bootes. Vielleicht hing Netten mit seinem entstellten Gesicht immer noch darin, vielleicht aber war er wie Daverns Vater längst von Krokodilen verschlungen worden.

Blackwood hob den Blick zu den Kriegsflaggen, die sich an den beiden kleinen Masten der *Norseman* entfalteten, und prüfte seine augenblicklichen Empfindungen. Nur auf Tod oder Ruhm sei er aus, hatte Fynmore gesagt. Und daß er zu stolz sei.

Er musterte seine Männer, die ihre Stellung hinter dem Schanzkleid einnahmen. Auf sie war er wirklich stolz.

Dann dachte er an Davern. An Bord des Flaggschiffes war sie unter gutem Schutz und doch verwundbarer gegenüber Blicken und unausgesprochenen Fragen. Bald würde sie ihn vergessen, hatte ihr Wiedersehen vielleicht schon aus ihrem gequälten Bewußtsein verdrängt, und sei es auch nur, um bei Verstand zu bleiben. Sir Geoffrey Slade würde alles tun, um sie abzuschirmen, aber ... Seine Überlegungen wurden plötzlich unterbrochen. »Auf dem Berg da, Steuerbord voraus, Sir! Feind in Sicht!« rief ein Seemann.

»Zwei Strich nach Steuerbord, Mr. Pooley!« Ridley mußte brüllen, denn schon krachten zwei der versteckten Kanonen. »Halten Sie so dicht unter die Küste wie möglich.«

Eine doppelte Wassersäule schoß am gegenüberliegenden Ufer himmelwärts. Ridley war klar, daß die Kanonen sein Schiff noch nicht treffen konnten, dazu standen sie zu hoch und wahrscheinlich auch hinter Erdwällen, um sie der Sicht zu entziehen.

Auch Blackwood hatte die Einschläge beobachtet. Die Fahrrinne war tief und breit, aber vereinzelte Sandbänke und schwankendes Schilf erhöhten die Gefahr. Hunderte von König Zwides Leuten mußten nötig gewesen sein, um diese schweren Geschütze auf den Bergkamm zu bringen. War auch er hier und beobachtete das sich nähernde Kanonenboot? Oder saß er bei seiner Tochter, die ihrer aller Leben geschont und ihr eigenes gegen das von Davern Seymour getauscht hatte?

Die Kanoniere da oben wußten natürlich, daß sie ihre Rohre nicht tief genug senken konnten, um die anlaufende *Norseman* zu treffen. Sie schossen nur, um sich Mut zu machen und gleichzeitig die Angreifer abzuschrecken.

Eine einzelne Detonation warf eine hohe Flammensäule auf, Buschwerk wirbelte vom gegenüberliegenden Ufer hoch. M'Crystal hatte recht gehabt. Es waren drei große Kanonen, die hier eine ganze Armee von Killern unterstützten, Verbrecher, die nichts zu verlieren hatten als ihr Leben, ob nun in der Schlacht oder am Galgen.

»Dort drüben wurde die Barkasse getroffen, genau in der Biegung«, sagte Blackwood.

Ridley senkte sein Fernrohr und knurrte: »Mr. Pooley, geben Sie durch, daß es losgeht, sobald wir in Höhe dieser Felsblöcke sind!« Und zu Blackwood gewandt: »Ich habe zwei Boote für Ihre Männer im Schlepp und werde alles tun, um Ihnen Feuerschutz zu geben.«

Zwei weitere Abschüsse kündigten neue Einschläge an. Gut frei vom anderen Ufer stieg diesmal das Wasser auf.

Ein Fähnrich schrieb eifrig etwas auf eine Tafel und hängte sie neben das Schaufelrad. Würde jemals einer lesen, was er da notiert hatte? Blackwood dachte an Fähnrich Ward, der bei dem Versuch, die schwarze Prinzessin zu schützen, gestorben war.

Unvermittelt sagte Ridley: »Die anderen Boote können eine Weile sich selbst überlassen bleiben. Mr. Pooley, sagen Sie dem Leitenden Ingenieur, ich brauche jetzt äußerste Kraft voraus.«

Die leichten Schaufelräder wirbelten weißes Flußwasser auf, ihre jetzt höhere Hecksee hob die nachfolgenden Boote und brach sich am Ufer. Der niedrige Rumpf bebte, als wolle er auseinanderfallen. Gespannt warteten Offiziere und Seeleute neben ihren Waffen und wirkten mehr als Zuschauer denn als Kämpfer.

Ein einzelner Schuß peitschte über den Vormast und schlug weit querab ins Wasser. Blackwood sah die Kanoniere auf dem Bergkamm förmlich vor sich, wie sie mit einfachen Flaschenzügen und Handspaken ihre Waffen auf das kleine, vorwärtsdrängende Schiff unten richteten.

Der Geschützführer der *Norseman* bedeutete seinen Männern, die Erhöhung der Läufe zu überprüfen, damit sie nicht zur Unzeit vom Feuerbefehl überrascht würden.

Blackwood spähte der näherkommenden Flußbiegung entgegen, wo Lessards Langboot damals den Heckanker geworfen hatte.

Nun war es bald soweit. Achteraus ruderte die Flottille mit aller Kraft flußaufwärts. Wie Sardinen in der Dose saßen die bewaffneten Blaujacken in den Booten, das machte die Arbeit der Seeleute noch schwieriger.

Wumm! Wie ein Delphin flitzte ein schweres Geschoß übers Wasser heran. Jetzt waren sie da oben eingeschossen, ihre Kanonen konnten das Ziel auffassen.

»Dichter an die Küste heran, Rudergänger«, stieß Ridley hervor. »Bootsmann, sofort einen Lotgast in die Fockrüst.« Erneut rollten zwei Schüsse herab und warfen einen Wasservorhang über das Vorschiff.

Mit Lot und Leine hastete ein Seemann nach vorn, während die *Norseman* sich noch dichter unter Land drückte. Der nächste Schuß schlug in den Fluß, seine Druckwelle traf den Rumpf wie ein Boxhieb.

»Mörser, Feuer eröffnen!«

Der Geschützführer mußte seinen Kommandanten mit Argusaugen beobachtet haben. Beide Mörser feuerten fast gleichzeitig, das Deck bockte, und von den schwarzen Mündungen trieb Rauch nach achtern.

Blackwood glaubte zu sehen, wo die Geschosse explodierten, und versuchte, die Wirkung abzuschätzen. Doch die verborgene Batterie bellte erneut los, zuerst zweimal und Augenblicke später zum drittenmal. Dieses letzte Geschütz steht weiter links, dachte Blackwood, direkt über der Biegung, wo sich der Fluß verengt.

Plötzlich feuerte der kleine Sechspfünder des Kanonenbootes. Einige jüngere Marines, die gespannt zum Berg hinauf gespäht hatten, stießen Schreckensrufe aus im Glauben, das Boot sei getroffen worden. Als M'Crystal bellte: »Wer wird schon auf Sie schießen wollen, Morrison?«, grinsten sie verlegen.

Etwa eine Kabellänge hinter der Biegung teilte sich der Fluß gabelförmig. In der Mitte der Gabelung, nur von Osten nicht durch Wasser geschützt, lag Zwides Dorf. Lessard hatte eine gute Wahl getroffen.

Plötzlich wußte Blackwood, daß der nächste Schuß sie treffen würde: sechster Sinn, Furcht oder Instinkt, darüber war er sich nicht klar.

»Unten bleiben!« rief er.

Der Einschlag war fürchterlich. Er mußte das Schiff dicht vor dem Steuerbord-Schaufelrad getroffen haben und durch das untere Deck geschlagen sein. Holz und Metall splitterte und tötete oder verkrüppelte alle unter Deck. Erschreckt begriff Blackwood, daß er den Abschuß nicht einmal gehört hatte.

»Die Mörser, Mr. Pooley! Geben Sie's ihnen!«

Wie ein Drache spie der Steuerbord-Mörser Feuer und fuhr dann im Rückstoß zurück. Der Schuß durchschlug eine Baumreihe und warf Laub und Steine auf.

»Schadensmeldungen«, schnarrte Ridley.

Der Lotgast rief von vorn: »Gerade zwo!«

»Halten Sie mehr nach Backbord, Rudergänger!« Ridley blickte Blackwood mit vor Konzentration starren Augen an. »Das Schiff hat zwar nicht viel Tiefgang, trotzdem will ich es nicht auf Grund setzen.«

Das Kanonenboot hielt ein paar Meter weiter vom Ufer ab, doch das landseitige Schaufelrad warf schon Schilf und Sand auf.

»Ein halb über zwo!«

Blackwood blickte sich suchend nach seinem Stellvertreter um. »Erste Gruppe nach achtern, Mr. Quartermain!«

Tief gebückt eilten die Marines über das Achterdeck den Booten zu, die achtern im Schlepp hingen.

»Dieser Überhang da bietet uns etwas Schutz«, knurrte Ridley. »Ich gehe während des Ausbootens auf ganz langsame Fahrt.« Beide Mörser feuerten gleichzeitig. »Viel Glück!«

Blackwood nickte Sergeant Quintin zu. Ein Schuß fuhr über die Köpfe der zweiten nach achtern stampfenden Gruppe und zersplitterte die Signalrah wie einen trockenen Zweig.

»Erstes Boot bemannt, Sir!«

Durch die abziehende Rauchwolke merkte Blackwood, daß Harry ihn anstarrte, die Augen waren vor Erregung und Anspannung geweitet; doch seine Stimme klang ruhig. »Ich möchte ...«

Er duckte sich und riß Harry mit hinunter auf das stark bockende Deck. Zersplitterte Planken und Grätings schossen durch die Luft.

Aus einem großen Loch im Deck stieg Rauch auf. Blackwood glaubte, unten Wasser schimmern zu sehen, aber seine Ohren hallten noch von der Explosion, und er konnte kaum denken. Im Splitterhagel waren mehrere Männer gefallen, nur der Rudergänger hing noch am Doppelrad und atmete so schwer, als sei er am Ersticken. Schlaff gegen das Schanzkleid gelehnt saß Pooley, der Erste Offizier, und umkrallte mit blutigen Fingern einen großen, gezackten Splitter in seiner Brust. Seine Augen trübten sich, sein Leben erlosch.

Ein Mörser war umgestürzt und hatte einen Mann unter sich begraben; der Körper eines weiteren wurde vom wirbelnden Schaufelrad hochgehoben und wieder ins schäumende Wasser geschmettert. Hinter dem zerquetschten Leichnam zuckte eine Leine, vermutlich war es der Lotgast gewesen.

Kommandos, Schreie und Gewimmer hallten über das Deck. Die Verwundeten griffen flehend nach den Beinen von Ridleys Männern, die zur Schadensbehebung nach vorn eilten.

Der Fockmast war umgestürzt und hing wie ein Seeanker über Bord, bis er mit Äxten freigehackt wurde.

Ridley stand auf und schüttelte sich wie ein nasser Hund. »Langsam voraus, Mr. Poo ...« Dann sah er seinen toten Ersten Offizier und rief: »Mr. Thomas, übernehmen Sie!«

Der verbliebene Mörser feuerte weiter, und sein Geschützführer merkte gar nicht, daß er mit dem Blut der anderen Bedienungsmannschaft bespritzt war.

Schon drehten sich die Räder langsamer. »Komm, Harry, jetzt sind wir dran.« Prüfend sah Blackwood ihn an. »Alles in Ordnung?«

Harry nickte. »Ich ... So hab' ich mir das nicht vorgestellt«, flüsterte er heiser.

Blackwood packte seinen Arm, er begriff genau, was Harry empfand. Doch jetzt war keine Zeit für Gefühle.

»Runter mit dir ins Boot!« Er stieß ihn grob an. »Heute wird man auf dich schauen!« Und mit einem Blick zu Ridley: »Wir werden unser Bestes tun!«

Der stämmige Seemann fiel ihm ein, der ihn angegrinst und gerufen hatte: »Auf, auf, Marines!« Im nächsten Augenblick warf ihn eine Explosion an Deck, aus seiner Wange lief Blut auf die Planken. Wrackteile und Splitter regneten herab, klatschten außenbords und erhöhten den Tumult. Wieder Schreie und Wimmern, das Schiff schien sich überzulegen, so daß Blackwood einen Augenblick lang glaubte, sie sänken. Ein wirrer Gedanke schoß ihm durch den Kopf, am liebsten hätte er gelacht: Sie würden nun doch auf den Untiefen aufsetzen, vor denen der tote Lotgast gewarnt hatte. Ihm wurde so übel, daß er glaubte, er müsse sich übergeben; dabei konnte er sich kaum bewegen.

Langsam prüfte er jedes einzelne Glied. Doch abgesehen von dem starken Schmerz in seinem verwundeten Bein fühlte er nichts. Nur beim Versuch, sich aufzurichten, rebellierten seine Lungen gegen Rauch und Pulvergestank.

»Verdammter Stümper«, entrang es sich ihm. »Fynmore, fahr zur Hölle!«

Jemand faßte ihn an der Schulter, und als er den Kopf drehte, erkannte er Harry.

»Hilf mir auf, Harry!«

Sein Halbbruder zog einen qualmenden Balken weg. »Ich – ich dachte schon, du wärst tot. Als du fielst ...« Er brach ab.

Blackwood kam taumelnd auf die Füße, von Harry gestützt. Sie schwankten wie zwei Trunkenbolde, die in die Kaserne zurückkehrten.

Durch das Schiff ging ein Knirschen und dumpfes Krachen. Überall war Blut, Menschen und Körperteile lagen in grausiger Fülle an Deck verstreut.

Doch Blackwood konnte nur an Harrys Gesicht denken, an die hellen Tränenspuren, die sich durch den Schmutz zogen; wie bei dem verschreckten Mädchen in der Mission. Das trug mehr als alles andere dazu bei, ihn zu beruhigen.

Aus dem Chaos erhob sich Smithett und griff nach seiner Muskete und seiner kostbaren Tasche.

Neben dem Ruderrad kniete Ridley, die Hände wie zum Gebet gefaltet. Während Blackwood noch hinblickte, fiel der Kommandant der *Norseman* vornüber auf sein Gesicht und lag still.

Blackwood holte würgend Luft, da hörte er das Geräusch einer Pumpe. Irgend jemand lebte noch und bemühte sich, das Schiff zu retten. Durch die Toten und Sterbenden tasteten sich undeutliche Gestalten, dann hörte Blackwood eine jugendliche Stimme fragen: »Was sind Ihre Befehle, Sir?«

Es war der Fähnrich, der ein Stück Schiffsgeschichte auf die Tafel geschrieben hatte, kurz bevor es ernst geworden war.

Das eine zerbrochene und nutzlose Schaufelrad drehte sich wild, das andere trieb das Schiff in scharfem Bogen aufs Ufer zu.

Durch den Rauch konnte Blackwood die Boote erkennen und darin die roten Röcke der Landungsabteilung, die er eigentlich anführen sollte.

»Sechs unserer Jungs sind noch an Bord, Sir«, versuchte Smithett ihm zu helfen.

»Hol sie!«

Wie Harry war auch der Fähnrich nahe am Zusammenbruch. »Na, Mr. ...?«

»Sampson, Sir«, antwortete der Junge heiser.

»Also, Mr. Sampson, Sie übernehmen jetzt das Kommando über dieses Schiff.« Die Augen des Fähnrichs weiteten sich. »Stoppen Sie die Maschine und versuchen Sie zu ankern. Denn wenn wir nicht aufpassen, stranden wir.«

Korporal Jones und die restlichen Marines stapften herbei, den Seeleuten und dem einzigen Unteroffizier beim Löschen eines Feuers auf dem Vorschiff zu helfen.

Der Beschuß hatte aufgehört, die Kanonenrohre konnten nicht weiter gesenkt werden.

Blackwood starrte die grauenhaften Spuren des Todes an. Fynmores Plan mußte nun ein Desaster werden. Nur mit Glück würden die Überlebenden des Angriffs zu ihrem ursprünglichen Landeplatz zurückkehren können.

Das zerstörte Schaufelrad ruckte laut und blieb dann stehen; der Kiel erzitterte, als der Rumpf auf Sandboden rutschte.

Harry zerrte an seinem Kragen, als sei er ihm zu eng.

Blackwood sah ihn prüfend an. »Bereit?«

»Wozu?«

»Lessard, oder wie der Kerl auch heißt, muß jetzt wissen, daß seine Kanonen die *Norseman* erledigt haben.« Es war, als spräche er mit sich selbst, Harrys Gesicht blieb verständnislos. »Wenn sich die *Kingsmill* noch flußaufwärts befindet, muß sie jetzt ausbrechen. Sie ist ein wendiges Fahrzeug und hat günstigen Wind, denselben Wind, der die

Schiffe unseres Admirals zu weit von der Küste abhält, um uns zu helfen.« Warum erzählte er ihm das? Vielleicht um sich selbst zu überzeugen, daß es sich lohnte, dafür zu sterben. »Die *Kingsmill* wird mitten durch unsere Bootsflottille fahren und jeden töten, wenn wir jetzt nichts tun.«

»Aber was können wir tun?«

Blackwood wischte sich Splitter und Staub vom Rock. »Wir können an Land waten. Hol Korporal Jones und die anderen.« Noch einmal ergriff er Harrys Arm. »Du hast deinen Großvater zwar nie gekannt, aber ich weiß, was er jetzt getan hätte. Er hätte zu Ende geführt, was er begann.«

Er machte der Handvoll Marines am Schanzkleid ein Zeichen.

»Also, Jungherr Harry, dann wollen wir mal!«

XIII Denkt an diesen Tag …

»Los! Vorwärts! Beeilung!« M'Crystals Stimme dröhnte weit über die mühsam vorwärts watenden Marines hinweg, weiter als jedes Horn. Er packte einen Mann, der kurz vor dem trockenen Land gestürzt war, und zog ihn aus dem Wasser. »Gib auf deine Muskete acht, du Wurm!«

Ein paar verirrte Schüsse zischten über ihre Köpfe und klatschten in den Fluß.

Leutnant Quartermain ließ sich auf ein Knie nieder und zog das Fernrohr aus dem Gürtel.

Kaum zu glauben, daß sie noch vor wenigen Minuten an Deck der *Norseman* gestanden hatten.

Der Rest des Zuges krabbelte an Land; der Gegner mußte von seinem Erfolg selbst überrascht worden sein, dachte Blackwood erbittert. Aber der Rauch des gestrandeten Kanonenbootes legte einen schützenden Schirm über das Wasser. Ohne ihn hätten die Scharfschützen auf dem Kamm bereits seine Männer beschossen.

»Auseinanderziehen! In Deckung gehen!«

Sand spritzte am Ufer hoch, wahrscheinlich war schon jemand oben in Position und schoß sich ein. Um Aussicht auf Erfolg zu haben, mußten sie erheblich näher heran.

»Links da drüben ist eine tiefe Geländefalte, Sir«, rief Quartermain. Wie zur Antwort schlug ein Schuß neben ihm ein.

»Ich sehe sie.«

Auf dem Hügelkamm wurde die Kanone abgefeuert, die über der Flußbiegung gestanden hatte. Kurz stieg ein Rauchwölkchen auf, wurde aber von der Geschützbedienung sofort abgedeckt, damit es die Stellung nicht verriet.

»Haben Sie das bemerkt, Mr. Quartermain?«

Der Leutnant schlängelte sich durch Gestrüpp und Felsen heran. »Aye, Sir.«

Blackwood lag auf der Seite und schaute sich nach seinen Männern um. Feldwebel M'Crystal an der Flanke, dann Quintin mit dem Hornisten, Doak, Frazier und die anderen, geduckt wie Tiere beim Anblick einer Falle.

»An die Gewehre!« Blackwood sprang auf, die Augen im grellen Licht zusammengekniffen. »Vorwärts!« Er wartete, bis sich die einzelnen Gruppen zusammengefunden hatten. »Dritte Gruppe, feuern!«

Die Musketen krachten, die vorderen Reihen der Marines stürmten vorwärts.

»Zweite Gruppe – legt an!« schrie Quartermain.

Blackwood wandte keinen Gedanken mehr an den Leutnant; mit pochendem Herzen rannte er den steilen Hang hinan.

Um ihn her krachten Schüsse, einen hörte er in Fleisch und Knochen schlagen; mit schrecklichem Stöhnen wurde einer der Marines auf den Rücken geworfen.

Ein anderer Mann, zu seiner Linken, drehte sich um sich selbst, ließ seine Muskete fallen und griff in die Luft, als wolle er den unsichtbaren Angreifer packen. Dann rollte er mit erstaunten Augen, als könne er nicht begreifen, was ihm geschah, außer Sicht. Der Mann daneben zögerte und ließ beim Anblick seines sterbenden Kameraden das Bajonett fallen.

»Vorwärts! Da hinauf, verdammt noch mal!« Blackwood drohte ihm mit dem Säbel, und die Reihe taumelte wieder voran.

Die dritte Gruppe hatte erneut geladen und stürmte, von M'Crystal wie von einem wütenden Bullen angefeuert, schreiend den Abhang hinan, mitten durch die knienden Marines, die gerade geschossen hatten und ihre Ladestöcke hoben und senkten: Drill, Disziplin, Tradition.

Noch zwei andere wurden getroffen, ihre Schreie gingen im Krachen des Musketenfeuers unter.

Blackwood zwinkerte sich den Schweiß aus den Augen. Gott sei Dank, sie hatten die Geländefalte erreicht. Obwohl sie sehr flach war, gab sie ihnen Deckung, als sie sich niederwarfen.

»Ziel auffassen!«

Auf dem Kamm sprang eine Gestalt von Busch zu Busch.

»Einzelfeuer!«

Sie kamen wieder zu Atem und zielten ruhiger.

»Feuer!«

In einem Wirbel aus Waffen und Gliedmaßen warf sich die nächste Gruppe in die Senke.

Quartermain grinste Blackwood wild an. »Verdammter Mist!«

Der Hauptmann zog seine Pistole und sprang auf. »Feuerschutz!« Er winkte. »Zweite Gruppe, vorwärts!«

Als sie aufsprangen, bestrich eine Salve die Senke, zwei Mann wurden gleichzeitig gefällt. Entsetzt starrte der kleine Hornist auf seinen Nebenmann nieder, der im Gesicht getroffen worden war und nun unter schrecklichem Gurgeln am eigenen Blut erstickte.

»Blas zum Angriff!« brüllte Blackwood. Er packte den Jungen am Arm. »Los!«

Das Horn erklang; erstaunlich, daß er überhaupt einen Ton herausbrachte.

Auf, auf und weiter! Hier und da fiel ein Mann oder krümmte sich zusammen, dann stürmte die nächste Gruppe zu ihrer Unterstützung heran.

Die Schüsse vom Kamm wurden spärlicher, vermutlich hielten Frazier und seine Kameraden die feindlichen Scharfschützen nieder.

»Mr. Quartermain ist getroffen!«

Aus einer Baumgruppe löste sich ein Schatten, ein Schuß pfiff an Blackwoods Wange vorbei; neben ihm hatte einer der Marines gekniet und geschossen. Der Schatten verschwand im Gras und rührte sich nicht mehr.

Quartermain lag auf dem Rücken; die Zähne vor Schmerz entblößt, griff er sich mit Fingern von der gleichen Farbe wie seine Uniform an die Schulter.

Mit nur wenigen Leuten rannte Harry an der Flanke vorwärts. Sie sprangen hin und her, liefen im Zickzack, feuerten und rannten weiter. War ein Feind dumm genug, sich aus der Deckung zu erheben und auf sie zu schießen, mußte er ein gutes Ziel für Frazier oder einen der anderen Scharfschützen abgeben.

Im Schatten unter den Bäumen konnten sie nach der grellen Sonne kaum sehen. Durch das rauchige Licht pfiffen weitere Schüsse oder prallten von den Bäumen ab, böse summend wie Hornissen.

»Deckung!«

Blackwood warf sich nieder, denn er gewahrte hinter den Bäumen einen weiteren springenden Schatten. Die Pistole ruckte in seiner Faust, doch der Schuß ging vorbei.

Er hörte, wie sich seine Männer niederwarfen und nachluden, wie andere versuchten, ihre verwundeten Kameraden in Deckung zu ziehen.

M'Crystals tiefe Stimme rief die Überlebenden mit Namen auf; das Gesicht eines jeden stand bei dessen Antwort vor Blackwoods innerem Auge.

»Um Gottes willen, kannst du nicht dein verdammtes Maul halten«, stöhnte ein verwundeter Marineinfanterist.

M'Crystals Stimme erreichte auch ihn. »Ich hab' das genau gehört, du Mistkerl.« Dann wurde er doch weich. »Sehen Sie nach ihm, Korporal Bly!«

Schließlich meldete M'Crystal: »Neunzehn Mann einsatzbereit, Sir. Und wahrscheinlich sechs Tote.«

Blackwood rollte sich zu Harry, der mit Smithett Quartermains Ärmel aufschnitt.

»Hat 'ne Menge Blut verloren, Sir«, meinte Smithett düster.

Blackwood beugte sich über ihn und sah nach der Wunde. Der Knochen war nicht getroffen, er hatte jedoch große Schmerzen.

»Geht schon in Ordnung, Sir.« Des Leutnants Augen flackerten und versuchten, sich auf Blackwoods Gesicht einzustellen. »Ist wirklich nicht schlimm.« Dann sank er in Ohnmacht.

Blackwood sagte: »Leg ihm einen Verband an.« Er blickte sich um. Seine Männer waren schon stiller geworden, ein schlechtes Zeichen. Sie gaben sich drein, warteten auf das Unausweichliche.

»Ich glaube, die Kanone steht keine fünfzig Yards weiter da drüben, Sir«, meinte Quintin. Er zog den Tschako tiefer über die Augen. »Die Kerle warten auf unsere Boote.«

Blackwood sah ihn an. Ashley-Chutes Sohn würde doch ganz gewiß nicht den geplanten Angriff vortragen, nachdem das Kanonenboot auf Strand gesetzt war und nicht mehr helfen konnte? Aber der Gedanke an den dann zu erwartenden Wutanfall des kleinen Admirals beantwortete ihm die Frage. Nein, sein Sohn würde es nicht wagen, sich zurückzuziehen, nicht nach all dem, was geschehen war.

Also klopfte er Quintin auf den Arm. »Das leuchtet mir ein, Sergeant. Jetzt brauchen wir ein Ablenkungsmanöver.«

Quintin lutschte an seinem Kinnriemen. »Wird gemacht.«

»Und wie, Sergeant?« knurrte M'Crystal.

Blackwood spähte durch einige verschlungene Dornenzweige. Ihm war nicht klar gewesen, daß sie schon so dicht am Kamm-Ende waren. Der Fluß lag nun zu seiner Linken, sogar eine dünne Rauchfahne von dem gestrandeten Kanonenboot unter dem überhängenden Steilufer konnte er erkennen. Die *Norseman* war mit ihrem blutjungen Kommandanten, dem Fähnrich, nur so lange sicher, bis Lessards Männer die Marines wieder zum Ufer zurückgetrieben hatten.

Er sah auf seine dreckigen und zerschnittenen Hände nieder. Ein winziges Insekt, kleiner als ein Stecknadelkopf, krabbelte über seine Finger. Es war ein schwerer Fehler gewesen, seine Männer hierher zu bringen, wo es keine Chance zum Rückzug mehr gab. Als das Kanonenboot außer Gefecht gesetzt und sein Kommandant gefallen war, hätte er den Angriff abbrechen sollen. Aber er hatte sich anders entschieden. Wieder aus Stolz? Seine Männer hatten teuer dafür bezahlt, und es würde noch schlimmer kommen.

»Seltsam, Sir«, meinte Quintin. »Die Schwarzen haben sich ganz herausgehalten. Soweit ich's beurteilen kann, bekämpfen uns nur die Sklavenhändler.« Ein einzelner Schuß ließ Blätter auf sie niederrieseln. »Aber das sind mehr als genug.«

Auf Quintin konnte man sich verlassen; er sah, was eigentlich allen hätte klar sein müssen. Ein richtiges altes Frontschwein war dieser bullige Sergeant, gefürchtet, bewundert und kaum geliebt. Quintin interessierten nicht die komplizierten Fragen von Schuld und letzter Verantwortlichkeit. Er war ein echter Berufssoldat, der nur an Sieg dachte.

»Quintin hat recht«, flüsterte Harry.

Blackwood schob sein Fernrohr durch die Dornen. König Zwide schien weit gerissener zu sein als Mdlaka. Er wollte erst abwarten, wer gewann, ehe er seine Krieger ins Gefecht warf.

Ehe die Dämmerung einbrach, mußten sie vorgehen. Fynmore wartete offensichtlich noch auf Hilfe von den vor der Küste ankernden Schiffen. Empfand er in diesem Augenblick Bedrückung oder Scham über das, was er so kurzsichtig begonnen hatte?

Ein Marineinfanterist rief jemandem zu, den Kopf unten zu halten; ein Seemann robbte durch das Gestrüpp und suchte rechts und links nach einem Offizier.

»Die Navy hat uns gerade noch gefehlt«, brummte M'Crystal.

Japsend fiel der Seemann zwischen Blackwood und seinen Halbbruder. »Ich komme von den Booten, Sir«, keuchte er. »Leutnant Ashley-Chute läßt melden, daß er beabsichtigt, die *Norseman* wieder freizuschleppen.«

Blackwood sah beiseite, um seine Bestürzung zu verbergen. Dieser Unglücksleutnant war also bereits unter dem Steilufer. Getreu dem Grundsatz ›Rettet das Schiff‹, dem ungeschriebenen Gesetz jedes Seemanns. Und schon seit einiger Zeit hatte die einzeln stehende Kanone nicht mehr geschossen. Er fühlte, wie sich seine Haare im Nacken sträubten. Lessards Leute verlegten die Kanone wohl schon so, daß sie die Boote und die auf Strand sitzende *Norseman* aufs Korn nehmen konnte.

Der Seemann hatte ein einfaches, ehrliches Gesicht und sprach so breiten Yorkshire-Dialekt wie Oldcastle.

»Melde Mr. Ashley-Chute, daß er wahrscheinlich jeden Moment von oben angegriffen wird.« Es hätte zu lange gedauert, die Gefahren einzeln aufzuzählen, wichtig war nur, daß der Seemann die Dringlichkeit begriff.

Dieser nickte. »Und was soll ich ihm von Ihnen berichten, Sir?«

»Sag ihm, wir werden angreifen.«

Der Seemann zögerte. »Aye, Sir, ich melde es.« Im Davonrobben setzte er hinzu: »Viel Glück, Sir.«

»Glück brauchen wir auch, Kumpel«, murmelte Quintin.

Blackwood winkte die anderen heran. »Wir greifen in zwei Gruppen an, mehr können wir uns nicht leisten. Aber es heißt jetzt oder nie. Ich glaube, sie machen mit dem Geschütz einen Stellungswechsel. Gott weiß, wo die anderen beiden Kanonen stehen. Vermutlich hält man sie zurück für den Fall, daß Major Fynmores Abteilung eintrifft.« Er beobachtete ihre Reaktionen. Quintin zweifelte, M'Crystal fand sich grimmig damit ab, und Harry blickte allzu ruhig drein. Er hatte nun begriffen, worauf das hinauslief. »Verteilt die Munition unter die Leute, alles andere lassen wir hier.«

Die Zeit war knapp, und doch wollte er sie nicht ohne ein Wort von ihm losgehen lassen.

»Dies ist kein schöner Platz zum Sterben, wenn wir schon hier sterben müssen. Aber es geht um mehr als um uns.«

M'Crystal seufzte. »Och, mich stört das nicht, Sir.« Er warf seinem Freund einen Blick zu. »Sergeant Quintin wird schon auf mich aufpassen.«

Sie robbten davon, und Blackwood hatte ein Gefühl, als sei eine Leine gekappt.

»Fertig?« fragte Harry.

»Greif von rechts an, wenn ich das Zeichen gebe. Falls wir scheitern, mußt du den Angriff weiter vortragen.« Er berührte Harrys Arm und ergänzte nachdrücklich: »Du mußt!«

Da hörte er den durch den Bergüberhang gedämpften Abschuß des letzten Mörsers der *Norseman*. Von dort aus konnten sie nichts treffen, also wollte Leutnant Ashley-Chute damit zeigen, daß er begriffen hatte, was die Marines planten.

Als fürchte er, es im letzten Augenblick zu vergessen, wiederholte Harry: »Angriff von rechts.« Dann fuhr er fort: »Ich gehe jetzt und bereite die anderen vor.« Leise schloß er: »Ich lasse dich nicht im Stich, Philip.«

Blackwood lächelte. »Das habe ich auch nie angenommen.«

Er wandte sich ab und kroch in das dichte Gestrüpp, wohin man sicherheitshalber die Verwundeten gezogen hatte. Aber was hieß hier schon Sicherheit?

Der kleine Hornist schaute ihn ängstlich an. »Du bleibst hier bei den Verwundeten«, befahl er ihm, und die Angst des Jungen verwandelte sich in Erleichterung. »Wenn wir Pech haben, läufst du zu Major Fynmore zurück.« Froh, sich dem Dank des Jungen entziehen zu können, stolperte Blackwood tiefer ins Dickicht.

Ein verwundeter Marineinfanterist, neben sich griffbereit Muskete, Kugeln und Zündhütchen, sah zu ihm hoch und versuchte, sich aufzurichten.

»Alles in Ordnung, Collins?«

Der Mann war an der Seite verwundet, wie schwer, das festzustellen hatte noch niemand Zeit gefunden. »Sie lassen uns doch nicht im Stich, Sir?« fragte er.

Wie Sand im Stundenglas lief die Zeit ab. Blackwood klopfte dem Verwundeten auf den Arm.

»Nein. Wir gehen zum Angriff vor. Du bleibst ganz ruhig liegen.«

Der Mann sank zurück und sah durch die überhängenden Zweige in den Himmel.

»Ich wollte, ich könnte mit Ihnen gehen ...« Er blickte sich wild um, Schmerz und Verzweiflung schienen auf einmal verflogen. »Vorwärts, Jungs, laden!« phantasierte er. »Legt an! Feuer!« Dann versagte ihm die Stimme, er wurde bewußtlos.

Korporal Bly sah auf ihn herab. »Verzeihung, Sir, aber wir sind bereit zum Vorgehen.« Dann bückte er sich und betastete die Brust des Kameraden. »Großer Gott, wieder ein guter Mann dahin.« Finster blickte er zu seinem Hauptmann hoch. »Wir nehmen jedenfalls ein paar von den Kerls mit uns, was, Sir?«

Blackwood nickte. »Ich will noch mit Mr. Quartermain sprechen.«

»Wußten Sie das nicht, Sir? Der ist schon fort.«

»Fort?« Der Gedanke an Quartermains gemartertes Gesicht, die klaffende Schulterwunde, verlieh seiner Stimme Schärfe. »Was, zum Teufel, meinen Sie?«

»Er nahm seinen Säbel und marschierte munter davon, Sir.«

Blackwood verließ das Dickicht und suchte die anderen.

»Ja, wir wissen es schon.« M'Crystal sah ihn vorsichtig an. »Der Leutnant ist losgegangen.«

Blackwood zog seinen Säbel, und Smithett reichte ihm die Pistole. Er war froh, daß seine Hände zupacken konnten, ehe sie zu zittern begannen. Und er hatte Quartermain kaum gekannt. Trotz seiner Wunde, hatte er wie der soeben gestorbene Marineinfanterist ihnen mit einem letzten Aufflackern von Entschlossenheit und Mut ein Beispiel gegeben.

Blackwood robbte zu der letzten Deckung aus Dornen und Gestrüpp vor; im grellen Sonnenlicht schmerzten seine Augen, als er in die Richtung spähte, wo er die verräterische Rauchwolke gesehen hatte. Quartermain hatte erkannt, was sie vorhatten, und sein Leben in dem Augenblick in die Waagschale geworfen, als es am dringendsten benötigt wurde.

»Frazier! Korporal Jones!«

Als hätten auch sie es begriffen, hatten beide kniend Stellung bezogen. Trotz seiner sich fast überschlagenden Gedanken fiel Blackwood auf, daß Frazier eins der erbeuteten Gewehre an sich genommen hatte und es streichelte, als wolle er es beschwichtigen.

»Mein Gott!«

Quintins scharfer Ausruf veranlaßte Blackwood, sich dem anderen Ende des Kammes zuzuwenden. Es war wie ein schrecklicher Alptraum, was sich da im hellen Tageslicht abspielte: Den gezogenen Säbel in der Hand, den anderen Arm bewegungslos herunterhängend, marschierte Quartermain steif aufgerichtet bergan. Sein Verband war aufgerissen, so daß der bloße blutige Arm von fern mit dem roten Rock verschwamm. Zielstrebig marschierte er zum Gipfel.

Plötzlich das Krachen einer Muskete. Quartermain blieb stehen und schien zu horchen, ehe er seinen Weg fortsetzte.

»Auf!«

Blackwood ließ Quartermain nicht aus den Augen und fühlte die schier vor dem Zerreißen stehende Spannung der anderen.

»Fertig, Sir!« Das war M'Crystal. Sogar dessen Stimme klang anders.

Päng! Der scharfe Knall einer Muskete hallte über das Feld. Blackwood hielt den Atem an: Quartermain stolperte und ließ fast den Säbel fallen.

Frazier sah zum Kamm hoch, dorthin, wo Gestrüpp und Bäume endeten. Mit ruhiger Hand legte er das Gewehr an.

Quartermain war getroffen. Viel mehr konnte er nicht verkraften. Doch er marschierte immer noch den Hang hinan, öffnete und schloß dabei den Mund, als riefe er einem unsichtbaren Zug Befehle zu.

Fraziers Finger krümmte sich am Abzug. Über dem Kamm tauchten eines Mannes Kopf und Schultern auf, noch einer, dann noch zwei. Beinahe hätte Frazier gelacht. Sie hatten sich von den Marines abgewandt und starrten das herannahende Gespenst mit der blitzenden Waffe an.

»Fertig, Jones?«

Korporal Jones grunzte und umfaßte seine Muskete noch fester. Oben krachten die Musketen, Quartermain stürzte, richtete sich jedoch wieder auf. Sein Tschako rollte davon. Den Kopf vor Schmerz weit zurückgeworfen, schwankte er weiter auf die Gruppe zu, die ihre Deckung verlassen hatte, um auf ihn zu schießen. Jones wurde es fast übel, als die jammervolle Gestalt fiel und sich diesmal nicht wieder erhob. In diesen wenigen Sekunden haßte er Frazier dafür, daß er alles so gefühllos hinnahm und sich nur für sein Ziel interessierte.

Die Musketen schossen gleichzeitig. Deutlich hörte Blackwood den schärferen Knall von Fraziers Büchse heraus und schrie: »Sprung auf, marsch, marsch!«

Nichts anderes mehr im Sinn als die Gestalten, die sich als Silhouetten scharf vom Himmel abhoben, stürmten sie den Hang hinan. Zwei davon waren bereits gefallen, und Frazier lud wieder nach. Einer der Feinde stand neben Quartermain, der sich am Boden wand und nicht mehr begriff, was vorging. Aber sein Säbel hob sich zum Schlag gegen den Mann, als wolle er seinen Herrn allein verteidigen.

Als Blackwood die Kammhöhe erreichte, vergaß er alles andere.

Direkt unter ihm stand in einer flachen Vertiefung das große Geschütz, umgeben von einem Wirrwarr aus Flaschenzügen und Handspaken. Weitere Gestalten rannten aus der Deckung, als die Marines zum Sturmangriff antraten.

Jenseits der Kanone sah man die Flußgabelung, und auf der Landzunge glaubte Blackwood die spitzen Hütten von Zwides Dorf zu erkennen. Davor lagen zwei Schiffe vor Anker, das eine wohl die gekaperte *Kingsmill*. Doch all das war jetzt nicht mehr wichtig. In zerlumptem weißem Burnus rannte ein Mann mit gesenktem Speer auf ihn zu. Er trat zur Seite, parierte mit seinem Säbel und schlug dem Stolpernden die Klinge über den Hals.

Zum Nachdenken blieb keine Zeit mehr. Mann gegen Mann, Klinge gegen Klinge, stießen und hackten sich die Marines erbarmungslos auf die andere Kammseite, auch wenn hier und da ein Rotrock niedersank. Blackwood feuerte seine Pistole auf die Brust eines Mannes ab und schlug einen anderen mit seinem Säbel nieder. Aber lange konnte das nicht mehr so weitergehen.

Korporal Bly hatte das Bajonett verloren und benutzte seine Muskete jetzt als Keule. Wie ein stählerner Stoßzahn drang eine Klinge in seinen Magen. Den Mund in lautlosem Schrei weit aufgerissen, fiel er in den Sand. Eine weitere Gestalt sprang vor und stieß immer wieder ein Entermesser in Blys Körper, bis Quintin sich zu ihm durchgekämpft hatte und ihn neben dem sterbenden Korporal niederschlug.

Ein lautes Dröhnen hallte bis hinauf zum Bergkamm und wurde von Zwides Landzunge zurückgeworfen.

Während Blackwood mit einem großen, dunkelhaarigen Sklavenhändler die Klingen kreuzte und unter dem Stoß dieses Mannes zurücktaumelte, geisterten Bilder durch sein Hirn: die *Satyr!*

Der ruhige, auf sein Schiff so stolze Tobin war ihnen zu Hilfe gekommen.

Wieder brüllte die Sirene der *Satyr* auf, unmittelbar gefolgt vom Abschußknall eines ihrer schweren Geschütze.

Die Mordlust des Sklavenhändlers verwandelte sich in Bestürzung und Haß. Schon warfen einige seiner Männer ihre Waffen weg.

Blackwood parierte die Klinge des Gegners; da gab sein verwundetes Bein unter ihm nach, keuchend fiel er zu Boden.

Wieder brüllte die Sirene auf. »Zu spät für dich!« schrie der Sklavenhändler.

Auf dem Rücken liegend, starrte Blackwood der Klinge des anderen entgegen. Ganz gleich, was jetzt noch geschah, sie hatten gewonnen. Er spannte alle Muskeln an und betete, daß es schnell gehen möge.

Ein einzelner Schuß fegte den Schatten über ihm beiseite.

Die letzten Schritte laufend, trieb Korporal Jones das Bajonett seiner noch rauchenden Muskete in die Kehle des gefällten Sklavenhändlers.

Irgend jemand zerrte Blackwood hoch; der brennende Schmerz in seinem Bein ließ ihn aufschreien. Ich lebe noch, durchfuhr es ihn. Dankbar sah er Harry auf sich zueilen und ließ sich von ihm zum Steilhang über der *Norseman* führen. An Deck und in den sie umdrängenden Booten winkten und riefen die Seeleute zu ihm herauf. Dann jubelten sie Tobins *Satyr* zu, die mit großen, klatschenden Schaufelrädern auf die Biegung des Flusses zuhielt.

Wie durch einen Schleier sah Blackwood rote Uniformen an Deck der Fregatte; also hatten sie Fynmore und seine Nachhut auf dem Weg flußauf an Bord genommen.

»Übernimm die Gefangenen, Harry«, sagte Blackwood unvermittelt. Seine Stimme klang ihm selbst fremd, dumpf und rauh. Und zu Smithett gewandt: »Führ mich zu Quartermain.«

Etwa hundert Meter hangabwärts lag der Schwerverletzte und starrte in den Himmel. Seine wieder aufgeplatzte Wunde und den Schmerz mißachtend, riß sich Blackwood von Smithett los und torkelte die letzten Schritte allein. Es war äußerst wichtig, daß Quartermain noch erfuhr, daß allein ihm der Sieg zu verdanken war.

Mit flatternden Lidern sah Quartermain zu ihm auf.

»Hol Wasser, Smithett«, sagte Blackwood. Dann kniete er sich nieder. »Ich wollte Ihnen nur sagen, daß wir die Batterie genommen haben. Und das ist Ihr Verdienst!«

Quartermain lächelte, doch Blackwood glaubte nicht, daß er ihn noch erkannte.

»Das freut ...« Er tastete nach seinem Säbel, der neben ihm lag. »Wollte, daß mein Sohn ihn eines Tages tragen würde – eines Tages. Nun werde ich keinen Sohn mehr haben.«

Smithett drückte Blackwood eine Feldflasche in die Hand. »Hier, Sir.«

»Würden Sie ihn meiner Mutter schicken? Sagen Sie ihr ...«

Blackwood hielt ihm die Feldflasche an die Lippen, doch das Wasser floß nutzlos über die Wangen des Leutnants.

Schließlich schloß er Quartermains Augen und wartete, daß Smithett ihm wieder auf die Beine half.

Keine Sorge. Ich werde ihr alles erzählen.

Auf Smithett gestützt, humpelte er davon, Quartermains Säbel unter dem Arm.

Unterdessen waren einige bewaffnete Blaujacken von den Booten heraufgeklettert, trieben die Gefangenen in einer Reihe zusammen und untersuchten sie nach Waffen.

Die wenigen benommenen Marines starrten in das Chaos um sie herum und schienen weder zu begreifen, wo sie waren, noch was sie getan hatten.

»Was glaubt ihr, wer ihr seid?« brüllte M'Crystal. »Ihr seht eher aus wie ein Haufen Landstreicher als wie Royal Marines! Bringt euch gefälligst in Ordnung, verstanden?«

Er merkte, daß Blackwood zurückgekehrt war, und wandte sich ihm zu, Schmerz und Erschütterung in den Augen; noch nie hatte Blackwood ihn so fassungslos gesehen.

Heiser meldete der vierschrötige Feldwebel: »Klar zum Abrücken, Sir.«

Blackwood löste sich von Smithetts Arm. So wie er Quartermain vor seinem Tod hatte sehen müssen, so war es jetzt nötig, den Überlebenden gegenüberzutreten.

Sein Bein schmerzte fast unerträglich, doch er zwang sich, die Reihe der Männer entlangzuschreiten. Nur verschwommen nahm er die danebenstehenden Seeleute und Gefangenen wahr.

Bei jedem der vertrauten Gesichter blieb Blackwood stehen. Hier und da versuchte einer zu lächeln, andere waren noch zu benommen, seinem Blick zu begegnen. Jones, Doak, Frazier, sogar die Rocke-Zwillinge waren immer noch beieinander.

Harry trat einen halben Schritt vor, denn er fürchtete, Philip könnte stürzen. Aber er biß die Zähne zusammen; er durfte nicht in Ohnmacht fallen, noch nicht.

»Lassen Sie bitte rühren.« Das klang so förmlich, so unangebracht auf diesem Tummelplatz von Haß und Tod, daß Blackwood hätte fluchen oder weinen mögen.

»Ihr sollt wissen ...« Alle sahen ihn an, aber er fand nicht die rechten Worte. »Es werden noch Tage kommen, schlimmer als diese und mit weniger Sinn«, versuchte er es erneut, auf Quartermains Säbel gestützt. »Wenn das geschieht«, fuhr er fort, »dann denkt mit Stolz an diesen Tag, aber auch an die Freunde, die wir hier verloren.« Ihm riß der Faden, er konnte ihre Gesichter nicht mehr genau erkennen. »Ich bin stolz auf jeden einzelnen von euch!«

»Der Major kommt«, zischte M'Crystal.

Über dem Kamm tauchte Fynmores adrette Gestalt auf. Beim Anblick der Leichen und der kleinen Gruppe der Sieger erstarrte sein Gesicht zu einer ungläubigen Maske.

Dann trat er auf sie zu. »Gut gemacht. Tut mir leid, daß ich nicht früher kommen konnte, aber ...«

Harry Blackwood löste sich aus der Gruppe und fing seinen Halbbruder auf, ehe er ganz zu Boden sank. »Ich bin überzeugt, daß alle hier das verstehen, Sir«, preßte er durch die Zähne.

Fynmore erbleichte, als habe man ihm einen Schlag versetzt. Ohne ein weiteres Wort wandte er sich ab und lief, gefolgt von seinem Burschen, den Hang hinunter.

Über das versengte Gras eilte ein Leutnant aus einem der Boote herbei. »Ich übernehme mit meinen Männern die Beerdigungen«, bot er an.

Harry schüttelte den Kopf. »Nein, bringen Sie erst mal Hauptmann Blackwood zum Arzt.« Er hob Quartermains blutbefleckten Säbel auf. »Und nehmen Sie auch den mit.« Er sah in M'Crystals eisernes Gesicht. »Beerdigungsgruppe abstellen, Feldwebel.«

Ein kurzes Aufblitzen in M'Crystals Augen verriet ihm, daß er zum ersten Mal das Richtige gesagt hatte, was auch Philip gesagt hätte: Wir sorgen selbst für unsere Leute!

In seinem Kopf hämmerte es immer stärker und andauernder, so daß Blackwood sich anstrengen mußte, die Augen zu öffnen. Im Mund hatte er einen scheußlichen Geschmack, vermutlich hatte er sich übergeben. Mit plötzlichem Entsetzen tastete er unter der Decke nach seinem Bein. Erleichtert seufzte er auf, denn nur ein kühler Verband war da, kein häßlicher Stumpf.

Während er langsam zu sich kam, sah er sich besorgt um. Nach und nach kehrten die Erinnerungen in seinen schmerzenden Kopf zurück. Er lag auf einem Schiff, einem Dampfschiff, allein in einer Kammer; es war jedoch zu dunkel, um mehr zu erkennen. Das Rumpeln der Maschine, der Schlag des Wassers am Rumpf, das von den Schaufelrädern nach achtern schäumte, drangen an sein Ohr, und seine Gedanken wanderten zu der kleinen, gestrandeten *Norseman*, zu den jubelnden Männern, der kalten Angst und der Kampfeswut, die sie gepackt hatte.

Er versuchte, sich an das Gesicht von Fynmore zu erinnern, und daran, was er ihm hatte sagen wollen, ehe er zusammenbrach. Doch er wußte nichts mehr und überlegte, wie lange er wohl bewußtlos gewesen war.

Das Mädchen auf der Tragbahre kam ihm in den Sinn, ihr Blick, ihre Haut, als er versuchte, ihre Brüste zu bedecken. All das lag so weit zurück.

Da öffnete sich die Tür, und jemand stieg vorsichtig über das Süll. Blackwood hatte das ganz bestimmte Gefühl, daß es Kapitän Tobin war. Woher wußte er das nur?

»Wie fühlen Sie sich?« Der Kommandant mußte wohl in der Dunkelheit gelächelt haben, denn seine Stimme veränderte sich, als er fortfuhr: »Ja, Sie sind wieder auf *Satyr* und in Ihrer Kammer.«

Blackwood sah zu der schattenhaften Gestalt auf. »Seit wann?«

»Seit etwa einer Woche. Sie haben meinem Arzt einige Sorgen gemacht, doch jetzt sind Sie auf dem Weg der Besserung. Alles andere sollte man erfahreneren Ärzten überlassen.«

»Wohin fahren wir? Nach Freetown?«

»Wir fahren nach Hause, nach England. Und Sie haben es weiß Gott verdient.«

Ebenso leise, wie sie geöffnet worden war, schloß sich die Tür wieder. Blackwood legte sich zurück und starrte in die Dunkelheit. Nach Hause – nach Hawk's Hill. Ein neuer Anfang.

Wenn er erst wieder gehen konnte, wollte er Davern Seymour schreiben und ihr sagen ... Er lächelte wehmütig. Was sollte er ihr denn sagen?

Als er in tiefen Schlaf versank, dachte er noch immer an sie.

XIV Des Colonels Lady

Philip Blackwood saß in einem Rohrstuhl mit hoher Lehne und starrte matt durchs verschneite Fenster. Trotz der dicken Wände war es selbst für Ende Januar zu kalt; wie Todesnähe wirkte die Kälte auf ihn.

Um Blackwoods Gesundheit und Erinnerungsvermögen stand es schlecht. Kaum konnte er Tage und Ereignisse auseinanderhalten, und es berührte ihn nicht, daß die Zeit für ihn so langsam verstrich. An Besserung war nicht zu denken.

Er blickte sich im Zimmer um: praktisch und spartanisch wie das ganze Royal Naval Hospital in Haslar. Wenn er abends noch auf sein durfte, konnte er die Lichter der Ausfahrt von Portsmouth sehen, seine einzige Verbindung zu einem Leben, das für ihn offenbar vorüber war.

Die Ärzte hatten erklärt, seine Wunde sei stark infiziert gewesen und er könne von Glück sagen, daß er das Bein nicht verloren hatte. Zudem schwächte irgendein Fieber sein Erinnerungsvermögen. Als Tobin ihm erzählt hatte, die *Satyr* sei auf dem Weg nach England, hatte er unerwähnt gelassen, daß Blackwood ernstlich krank und das Schiff bereits in Freetown gewesen war. Er konnte sich an nichts erinnern. Nur an verschwommene Bilder, an Schmerz, helfende Hände, aber alles war für ihn eher Teil eines Traums als Wirklichkeit.

In dem Bestreben, Blackwood ohne weitere Verzögerung nach England zurückzubringen, hatte Tobin sein Schiff hart rangenommen. Die *Satyr* hatte für diese Knüppelei bezahlt und lag nun drüben in der Werft, wo ihre Maschine instandgesetzt wurde.

Dieser Umstand hatte Blackwood eine weitere Verbindung mit seiner alten Welt verschafft. Sooft er sich vom Dienst freimachen konnte, hatte Leutnant Lascelles ihn im Lazarett besucht. Er platzte vor Neuigkeiten über die Eroberung von Lessards Stützpunkt, vom Sieg der Marines über weit besser ausgerüstete und vorbereitete Kräfte.

Lessard war tot und würde nun doch nicht vor Gericht gestellt werden können. Irgend jemand hatte wohl vermutet, er könne, gestützt auf seinen Einfluß und Reichtum, der Strafe entgehen, und hatte Urteil und Vollstreckung selbst vollzogen. Anscheinend hatte Lessard gerade auf dem größeren der beiden Schiffe aus Zwides Dorf entkommen wollen. Er hatte wohl erwartet, die Navy würde lieber die *Kingsmill* wieder in die Hand bekommen als das zweite Schiff kapern. Das war bis unter die Decksbalken mit Sklaven vollgestopft, einer letzten gewinnbringenden Ladung, ehe er sich dann anderen Dingen zuzuwenden gedachte.

Doch die unter dem Donner ihrer schweren Geschütze einlaufende *Satyr* hatte Lessards Flucht vereitelt. Leutnant Ashley-Chute hatte eine Sicherungsgruppe losgeschickt, in Minutenschnelle waren beide Fahrzeuge geentert und alles vorbei.

Blackwood konnte sich noch lebhaft an die Warnung eines Unteroffiziers auf dem ersten Sklavenschiff erinnern, er solle nicht zu dicht an die Luke herantreten, aus deren Gestank ihm viele glitzernde weiße Augen entgegenleuchteten.

Aber Lessard hatte in dem Moment, als die Sklavenhändler ihre Waffen niederlegten und sich den jubelnden Enterern ergaben, angeblich das Gleichgewicht verloren und war kopfüber in einen der überfüllten Laderäume gestürzt. Lascelles hatte beschrieben, wie Lessard buchstäblich in Stücke gerissen worden war.

Auch andere Besucher kamen ins Lazarett. Der Oberst von Forton Barracks hatte es irgendwie vermieden, von ihrem letzten Zusammentreffen zu sprechen, als Blackwood versucht hatte, aus dem Dienst auszuscheiden. Wahrscheinlich glaubte er, seiner schlechten Gesundheit wegen würde Blackwood nun sowieso aus dem Corps entlassen.

Sogar der Hafenadmiral war dagewesen und hatte ihm eine Kiste Wein mitgebracht. Nach dem Besuch hatte der Arzt diese Kiste jedoch schleunigst verschwinden lassen.

Blackwood fragte sich, warum sein Vater nicht gekommen war. Zwar träfen regelmäßig Anfragen aus Hawk's Hill ein, hatte man ihm gesagt, doch immer nur durch Boten. Vielleicht war sein Vater krank oder nicht reisefähig? Auch wenn nur zwanzig Meilen Hawk's Hill von Portsmouth trennten, lag doch das ganze Land unter einer Schneedecke, der dicksten seit Menschengedenken. Nur eins war gut, dachte Blackwood, der alte Besitz war nicht verkauft – jedenfalls noch nicht.

Blackwood wandte sich dem gerahmten Bild über seinem Bett zu. Es stellte das Wappen der Royal Marines dar, den Erdball im Lorbeerkranz, darunter den berühmten Wahlspruch des Corps: ›per mare per terram‹, zweifellos von einem früheren Patienten gemalt. Was hatten dieses und ähnliche Zimmer hier nicht alles gesehen: Verkrüppelte, Kranke, verbrauchte Überlebende ...

Wenn er hier noch viel länger blieb ... Ruckartig stand er auf, neuen Schmerzes gewärtig. Sein Selbstmitleid und seine Sorgen ekelten ihn an.

Ein leises Klopfen an der Tür, und Smithett spähte herein.

Ohne zu zeigen, wie sehr ihn die Wunde schmerzte, versuchte Blackwood zu stehen. Also auch Smithett wollte sich verabschieden. Er ging, um einem anderen Offizier zu dienen oder in der Truppe seinen Weg zu machen.

Smithett sah ihn trübselig an. »Ich komme gerade vom Kompanieschneider, Sir. Sie haben so viel abgenommen, daß ich einige Ihrer

Waffenröcke ändern lassen mußte.« Auch bei dem Versuch zu lächeln zogen sich Smithetts Falten alle nach unten. »Ich kann doch nicht zulassen, daß die Sanis sagen, ich sorge nicht richtig für meinen Hauptmann.«

»Willst du etwa bei mir bleiben?«

Mit aller Sorgfalt legte Smithett den Waffenrock über das Bett. »Natürlich, Sir. Wer will mich denn sonst haben? Übrigens, Sie haben Besuch. Sie spricht jetzt gerade mit dem obersten Knochenflicker.«

»Sie ...?«

Smithett sah sich um, wo er die anderen Bekleidungsstücke hinhängen könnte.

»Jawohl, Sir, Ihre Frau Mutter.«

Ich bin ein alter Esel, dachte Blackwood. Wen hatte er denn erwartet? Trotzdem ließ er sich von Smithett für den Besuch zurechtmachen.

Smithett wartete, bis Blackwood aufstand, um vorsichtig in seine Hose zu steigen. Nicht zu dicht, damit der Offizier nicht auf den Gedanken kam, er traue ihm nicht zu, es selber zu schaffen.

»Bitte, Sir.«

Smithett nickte beifällig, auch der rote Rock saß. Das hatte der windige Schneider gut gemacht. Die dafür organisierte Flasche Rum hatte sich gelohnt.

»Ich habe dir noch gar nicht richtig für all das gedankt, was du für mich getan hast«, sagte Blackwood.

Smithett versuchte, sein Unbehagen zu verbergen. Intolerante, ungeduldige, schlecht gelaunte Offiziere konnte er ertragen. Aber Blackwoods Leid war etwas anderes.

»Alles wird sich wieder einrenken, Sir. Irgendwann gibt es irgendwo einen neuen Krieg, und dann erwartet man von den Royal Marines, daß sie die Dinge wieder in Ordnung bringen. Sie werden sehen, Sir.«

»Vielleicht hast du recht. Ich wünschte wirklich, wir wären jetzt bei Harry, er hat heute Geburtstag.«

Smithett fuhr ihm kurz mit der Bürste über die Schultern und lächelte vor sich hin. Wenn der Hauptmann nur die Hälfte von dem wüßte, was der junge Kerl alles angestellt hatte, wäre er bald wieder der alte, dachte er.

Beinahe hätte er das laut gesagt, aber in diesem Moment wurde die Tür aufgestoßen, und der Chefarzt betrat mit seinem Assistenten das Zimmer.

Zum erstenmal sah Blackwood nicht sofort in ihre Gesichter, um herauszufinden, was ihm bevorstand. Denn seine Stiefmutter zwischen ihnen beherrschte den Raum, neben ihr schrumpften auch die beiden Ärzte zu einem Nichts zusammen. Sie war immer eine schöne Frau gewesen, obwohl er das nie hatte gelten lassen wollen. Jetzt, in dieser grauen und schlichten Umgebung, wirkte sie elegant, ja sogar königlich.

Ihr hochgekämmtes, dunkles, kastanienbraunes Haar gab ein vollkommenes Gesicht und den schlanken Nacken frei. Ihre Haut war weiß wie Marmor, und sie wirkte so gesammelt wie eine Schauspielerin vor ihrem Auftritt.

In diesen wenigen Sekunden spürte Blackwood, wie ihr fester Blick, dem nichts entging, ihn von oben bis unten musterte. Des Colonels Lady. Wie gut das zu ihr paßte!

»Nun, Philip, wie ist es dir ergangen?«

Ihr Ton war genauso, wie er ihn in Erinnerung hatte: ruhig und kühl wie die ganze Frau, ohne jede Wärmeausstrahlung. Ob sie wohl schon vierzig war? Er wußte es nicht sicher und ärgerte sich, daß er sie nicht besser kannte.

»Tut mir leid, ich bin kein schöner Anblick.« Das klang wie von einem wehleidigen Kind. So weit brachte sie einen.

»Er ist nun außer Gefahr, Madam. Wir sind alle sehr beeindruckt von ihm«, ließ sich der Chefarzt vernehmen.

Ihre Augen, dunkelbraun wie die Harrys, wandten sich dem Arzt zu. »Nach meiner Meinung würde ihm eine bequemere Umgebung besser bekommen. Ich habe meinen Wagen hier.« Sie hob die Hand und setzte im gleichen selbstsicheren Ton hinzu: »Du mußt Smithett sein.«

Smithett nickte eifrig. »Aye, Madam, das bin ich.«

»Hol meinen Reitknecht und kümmere dich um seine Sachen, Smithett.«

Dann ging sie quer durch den Raum und legte Blackwood ihre behandschuhten Finger auf den Arm.

Er konnte ihr Parfüm riechen und hatte plötzlich den Wunsch, sie zu umarmen, sein Gesicht an ihren herrlichen Hals zu pressen und ihr alles zu erzählen. Wie es gewesen war, von Harry und den anderen.

»Ich komme wohl gerade zur rechten Zeit?«

Blackwood schaute sie an und versuchte zu lächeln. »Verzeihung, ich dachte nur an mich. Wie geht es dir und ...«

Sie hatte sich jedoch bereits abgewandt und gab ihrem Reitknecht, einem Mann, den Blackwood noch nie gesehen hatte, kurze Anweisungen.

Zum Chefarzt gewandt, sagte sie schließlich: »Ich werde Sie unterrichten, zu welchem Ergebnis mein Arzt kommt.«

Blackwood erwartete, daß der Arzt aufbegehrte, doch ihr Zauber hatte bereits seine Wirkung getan.

»Natürlich, Madam. Gerne, Madam.«

Sie schob eine Hand in Blackwoods Arm, und als ein Sanitäter mit einem Stock herbeistürzte, äußerte sie im gleichen ruhigen Ton: »Der Hauptmann ist ein galanter Offizier und kein Invalide.« Und mit einem letzten Blick auf den Arzt: »Nicht mehr.«

Durch die gleichen altbekannten Korridore ging es, durch die man ihn zur Untersuchung gerollt hatte, um ihn zu betasten und zu pieken und, als sei er bereits tot, zu besprechen. Das alles war jetzt vorbei wie ein Traum.

Einmal stolperte er und zuckte vor Schmerz zusammen. Da fühlte er ihren Griff um seinen Arm fester werden.

»Nur noch ein paar Schritte, Philip. Ich möchte nicht, daß du fällst, die Kleingläubigen sollen ihre Genugtuung nicht kriegen.«

Vor dem Haupteingang war es eisig, doch der knirschende Schnee, die grauen Mauern, der frische Wind vom Solent schienen Blackwood zu beleben.

»Steig ein, Philip, damit du aus dem Wind kommst.«

Blackwood stand neben der Kutsche. Trotz der dicken Schneematschflecken an der Karosserie fiel ihm der elegante Wagen auf; er war ebenso neu wie der Reitknecht.

»Nach dir. Ich bin kein Invalide mehr. Das hast du eben selbst gesagt.«

Ehe sie in die Kutsche stieg, hob sie den Saum ihres Capes an und legte ihm eine Hand auf die Schulter.

»Ach ja, hätte ich fast vergessen.« Sie beugte den Kopf, damit er sie auf die Wange küsse. »Du darfst mich Margret nennen, wenn du magst.«

Blackwood stieg hinter ihr ein, alle Schmerzen waren vergessen.

Sie klopfte ans Fenster. »Fahr los, Lloyd! Ich bezahle die Pferde nicht, um Zeit und Geld zu verschwenden.«

Smithett kletterte neben den Kutscher und zog eine Decke über die Knie. »Das ist also des Colonels Lady, wie?«

Der Kutscher knallte mit der Peitsche. »Los, Wizard! Ruhig, Comet!« Die Zügel aufnehmend, murmelte er zwischen den Zähnen: »Hüte deine Zunge, Soldat. Die nimmt es auch einhändig mit dir auf.«

Smithett setzte sich zurecht, stemmte die Beine gegen den Boden und winkte einer vor Kälte zitternden Gruppe von Krankenwärtern leutselig zu.

Er hatte keine Ahnung, wo Hawk's Hill lag, und es war ihm auch egal. Denn Jack Smithett, der seinen ersten Atemzug in den Londoner Slums getan hatte, war jetzt wer!

Als die Kutsche schließlich in das vertraute, schneebemützte Tor einbog, war es dunkel geworden.

Erschreckt stellte Blackwood fest, daß er während der Fahrt mehrere Male eingenickt sein mußte. Doch der Anblick der hohen, verwitterten Säulen und des hinter einer Schneewehe liegenden Torhauses vertrieben seine bleierne Müdigkeit.

Seine Stiefmutter nahm den eleganten Hut vom Sitz gegenüber und band ihn mit einer Schleife unter dem Kinn fest. Dann schaute sie prüfend in den Spiegel ihrer Reisetasche. Anstrengung und Unbequemlichkeiten der Reise waren ihr nicht anzumerken, stellte sie zufrieden fest.

Mit einem Blick auf ihren Stiefsohn ließ sie die Tasche zuschnappen. »Daheim, Philip.«

Blackwood nickte und wischte eines der Kutschenfenster frei. Sie rollten an Schneewällen und grotesk verschneiten Bäumen und Büschen vorbei.

»Ich bin froh, daß du dich entschlossen hast, auf Hawk's Hill zu bleiben«, sagte er.

»Zumindest einstweilen. Aber ich habe einiges geändert.« Ruhig sah sie ihn an. »Doch das soll dich nicht kümmern. Du brauchst Ruhe, du bist erschöpft.«

In weitem Bogen fuhr die Kutsche auf die breite Fassade des Hauptgebäudes zu, das wie eine Klippe im Schneetreiben aufragte. Die Auffahrt mit ihrem Schneematsch lag im Licht, das aus mehreren Fenstern fiel.

Sie griff nach seinem Arm.

»Ich habe es noch nicht erwähnt, Philip, aber dein Vater war krank.« Gelassen wartete sie auf seine Reaktion. »Nun ist er über das Schlimmste hinweg. Aber ich wollte dich warnen: Er hatte einen Schlaganfall, weil er sich über manches aufregte.«

»Das habe ich befürchtet. Der Gedanke, Hawk's Hill zu verlassen, war zu quälend für ihn.«

Sie lächelte kurz. »So war's.«

Die Kutsche hielt an, der schneebedeckte Reitknecht kletterte herunter. Smithett sprang auf die Auffahrt und nahm Haltung an.

»Helfen Sie ihm mit den Koffern, Smithett«, sagte sie. »Die Haushälterin hat ein Zimmer für Sie zurechtgemacht.« Und mit neugierigem Blick auf den großen Marineinfanteristen: »Ihre Unterkunft, wie Sie das wohl nennen.«

Aus den geöffneten Doppeltüren fiel Licht auf die dampfenden Pferde. Fasziniert beobachtete Blackwood, wie seine Stiefmutter die Stufen erklomm, erhobenen Hauptes durch den Türbogen trat und der wartenden Dienerschaft kurz zunickte.

Sie hatte Hawk's Hill behalten – jedoch nach ihrem Geschmack verwandelt.

Mehrere unbekannte Gesichter und ein Geruch nach frischer Farbe empfingen ihn. Er blickte sich in der großen Halle um, die einst mit ihrer Sammlung alter Waffen und Militaria mehr einem Museum geglichen hatte. Davon waren nur noch wenige Stücke ganz oben, dekorativ um die Musikempore aufgehängt, zu sehen. Philip konnte sich kaum vorstellen, daß sein Vater hierzu freiwillig die Erlaubnis gegeben hatte.

Er fühlte ihren Blick, während sie sich von einem Mädchen das Reisecape und den Hut abnehmen ließ.

»Bist du einverstanden?«

Blackwood lächelte. Das klang zwar, als sei ihr gleich, was er dachte, doch insgeheim spürte er ihre innere Spannung.

»Ganz großartig.« Die Hitze aus einem lodernden Kamin machte ihn wieder benommen. »Wirklich.«

»Du hast nicht erwartet, dies alles noch mal wiederzusehen«, stellte sie kühl fest. »Und es wird sich auch in Zukunft noch eine ganze Menge ändern.«

»Ich wollte fragen ...« Bei dem plötzlichen Argwohn in ihren Augen zögerte er. »Was ist mit Georgie?«

Sie wandte sich ab und prüfte in einem der langen Spiegel ihre Erscheinung. »Miss Georgina, dieser Wildfang, ist in Paris. Wir haben beschlossen, sie zur Vervollständigung ihrer Erziehung hinzuschikken.« Wieder gefaßt, sah sie ihn an. »Es kann ihr nur guttun.«

»Sehr erfreut, Sie wieder daheim zu sehen, Hauptmann.« Blackwood drehte sich um und versuchte, seine Bestürzung beim Anblick dieses so vertrauten Gesichtes zu verbergen: Oates, seines Vaters alter Bursche, Diener und Freund. Was war alles geschehen, seit er ihn zuletzt gesehen hatte? Und doch waren es kaum sechs Monate her. In dieser Zeit war Oates ein alter weißhaariger Mann geworden, hatte seine soldatische Haltung eingebüßt und ging vornübergebeugt.

»Ich bin froh und dankbar, wieder hier zu sein, Oates.«

Dieser schien zu zögern und blickte schnell die Dame des Hauses an, ehe er Blackwoods Handschlag erwiderte. Als müsse er dafür erst um Erlaubnis nachsuchen.

»Der Oberst wollte Sie sofort nach Ihrem Eintreffen sehen, Sir.«

Blackwood warf seiner Stiefmutter einen Blick zu. Sie hatte also bereits vor der Abfahrt beschlossen, ihn von Haslar heimzuholen. Ohne mit den Wimpern zu zucken, erwiderte sie: »Geh ruhig zu ihm. Aber ermüde dich nicht zu sehr, wir haben noch eine Menge zu besprechen.«

Sie machte kehrt, und Blackwood sah, wie die versammelte Dienerschaft vor ihr zur Seite wich; gefolgt von ihrer Zofe, ging sie auf den Salon zu.

»Bring mich zu meinem Vater«, bat er Oates. »Wie geht es ihm?«

Oates fingerte an seinen weißen Handschuhen herum. »Die Krankheit hat ihn überrumpelt, Sir. Er hatte gehofft, daß man ihn bitten würde, zur Truppe zurückzukehren.« Ganz offensichtlich teilte der treue Oates dieses Geheimnis nur ungern mit jemand anderem. »Nun weiß er, daß er nie mehr Dienst tun kann. Er ist am Ende.«

Oates ging bis zum ersten Treppenabsatz voraus und dann durch eine Galerie, wo einige der Familienporträts seit Philips letztem Besuch umgehängt worden waren: prüfende Gesichter und stolze Haltungen, Schlachtgetümmel, Linienschiffe und sich aufbäumende Pferde.

Dann öffnete Oates die Tür zum Schlafzimmer seines Vaters, und Philip eilte an ihm vorbei. Beim Anblick des an einem der hohen Fenster sitzenden alten Mannes wurde sein Mund plötzlich trocken. Ein kleiner Tisch und eine Karaffe standen in Reichweite.

Er wandte sich nicht um, und Blackwood nahm an, daß er das ohne Hilfe nicht mehr konnte.

»Guten Tag, Vater.«

Oberstleutnant Eugene Blackwood, einst Vorgesetzter von Fynmores Vater, hob die Lider und zog eine Hand unter der Decke hervor.

»Du bist zu dünn, mein Junge. Muß dem Koch sagen, daß er dir öfter deine Leibgerichte macht.«

Blackwood setzte sich auf einen kleinen Schemel. Sein Vater bemühte sich, so zu sein, wie man ihn in Erinnerung behalten sollte; aber es war herzzerreißend, sein einseitig verzerrtes Gesicht zu sehen, seinen schwachen Händedruck, der einst hart wie Stahl gewesen war, zu fühlen.

»Ich bin froh, daß du auf Hawk's Hill geblieben bist, Vater.«

»Gieß uns Madeira ein, Philip. Ich kann an das verdammte Ding nicht ran.«

Blackwood füllte zwei Gläser. Sie hatten wie der Vater auf ihn gewartet.

»Ich hab' alles über deine Eskapaden gelesen. Jedes einzelne Wort.« Er hob das Glas und prüfte sorgfältig den Wein. »In einem Scharmützel muß man immer schnell denken und handeln, und offenbar hast du das ganz vorzüglich geschafft.« Ruhelos rutschte er in seinem Stuhl hin und her. »Nach dem allerdings, was in der *Gazette* und der *Times* steht, könnte man meinen, Ashley-Chute hätte alles alleine gemacht. Hol ihn der Teufel!« Er sank wieder zurück, selbst dieser kleine Ausbruch hatte ihn geschwächt.

Philip hob das Glas. »Auf uns beide, Vater.«

Doch sein Vater sah mit traurigem Blick an ihm vorbei durch die verschneiten Scheiben. »Auf das Corps!«

Blackwood war konsterniert. Früher hätte er es amüsant gefunden, wenn das Geschehen der letzten Monate als Scharmützel bezeichnet wurde, denn außer einem wirklich großen Krieg war für seinen Vater alles ein Scharmützel.

Unvermittelt fuhr dieser fort: »Die Zeitungen waren voll davon. Wenn es dabei nicht um Ashley-Chute ging, dann um diesen anderen verdammten Emporkömmling: Fynmore hier und Fynmore da. Wenn ich den Namen noch mal lese, dann ...« Er brach ab und schien einige Augenblicke kaum atmen zu können.

Die Berichte waren also genauso gefärbt gewesen, wie Lascelles es ihm im Lazarett geschildert hatte, dachte Philip. Doch sein Vater hatte sich davon offensichtlich nicht täuschen lassen.

»Immerhin ...« Immer schwächer klang die Stimme seines Vaters, und Philip meinte, Oates wie einen Wächter vor der Tür auf und ab gehen zu hören. »Du hast es ihnen gezeigt, mein Junge. Den Namen Blackwood wird man im Corps nicht vergessen, nie!« Er streckte den

Arm aus und ergriff Philips Handgelenk. »Ich werde nicht mehr gebraucht, aber du hast noch eine Zukunft. Nach all dem wird dich nichts mehr aufhalten können. Wie hat sich Harry gemacht?«

»Sehr gut, Vater. Die Kämpfe haben uns zusammengeführt.«

Seinen Vater verließen die Kräfte, der Kopf sank ihm vornüber. »Nichts ist so gut dafür wie ein kleiner Feldzug, mein Junge.« Doch als Blackwood sich anschickte zu gehen, fuhr er in seinem Stuhl wieder hoch. »Ich möchte alles darüber hören, vergiß das nicht. Namen, Orte, alles. Darauf freue ich mich.«

Philip verließ den Raum. Sein Vater schlief hier alleine; ob das wohl immer so gewesen war?

Wie erwartet stand Oates an der Tür.

»Du hast gut für ihn gesorgt, Oates. Jetzt schläft er.«

Erfreut und traurig zugleich sah Oates ihm nach, bis er die Treppe hinab verschwunden war.

In dem eleganten Salon erwartete ihn seine Stiefmutter beim Kamin. Er erkannte ihn kaum wieder. Die Wände, die hohe Decke, selbst die Möbel hatten sich verändert.

»Das meiste kommt aus London, aber einiges auch aus Paris«, erläuterte sie.

Philip setzte sich in einen Sessel und massierte sein Bein.

»Wenn du dich ausgeruht hast, lasse ich Doktor Sturges kommen; er soll sich das ansehen.« Ohne auf Antwort zu warten, wechselte sie das Thema. »Wie fandest du ihn?«

Philip sah in die Flammen und dachte an seinen Vater, wie er einst gewesen war.

»Krank und müde. Schlimmer als erwartet.«

»Das kann ich mir denken. Aber das Wetter wird bald besser werden, dann lasse ich ihn an die Küste bringen. Irgendwohin, wo er seine Marines auf und ab marschieren sehen kann. Das wird ihm gefallen.«

Philip versuchte, sich mit ihrer Art abzufinden. Sie sprach von seinem Vater, als ob er ein Kind sei, und das machte ihn zornig und bitter. Nichts war wie früher, selbst Georgina war von dieser unnahbaren Frau weggeschickt worden. Kein Wunder, daß Harry über sie gewitzelt hatte.

»Du kannst ein leichtes Abendessen auf deinem Zimmer einnehmen. Ich habe mit der Köchin gesprochen. Vorerst nichts zu Kräftiges.«

Blackwood stand vorsichtig auf. »Das wäre wohl zu riskant, wie?«

Falls sie ihn überhaupt bemerkt hatte, so überhörte sie gekonnt seinen Sarkasmus. Sachlich fuhr sie fort: »Übrigens, Philip, ich bekam einen Brief von dem Mädchen.« Sie zupfte ein unsichtbares Haar von ihrem Kleid. »Wie war sie eigentlich, hübsch?«

Blackwood starrte sie ungläubig an. »Meinst du Miss Seymour?«

Mit leichtem Vorwurf erwiderte sie: »Bedenke, wo du bist, mein lieber Philip. Dies ist kein Kriegsschiff, hier gibt es überall Dienerschaft.«

Blackwood setzte sich wieder und versuchte, sich zu beruhigen. Davern hatte also tatsächlich geschrieben, und seine Stiefmutter hatte es bisher nicht für nötig gehalten, es auch nur zu erwähnen.

»Nun, war sie hübsch?«

»Ja.« Er bemerkte nicht, daß sich seine Finger verkrampft hatten. »Genauer gesagt, sie *ist* hübsch. Was steht in ihrem Brief?«

»Nur, wie tapfer du warst. Daß du ihr das Leben gerettet hast und daß sie hofft, du würdest bald wieder ganz gesund.«

Davern hatte also von seinem Fieber und seiner Verwundung erfahren und an ihn gedacht. »Ist das alles, was sie schrieb?«

»Willst du noch mehr Lob hören?«

Er stand auf und ging zu ihr hinüber. »Bitte erzähl mir alles. Und mach keine Witze darüber, es ist mir wichtig.«

»Das sieht man. Sie wollte uns nur ins Bild setzen.« Nachdenklich biß sie sich auf die Lippen. »Und dir alles Gute wünschen.«

»Aha.«

Spielerisch nahm sie seine Hand und schaute zu ihm auf. »Nimm es nicht so tragisch, Philip. Sie lebt jetzt ihr eigenes Leben, du hast es ihr zurückgegeben. Sie ist glücklicher als viele andere.«

Philip überlegte, ob seine Stiefmutter etwas zurückhielt. Aber laut sagte er nur: »Ich bin froh, daß es ihr gutgeht. Es war ein schreckliches Erlebnis.«

»Bestimmt. Du mußt mir eines Tages davon erzählen. Aber nun ab mit dir in dein Zimmer. Ich habe Oates angewiesen, deinem Mann seine Aufgaben hier zu zeigen. Ein seltsamer Bursche, dein Smithett.« Sie hielt noch immer seine Hand. »Sie schrieb außerdem, daß sie bald heiraten würde. Eigentlich wollte ich es dir nicht erzählen, aber nun ist es heraus. Am besten vergißt du's.«

Wenn er das früher gewußt hätte! Aber der Gedanke war unsinnig. Was hätte er denn tun können? Er wußte weder, wo sie lebte, noch sonst etwas über sie. Aber sie hatte sich immerhin die Mühe gemacht, zu schreiben.

»Ich komme später hinauf, Philip. Versuche jetzt zu ruhen.«

An der Tür blieb er stehen und sah zurück, doch sie blätterte bereits in einer Art Tagebuch.

Smithett wartete auf ihn und hatte ein Bad eingelassen.

Armer alter Smithett, für ihn mußte es noch schlimmer sein. Möglicherweise dachte er, er würde wie Oates enden.

Philip zwang sich zu einem Lächeln. »Alles eingeräumt, Smithett? Wenn jemand anfängt, dich zu schikanieren, sag's mir sofort.«

Smithett sah ihn überrascht an. »Nichts von alledem, Sir. Kinderleichte Arbeit, sozusagen. Wenn ich sie noch ein bißchen mehr an Ordnung und Sauberkeit gewöhne, könnten sie sich glatt zur Truppe melden.«

Philip ließ sich von Smithett aus den Kleidern helfen; der vom Bad aufsteigende Dampf machte ihn plötzlich müde.

Wachsam beobachtete Smithett ihn und hielt sich bereit, das verwundete Bein aus dem Wasser zu heben.

»Geht es ihm schlecht, Sir?«

Blackwood versuchte wieder, sich seinen Vater so vorzustellen, wie er früher gewesen war.

»Hoffentlich kommt es mit mir nie soweit, Smithett. Daß niemand dich braucht und alles vorbei ist.«

Im Gedanken an seinen eigenen Vater seufzte Smithett auf. Gewöhnlich randalierte er betrunken und prügelte seine Alte. Dazu sechs Kinder, alle in einem Raum, der halb so groß war wie dieser. Die Offiziere wußten ja gar nicht, wie gut es ihnen ging, die meisten jedenfalls nicht.

»Am Morgen sieht alles besser aus, Sir.«

In der Nacht schneite es noch heftiger. In den kleinen Katen rund um Hawk's Hill waren die Familien dankbar für ihre warmen Betten und daß sie für den nächsten Tag genug zu essen hatten.

Im großen Herrenhaus waren die Treppen und Alkoven, die Bilder und Waffen von wenigen Kerzen nur noch schwach erleuchtet und die Feuer heruntergebrannt; doch noch vor Tagesanbruch würden die Mädchen die Roste ausräumen und neues Holz aus der Scheune bereitlegen.

Nur wenige Menschen waren am ersten Abend von Hauptmann Blackwoods Rückkehr noch wach; keiner von ihnen sah, wie des Colonels Lady langsam, einen Leuchter in ihrer schlanken Hand, durch die Galerie ging. Sie schaute ins Zimmer ihres Mannes, hörte sein ungleichmäßiges und mühsames Atmen, seine gelegentlichen sinnlosen Worte, die von den Kissen verschluckt wurden.

Dann ging sie ins Zimmer ihres Stiefsohnes und sah mehrere Minuten lang bei dem schwachen, zitternden Kerzenlicht auf ihn hinunter. Im Schlaf waren Anstrengung und Schmerz aus seinem Gesicht gewichen, jetzt sah es nur noch jung aus. Sie berührte seine nackte Schulter und ließ die Hand dort ruhen, bis er sich im Schlaf bewegte. Dann zog sie sich, beschämt und entsetzt über ihr Verlangen, mit klopfendem Herzen schnell zurück.

Sie hatte versucht, sich durchzusetzen, sich von Hawk's Hill und seinem Einfluß zu befreien. Nachdenklich hielt sie inne und sah von der Musikempore hinunter in die Halle, wo tausend Schatten tanzten. Dann glitt ihr eigener Schatten weiter und wurde bald wie die anderen vom Haus verschluckt.

XV Verbotene Liebe

Philip Blackwoods Genesung zog sich in die Länge. In all den Tagen und Wochen war das Wetter nicht besser geworden; nicht einmal ausreiten konnte er, wie früher mit Georgina.

Sobald er sich aus dem Haus wagte, ließ ihn die bittere Kälte spüren, wie das Fieber ihn geschwächt hatte.

Zwar lebte er wieder in Hawk's Hill, dennoch fühlte er sich abgelehnt, als sei er gar nicht vorhanden. Stets war der Tisch nur für einen gedeckt, für ihn. Bei jeder dieser einsamen Mahlzeiten tat die Dienerschaft ihre Pflicht und zollte ihm höfliche Aufmerksamkeit – nichts weiter.

Nachdem seine Stiefmutter für regelmäßige Besuche des Arztes gesorgt und alles zu seiner Bequemlichkeit getan hatte, fuhr sie nach London. Als er es seinem Vater gegenüber erwähnte, bemerkte dieser nur: »Sie ist auch sonst mehr in London als hier.« Dann wurden seine Augen lebendig. »Aber wo waren wir stehengeblieben? Du hast mir von den Dampfkanonenbooten erzählt, und wie wertvoll sie in der Zukunft sein werden.« Wenn er sich auch über die Aktivitäten seiner Frau im unklaren war (oder lieber nicht darüber sprechen wollte), in militärischen Dingen funktionierte sein Gedächtnis tadellos.

Dann tauchte eines Tages ein rotgesichtiger Mann namens John Rainbott auf. Nachdem er festgestellt hatte, daß Mrs. Blackwood nicht da war, gab er sich als der neue Gutsverwalter zu erkennen. Der aufgeweckte und fröhliche Bursche redete mehr als eine Stunde über die richtige Leitung eines Gutes. Er bezeichnete sich als Mann vom Land, der bisher in gleicher Position in der Grafschaft Surrey, im Heim des verstorbenen Lord Lapidge, gearbeitet hatte. Aber Seine Lordschaft waren ohne Nachkommen geblieben und hatten deshalb veranlaßt, daß sein Gut nach seinem Tod verkauft wurde. Rainbott kannte Blackwoods Stiefmutter offensichtlich schon länger, so daß sein Umzug nach Hawk's Hill nicht überraschend schien.

Später, als Blackwood allein in der Bibliothek saß, dachte er darüber nach, was der Verwalter ihm erzählt hatte; auf direkte Fragen hin war er allerdings etwas schweigsamer geworden. Wie der alte Oates, dachte er. Doch wen deckten sie, und vor wem hatten sie Angst?

Eines war klar: Marguerite Blackwood hatte nicht nur ihre Meinung über den Verkauf von Hawk's Hill geändert, sie hatte sich auch entschlossen, das Ruder fest in die Hand zu nehmen. Sie besuchte die Versammlungen der Bauern und Pächter, diskutierte über Reparaturen an Gebäuden und den Ankauf von Material und Maschinen. Sie war nicht nur eine schöne, sondern auch eine sehr energische Dame, wenn es um die Verwaltung des Besitzes ging.

Blackwood wußte, daß sie über viel mehr eigenes Geld verfügte als sein Vater. Den Namen des verstorbenen Lord Lapidge hatte er jedoch noch nie gehört.

Das Grübeln über die Zusammenhänge half ihm vorübergehend, sich die Zeit zu vertreiben. Täglich las er die Zeitungsberichte über den westafrikanischen Feldzug, rief sich erneut alle vertrauten Gesichter in Erinnerung und überlegte, was sie wohl taten. Er sehnte sich nach ihnen und hätte lieber jede Stellung in Ashley-Chutes Geschwader akzeptiert, als dieses Alleinsein noch länger zu ertragen.

Durch die erfolgreichen Schläge gegen die Sklavenhändler und ihre befestigten Lager ermutigt, hatte die Royal Navy ihre Aktivitäten verstärkt und weitere Dampfschiffe an der westafrikanischen Küste eingesetzt. Während Philip daheim die Stunden absaß und auf eine Erlösung wartete, mußte dieser Feldzug nun bald zum Ziel führen. In der ganzen Welt kämpfte die Navy, angefangen bei chinesischen Piraten, bis hin zu der zunehmenden illegalen Auswanderung irischer Emigranten nach USA.

Blackwood fühlte sich von der schnellebigen Zeit überrollt. Seine Stiefmutter war zum Beispiel nicht wie sonst mit der Kutsche nach London gefahren, sondern mit dem Zug. Die Eisenbahn hatte auf dem Land erheblichen Ärger verursacht; die lärmenden Lokomotiven und ihre qualmenden Schornsteine hatten auf die Kühe der Bauern etwa die gleiche Wirkung wie die Sirene der *Satyr* auf die afrikanischen Krieger.

Dann kam seine Stiefmutter aus London zurück, und Blackwood freute sich auf ihre Gesellschaft.

»Ich habe bei einer alten Freundin, Lady Ballison, Tee getrunken«, rief sie mit ungewohnter Erregung, als das Mädchen die Pakete aufnahm, die der Kutscher hereingebracht hatte. Schnell ging sie zu einem Spiegel und schob ihr Haar zurecht, obwohl es nach Blackwoods Meinung tadellos saß. »Sie steckte voller Neuigkeiten. Aber so ist das ja immer in London.«

Blackwood sah ein Funkeln in ihren Augen. »Ich glaube nicht, daß ich die Dame kenne.«

Ihre Blicke trafen sich im Spiegel. »Manchmal bist du ein ziemliches Dummerchen. Lady Ballison ist Hofdame Ihrer Majestät.« Sie bot ihm die Wange zum Begrüßungskuß. »Du siehst schon viel besser aus. Ich hoffe, man hat dich hier gut betreut? Es scheint«, fuhr sie ohne Pause fort, »daß die Königin am Ostafrikafeldzug lebhaft interessiert ist.«

Blackwood seufzte. »*West*afrika.«

Sie fuhr herum und starrte ihn an. »Ist auch egal. Jedenfalls interessiert er sie.«

Blackwood sah ihr nach, als sie weiterging; ihre Blicke waren überall, als suche sie eine während ihrer Abwesenheit entstandene Nachlässigkeit.

»Morgen wird es in der *Gazette* stehen: Unser lieber Harry ist vom Secondeleutnant zum Premierleutnant befördert worden, weil er einen Bootsangriff geführt und eine Truppe von doppelter Stärke in die Flucht geschlagen hat.« Sie konnte ihren Stolz kaum verbergen. »Ist das nicht wunderbar, Philip? Ich wußte, er würde es schaffen, ich wußte es einfach! Und meine Freundin wird dafür sorgen, daß es Ihre Majestät erfährt.«

Blackwood mußte lächeln. »Freut mich.«

Er sah den Schneeflocken zu, die wie Tränen langsam am Fenster herunterliefen. Freute er sich wirklich – oder war er eifersüchtig und sogar törichterweise verletzt? »Ich wünschte nur . . .« fuhr er fort.

Sie kam auf ihn zu und berührte seine Lippen mit dem Finger. »Sag's nicht, es wird dadurch nur noch schwerer für dich. Du weißt doch, daß so was geschehen konnte. Und du mußt froh sein, daß du lebst.«

Fragend schaute er auf sie herunter. »Du meinst, ich werde entlassen?« Er merkte, wie ihr Lächeln schwand, und wurde plötzlich ärgerlich. »Nun, so leicht gebe ich nicht auf!«

Sie trat wieder zum Spiegel. »Natürlich nicht, mein Lieber. Aber du mußt dir Zeit lassen. Und ...« Sie warf seinem Spiegelbild einen Blick zu, »... wenn es zum Schlimmsten kommt, könntest du sehr schnell lernen, die Dinge hier in die Hand zu nehmen.« Sie wich seinem Blick nicht aus. »Dein armer Vater ist eine Belastung und wird es immer mehr. Ich kann nicht alles allein schaffen.«

Blackwood starrte ins Feuer. Er war geschlagen, bevor er überhaupt begonnen hatte.

»Du scheinst es doch recht gut zu machen, wenn man deinen Mr. Rainbott hört«, sagte er, sah auf und war über ihren plötzlichen ungläubigen Gesichtsausdruck überrascht.

»Wann war er hier? Was hat er dir gesagt?«

»Er wollte mit dir über eine landwirtschaftliche Sache sprechen, das war alles. Er hatte in Winchester zu tun und wußte nicht, daß du nach London gefahren warst.«

Nachdenklich sah sie ihn an, dann schob sie ihre Hand unter seinen Arm und drehte ihn um. »Komm und schau, was ich dir mitgebracht habe.«

Ihr Stimmungswechsel ging ihm auf die Nerven. Nicht ein einziges Mal hatte sie nach der Gesundheit ihres Mannes gefragt. Die Erwähnung des fröhlichen Mr. Rainbott hatte in ihren Gedanken alles andere verdrängt.

Mit einem Silbertablett in der Hand stand ein Mädchen wartend an der Tür. »Was ist, Horrocks?« fragte Marguerite Blackwood.

Errötend hielt das Mädchen Philip das Tablett entgegen.

»Der Postbote war gerade hier, Madam. Ein Brief für den Hauptmann.«

Sie packte seinen Arm fester. »Anscheinend weiß noch jemand anderer, daß du zurück bist.«

Doch Blackwood hatte nur Augen für den Brief, für die saubere, schräge Handschrift. Den ersten Brief von Davern Seymour hatte seine Stiefmutter irgendwie verlegt; nun ahnte er voraus, daß dieser ebenfalls von ihr kam.

»Danke.«

»Ich glaube, du liest besser erst deinen Brief, Philip.« Sie gab seinen Arm frei und wandte sich dem Salon zu. »Dann komm und erzähl mir alles.«

In seinem Zimmer riß Blackwood den Umschlag auf und saß dann einige Sekunden ganz still da. Sekunden, in denen er sich wie ein fünfzehnjähriger Junge fühlte und keineswegs wie ein Mann, der gerade dem Tod entronnen war.

Der Anfang war ziemlich förmlich: ›Sehr geehrter Mr. Blackwood ...‹

Doch nach der Einleitung verschlang er ihre Worte, ihm war, als höre er sie sprechen, fühle ihre Nähe. Sie war in London, um die Rückkehr ihres Onkels zu erwarten, schrieb aber weder, was sie getan hatte, noch wo sie wohnte. Es schien sie viel Mühe gekostet zu haben, so zu schreiben. Nach Hause war sie mit einem schnellen Postschiff gekommen, ›und alle Leute waren sehr nett zu mir‹. Blackwood stand auf, ging zum Fenster und hielt den Brief ins trübe Licht. Nie würde sie vergessen, was er getan oder wie sehr sich seine Leute bemüht hatten, ihr alles zu erleichtern, schrieb sie.

Sorgfältig faltete er den Brief zusammen und steckte ihn in seine Tasche. Der letzte Satz war in sein Gedächtnis eingebrannt: ›Sie sollen wissen, daß ich in Kürze heiraten werde. Ich werde viel an Sie denken‹. Unterschrieben war der Brief ebenso förmlich mit ›Davern Seymour‹.

Im Zimmer auf- und abwandernd, suchte er einen Hoffnungsschimmer, wo doch keiner war. Sie dankte ihm, hätte aber wahrscheinlich am liebsten alles vergessen. Jeder Gedanke an ihn mußte sofort wieder den schrecklichen Tod ihres Vaters und alles, was sie erlitten hatte, heraufbeschwören.

Schließlich ging er hinunter und bemerkte überrascht, daß seine Stiefmutter sich umgezogen hatte. Es waren doch nur wenige Minuten her, seit er in sein Zimmer gegangen war? Die Vorhänge und Jalousien waren jedoch geschlossen, und die Lampen brannten.

Sie sah von einigen Papieren auf. »Gute Nachrichten?« Sie klopfte neben sich auf das Sofa. »Setz dich und erzähl mir.«

Blackwood setzte sich und streckte die Hände zum Kamin aus. »Nichts besonderes. Dasselbe, was sie dir schrieb.« Als sie schwieg, fuhr er fort: »Sie heiratet.«

»Das scheint mir doch das Besondere, so wie du es sagst.« Sie legte die Papiere beiseite. »Wie alt ist sie?«

Er löste seine Gedanken von Daverns Stimme, wie sie ihm aus ihrem Brief entgegengeklungen hatte. »Vierundzwanzig, glaube ich.«

»In dem Alter sollte sie auch verheiratet sein. Und sich nicht in der Welt herumtreiben.« Nach einem Blick in sein Gesicht fuhr sie weicher fort: »Hat sie denn keine Eltern?«

»Keine. Sir Geoffrey Slade, ihr Onkel, hat mir erzählt, daß ...«

Sie packte sein Handgelenk. »Slade? Der Mann, über den jetzt alles spricht?« Vorwurfsvoll schüttelte sie seine Hand. »Ich hatte ja keine Ahnung ...«

Blackwood sah sie an und lächelte. »Vielleicht hörst du nur nicht zu.«

Sie warf den Kopf zurück. »Das hätte ich mir gemerkt. Ich kenne Lady Slade gut, eine wirklich große Dame. Und er ist ein netter kleiner Mann.«

Blackwood mußte an Slades widerstreitende Gefühle denken: die Sorge um seine Nichte und der Zwang, seine Empfindungen zu verbergen. »Er ist hart wie Stein, wenn es sein muß.«

»Möglich.« Sie war bereits wieder meilenweit entfernt. »Aber es schadet nichts, seine Bekanntschaft zu machen.«

Oates schlurfte herein und sah sie geduldig an.

»Möchtest du einen Drink vor dem Abendessen?« fragte Blackwood; er selbst brauchte jetzt einen.

»Wenn du möchtest? Einen Sherry, würde ich sagen.«

Oates warf Blackwood einen Blick zu. »Und einen Brandy für Sie, Sir?« Er entfernte sich, ohne auf die Antwort zu warten.

»Ich finde, du trinkst zu viel, Philip. Brandy vor dem Essen – was das für Sitten im Corps sind!«

Blackwood lehnte sich zurück. »Ich fahre morgen nach London.«

Sie nahm ein geschliffenes Glas von Oates' Tablett. »Ich weiß nicht, was Doktor Sturges dazu sagen wird.« Dann lächelte sie jedoch. »Aber es tut dir vielleicht gut. Ich sage dir eine Adresse, wo du angemessen wohnen kannst.«

Er hörte kaum hin. »Ich wohne wahrscheinlich im Klub.«

Sie warf den Kopf hoch und meinte geringschätzig: »Da fühlst du dich wohl eher zu Hause? Euer Klub ähnelt mehr einer Kaserne als einem zivilisierten Hotel.«

Es überraschte Blackwood, daß sie nicht weiter versuchte, ihn von dieser Reise zurückzuhalten. Sie war wohl wie Major Fynmore viel zu sehr von dem Namen Slade beeindruckt.

Natürlich war es Wahnsinn. Er wußte auch, daß er sich selbst nur Kummer verursachen würde. Aber er mußte es wissen. Vielleicht war Davern auch gar nicht da oder lehnte es ab, ihn zu empfangen. Mit einem Mal konnte er das Warten fast nicht mehr ertragen.

»Noch einen Drink, Philip?«

Er fuhr zusammen; sein Glas war leer, und er konnte sich an keinen Tropfen erinnern. »Verzeih.«

Man hörte, wie ein Servierwagen ins Eßzimmer gerollt wurde, das Abendritual begann.

»Sei vorsichtig, nur darum bitte ich dich. Du bist für jede junge Dame eine gute Partie, das weißt du.«

Sie erhoben sich und gingen nach nebenan.

Er hatte gemerkt, daß sie am Abend seiner Ankunft in seinem Zimmer gewesen war, daß sie neben seinem Bett gestanden hatte. Er hatte sich eingeredet, das sei nur ein Traum, doch er wußte, daß es anders war, und diese Gewißheit beunruhigte ihn. Seine Gedanken gingen zu der rebellischen Georgina, die man weggeschickt hatte, um ihr den letzten Schliff zu geben. Wie die Mutter, so die Tochter.

Er starrte in die Suppe, die man vor ihn hingestellt hatte. Vielleicht hatten ihn seine Verwundung und der blutige Kampf irgendwie aus dem Gleichgewicht gebracht. Aufschauend sah er, daß sie ihn vom anderen Ende des Tisches her beobachtete. Nein, er irrte sich nicht. In ihren Augen stand Verlangen.

Der Gedanke an seinen Vater oben in dem großen stillen Zimmer half ihm, sich zu beruhigen. Diesmal noch.

»Guten Tag, Sir.« Der Butler war so groß und eindrucksvoll wie das Haus. »Womit kann ich Ihnen helfen?«

Blackwood bewunderte die gediegene Eleganz von Sir Geoffrey Slades Stadthaus. Es lag ruhig und völlig abseits von dem London, das Blackwood bisher erlebt hatte: ratternde Räder und klappernde Hufe, der Geruch von Pferden und feuchter Kleidung, ein Wirrwarr von Menschen, Fahrzeugen und hohen Gebäuden.

Als er endlich das Haus erreicht hatte, kamen ihm plötzlich Bedenken; er war nicht mehr so sicher, das Richtige zu tun. Die Droschke, die ihn vom Klub in St. James hergebracht hatte, stand noch an der Ecke des Platzes, auch ihr Kutscher schien zu glauben, daß der junge Offizier hier fehl am Platze sei.

»Ich wüßte gern, ob Sir Geoffrey Slade zu Hause ist.«

Der Butler stand aufrecht wie ein Gardesergeant. »Auch wenn er hier wäre, Sir, bezweifle ich, daß er Sie ohne vorherige Anmeldung empfangen könnte.« Die behandschuhte Faust des Mannes schob die Tür ganz sachte zu. »Ich kann natürlich eine Nachricht für ihn annehmen, Sir.«

Blackwood zuckte die Schultern, es war hoffnungslos. Vielleicht war er sogar insgeheim froh, daß aus all dem nicht mehr wurde. Doch ihm war klar, daß er sich belog.

Eindringlich fragte der Butler: »Wollen Sie nicht Ihre Karte dalassen, Sir?« Er hatte in diesen Dingen eine lange Erfahrung.

Blackwood sah sich nach der Droschke um, aber die war schon fort. Er fühlte sich elend und benommen. Die Bahnfahrt war zwar aufregend, doch sehr anstrengend gewesen, und der Lärm und die Geschäftigkeit der Londoner Straßen hatten nicht zu seiner Erholung beigetragen.

»Geht es Ihnen nicht gut, Sir?«

»Doch. Es ist nur das erste Mal seit einiger Zeit, daß ich außer Haus bin.« Warum erzählte er ihm das eigentlich? »Aber vielen Dank.«

Der Butler beugte sich vor. »Großer Gott, Sir, Sie sind doch Hauptmann Blackwood, nicht wahr?« Er hielt die Tür auf. »Bitte kommen Sie herein und setzen Sie sich. Die gnädige Frau wird in Kürze zurück sein. Ich bin überzeugt, daß sie Sie sehen möchte.«

Blackwood trat ein und sah verschwommen zwei kleine Dienstmädchen, die ihn aus der dunklen Halle mit offenem Mund anstarrten. Sie waren wohl mehr den Besuch von Diplomaten und Ministern als den eines bescheidenen Hauptmannes gewöhnt.

Der Butler führte ihn in einen behaglichen kleinen Raum mit Blick auf den Platz. »Vergeben Sie mir bitte, daß ich Sie nicht gleich erkannt habe, Sir. Es war unverzeihlich von mir.«

Blackwood ließ sich in einen tiefen Sessel sinken und überlegte, was er der ›wirklich großen Dame‹, wie seine Stiefmutter sie genannt hatte, erzählen sollte.

»Wohnt auch Miss Seymour hier?« Er merkte, wie der Butler sich versteifte. »Ich hatte gehofft, sie zu sehen.«

Der Butler zupfte an einem Handschuh. »Wir mußten mit Auskünften sehr vorsichtig sein, Sir. All die hinter ihr liegenden Schwierigkeiten und die bevorstehende Hochzeit ...« Dann lächelte er wieder. »Aber in Ihrem Falle – natürlich wohnt sie hier, Sir.«

Leise sagte ein Dienstmädchen: »Sie sind vorgefahren, Mr. Tomkins.«

Der Butler verließ mit drei großen Schritten den Raum.

Draußen hörte man das Klirren von Pferdegeschirr, Gemurmel und die Stimme des eindrucksvollen Mr. Tomkins.

Mit breitem Federhut, in einem langen Mantel von militärischem Schnitt rauschte Lady Slade in den Raum.

»Wie reizend von Ihnen, bei uns vorbeizuschauen, Hauptmann Blackwood.« Sie bot ihm die Hand. »Und welch eine Überraschung!«

Blackwood nahm ihre Hand und küßte sie leicht. Sie war wirklich eine große Dame und mehr als das: wohl einen Kopf größer als ihr Mann. Ein leichter Vorwurf, daß er seinen Besuch nicht angemeldet hatte, lag in ihrer Begrüßung, doch das kümmerte ihn nicht. Denn seine Augen ruhten auf dem Mädchen, das völlig reglos in der Tür stand. Sie trug dunkle Kleider, doch das nahm Blackwood gar nicht wahr. Er sah nur ihre veilchenblauen Augen und ihre Hände, wie in Abwehr zur Brust erhoben, als ob sie sich an etwas erinnere und ihn dafür haßte.

»Ich ... Ich wollte Ihnen nur alles Gute wünschen, Miss Seymour«, sagte er leise. »Ich bitte um Verzeihung, daß ich auf diese Weise hier eindringe.«

Voll Würde nahm Lady Slade Platz und faltete die Hände im Schoß. »Das ist nichts Ungewöhnliches, Hauptmann Blackwood. Junge Leute sind heutzutage immer so in Eile.« Ihre Miene wurde etwas milder. »Bitte nehmen Sie wieder Platz. Ich hatte ohnedies die Absicht, Ihrem Vater nach der Rückkehr von Sir Geoffrey einen Besuch zu machen, eigentlich mehr, um Sie dabei zu sehen. Also Ende gut, alles gut.« Sie lehnte sich in die Kissen zurück und wartete.

Blackwood holte Davern einen Stuhl heran, so daß sie neben dem Feuer sitzen konnte. Mit abgewandtem Blick setzte sie sich, aber er fühlte ihre Wärme und die Berührung ihres Kleides.

»Ich habe Ihnen geschrieben ...« sagte sie. Und nach kurzem Zögern: »Ich weiß nicht, ob Sie ...«

»Ja, ich erhielt ihn gestern. Und heute bin ich mit der Bahn nach London gekommen.«

Mit schwimmendem Blick schaute sie zu ihm auf. »Sie sehen müde aus, das tut mir leid.« Sie hob die Hand, als wolle sie seine berühren, zog sie aber wieder zurück.

»Dann hatten Sie es ziemlich eilig, nach London zu kommen«, meinte Lady Slade.

Das klang wie ein Vorwurf, doch als er sie ansah, ruhte ihr Blick warm und freundlich auf ihm.

Ehe Blackwood ihr behilflich sein konnte, stand sie auf. »Ich muß mich noch um die Vorbereitungen für den Empfang kümmern. Aber es dauert nicht lange.« Mit einem Blick auf das Mädchen sagte sie freundlich: »Es sei denn, du möchtest, daß ich bleibe, Liebes.«

Davern schüttelte den Kopf, die Augen immer noch auf Blackwood gerichtet. »Nicht nötig, Tante Lydia.«

Lady Slade rauschte durch die Tür, die sie ein wenig offen ließ, um der Etikette zu genügen.

»Sie ist sehr nett«, meinte Philip.

»Ja.«

Als er sich neben sie setzte, gab sie sich anscheinend Mühe, nicht zusammenzuzucken.

»Und wie geht es Ihnen wirklich?«

»Ganz gut. Mein Bein stört mich noch ein bißchen, aber es ist schon viel besser.« Er lächelte. »Nach Afrika macht mir das Wetter hier zu schaffen.«

»Ich habe heute von der Beförderung Ihres Bruders gelesen. Das muß eine Freude für Ihre Familie sein.« Flehentlich sah sie ihn an. »Warum sind Sie gekommen? Bitte sagen Sie's mir!«

Er versuchte, ihre Hand zu nehmen, doch sie entzog sie ihm.

Schnell fing sie sich wieder. »Tut mir leid. Nur ... Ich kann nicht ... Ich weiß nicht ... Ich gebe mir so große Mühe. Bitte seien Sie nicht gekränkt.«

Blackwood ließ sie reden und litt mit ihr.

»Ich gehe fort. Beginne ein neues Leben. Aber ich möchte Ihnen nicht weh tun. Ihnen am allerwenigsten. Nicht nach dem, was Sie für mich getan haben.« Ihre Hand fiel wie ein sterbender Vogel in ihren Schoß.

»Ich mußte einfach kommen«, sagte er leise. »Warum wollen Sie schon so bald wieder alles verlassen? Sie brauchen mehr Zeit. Die meisten Wunden heilen, wenn man ihnen Zeit gibt.«

Da ergriff sie seine Hand und legte sie zwischen ihre beiden.

Heißes Verlangen durchfuhr ihn. Ihre schlanken Finger hielten ihn gefangen und zeichneten unsichtbare Muster in seine Handflächen. Vielleicht dachte sie daran, daß dieselbe Hand den Säbel geführt hatte, der ihre Wächter niederschlug; die Hand, die ihre nackten Brüste berührt und verhüllt hatte.

»Was sagten Sie?« flüsterte sie.

»Ich sagte, daß Sie mir gehören sollen.«

Seine Verzweiflung machte ihn unbeholfen und linkisch. Er war überzeugt, daß Davern ihn jede Sekunde verlassen, daß ihre würdevolle Tante zurückkehren würde. In beiden Fällen war alles vorbei, ein für allemal.

»Verzeihen Sie mir meine ungeschliffenen Manieren, Miss Seymour. Ich bin zu sehr an Schiffe und Waffen gewöhnt und passe nicht in die Welt Londons.«

Die Blicke auf ihre streichelnden Hände gerichtet, begann er erneut.

»Als ich Sie an Bord des Flaggschiffes zum erstenmal sah, da wußte ich, daß es keine andere Frau als Sie für mich geben wird. Danach hat sich für mich nichts geändert, bitte glauben Sie mir das. Mit der Zeit könnten Sie lernen, mich gern zu haben, dafür würde ich sorgen!«

Mehr Wagen hielten vor dem Haus, andere Stimmen drangen in den Raum.

»Bitte sagen Sie, daß Sie es sich überlegen werden«, drängte Blackwood.

Sie schickte sich an zu gehen, und er wußte, daß er sie verloren hatte.

»Ich werde Sie nie vergessen«, sagte sie leise. »Vielleicht wäre es besser gewesen, Sie hätten meines Vaters Mission überhaupt nicht gefunden.« Schnell stand sie auf und ließ seine Hand los. »Leben Sie wohl, Hauptmann Blackwood. Ich glaube nicht, daß wir uns wiedersehen.« Ohne einen weiteren Blick lief sie fast aus dem Raum.

Unfähig sich zu rühren, stand Blackwood am Kamin; er war einfach nicht bereit, sich mit dem Geschehen abzufinden.

Die Tür öffnete sich, und Lady Slade stand traurigen Gesichtes da.

»Es war nett von Ihnen, hereinzuschauen«, sagte sie. »Meinem Mann wird es sehr leid tun, Sie verfehlt zu haben. Er hat mir von Ihrer Tapferkeit berichtet. Sie sind ein sehr mutiger junger Mann.« Sie spürte seine Verzweiflung und sagte: »Machen Sie sich keine Vorwürfe. Davern glaubt, daß sie das Rechte tut.«

»Darf ich fragen, Lady Slade, was das für ein Mann ist, den sie heiraten wird?«

»Ein Arzt, ein früherer Kollege ihres verstorbenen Vaters. Ich kenne ihn kaum, nur seinen Ruf. Sie will ihm bei seiner Arbeit helfen, sich ganz von der Gesellschaft lösen. Aber damit habe ich bereits zu viel gesagt. Sie wissen, daß mein Mann gern Ratschläge gibt, also darf ich wohl das gleiche tun. Suchen Sie sich ein nettes, vernünftiges Mädchen und heiraten Sie. Eine Frau, die zu Ihrem Beruf paßt. Noch besser, heiraten Sie eine, die Ihnen hilft, Ihr Lebensziel zu erreichen. Sonst werden Sie mit gebrochenem Herzen enden, das muß ich Ihnen leider sagen.« Sie bot ihm die Hand und setzte freundlich hinzu: »Wenn Sie irgendwann einmal glauben, mein Mann könne Ihnen behilflich sein, vielleicht mit einer Versetzung nach London ...« Sie lächelte, als er protestieren wollte. »Nein, wahrscheinlich doch nicht. Sie sind zu sehr ein Mann der Tat. Gott schütze Sie, und denken Sie an meine Worte.«

Blackwood fand sich plötzlich auf dem Gehsteig wieder, die Tür war hinter ihm geschlossen. Alles schien ihm so unwirklich, als habe er geträumt.

Er sah zum Haus hoch und glaubte, ein Vorhang bewege sich leicht. Da machte er auf dem Absatz kehrt und ging schnell zum Park, achtete weder auf den Gruß der Gardesoldaten noch auf die Mädchen mit den Kinderwagen; er merkte nicht einmal, daß es aufgehört hatte zu schneien.

Als er im Klub ankam, pochte sein Bein von der Anstrengung. Doch seine Gedanken waren bei Daverns Worten, und seine Hand fühlte sich immer noch von der ihren umfaßt.

Für Offiziere der Marine und des Heeres war es beinahe Pflicht, diesem angesehenen Klub anzugehören. Die meisten benutzten ihn als eine Art Zuflucht vor der Welt draußen, als etwas, das ihnen so vertraut war wie die Offiziersmesse oder das Kasino.

In dem geräumigen Rauchzimmer sackte Blackwood in einen Ledersessel und winkte dem Kellner, ihm einen Brandy zu bringen. Seine Stiefmutter hatte recht, er trank zu viel. Und – was sie nicht wußte – es ging schon einige Zeit so. Der Alkohol stärkte seinen Mut und dämpfte seine Furcht.

In den verschiedenen Dienststellen und Kasernen hatte er bereits so viele menschliche Wracks erlebt: an Land kommandiert, vertranken sie ihren Sold, bis man sich ihrer in aller Stille entledigte.

Nur noch zwei andere Offiziere waren im Raum, die sich über die Tagesneuigkeiten unterhielten.

»Das Land geht vor die Hunde«, sagte der eine. »Kein Schwung mehr drin. Diese verdammte Regierung drosselt alles. Man sagt, daß die Hälfte der Flotte aufgelegt ist und verrottet, weil gute Leute fehlen. Dabei gäbe es genug, wenn man die Preßgangs* mal wieder losschickte.« Er lachte glucksend. »Würde den jungen Leuten von heute ganz guttun, was?«

Blackwood lächelte müde und winkte nach einem weiteren Brandy. Das unbekannte Klubmitglied dachte wie sein Vater.

Die zweite Stimme sagte: »Ich war neulich bei Christies.«

»Ach nein! Ich wußte gar nicht, daß du dich für Auktionen interessierst, George.«

»Eigentlich nicht. Aber da war das Zeug von dem armen alten Lord Lapidge, Möbel und so, zu versteigern. Ging aus reiner Neugier hin. Unschön, wenn man erlebt, wie solch persönliche Dinge unter den Hammer kommen.«

Blackwoods Glas blieb mitten in der Luft hängen.

»Dachte an ihn, als ich heute von der Beförderung des jungen Marineinfanteristen in der *Gazette* las. Seine Mutter war doch die Geliebte des alten Lords.«

»Was du nicht sagst! Das wußte ich nicht.«

Der andere lachte dröhnend. »Da bist du ungefähr der einzige in London.«

Blackwood ließ seinen Brandy stehen und verließ den Raum. Kein Wunder, daß Marguerite ihre Absicht, Hawk's Hill zu verlassen und nach London zu ziehen, geändert hatte. Sie mußte es, das war nun klar. Als die Quelle ihres Reichtums durch Lord Lapidges Testament aufgedeckt worden war, folgte alles andere schnell.

Blackwood betrat sein kleines Zimmer und setzte sich aufs Bett. Er dachte an seinen Vater, der mehr denn je durch seine schlechte Gesundheit behindert war, an Harry im Hochgefühl seines neuen Ruhmes. Auch Georgina mußte geschützt werden. Aber wie?

Er stand auf und begann im Zimmer umherzugehen. Morgen in aller Frühe würde er nach Hawk's Hill abreisen und die Angelegenheit ein ür allemal in Ordnung bringen. Nach London zu fahren, war ein Fehler gewesen. Er hatte sich selbst eine doppelte Niederlage beigebracht.

* Patrouillen zur Zwangsrekrutierung

XVI Abschied

Nach einer langsamen und bedrückenden Fahrt traf Blackwood am späten Nachmittag wieder in Hawk's Hill ein. Für den letzten Teil der Reise hatte er einen Fuhrmann aus dem Ort genommen, der ihm seinen kleinen Wagen für die Fahrt von der Bahnstation angeboten hatte.

Obwohl die Reise so lange gedauert hatte, war er eher zorniger als ruhiger geworden. Im Klub hatte er sich eine Hüftflasche mit Brandy füllen lassen, sie aber zu seiner eigenen Überraschung noch nicht angerührt.

Zu Hause eilte er die Steintreppe hinauf und stieß das Portal auf. Mrs. Purvis, die Wirtschafterin, starrte ihn an wie einen Geist. »Ich bin früher zurück.« In seinem Innern erklang ein Warnsignal. »Was ist los? Ist was passiert?«

»Der Oberst, Sir. Es geht ihm wieder schlechter. Der Arzt ist gerade gegangen.«

Blackwood zog die Handschuhe aus und übergab einem Mädchen seinen schweren Mantel. Das ließ ihm Zeit, sich zu beruhigen.

Die Wirtschafterin sah ihn besorgt an. »Der junge Herr Harry ist hier, Sir.« Sie schien dem Zusammenbruch nahe. »Er sieht großartig aus, Gott schütze ihn.«

»Ich gehe nach oben.«

Langsam und bedächtig stieg er die Treppen hinauf. Seinen Halbbruder hatte er in Afrika oder bei Ashley-Chutes Geschwader vor der Küste vermutet. Durch seine unerwartete Rückkehr fühlte er sich verwundbarer und noch mehr als Außenstehender.

Am Ende des Korridors sah er Oates zusammengesunken auf einem Stuhl vor der Tür sitzen. Er sah aus wie der Tod, stand jedoch auf, als er Blackwoods Schritte hörte.

»Wir fanden ihn auf dem Boden liegend, Sir.« Beschämt schlug er die Augen nieder, als hätte er etwas Vertrauliches enthüllt. »Er wollte seine Galauniform anlegen, als es geschah.«

»Wer war noch da, Oates?« Aber er wußte es bereits.

»Die Frau Oberst, Sir. Sie hat Ihren Burschen zum Arzt geschickt, er muß wie der Teufel geritten sein.«

Blackwood sah beiseite. Der arme Smithett hatte, soweit er wußte, in seinem ganzen Leben bisher höchstens ein Maultier geritten. Aber er war immer für eine Überraschung gut.

»Versuchen Sie, sich auszuruhen.«

Philip stieß die Tür auf und erblickte den Tisch mit der Karaffe und den Gläsern, als habe sein Vater auf einen weiteren Bericht über seine Erlebnisse in Afrika gewartet.

Seine Stiefmutter trat aus der Dunkelheit beim Bett hervor und streckte ihm beide Hände entgegen.

»Ich bin so froh, daß du gekommen bist, Philip. Als hättest du es gewußt!«

Blackwood küßte ihre Wange und suchte nach einem Zeichen, nach irgendeinem Hinweis auf das, was hier vorgefallen war. Er bemerkte ihr Parfüm, die sanfte Kühle ihrer Haut und daß sie trotz allem ein wunderschönes, taubengraues Kleid trug. Ihr Haar war zu einer Krone aufgetürmt und ließ die Ohren frei.

»Erzähle!«

Sie schritt zum Kopfende des Bettes und sah auf ihren Mann nieder. Er lag in tiefem Schlaf, die Augen so fest geschlossen, als wolle er nichts mehr sehen müssen.

»Ich hatte keine Ruhe«, sagte sie leise. »Das Haus schien ohne dich so leer.« Sie berührte seinen Arm, und obwohl er sie hassen wollte, spürte er die Faszination, die von ihr ausging.

»Mir geht das oft so, Philip. Ich wanderte in der Galerie auf und ab und beobachtete die Schatten im Mondlicht. Da hörte ich ihn aufschreien.« Sie wandte sich ab. »Er trug seine Uniform, oder jedenfalls Teile davon ... Doktor Sturges meint, jetzt ist er über das Schlimmste hinweg.« Dann schaute sie zu Blackwood auf und hielt seinen Blick fest. »Doch jede schlechte Nachricht könnte zu einem neuen Schlag führen, und der wäre tödlich.«

Blackwood ging zum Bett und sah den Galarock auf einem Stuhl liegen. Was hatte seinen Vater veranlaßt, sich anzukleiden? Ging es ihm wie dem sterbenden Marineinfanteristen, der noch die Kraft gefunden hatte, seinen unsichtbaren Kameraden Kommandos zuzurufen?

»Harry ist übrigens hier.«

Ohne sie anzusehen, konnte er ihren Gesichtsausdruck ahnen. Wußte sie alles, war sie auf seinen Zorn vorbereitet? Plötzlich erinnerte er sich, wie sie bei der Erwähnung von Rainbott, dem Verwalter des verstorbenen Lord Lapidge, für wenige aufschlußreiche Sekunden die Haltung verloren hatte.

»Ich weiß.«

Sie kam zu ihm und ergriff seinen Arm. »Irgend etwas ist geschehen. War es dieses Mädchen?«

›Dieses Mädchen‹! »Ich habe sie besucht.«

Hier über Davern zu sprechen, konnte er nicht ertragen. Er fühlte sich gefangen, ausmanövriert.

»Aber vielleicht ist es besser so«, sagte sie.

Er fuhr herum, seine Stimme erstarb zu rauhem Flüstern. »Was weißt du schon von ihr? Wie könntest du das überhaupt verstehen?« Sie wich zurück, als habe er versucht, sie zu schlagen.

Die Tür ging auf, und Harry kam ins Zimmer. »Hallo, Philip! Wie gut, daß du hier bist.«

Mit schnellen Schritten durchmaß Blackwood den Raum. Sein Halbbruder trug Uniformhose und ein bis zum Gürtel offenes Hemd. So zerzaust und müde sah er noch jünger aus.

»Tut mir leid, daß ich deinen Geburtstag verpaßt habe, Harry.« Er wußte, daß das absolut unsinnig klang, und auch, daß er bereits geschlagen war.

»Warum geht ihr beiden nicht hinunter und laßt euch von Mrs. Purvis etwas bringen? Ich bleibe noch eine Weile hier.«

Sie sah Blackwood fest an, ihre Arme hingen locker herab. Auch sie war im Bilde.

Mit seinem Halbbruder verließ Blackwood das Zimmer und ging durch die im schwachen Sonnenlicht liegende Galerie.

»Was hältst du vom alten Herrn?« fragte Harry. »Hat er einen Schock oder so was erlitten?«

Blackwood blieb an einem Fenster stehen und sah vor sich, wie seine Stiefmutter wieder einmal im Dunkeln durch das stille Haus wanderte. Erneut schien ihn ein Instinkt warnen zu wollen. War sein Vater etwa hinter die Sache mit Lord Lapidge gekommen? Er ballte die Hände so fest, bis ihn der Schmerz beruhigte.

»Was hast du, Philip?«

»Ich war in London, um Miss Seymour zu sprechen.«

»Ja, Mutter sagte es mir. Pech, aber so geht's nun mal.«

Blackwood sah ihn prüfend an. Das klang genau nach ihr.

»Es liegt vermutlich an mir.«

Harry wirkte irgendwie verändert: selbstsicherer und doch wie früher mit einem Anflug von Leichtsinn.

»Gratuliere übrigens zur Beförderung.«

»Ja, ich hole langsam auf«, grinste Harry. »Aber mal ernsthaft: Ich finde es ganz schlimm, daß du für deine Taten keine Anerkennung gefunden hast. Ohne dich hätte es kein Danach gegeben.« Dann schlug seine Stimmung wieder um. »Jedenfalls wird nun alles anders. Das Geschwader wird aufgeteilt, ein paar ältere Schiffe werden außer Dienst gestellt, andere haben Befehl, ins Mittelmeer zu gehen. Ich kam auf einer Dampffregatte zurück.« Er fuchtelte mit der Hand. »Wie ein Blitz so schnell – na ja, beinahe.«

»Was meint Doktor Sturges zu Vater?«

»Nicht viel. Er läßt einen Spezialisten aus London kommen. Seiner Meinung nach ist Vater aber hier besser aufgehoben als in irgendeinem Lazarett, und da pflichte ich ihm bei.«

Blackwood dachte an sein einsames Zimmer in Haslar, an das Wappenbild über dem Bett. Sein Vater wäre dort verrückt geworden.

Beladen mit Handtüchern, eilte eines der Mädchen vorbei.

»Na, Jenny, ich muß feststellen, du bist hübscher denn je.« Sie versuchte vorbeizukommen, doch Harry vertrat ihr den Weg. »Ich werde mich wohl in einer der nächsten Nächte um dich kümmern müssen, was?«

Sie floh den Korridor hinunter, und Blackwood fühlte sich neben Harry noch älter. Doch die Mädchen schienen ihn zu mögen.

Gemeinsam stiegen sie die Treppe hinunter. »Wie ging es den anderen, als du abgereist bist?« fragte Philip.

Harry spielte mit der Idee, ihn noch etwas hinzuhalten, doch dann platzte er heraus: »Das wirst du selbst bald sehen. Sie sind alle hier, in Forton Barracks.« Blackwoods Augen wurden wieder lebhaft. »Zwei Kompanien werden neu aufgestellt, und man braucht alle ausgebildeten Männer, die man bekommen kann.«

Blackwood schritt zum Feuer und streckte die Hände aus. »Wann ist das je anders gewesen?« Die Aussicht, bald wieder Dienst zu tun, und Harrys ehrliche Freude, ihn wiederzusehen, bewegten ihn seltsam.

Versonnen sagte Harry: »Jemand an höherer Stelle muß von deinen Vorstellungen über neue Ausbildungsmethoden im Corps gehört haben.«

Blackwood blickte schnell hoch. »Was macht Fynmore?« Immer noch sah er dessen Gesicht vor sich, als er von den Booten heraufgestiegen war und das Blutbad gesehen hatte.

»Ach, hab' ich das noch nicht erzählt?« Doch Harry war kein guter Schauspieler. »Er ist jetzt Kommandeur. Wurde für seinen Scharfsinn zum Oberstleutnant befördert.«

Blackwood lächelte verbissen. Alles lief genauso, wie es ihm Lascelles im Lazarett vorhergesagt hatte. Nein, Fynmore war nicht müßig gewesen.

»Was ist mit den neuen Kompanien?«

Harry fingerte an seinem Hemd herum. »Ogilvie kriegt die eine, ein Major Brabazon die andere. Er ist zugleich stellvertretender Kommandeur.«

Blackwood nickte; er hatte kein Recht, enttäuscht zu sein, doch er war es. Noch am Leben zu sein, mußte ihm genügen. Aber Fynmore als Kommandeur einer Elitetruppe, das war einfach lachhaft.

»Mutter ist fabelhaft, findest du nicht?« wechselte Harry das Thema. »All diese Sorgen und die Verantwortung – trotzdem schafft sie es mit leichter Hand.«

Blackwood trat zum Fenster, damit Harry sein Gesicht nicht sehen konnte. Sie ist eine Hure, egozentrisch und habgierig, dachte er, doch laut sagte er: »Nun weiß ich, woher du das hast.« Aber der Scherz ging ins Leere.

Lautlos erschien Smithett. »Ihr Pferd wird gebracht, Sir.«

Harry nickte und knöpfte sich das Hemd zu. »Danke.« Er schlenderte davon, um sich anzuziehen.

»Du bleibst in Hawk's Hill, Smithett. Ich gehe nach Forton, um mich zum Dienst zu melden«, erklärte Blackwood.

Geduldig sah Smithett ihn an. »Stimmt was nicht, Sir?«

»Nein, alles ist bestens. Aber ich möchte, daß du für den Notfall hier bist. Der arme alte Oates wird schon ein bißchen wackelig. Es würde meinen Vater ungeheuer freuen, einen richtigen Marineinfanteristen um sich zu haben, wenn es ihm bessergeht.«

»Verstehe, Sir.« Smithett war sichtlich erfreut über das Kompliment.

Eine halbe Stunde später waren beide Brüder reisebereit.

Harry umarmte seine Mutter und drückte sie fest an sich. Doch statt ihrem Sohn zuzuhören, sah sie mit lockendem Blick zu Blackwood hinüber.

Im Augenblick konnte er nichts tun oder sagen. Das hätte nur die Leiden seines Vaters vermehrt und zu einem Familienstreit geführt.

Sie trat zu ihm und legte die Hand auf seine Brust.

»Ihr seht beide blendend aus, ich bin stolz auf euch. Wir alle sind es.«

Unbekümmert schwang sich Harry in den Sattel und sah amüsiert auf die beiden herab.

»Ihr seht eher wie Verliebte als wie Mutter und Sohn aus.«

Nun fuhr sie doch zusammen. Ihre Augen funkelten irritiert. »Sei nicht so ordinär, Harry!«

Blackwood beugte sich vor und küßte sie auf die Wange. Ihre Haut war kalt wie immer. Dann bestieg er sein Pferd, ohne sie noch einmal anzusehen, und folgte Harry.

Was auch geschah – nie würde es in Hawk's Hill wieder so sein wie zuvor.

Oberstleutnant Rupert Fynmore übergab Hut und Reitgerte einem Schreiber und ging durch das Vorzimmer in sein Büro.

Es war ein kalter und feuchter Morgen, doch der Himmel blieb klar, und niemand dachte mehr an Schnee.

Ein kurzer Blick auf seinen Schreibtisch und die sorgfältig angeordneten Papiere, dann sah er zum erstenmal zu Blackwood hinüber.

»Ich höre, Sie sind gestern abend zurückgekommen?« Hurtig musterte er Blackwoods Äußeres. »Sie hätten sich auch gestern schon melden können. Ich bin nie so beschäftigt, daß ich nicht einen meiner Offiziere empfangen könnte.« Sein Mund verzog sich zu einem schiefen Lächeln. »Vor allem einen so tapferen. Sie hatten sich verspätet, nicht wahr?«

Blackwood nickte. »Mein Halb ... Mr. Blackwood mußte nochmals umkehren und irgendwo ein Schreiben abgeben.«

Das klang so seltsam, daß er Fynmores Blicken auswich. Es hatte wirklich befremdlich gewirkt. In schnellem Tempo waren sie vorangekommen, hatten sich über den Afrika-Feldzug unterhalten, über das Geschwader, und sich so die Zeit vertrieben. Plötzlich hatte Harry sein Pferd gezügelt und auf ein kleines Wirtshaus an einer Straßenbiegung gezeigt.

»Mein Gott, was bin ich vergeßlich! Ich sollte in einem Haus da hinten einige Briefe abgeben. Warte im Wirtshaus und trink etwas, es dauert nicht lange.«

Ohne Philips Antwort abzuwarten, hatte er sein Pferd gewendet und war die Straße zurückgaloppiert. Als er schließlich nach einer Stunde zurückkam, war er schweigsam und offensichtlich nicht willens, über seinen Abstecher zu berichten.

»Macht nichts«, meinte Fynmore. »Sie sind hier, das ist die Hauptsache. Mr. Blackwood hat Ihnen wohl von der Aufstellung der neuen Kompanien erzählt. Das muß ein Erfolg werden, ein Schritt in die richtige Richtung. Die Hälfte der hinter uns liegenden Schwierigkeiten war durch mangelhafte Organisation im Geschwader bedingt. *Schickt die Marines*, befahl der eine oder andere Admiral, und wir warfen uns in die Boote und stürmten an Land. Dabei hatten die meisten noch nie zusammengearbeitet. Ungeheuerlich, das fordert Schwierigkeiten ja geradezu heraus!«

Blackwood sah ihn interessiert an. Mit seinem neuen Rang schien Fynmore auch körperlich gewachsen zu sein. Man konnte ihn sich kaum noch als den zaudernden Anführer in Afrika vorstellen.

»Ich habe die Berichte über Sie gelesen, Blackwood. So weit, so gut. Aber die Ärzte sind alle einer Meinung: Die Wunde könnte Ihnen wieder Ärger machen. Und das können wir nicht gebrauchen, oder?« Fynmore trat zum Fenster und hob einige Schreiben an die Augen. »Lassen Sie mich sehen: Ihr Hausarzt Sturges sagt ziemlich das gleiche.«

Beim Anblick eines Umschlags, der an die anderen Papiere geheftet war, versteifte sich Blackwood. Die Handschrift seiner Stiefmutter hätte er überall wiedererkannt. Er fühlte sich hintergangen.

Fynmore legte die Papiere auf seinen Schreibtisch zurück und richtete sie aus, bis sie genau auf gleicher Linie mit den anderen lagen.

»Doch man darf nicht alles glauben, was die Ärzte sagen, nicht wahr?«

»Ich möchte wieder Dienst tun, Sir.«

»Natürlich.« Nachdenklich betrachtete ihn Fynmore; sein sandfarbenes Haar lag untadelig, die Uniform saß wie angegossen. »Ich habe mit dem Regimentskommandeur gesprochen. Er ist mit mir der Meinung, daß wir jeden erfahrenen Offizier brauchen. Die Flotte ist unterbesetzt und kann bei plötzlichen Notfällen nicht genug Freiwillige aufbringen. Andererseits sind die Marines die Kerntruppe, eine gut geschmiedete Waffe, die – richtig eingesetzt – regional begrenzte Kriege und Aufstände schnell niederschlagen kann.« Mit Mühe fand er zum Thema zurück. »Ich habe beim Kommandeur erreicht, daß er Ihrer zeitlich befristeten Wiederverwendung zustimmt. Tun Sie Ihre Pflicht und nutzen Sie Ihre Fronterfahrung, dann bin ich sicher, daß dies nur ein vorübergehender Rückschlag sein wird.«

Durch die dicken Wände drang das rhythmische Stampfen von Stiefeln auf dem Exerzierplatz und ein unverständlicher Chor von Kommandorufen. Eine Stimme jedoch, wahrscheinlich die des Bataillonsfeldwebels, schwoll an und ab und übertönte schließlich alle anderen.

Fynmore genoß Blackwoods Enttäuschung, wartete darauf, daß er sich äußerte. Wiederverwendung auf Zeit? Das war besser als nichts, aber auch nicht viel.

»Danke, Sir.«

»Jedenfalls gibt es noch eine Menge zu tun, ehe wir abrücken.« Das klang etwas gereizt. »Übernächste Woche schiffen wir uns auf einem Truppentransporter nach Malta ein.« Fynmore straffte die Schultern und blickte sich in seinem Büro um. »Dort geht es anders zu als hier. Wird manchem Rekruten guttun, das Leben in alten Kasernen.«

Blackwood überlegte; die direkte Verlegung ins Mittelmeer kam unerwartet. Er hatte geglaubt, die neuen Kompanien würden zur Unterstützung der Kämpfe in Afrika aufgestellt.

»Ich hörte, Sir Geoffrey Slade ist wieder in England?« fragte Fynmore plötzlich.

»Jawohl, Sir. Vor zwei Tagen machte ich einen Besuch in seinem Haus in London.« Blackwood sah keine Notwendigkeit zu erwähnen, daß Slade nicht anwesend gewesen war. Seine angebliche Freundschaft mit Slade war wahrscheinlich der einzige Grund, warum Fynmore seine Wiederverwendung verlangt hatte.

»Ausgezeichnet. Sir Geoffrey überlegt jeden Schritt, das schätze ich.«

Die Tür öffnete sich einen Spalt, und ein Schreiber meldete nervös: »Der Bataillonsfeldwebel ist da, Sir.«

»Danke. Pünktlich wie immer. Wir haben heute morgen zwei Bestrafungen vor versammelter Truppe angesetzt. Ich dulde keine Schlamperei, das sollte jeder wissen.«

Blackwood folgte ihm durch das Vorzimmer in den blassen Sonnenschein. Über die Schulter sagte Fynmore noch: »Wir bekommen jetzt auch einige der neuen Gewehre. Meine Einheit wird als erstes die Ehre haben.«

Der Bataillonsfeldwebel stand gerade wie ein Ladestock am Rand des Exerzierplatzes, seine Schulterabzeichen glänzten wie Gold im Sonnenlicht. Sein Blick huschte zu Blackwood. »Schön, daß Sie wieder bei uns sind, Sir, wenn ich das sagen darf«, knarrte er.

Das war alles, doch Blackwood wertete dieses kurze Willkommen mehr als eine ganze Parade.

Er beobachtete die vorbeimarschierenden Marineinfanteristen. Mit glasigem Blick folgten sie jeder befohlenen Richtungsänderung und übten die schwierigen Griffe mit Muskete und Bajonett. Bei einem

Zug, der über das neue Gewehr belehrt wurde, stand Harry. Falls er an die schreckliche Treffgenauigkeit dieser Waffe dachte, die so manchen seiner Männer das Leben gekostet hatte, so zeigte er es jedenfalls nicht. Er lächelte und scherzte, und selbst auf die Entfernung spürte Blackwood die gelöste, nahezu sorglose Atmosphäre.

»Übernehmen Sie das, Feldwebel«, sagte Fynmore verbissen. Als der Hüne auf den straffälligen Zug zuging, wiederholte Fynmore: »Schlamperei dulde ich nicht.« Er warf Blackwood einen kurzen Blick zu. »Bei niemandem!«

Harry rannte über den Platz herbei und grüßte.

Kalt bemerkte Fynmore zu ihm: »Diese Männer sind ganz junge Rekruten, Mr. Blackwood. Vielleicht wollen Sie sich bei ihnen beliebt machen, aber ich warne Sie. Die werden Sie deswegen nicht höher achten. Sie brauchen Disziplin!«

Harry wurde rot. »Verzeihung, Sir.«

»Melden Sie sich beim Adjutanten zum Extradienst, Mr. Blackwood. Aber zuerst wohnen Sie der Bestrafung zweier Übeltäter bei. Ein Dutzend Peitschenhiebe für jeden, so war es wohl.«

Der Feldwebel knurrte: »Sir!«

»Weitermachen.«

Fynmore machte auf dem Absatz kehrt und schritt, eine Ordonnanz auf den Fersen, davon.

»Schwein«, murmelte Harry.

»Du hast es herausgefordert, und das weißt du.«

Harry verzog das Gesicht. »Extradienst!« Sein Blick hing an der Prozession, die aus dem Wachhaus kam: zwei Männer mit entblößtem Oberkörper, ein bewaffneter Posten und ein Unteroffizier mit den notwendigen Papieren in der Hand. »Ich werde froh sein, wenn wir erst wieder auf See sind.«

Über den Platz eilte die vertraute Gestalt M'Crystals auf sie zu.

»Halt' dir Ärger vom Leibe, Harry. Ich meine es ernst.«

Harry beobachtete, wie sein Halbbruder dem riesigen Feldwebel die Hand schüttelte. Worin bestand nur der Unterschied? Ihre Begrüßung war herzlich, und doch blieb die Schranke zwischen beiden bestehen. Zornig trat er einen Stein weg.

Egal! Fynmore würde seine Schikanen noch bedauern. Es war widerlich, wie er dem Admiral Philips Ideen als seine eigenen dargelegt hatte. Das hatte zu seiner Beförderung geführt und zu einem Kommando, um das ihn jeder Offizier beneidete.

Dann fiel Harry ein, daß es auf Malta bestimmt aparte junge Frauen gab, und er mußte trotz seines Ärgers lächeln.

»Es geht also wieder los, Philip. Ist wohl das beste für dich.«

Blackwood rückte seines Vaters Kissen zurecht und musterte ihn traurig. Es fiel seinem Vater so schwer, die Worte zu artikulieren, als sei sein Mund eingefroren. Doch seine Stimme klang kräftiger, und sein Geist war während der ganzen Unterhaltung kaum abgeschweift.

»Übermorgen, Vater. Man hat uns nicht viel gesagt, aber es scheint, daß eine wirklich unabhängige Einheit aufgestellt werden soll, die überall eingreifen kann.«

»Wäre nicht das erste Mal, daß wir die Armee irgendwo raushauen müssen.«

Blackwood lächelte. »Wir sind nicht im Krieg.«

»Aber bald, denk an meine Worte. Neue Waffen, größere Flotten, das schafft man nicht an, um damit zu spielen. Nur Großbritannien glaubt, die Dinge einfach laufen lassen zu können. Mein Gott, diese Politiker machen mich krank!« Hustend zog er ein Taschentuch heraus. »Gib mir zu trinken, bitte.«

Blackwood goß ihm ein Glas Burgunder ein. Es war unsinnig, ihm das zu verweigern, denn Oates hätte es ihm gegeben, sobald er draußen war.

»Vergiß nicht, was ich dir gesagt habe, mein Junge. Und nimm dich vor Fynmore in acht. Er wird versuchen, dich kl ein zu halten. Du könntest deine Stellung, deinen Platz in der Rangliste, alles verlieren – also behalte ihn im Auge!«

»Mir ist nicht klar, warum er mich überhaupt angefordert hat.«

»Dann bist du ein Narr. Weil er dich braucht, begreifst du das nicht? Er ist weit über seine Fähigkeiten hinaus befördert worden, genau wie sein Vater, dieser Idiot.« Er nippte an dem Wein. »Ich wollte, ich könnte dabeisein, wenn ihr auslauft. Was für ein Schiff übrigens?«

»Der Truppentransporter *Liverpool*. Mit Dampfantrieb, die Reise wird also nicht allzu ungemütlich.«

Sein Vater wurde schläfrig. »Das hätte ich gern gesehen: Musikkapellen, Leute, die ihre Kinder hochhalten, wenn die Rotröcke vorüberziehen. Immer ein schöner Anblick.«

Blackwood sah sich im Raum um. Seinen Vater, der immer ein kräftiger Mann gewesen war, so hinfällig zu sehen, war jämmerlich. Nach dem, was er gehört hatte, würden sie kaum vor Ablauf einer ganzen

Kommandozeit nach England zurückkehren. Also war es wohl das letzte Mal, daß er seinen Vater lebend sah.

Er beugte sich über ihn. »Schreib mir, wenn dir danach ist. Oates kann den Brief für dich abfassen, wenn du zu müde bist.«

»Müde? Ich bin doch kein Invalide! Das ist nur ein kurzer Rückfall, weiter nichts.«

Er streckte die Rechte aus, und Blackwood nahm sie in beide Hände.

»Sieh dich vor, Philip. Und halte ein Auge auf Harry. Unser Name muß im Corps weiterleben, denk immer daran!« Grimmig lächelnd blickte er auf, als Blackwood vom Bett zurücktrat. »Du wirst es schaffen, mein Junge!«

Leise öffnete sich die Tür. »Der Arzt ist da.«

An der Tür zögerte Philip und sah noch einmal zurück.

»Grüß Smithett von mir, er ist ein guter Marineinfanterist. Es gibt doch noch eine Hoffnung für dieses geschlagene Land.«

Der Doktor huschte herein und sah Blackwood kaum an. Vielleicht fühlte er sich schuldig wegen seines Berichts an das Corps.

Aber Blackwood vergaß ihn gleich wieder und eilte die Treppe hinunter. Smithett füllte gerade seine Tasche mit den Gaben der Küche.

Seine Stiefmutter begleitete ihn zum Portal. »Du verachtest mich, ja?«

Sie schien völlig gefaßt; doch etwas in ihren braunen Augen veranlaßte ihn, die bösen Worte, die er ihr eigentlich sagen wollte, zurückzuhalten.

»Ich weiß Bescheid über Lord Lapidge, wenn es das ist, was du meinst.«

Ihre Lippen zitterten leicht. »Denk, was du willst. Aber ohne mich wäre Hawk's Hill längst verkauft. Als ich deinen Vater heiratete, lasteten so viele Schulden und Forderungen darauf, daß es nur noch eine Frage von Wochen, nicht von Monaten war.« Sie sah ihn fest an. »Dein Vater denkt einzig und allein an das Corps. Er hat nie zugehört, wenn ich mit ihm über das Gut sprach. Ich habe einen großen Teil meines eigenen Geldes hineingesteckt, aber ich wurde einsam. Wenn es dein Stolz erlaubt, wirst du einsehen, daß kein Preis zu hoch ist, wenn man der Einsamkeit entgehen kann.«

Er sah sie an und wollte nur gehen. Trotzdem fragte er noch: »Und was ist mit Harry und Georgina?«

»Ich hab's für sie getan.« Impulsiv faßte sie ihn am Arm. »Aber du warst es, den ich beeindrucken, mit dem ich meine Hoffnungen teilen wollte. Jetzt ist es vorbei.« Ihre Hand fiel herab, und sie lächelte traurig. »Also los mit dir, ehe es dunkel wird.«

Die Pferde wurden herbeigeführt, Diener und Stallknechte standen herum, ihn abreisen zu sehen. Möglicherweise war er für sie ein Held, ein Symbol für die Familie.

Er breitete die Arme aus, und sie kam ohne Zögern auf ihn zu.

»Leb wohl, Marguerite. Dein Geheimnis ist bei mir gut aufgehoben.«

Als er sich bückte, um ihre Wange zu küssen, drehte sie den Kopf und preßte ihre Lippen auf die seinen.

»Ich werde an dich denken.« Ihre Blicke trafen sich. »Oft.«

Dann war sie weg, und auf seinen Lippen schmeckte er das Salz ihrer Tränen.

Wie ein Kartoffelsack hing Smithett auf seinem Pferd. Die Bequemlichkeit von Hawk's Hill verlassen zu müssen, fiel ihm schwer. Aber nach dem, was er eben gesehen hatte, war es für den Hauptmann keinen Augenblick zu früh.

Nicht weit von der Landstraße, über die Blackwood und Smithett reiten mußten, stand Harry in dem stillen Haus am Fenster und sah in die untergehende Sonne.

Sein roter Waffenrock lag über einem Stuhl, in der Hand hielt er ein Glas Brandy. Daß er das Land nun bald wieder verlassen mußte, freute ihn ehrlich. Im Gegensatz zu den ersten Tagen in Westafrika, die ihm solche Angst gemacht hatten, fühlte er sich jetzt sicherer, konnte jeden Schritt vorherbedenken. Er hatte geglaubt, das sei Philips Beispiel zu verdanken, aber jetzt war er nicht mehr so sicher. Es ging wohl doch etwas tiefer – an seine eigene Substanz.

»Wie gefalle ich dir, Harry?«

Er wandte sich der Frau im Türrahmen zu, einem hübschen Püppchen mit lockigem Haar und kleiner, schlanker Gestalt. Den grünseidenen Morgenmantel hatte er ihr aus Freetown mitgebracht. Hier in Hampshire wirkte er grell und aufdringlich, aber ihr gefiel er offensichtlich.

»Du siehst reizend aus.«

»Meinst du das ehrlich?«

Harry goß den Brandy mit einem Schluck herunter. »Aber natürlich.«

Es fiel ihm schwer, seine Ungeduld zu zügeln, wenn sie sich so kindlich gab. Er hatte sie auf einem Ball in Woolwich kennengelernt und war sich ihr gegenüber erwachsen und schneidig vorgekommen, obwohl er neunzehn war und sie dreißig, offiziell. Doch sie wirkte viel jünger, geradezu kindlich in ihrem Bedürfnis, bei allem gelobt zu werden.

Er legte die Arme um sie und merkte, daß sie sich versteifte. Das kannte er nicht an ihr. Jetzt gab sie ihm öfter mal einen Klaps oder stieß ihn weg, um ihn das nächste Mal ein bißchen weitergehen zu lassen.

Aber es würde kein nächstes Mal geben. In zwei Tagen dampften sie bereits durch den Kanal, um Flagge zu zeigen, wie Fynmore das genannt hatte.

»Bitte nicht, Harry«, protestierte sie zitternd.

Statt einer Antwort zog er sie noch fester an sich. Als er sie umfaßte und ihren niedlichen Po streichelte, stöhnte sie auf und sank gegen ihn.

Harry sah ihr in die Augen und auf ihre feuchten Lippen nieder.

»Ich glaube, wir hören besser auf«, flüsterte sie.

Ohne ein Wort hob Harry sie hoch, trug sie ins Schlafzimmer und schlug die Tür mit dem Fuß zu. »Ich denke nicht daran, aufzuhören.«

Er warf sie aufs Bett, wo sie erschreckt die Augen aufriß und versuchte, sich ihm zu entziehen. Doch er packte ihren Morgenmantel, zog sie daran zu sich und riß das billige Stück an der Schulter entzwei. Aber er war wie von Sinnen. Unter dem Mantel hatte sie nichts an, und als er die letzten Seidenfetzen beiseite riß, versuchte sie, sich mit den Händen zu bedecken. Da schlug er ihr hart auf die Wange.

Schließlich kniete er über ihr und betastete forschend ihre Brüste. Sie lag ganz still, dachte nicht mehr an Widerstand, und sah immer nur seine Hände an, als gehörten sie jemand anderem.

»Nicht so, bitte«, flüsterte sie.

Aber er streichelte ihre Brustwarzen und fühlte ihre Angst einer anderen Empfindung weichen. Da streckte er den Arm aus und drehte eine Fotografie auf dem Nachttisch um; Fynmore sah darauf viel zu jung aus, dachte er.

Brutal fegte er ihren letzten Widerstand hinweg und erstickte ihr Stöhnen mit dem Mund.

Als es vorüber war und er sich Hose und Stiefel anzog, krabbelte sie über das Bett und griff nach ihm.

»Du hast mir weh getan, wirklich«, klagte sie.

Harry vergewisserte sich, daß er nichts liegengelassen hatte, dann beugte er sich vor und küßte sie entschuldigend auf die von seinem Schlag gerötete Wange.

»Ich bringe dir einen besseren Morgenmantel mit, wenn ich zurückkomme.«

Lange noch, nachdem der Hufschlag von Harrys Pferd in der Dämmerung verklungen war, lag Mrs. Fynmore auf dem Bett und starrte zur Decke. Pochenden Herzens durchlebte sie noch einmal jeden einzelnen beängstigenden, wundervollen Augenblick.

Schließlich erhob sie sich zögernd und mit weichen Knien. Sie richtete das Bett und stellte die Fotografie wieder auf den Nachttisch.

Erst dann wurde ihr klar, was sie getan hatte.

XVII Auf Malta

Philip Blackwood trat aus dem Schatten einer eingestürzten Mauer und wappnete sich gegen die glühende Hitze. Der Himmel wirkte wie ausgewaschen, und auch der weiße, steinige Grund rings um den Schießstand schien bis zur Unkenntlichkeit verdörrt zu sein.

Interessiert, als wolle er seine Stimmung abschätzen, beobachtete ihn Feldwebel M'Crystal. Schließlich meldete er: »Zweiter Zug zur Schießübung angetreten, Sir.«

Blackwood nickte. Es war fast zu heiß zum Nachdenken, geschweige denn zum Sprechen. Dabei lebte man in Malta immer mit dem Blick auf das tiefblau schimmernde Mittelmeer, was die Hitze an Land noch unerträglicher machte. Verglichen mit Afrika, so hatte Blackwood gedacht, würde es hier leichter sein. Doch nach der ersten Begeisterung über die neue Umgebung kam den Marines jeder Tag länger vor.

»Wie machen sie sich?«

Eigentlich war die Frage überflüssig. Seit Monaten hatten sie geübt und exerziert, hatten nach den Wünschen des Inselkommandanten, oder wenn es Fynmore gefiel, Paraden angeführt und Ehrenwachen gestellt. Kaum zu fassen, daß sie schon so lange auf der Insel waren und sich mit der täglichen Routine und den spartanischen Unterkünften abgefunden hatten, als seien sie nichts Besseres gewohnt.

Einige hatten sich früher eingelebt als andere, ein paar, und dazu gehörte Harry, waren frustriert und voller Groll, weil sie den Sinn ihrer Arbeit nicht einsahen.

»Manchmal habe ich den Eindruck«, meinte M'Crystal, »sie vermissen ihre alten Musketen. Diese neuen Gewehre schießen einfach zu genau.«

Das stimmte. Das neue Gewehr hatte eine Reichweite von fast tausend Yards und war jeder anderen Infanteriewaffe überlegen. Aber selbst die erste Begeisterung darüber war nun abgeflaut, alles war nur noch Drill, um die Zeit totzuschlagen.

Im Gegensatz zu sonst hatte Blackwood mehrere, mit zitteriger Handschrift geschriebene Briefe von seinem Vater erhalten. Sie enthielten Neuigkeiten über Hawk's Hill, über das neue Bündnis mit dem ›Erzfeind‹, wie sein Vater Frankreich immer noch nannte, und viele interessierte Fragen, was seine beiden Söhne in Malta genau taten.

»Glauben Sie, daß wir bald verlegt werden, Sir?« fragte M'Crystal. »Malta haben sich einige neue Rekruten anders vorgestellt.«

»Machen sie Schwierigkeiten?«

»Das würde ich nicht dulden, Sir«, fauchte M'Crystal. »Es gibt ein paar Galgenvögel, die ich gern los wäre, aber auch die werden tun, was sie sollen, oder ich bring's ihnen bei.«

Der Grund für M'Crystals Ärger war eine kleine, geschlossene Gruppe neuer Rekruten, die zusammen eingetreten waren: Iren aus Liverpool, die mehr Raufereien mit Soldaten, Seeleuten und Marineinfanteristen hinter sich hatten, als man zählen konnte. Auspeitschen, Strafexerzieren, bis sie zusammenbrachen, nichts hatte ihre Rauflust zähmen können.

Einzig und allein Oberstleutnant Fynmore schien vollauf zufrieden. Als ranghöchster Offizier der Royal Marines in Malta hatte er freie Hand, alle Schiffe oder Kasernen nach Gutdünken aufzusuchen, und er schien in der Monotonie der Tagesroutine richtig aufzublühen.

Beim Knallen des Gewehrfeuers mußte Blackwood an Afrika denken und merkte, daß es nur noch eine Erinnerung war, unscharf und verschwommen. »Ich habe nichts von einer Verlegung gehört, Feldwebel, noch nicht jedenfalls«, antwortete er.

Der tägliche Anblick der stolzen Kriegsschiffe, die unter Sonnensegeln im Hafen lagen, weckte in ihm die Sehnsucht, wieder an Bord zu kommen. Aber vielleicht ging es allen Marines so. Sie wollten immer das andere, wurden hin- und hergerissen zwischen Land und See.

»Der Oberstleutnant kommt, Sir«, sagte M'Crystal leise.

Blackwood war versucht, auf die Uhr zu sehen, doch ihm war auch so klar, daß Fynmores tägliches Erscheinen um kaum mehr als eine Sekunde differierte. Er kniff die Augen gegen die gleißende Sonne zusammen und beobachtete die kleine Prozession, die sich über die weißen Steine näherte: an der Spitze Fynmore, im Sattel steil aufgerichtet, den einen Arm steif an der Seite, als sei er aus Holz geschnitzt; dahinter der Adjutant, Premierleutnant George Speer, sowie eine Ordonnanz.

Fynmore hielt an und blickte zum Schießstand. »Schon besser«, bemerkte er.

Wenn wir so weiterschießen, dachte Blackwood, sind die Gewehre abgenutzt, bevor sie zum Einsatz kommen.

»Ich denke, wir sollten die Übungen etwas abändern, Sir.«

»Tatsächlich?« Fynmore wischte sich ein Sandstäubchen vom Ärmel. »Ich nehme an, wir werden entsprechenden Befehl erhalten, wenn und sobald die Admiralität uns ihre Absichten preisgibt.«

Irgendwie wirkte Fynmore heute anders, dachte Blackwood. Er war nicht ganz so ruhig, wie er sich den Anschein gab.

»Übrigens, Blackwood, ich habe eine Aufforderung zum Empfang in der Residenz erhalten. Ich lasse Ihnen eine Liste von Offizieren zukommen, die ebenfalls erscheinen sollen.«

Blackwood seufzte. Wieder ein Empfang. Es schien kein Ende zu nehmen.

Bei diesen Gelegenheiten war viel Weiblichkeit vertreten, im allgemeinen die Frauen höherer Offiziere oder Beamter. Aber das oberflächliche Geplauder mit beflissenen jungen Leutnants mußte sie allmählich ebenso langweilen.

»Meine Frau wird mich übrigens hier besuchen. Das Postschiff, das sie mitbringt, kommt Ende der Woche. Bitte sorgen Sie dafür, daß sie zu meiner Unterkunft geleitet wird.« Er spielte mit seinem Säbelgriff. »Und daß sie sich heimisch fühlt.«

Die Wärme verschwand aus seinem Ton. »Und lassen Sie diese verdammten Kerle in Schwung bringen«, schnauzte er. »Ich will nicht, daß sie bei der Parade wie ein Haufen alter Weiber auftreten.«

Er warf sein Pferd herum und galoppierte, gefolgt von seinem schwitzenden Adjutanten, in Richtung auf die Batterie der Royal Marines Artillery davon.

»Haben Sie gehört, Feldwebel?«

Was für eine Frau war das wohl, die mit Fynmore verheiratet war? Seltsam, daß er sie nie nach Forton gebracht hatte.

M'Crystal hatte alles behalten. »Ich werde das in die Hand nehmen, Sir.«

Er beobachtete, wie Blackwood in den Schatten wanderte, und schüttelte den Kopf. Der Hauptmann brauchte eine Frau, die ihn aus seiner Reserve herauslockte. Dabei kam ihm der jüngere Bruder des Hauptmanns in den Sinn. Mit dem würde es einen Haufen Ärger geben, wenn er sich nicht vorsah. Frauen? Selbst hier in Malta konnte er nicht genug davon bekommen. Das mochte noch ausgesprochen ungemütlich werden.

Pausenlos spielte das Orchester, über den Köpfen der Gäste schwangen lange Fächer hin und her, Stewards und Diener bemühten sich, alle mit Getränken zu versorgen.

Blackwood stand an einer offenen Balkontür und schaute auf die glitzernden Lichter der im Hafen vor Anker liegenden Kriegsschiffe hinunter: eine lückenlose Schau des Fortschritts seit Trafalgar. Die neuesten der majestätischen Linienschiffe waren mit Maschinen und Schrauben als zusätzlicher Antriebskraft ausgerüstet. Sie alle, einschließlich der Dampfkanonenboote und Radfregatten, verkörperten die unangefochtene Macht der Marine Ihrer Majestät.

Er fuhr sich mit dem Finger in den Kragen und fühlte das Hemd wie eine zweite Haut an seiner Brust kleben.

Der Admiral und Inselkommandant stand mit seiner Frau an der Treppe und begrüßte die Gäste; die verschiedenen Uniformen bildeten einen dekorativen Rahmen für die Gewänder und nackten Schultern der Damen. Gelegentlich fiel ein Besucher besonders auf. Mit gesenktem Kopf, das Gesicht eine höflich interessierte Maske, hörte George Speer, der Adjutant, der Frau des Werftdirektors zu. Armer Speer, man wußte, daß er in seiner Ehe daheim Probleme hatte.

Blackwood erblickte auch Fynmore, dessen Frau der Admiral gerade mit wohlgesetzten Worten begrüßte. Sie war erheblich jünger als Fynmore und ein niedliches kleines Ding. Ihr Mann schien ihr großen Respekt einzuflößen, und auch die Marines beeindruckten sie sehr. Im Kerzenschein wirkten ihre Schultern besonders kühl und jugendlich. Eine Frau, die Fynmores Zukunft sehr förderlich sein konnte.

Harry drängte sich durch die Menge und blickte mit Ekel auf das Gewühl. »Ich werd' mich davonstehlen, sobald ich kann.«

Blackwood sah ihn erstaunt an. Harry kompensierte seine Enttäuschung und Ungeduld über das nervtötende Garnisonsleben im allgemeinen mit seiner Freude an Frauen. Gewöhnlich fand er bei diesen offiziellen Gelegenheiten sonst immer eine Offiziersfrau oder -tochter, die seine Gesellschaft und seine kühnen Bemerkungen zu schätzen wußte.

»Paß auf, daß dich der Oberstleutnant nicht gehen sieht.« Philip lächelte. »Hast du übrigens seine Frau schon kennengelernt?«

Harry drehte sich um und sah ihn fragend an. »Ja, warum?«

Blackwood zuckte die Schultern und winkte einen der Diener mit beladenem Tablett heran. »Sie scheint recht schüchtern zu sein.«

Er nahm ein Glas, obwohl er eigentlich schon zuviel getrunken hatte. Harry wirkte heute ungewöhnlich zurückhaltend, ja fast schuldbewußt, dachte er.

»Reiß dich zusammen«, sagte er leise. »Sie kommen herüber.«

Doch Harry war bereits in der Menge verschwunden.

»Und natürlich kennst du meinen Mitarbeiter«, sagte Fynmore forsch, »Hauptmann Blackwood.« Dieser nahm ihre behandschuhten Finger und küßte sie leicht. »Meine rechte Hand, mußt du wissen.«

»Haben Sie sich schon etwas eingelebt auf der Insel, Ma'am?«

Er sah ihren Puls am Hals schlagen, das nervöse Auf und Ab ihrer Brüste unter dem seidenen Gewand. Wie ein Kind bei der ersten Party, dachte er. Doch da war noch etwas anderes: eine Erregung, die sie mühsam zu beherrschen suchte.

»Ich war sehr dankbar, daß Sie mich am Hafen erwarteten, Hauptmann. All dieser Wirbel und Lärm ...« Sie schlug ihren Fächer auf und fächelte sich. »Die Hitze hier ist wirklich sehr anstrengend.«

Fynmore spähte in die Runde, wahrscheinlich um sich zu vergewissern, daß alle seine junge Frau sahen.

»Ist auch Ihr Bruder hier?« Sie legte den Kopf schräg. »Sie sehen ihm nicht sehr ähnlich.«

»Du kennst Leutnant Blackwood?« Fynmore runzelte die Stirn; dann nickte er. »Ja, ich erinnere mich, du hast ihn in Woolwich kennengelernt.«

Blackwood räusperte sich. »Wir haben nur den gleichen Vater, daran liegt es.«

Er sah sich um und versuchte zu verarbeiten, was er soeben unversehens entdeckt hatte. Er mußte blind gewesen sein, daß ihm Harrys Unruhe nicht auffiel, als Fynmore den Besuch seiner Frau angekündigt hatte. Und über seinem Kummer hatte er sogar vergessen, was der Adjutant von Fynmores Haus in Hampshire berichtete. Nun war ihm alles plötzlich sonnenklar, auch Harrys beiläufige Bemerkung über die Briefe, die er angeblich in dem Haus bei der Schenke abzugeben hatte. Und seine Weigerung, später darüber zu sprechen. Dieser verdammte Idiot!

Mühsam bezwang er sich. »Er muß irgendwo in der Nähe sein.« Fynmore schien ihn zu beobachten. »Soll ich ihn holen?«

»Aber nicht doch«, kicherte Fynmore. »Lassen Sie den jungen Draufgänger seine Freiheit genießen. Ich ärgere mich zwar oft über ihn, aber unter entsprechender Anleitung könnte er ein guter Offizier werden.«

Noch nie war er einem Lob so nahe gekommen, und doch fühlte Blackwood sich unbehaglich. Fynmore sagte oder tat niemals etwas ohne Grund.

Seine Frau schüttelte ihre Locken, als ob sie das alles nichts anginge. »Ich bin überzeugt, ich werde meinen Aufenthalt hier sehr genießen, Herr Hauptmann«, zirpte sie.

»Das hoffe ich aufrichtig.« Aber Blackwood war abgelenkt.

Wie versteinert blickte er zum Admiral hin, der die Hand einer weiteren Dame nahm und bei dieser Wendung die Sicht auf ein Mädchen an seiner Seite freigab.

»Mein Gott«, rief Fynmore aus, »ist das nicht die Nichte Slades, die wir gerettet haben?«

Das ›wir‹ hörte Blackwood gar nicht; aber wenn Fynmore sie nicht auch erkannt hätte, hätte er gedacht, er phantasiere wieder im Fieber.

Nicht fähig und auch nicht willens, den Blick von ihr zu lassen, nickte er. »Ja, das ist sie, Sir. Miss Seymour.«

Fynmores Frau wandte sich um und folgte ihren Blicken. Sekundenlang verriet ihr Puppengesicht Ärger, als nähme sie diese Einmischung übel.

»So heißt sie aber nicht, Rupert. Sie war auch auf dem Postschiff, zusammen mit ihrem Mann, einem ziemlich berühmten Arzt. Er ist viel älter als sie, aber manche von uns ziehen eben erfahrene Männer vor.«

Fynmore überhörte ihr Kompliment. »Eine blendend aussehende Frau, trotz allem, Blackwood.«

Blackwood antwortete ihm nicht. Er sah nicht die junge Frau mit dem glänzend schwarzen Haar und dem sittsamen Abendkleid vor sich, sondern das Mädchen in der verwahrlosten Hütte, verletzt, blutend und bis zur Taille fast nackt.

Trotz allem? In diesem Augenblick haßte er Fynmore und seine unverhohlene Gleichgültigkeit noch mehr.

»Wenn Sie mich bitte entschuldigen wollen?«

Unter dem wachsenden Interesse der beiden bahnte er sich einen Weg durch die schwitzende, bunte Menge bis in die Nähe der Treppe.

Davern war womöglich noch schöner geworden, seit er sie in London gesehen hatte. Während ihr Mann sich mit dem Admiral unterhielt, stand sie mit niedergeschlagenen Augen daneben und schien dem Gespräch zuzuhören. Doch Blackwood erinnerte sich an ihr erstes Treffen vor einer Ewigkeit an Bord der *Audacious*. Genauso hatte sie damals dagestanden; das war ihre Abwehrhaltung.

»Ich wünsche Ihnen viel Erfolg, Dr. Hadley«, dröhnte der Admiral. »Es ist höchste Zeit, daß unsere Kranken und Verwundeten mit größerer Sachkunde behandelt werden.« Er lachte glucksend und blickte Davern entschuldigend an. »Verzeihung, Mrs. Hadley, aber zu meiner Zeit hätte das ebenso der Fleischer machen können.«

Blackwood ballte die Fäuste. Er stand nun so nahe, daß er sie hätte berühren können. Ehe sie ihn sah und ihr seine Aufmerksamkeit peinlich wurde, mußte er gehen. Wahrscheinlich würden sie und ihr Mann ohnehin in Kürze mit einem anderen Schiff weiterreisen.

Da sah sie auf und blickte ihm direkt in die Augen, als habe sie seine Anwesenheit gefühlt und genau gewußt, wo er stand.

Der Admiral fuhr herum und runzelte abwehrend die buschigen Augenbrauen. »Dies ist Hauptmann Blackwood, einer unserer Marineinfanterieoffiziere.« Verschwinde, signalisierten seine Augen.

Doch der Arzt fragte schnell: »Sind Sie nicht der ...« Er schaute seine Frau und dann wieder Blackwood an.

»Jawohl, das ist der Offizier, der mein Leben gerettet hat«, sagte sie.

Der Admiral strahlte. »Mein Gott, dann nehme ich alles zurück, was ich über die Marines gesagt habe.« Er merkte, daß er etwas Unpassendes geäußert hatte, und fuhr fort: »Wir müssen uns später noch mal sprechen, Blackwood, wenn die Menge hier verschwunden ist, ja?« Er klopfte ihm auf den roten Ärmel. »Großartig, das wußte ich gar nicht.«

Der Admiral wandte sich einem weiteren Ankömmling zu. Sprach- und hilflos stand Blackwood da. Er wollte nur Davern anschauen und ihre Stimme hören, auch wenn keine Hoffnung mehr bestand. Statt dessen stand er vor ihrem Mann, einem ernst aussehenden Vierziger mit gelehrtenhafter Art und Sprache.

»Ich habe manches über Ihre Taten gehört, Hauptmann. Die Tante meiner Frau, Lady Slade, hat Sie schon erwähnt. Ich freue mich wirklich, Sie endlich selbst kennenzulernen. Hoffentlich können wir auch einmal in Ruhe miteinander sprechen.« Mit einer Handbewegung schien er all die Menschen wegzuscheuchen. »Das wäre für mich höchst interessant.«

Mit ihrer gewohnten ruhigen Stimme fragte sie: »Ist es Ihnen gut ergangen, Hauptmann Blackwood? Ich hörte von Ihres Vaters Krankheit, das hat mich sehr bekümmert.« Ihr Blick war gelassen, und doch lag ein Leuchten darin. »Aber ich hätte nie erwartet, Sie hier zu sehen.«

Blackwood bemühte sich, ebenso ruhig zu bleiben. »Seit meiner Krankenhauszeit bin ich hier in Malta stationiert. Manchmal kommt es mir schon wie eine Ewigkeit vor.«

»Ein Mann der Tat, was?« Dr. Hadley nickte nachdenklich. »Friedenszeiten sind für Sie wahrscheinlich schwer zu ertragen.«

Blackwood versuchte, seine Abneigung gegen ihn zu unterdrücken. Der Mann redete, als ob er einen Patienten untersuchte. Doch Davern hatte ihn geheiratet, also ...

»Mein Mann ist im Regierungsauftrag hier, um die Nachsorge in Heeres- und Marinelazaretten zu überprüfen.«

Der Arzt lehnte ein angebotenes Tablett ab und bat um einen Fruchtsaft. »Wir wohnen im Haus des Amtsarztes, solange ich einige Untersuchungen im Lazarett St. Angelo mache.«

Blackwood sah schnell zu ihr herüber. Sie würde also in Malta bleiben, nur kurze Zeit vielleicht, aber immerhin.

Er mußte sachlich bleiben. »Ah ja, die meisten unserer Kranken und Verwundeten kommen nach St. Angelo.«

Ihre Hände verkrampften sich, und er ärgerte sich plötzlich über sich selbst. Sie hatte ihre Wahl getroffen, wollte nun das Schreckliche vergessen und jedem – auch ihm – aus dem Weg gehen, der alles wieder heraufbeschwor.

»Ich muß jetzt gehen«, setzte er an. Aber dann bemerkte er ihre plötzliche Spannung und eine Bitte in den veilchenblauen Augen. Sein Herz pochte warnend: Sie wollte nicht, daß er ging.

»Ich sehe gerade den Geschwaderarzt da drüben«, sagte ihr Mann. »Ich wäre Ihnen dankbar, wenn Sie bei meiner Frau blieben, bis ich mit ihm gesprochen habe. Es heißt, daß er schwer zu kriegen ist.«

Der große Saal schien plötzlich leer, Musik und Stimmen verklangen.

»Ich habe soviel an Sie gedacht. Eben war mir, als ob ich träumte, und auch jetzt bin ich mir nicht sicher. Sie sind so wunderschön ...« Die Worte strömten einfach aus ihm heraus. »Ich habe immerfort Ihr Bild vor mir.«

Sie hob ihren Fächer und klappte ihn zusammen. »So dürfen Sie nicht sprechen, ich flehe Sie an!« Doch ihr Blick blieb forschend und zärtlich, als sie fortfuhr: »Glauben Sie nicht, daß ich Sie vergessen hätte. Aber die Dinge haben sich geändert, das müssen Sie doch einsehen? Ich möchte nicht, daß Sie sich gekränkt fühlen.«

»Gekränkt?« Er nahm ihre Hand und hielt sie fest, empfand ihre Wärme und die Antwort ihrer Augen. »Ich würde noch weit mehr riskieren als das. Alles!« Er senkte die Stimme. »Kann ich Sie wiedersehen?«

Sie sah beiseite, ihre Brust hob und senkte sich. »Sie meinen, allein?«

»Ich muß Sie wiedersehen, mit Ihnen sprechen. Es ist vielleicht die letzte Gelegenheit.«

Erneut blickte sie ihn an, doch ihre Fassung war dahin.

»Das ist Wahnsinn! Ich weiß nicht, was ich sagen soll, was Sie von mir erwarten. Schließlich bin ich verheiratet.« Sie zögerte, als ihr bewußt wurde, daß ihre Worte wie eine Verteidigung, wie ein Geständnis geklungen hatten. »Von hier aus reisen wir nach Kairo ...«

Er nahm auch ihre andere Hand. »Bitte. Ich falle Ihnen bestimmt nicht lästig, das verspreche ich.«

Zum erstenmal lächelte sie. »Das könnten Sie gar nicht.« Sie ließ den Fächer sinken und entzog ihm ihre Hände.

Dr. Hadley trat wieder zu ihnen. »Das wäre erledigt.« Abwechselnd sah er sie beide an. »Sie haben wohl eine Menge gemeinsamer Erinnerungen, was?« murmelte er mehr zu sich selbst.

Blackwood verbeugte sich. »Ich freue mich darauf, Sie später beim Essen wiederzusehen.« Damit trat er zurück.

Er drängte sich durch die Menge und hatte schon die Hälfte des Saales durchschritten, ehe er wußte, was er tat.

Davern hatte recht, es war Wahnsinn. Aber er stand dem hilflos gegenüber. Wie ein Schiff ohne Ruder, das dem Sturm ausgeliefert ist.

Er fand sich auf einem Balkon wieder, atmete tief und durchlebte jede der kostbaren Sekunden noch einmal.

Aus einer Ecke des Saales beobachtete ihn Fynmore. »Ich werde den Hauptmann im Auge behalten müssen«, sagte er zu seiner Frau.

»Ich möchte nicht, daß der gute Name meiner Truppe in Gefahr gerät. Er ist einer der mir anvertrauten Offiziere und sie eine verheiratete Frau. Ich hatte schon damals so ein Gefühl bei diesen beiden. Das geht nun wirklich nicht!«

Seine Frau schlug die Augen nieder und verbarg ein Lächeln. »Natürlich nicht, Liebster.«

XVIII Neue Hoffnung

Das Lazarett von St. Angelo war ein ruhiger, abgelegener Ort, obwohl rundum das geschäftige Treiben der Insel wogte. Gewundene, baumbestandene Wege und ein Garten wurden unter Aufsicht einer Nonne von genesenden Soldaten und Seeleuten gepflegt. Auf die Insassen schien das eine beruhigende Wirkung zu haben; Blackwood, der über einen dieser Wege schritt, konnte sie sich kaum noch als krakeelende, trinkfeste Soldaten vorstellen.

Davern wartete an einer Steinbank, die mittlerweile ihr Treffpunkt geworden war, obwohl Blackwood das Lazarett bisher nur zweimal besucht hatte.

Sie setzten sich in den Schatten und sahen vor sich hin, als schämten sie sich.

»Schön, daß du kommst, Philip.« Wie selbstverständlich nannte sie ihn beim Vornamen.

Eine Nonne segelte mit großer Haube und hellem Gewand wie ein Linienschiff an ihnen vorbei. Was dachte sie wohl bei ihrem Anblick? fragte sich Blackwood.

»Ich wollte, wir könnten uns jeden Tag sehen.« Aber ihm fiel ein trauriger Schimmer in ihren Augen auf.

»Ich muß dir etwas sagen«, begann sie. »Mein Mann hat seine Arbeit hier beendet. Am Mittwoch reisen wir weiter nach Kairo.«

Das hatte er erwartet. Als aus den Tagen Wochen geworden waren und es ihm trotz aller Schwierigkeiten glückte, sie immer wieder zu sehen, hatte er das Unvermeidliche nur verdrängt.

»Ich hoffte ...« Er nahm ihre Hand und drückte sie an seine Wange. »Aber es war nicht recht von mir zu hoffen, und nun habe ich dir weh getan.«

Lächelnd schüttelte sie den Kopf. »Das hast du nicht. Durch dich weiß ich jetzt mehr über mich, als ich für möglich gehalten hätte. Der

Gedanke an unsere Trennung ist mir unerträglich.« Ihre Lippen zitterten. »Ich will dich nicht schon wieder verlieren.«

Er setzte zum Sprechen an, doch sie nahm seine Hand und fuhr fort: »Nein, du mußt mir zuhören. Ich habe Paul geheiratet, weil ich ihn seit langem kenne. Er war ein Protégé meines Vaters, als ich noch zur Schule ging. Nach Afrika wagte ich nicht zu hoffen, daß irgendein Mann mich noch lieben könne.« Sie hob den Blick. »Erst jetzt weiß ich, du warst wirklich der eine. Aber damals konnte ich es nicht wagen, uns beide zugrunde zu richten.«

Blackwood mußte an Lady Slades Worte in dem ruhigen Londoner Haus denken: *Sie werden mit gebrochenem Herzen enden.*

»Ich glaubte, Paul sei anders. Er ist viel älter als ich, und ich hoffte, ihm bei seiner Arbeit helfen zu können, wie ich einst meinem Vater half.«

Plötzlicher Geschützdonner erschütterte die Luft. Sie umkrampfte seine Hand und griff sich an die Brust. Er bemerkte die Angst in ihren Augen.

»Es ist alles in Ordnung, Davern. Nur ein Salut.«

Das regelmäßige Krachen erinnerte ihn daran, daß ein neues Kriegsschiff aus England eintreffen sollte.

»Ist er dir ein schlechter Ehemann? Wenn er ...«

Sie schüttelte den Kopf. »Er ist weder schlecht noch gut. Er ist an mir interessiert.«

Blackwood erinnerte sich an Dr. Hadleys Verhalten beim Admiralsempfang. Kühl und interessiert. Sie hatte recht.

»Wie dem auch sei.« Sie spielte mit seiner Hand, und er fühlte ihre Wärme. »Das soll nicht deine Sorge sein.« Sie sah zur Seite. »Ich wünschte, ich hätte deinen Mut gehabt, als es darauf ankam. Jetzt weiß ich, du hättest mich verstanden, mir geholfen.« Sie zog ihre Hand weg, ging zu einer niedrigen Mauer und blickte auf die weißen Gebäude und Türme hinab. »Du hast mich nicht danach gefragt«, sagte sie heiser. »Du wußtest, daß sie mich vergewaltigt hatten, doch nicht ein einziges Mal fragten deine Augen: Wie konnte das geschehen? Was haben sie mit dir gemacht?«

Er packte sie und zog sie an sich.

»Oh, wie wünschte ich, an diesem Tag gestorben zu sein!«

Blackwood hielt sie wortlos fest und ließ alles ungehemmt aus ihr heraussprudeln, weil er wußte, daß er ihr damit vielleicht half. Nun verstand er, was sie durchgemacht hatte. Die ganze Zeit hatte sie mit ihrem Geheimnis gelebt. Nun, da sie es ihm anvertrauen konnte, war es zu spät.

Liebevoll hob er ihr Kinn und strich eine Haarsträhne aus ihren Augen.

»Ich weiß nur, daß ich dich liebe. Dich jetzt noch zu verlieren, ist unvorstellbar.«

Dauernd sah er ihren Mann vor sich, wie er sie befragte, auf Einzelheiten drang, statt ihr vergessen zu helfen.

Die Hände in den weiten Ärmeln verborgen, eilte eine Nonne auf sie zu. »Ihr Mann ist gerade aus der Residenz eingetroffen, Mrs. Hadley.« Sie nickte. »Guten Tag, Hauptmann Blackwood.« Damit verschwand sie um die nächste Biegung.

Blackwood blickte ihr nach. »Unser Schutzengel.«

Davern faßte ihn beim Arm und sagte ungestüm: »Geh jetzt, ich habe genug angerichtet. Ich möchte nicht, daß auch dein Ruf ruiniert wird.«

Noch einmal zog er sie an sich und fühlte, wie sie zitterte. Ihm war, als hinge ihr Leben an einem Faden. Ein rauhes Wort oder eine unbedachte Bewegung, und alles war vorbei.

»Hör mir zu: Ich brauche dich, verstehst du? Ich kann es nicht ertragen, dich zu verlieren.« Er umfaßte ihre Taille und zog sie noch dichter an sich. »Wir sind füreinander bestimmt, Davern. Vielleicht war es unser Schicksal zu leiden, ehe wir diese Liebe fanden.«

Zögernd gab er sie frei. Ihre Blicke trafen sich, und er spürte, wie sie gegen ihre Tränen ankämpfte.

»Bitte küß mich, Philip.«

Sie schlang die Arme um seinen Nacken, ihre Lippen fanden sich im Kuß. Blackwood wußte nicht, wie lange sie sich umarmten oder ob jemand vorbeikam. Ihr Mund sagte ihm ohne Worte, daß dies eine Geste verzweifelter Hoffnung sei und nichts weiter. Die Ahnung von etwas Herrlichem, das bald vorüber sein würde.

Dann stemmte sie die Hände gegen seine Brust und sagte atemlos: »Du mußt jetzt gehen, bitte. Das führt zu nichts.«

Blackwood mußte sich mit Gewalt zur Ruhe zwingen.

»Ich werde dir schreiben«, sagte er. »Irgendwie werde ich ...«

Aber sie hatte sich schon abgewandt und eilte hinter der Nonne her.

Blackwood verließ das Lazarett durch eine Seitentür und ging zum Hafen. Es waren mehr Leute als sonst unterwegs, wahrscheinlich wollten sie das soeben aus England angekommene Schiff sehen. Es brachte

Neuigkeiten von daheim, alte Freunde und Befehle für die nächste Zeit.

Über der Bergfestung wehte die Flagge träge im Sonnenschein. Dort wartete alles auf ihn: Fynmore, Harry, das Corps, Routine und Pflicht.

Er wandte sich um und sah zum Lazarett zurück, zu dem gewölbten Dach und den schattigen Bäumen. Aber mein Herz ist dort, bei ihr, dachte er.

Die Hafenmauer war voller Menschen, die gekommen waren, den großen Dreidecker zu begrüßen, der langsam auf seinen Ankerplatz zulief.

Das Schiff ähnelte den anderen großen Kriegsschiffen, als es jetzt mit lose aufgetuchten Segeln in den Wind drehte. Doch der hohe dünne Schornstein dicht hinter dem Fockmast und das Schraubenwasser unter dem überhängenden Heck verrieten, daß es doch etwas anderes war. Im Topp des Großmasts flatterte, hoch über der abziehenden Rauchwolke des Saluts, eine Admiralsflagge.

Blackwood fragte sich, warum dieses Schiff nach Malta gekommen und wohin es bestimmt sei. Doch sein Interesse schwand schnell. Er betastete seinen Mund, als hoffe er, noch eine Spur von ihr zu fühlen.

Einige köstliche Augenblicke waren ihnen geschenkt worden. Konnte es damit wirklich zu Ende sein?

Er wandte sich um und schritt entschlossen bergan, der Batterie zu.

Es war nicht zu Ende, würde niemals zu Ende sein!

Harry Blackwood musterte argwöhnisch Fynmores Frau, die sich eifrig in der Kabine des kleinen, reich verzierten Schoners umsah. Er gehörte einem hiesigen Händler, mit dem sich Harry angefreundet hatte, und war der einzig sichere Treffpunkt, den er hatte finden können.

Es war kaum zu ertragen, wie sich alles geändert hatte. Julia Fynmore genoß ihre Macht über ihn und schien völlig gleichgültig gegenüber den Risiken, die sie auf sich nahmen.

Er schob die kurzen Vorhänge zur Seite. Meist örtlicher Bootsverkehr, aber man konnte auf einer überfüllten Insel wie Malta nie ganz sicher sein.

Er hörte ihr zufriedenes Murmeln, dann wandte sie sich um und sah ihn wie ein aufgeregtes Kind an.

»Es ist hübsch hier, Harry. Komm her und nimm mich in den Arm.«

Mittlerweile war ihm bis zum Überdruß klar, daß diese Frau nichts wirklich Kindhaftes an sich hatte.

Er umarmte sie und fühlte, wie sie sich an ihn drückte. Nichts erinnerte mehr an die schüchterne Frau, die er in Fynmores Haus fast vergewaltigt hatte.

»Wir müssen vorsichtig sein, Julia.« Welche Verrücktheiten würde sie wohl begehen, wenn er versuchte, die Affäre zu beenden?

»Ach, dummes Zeug!« Sie sah lächelnd zu ihm hoch. »Niemand hat einen Verdacht. Rupert ist sowieso viel zu beschäftigt.«

Das Boot krängte leicht, Harry fuhr zusammen, entspannte sich aber wieder. Es war nur dieser an Bord lebende Matrose mit dem ausdruckslosen Gesicht.

Julia knöpfte sein Hemd auf und küßte ihn auf die Brust. »Komm, Harry.« Sie streichelte seine Haut und flüsterte: »Ich kann's nicht mehr erwarten.«

»Bitte, Julia!« Sie zog einen Flunsch. »Ich dürfte es eigentlich gar nicht wissen, schon gar nicht jemandem erzählen, aber die ganze Marineinfanterie soll sich auf einige der hier liegenden Fahrzeuge einschiffen. Gott weiß, zu welchem Zweck.«

Ungeduldig schüttelte sie die Locken. »Ach das! Das weiß ich längst. Es ist wegen irgendwelcher dummen Gerüchte, daß die Russen türkisches Territorium besetzen. Als ob das was ausmacht.«

Harry sah sie entsetzt an. Er hatte erst gestern von den neuen Befehlen erfahren. Die größte Überraschung war, daß das große Kriegsschiff, das im Grand Harbour vor Anker gegangen war, die Flagge von Admiral Sir James Ashley-Chute führte. Endlich befördert und auf einem funkelnagelneuen Flaggschiff, war er wieder gleich einem kleinen Taifun über sie hereingebrochen.

Daß er noch einmal froh sein würde, den kleinen Admiral wiederzusehen, hätte Harry nie gedacht. Ihm war es egal, ob die Russen oder gar die Chinesen der Grund für die ganze Aufregung waren. Alles besser als diese trostlosen Monate der Untätigkeit und Langeweile. Und angesichts der anspruchsvollen Mrs. Fynmore, die ständig über sein Kommen und Gehen bestimmte, würde es eine doppelte Erlösung sein.

Er bemerkte ihre wachsende Ungeduld. »Trotzdem müssen wir vorsichtig sein.«

Er zog sein Hemd aus und folgte ihr in die benachbarte Kammer. Wie sich alles geändert hatte! Wie er die ›Spiele‹ haßte, die sie für ihre Schäferstündchen erfand!

Sie wandte sich und sah ihn an, ihre schlanke Gestalt schwankte mit den leichten Bewegungen des Schiffes.

»Was soll es diesmal sein, Harry?« Sie fuhr sich mit der Zunge über die Lippen. »Oh, am besten, du bist der Pirat, und ich bin wieder deine Gefangene.«

Er stieß sie roh auf die breite Koje; als sie sich scheinbar wehrte, umklammerte er ihren Hals und drückte zu. Alles hatte sie verdorben, hatte wahrscheinlich bereits bei ihrem ersten Zusammensein, als er noch ein halber Junge war, gewußt, daß es so enden mußte.

In seinem Ärger hätte er sie fast erdrosselt; doch für sie gehörte das zum ›Spiel‹, und sie war eifriger denn je dabei, sein Verlangen zu erwidern.

Ihr zu entkommen, sich aus der klebrigen Abhängigkeit zu befreien, dieser Gedanke gab ihm neue Kraft. Als sie sich voneinander lösten, erschöpft und keuchend, lächelte er sogar.

Dicht gedrängt saßen die Offiziere in der geräumigen Messe des Flaggschiffs. Admiral Sir James Ashley-Chute kam endlich zum Ende seiner Ansprache.

Neben einer offenen Geschützpforte saß Philip Blackwood und hörte dem mißgestalteten kleinen Admiral zu; er war fasziniert von seiner Vitalität und Einschätzung der neuen Krise im Schwarzen Meer.

Der Admiral war viel älter geworden und hielt sich wenn möglich noch gebeugter, und doch leuchteten die Begeisterung und der Eifer eines Leutnants aus ihm.

Blackwood wußte zwar nicht, in welcher Klemme sich sein Halbbruder befand, aber auch er war froh, wieder zum Geschwader zu gehören und – bis er Davern wiederfinden würde – tätig zu sein. Zusammen mit ihrem Mann hatte sie die Insel verlassen und war jetzt wohl in Kairo. Er hatte geglaubt, die Erinnerung an ihr letztes Beisammensein würde die Trennung unerträglich machen. Doch seltsamerweise hatte gerade dies ihm Zielstrebigkeit und die Gewißheit verliehen, daß sie sich wiedersehen würden, mochten die Hindernisse auch noch so stark sein.

»Die Russen sind offenbar entschlossen, immer mehr türkisches Territorium zu besetzen«, sagte Sir James. »Man hat sie unmißverständlich gewarnt. Aber wenn sie aus Habgier bereit sind, einen Krieg zu beginnen, dann, meine Herren, sollen sie ihn haben.«

Nun hatte er sie alle gepackt. Das langsame, ereignislose Leben an Bord und an Land schien mit den Worten des Admirals vorbei zu sein. Der kleine Mann beherrschte die Messe und riß alle mit.

Die Navy würde eine kleine, aber eindrucksvolle Streitmacht ins Schwarze Meer entsenden. Die Führung lag bei der *Tenacious*, dem neuesten Schiff seiner Art, mit 131 Kanonen. Seit Blackwood von Ashley-Chutes Ankunft gehört hatte, fragte er sich, was den Admiral wohl veranlaßt hatte, so ein »Kohlenschiff« mit allen verhaßten Eigenschaften zu akzeptieren. Drei Dampffregatten und sechs Kanonenboote würden das Flaggschiff begleiten. Damit konnte man schwerlich einen Krieg gewinnen, doch die Russen möglicherweise davon abhalten, einen anzuzetteln.

Ashley-Chutes tiefliegende Augen glitten über die Kapitäne und höheren Offiziere hinweg, bis sie an Fynmore hängenblieben.

»Ich nehme an, Sie alle haben das Übergewicht des roten Rocks unter uns bemerkt.« Ein kurzes Gelächter, wie erwartet. »Die Marines werden auf die unter meinem Befehl stehenden Schiffe verteilt und in Bataillonsstärke an Land gesetzt: eine unabhängige Infanterieeinheit, gut ausgebildet und besser bewaffnet ...« Sein Blick ruhte kurz auf Blackwood, »als in der Vergangenheit.«

Major Brabazon, Fynmores Stellvertreter, flüsterte: »Das klingt fast so, als hielte er was von uns.«

Doch Fynmores Rücken und Schultern blieben stocksteif. Brabazon zuckte angeödet mit den Schultern.

Blackwood lächelte. Es war nie leicht, den Oberstleutnant auf Kosten eines höheren Offiziers zum Lachen zu bringen. Er blieb immer darauf bedacht, nichts von sich zu geben, was seiner Karriere schaden konnte.

Doch Brabazon mochte er: ein großer, zugänglicher Mann, Marineinfanterist bis in die Knochen, hatte er mehr als jeder andere getan, um die Rekruten und die Altgedienten zu einer Einheit zusammenzuschweißen.

»Das wäre im Augenblick alles, meine Herren.« Der Admiral nickte seinem Flaggleutnant zu. »Der Flaggleutnant wird Sie jetzt über die Verteilung auf die einzelnen Schiffe und Unterkünfte unterrichten. Danach kehren Sie zu Ihren Kommandos zurück und bereiten Ihre Leute darauf vor, daß wir Donnerstag in See gehen.« Alles erhob sich, er schickte sich zum Gehen an, setzte aber noch hinzu: »Hauptmann Blackwood, kommen Sie mit.«

Blackwood stand auf; der knappe Befehl überraschte ihn, und ihm war klar, daß alles zu ihm hinsah und vor allem Fynmores Argwohn geweckt war.

Türen öffneten und schlossen sich, dann stand er im Tagesraum der Admiralskajüte, durch dessen breite Heckfenster er die im Dunst schimmernden Schiffe sah. Ashley-Chute setzte sich auf eine Bank und kreuzte die Beine. »Sie sind natürlich an Bord der *Tenacious*.«

Der Steward reichte Blackwood ein Glas Sherry. Ashley-Chute nippte an seinem und verzog das Gesicht. »Mein Gott, was denkt sich der Zahlmeister eigentlich dabei?« Dann sagte er ruhiger zu Blackwood: »Tut mir leid, daß ich nicht mehr für Sie tun konnte. Wäre Ihre Verwundung weniger schwer gewesen, hätte ich Sie in meinem Befehlsbereich behalten. Andererseits – wäre sie noch schwerer gewesen, dann wären Sie jetzt nicht einmal hier. Deshalb sollten Sie dankbar sein.« Er verzog den Mund zu einem Lächeln. »Es wird zum Kampf kommen, das kann ich riechen. Dann bekommen Sie Ihre Chance, ganz bestimmt.« Mit offensichtlicher Befriedigung blickte er sich in der strahlend weiß gestrichenen Kajüte um. »Man muß für den Fortschritt auch mal Konzessionen machen, oder?«

»Geht es Ihrem Sohn gut?«

Ashley-Chute strahlte. »Das nehme ich an. Er ist Kommandant eines dieser stinkenden Kanonenboote dort drüben. Aber das wollte er ja, der verdammte Kerl.«

Plötzlich fragte er: »Glauben Sie, daß Ihre neue Truppe an Land gegen ausgebildete Soldaten kämpfen kann? Und ich möchte die Wahrheit hören und keine verzuckerte Antwort, nur weil Sie mir gefallen wollen.«

»Dessen bin ich sicher, Sir. In Afrika war das anders ...«

»Afrika war nicht viel anders, Blackwood. Wir wurden als Mittel zum Zweck benutzt, und das wird im Schwarzen Meer genauso sein. Für Sie bestand der afrikanische Feldzug aus einer Reihe von Gefechten, ohne daß Sie das Hauptziel dahinter sahen.« In seinem Ton schwang Verbitterung mit. »Ich bin ein alter Mann, und es hat lange gedauert, bis ich die Unehrlichkeit der Politiker begriff.«

»Der Sklaverei wurde ein Ende gemacht, Sir.«

»Du meine Güte, das wäre sowieso passiert. Aber sie wollten Lagos haben, und die Politiker mußten das irgendwie begründen. Der Keim des Empire«, brach es aus ihm heraus, »welch ein Unsinn!« Er wies auf die Karaffe. »Gießen Sie uns Sherry nach.«

Dann fuhr er leiser fort: »Sie sollen wissen, daß ich Ihre Rolle in dem Feldzug dankbar anerkenne. Sie waren sozusagen der Angelpunkt, und ohne Sie hätte es einen schweren Rückschlag gegeben. Der Feldzug hat uns ohnehin zweitausend Offiziere und Männer gekostet.« Er stierte in sein Glas. »Und alles für diese stinkende Küste und den Ärger, den sie uns bringen wird.« Als er wieder aufblickte, war sein Affengesicht unbewegt. »Aber wenn Sie auch nur ein Wort von dem, was ich eben gesagt habe, weitererzählen, dann ziehe ich Ihnen das Fell über die Ohren!«

»Das tue ich selbstverständlich nicht, Sir.«

Das also war des Admirals Art, sein Bedauern darüber auszudrükken, daß Blackwood als einziger bei der ganzen Geschichte nichts gewonnen hatte: ein Vertrauensbeweis.

»Fragen Sie nie nach den Gründen, Blackwood, sondern handeln Sie. So habe ich es bisher gehalten, und ich habe auch nicht die Absicht, das zu ändern.« Er schien nach den richtigen Worten zu suchen. »Schon gar nicht wegen des verdammten Zaren von Rußland.«

Zwei Tage später verließ die *Tenacious* in Begleitung ihrer kleinen Flottille Malta und ging in See. Vor der Bastion am Hafen spielten Musikkapellen, und über das dunkel werdende Wasser wurden Raketen geschossen, bis die blinkenden Lichter schließlich verschwanden.

An Bord des Flaggschiffes herrschte ebenfalls Freude, wenn auch aus anderen Gründen. Feldwebel M'Crystal war dankbar, seine schlimmsten Übelbolde nun so, daß er sie überwachen konnte, zusammen zu haben. Frazier hing an seinem neuen Gewehr fast wie an einer Geliebten. Auf dem Schießstand hatte er so lange geübt, bis es ihm gelang, auf dreihundert Yards auch das kleinste Ziel zu treffen. Korporal Jones, verläßlich und gewissenhaft wie stets, hing noch immer den Gedanken an seinen toten Freund, Korporal Bly, nach. Seltsam, daß er nicht darüber hinwegkam. Er wußte, daß es falsch war, aber er konnte an dem neuen Korporal keinen Gefallen finden, und das verwirrte ihn. Die Rocke-Zwillinge gewöhnten sich schnell wieder an das Bordleben und ärgerten Sergeant Quintin wie eh und je. Der Adjutant, Leutnant Speer, magerte vor Kummer über seine Frau in England und die Affäre, bei der er sie letztes Mal erwischt hatte, noch mehr ab. Im Gegensatz zu ihm war Leutnant Harry Blackwood ganz der alte, immer vergnügt und ungezwungen.

Auch Oberstleutnant Rupert Fynmore war sehr zufrieden. Er hatte das richtige Alter und den richtigen Dienstgrad. Neue Horizonte öffneten sich ihm. Wie sehr er gefürchtet hatte, aus dem Corps entlassen oder auf einen unbedeutenden Posten versetzt zu werden, das hatte er bereits vergessen. In seiner Familie hatte es noch nie einen General gegeben, aber das würde sich jetzt ändern. Oft beglückwünschte er sich zu seiner jungen Frau. Sie kam aus einer angesehenen Soldatenfamilie, und das konnte ganz sicher nicht schaden.

Ein Netz von Eilseglern und schnellen Postschiffen hielt die Admirale im Mittelmeer über das Weltgeschehen auf dem laufenden. Doch die Masse der Seeleute und Marineinfanteristen blieb über die Vorgänge im ungewissen.

Während der gemächlichen Fahrt nach Osten traf bei Ashley-Chutes Geschwader die Nachricht ein, daß russische Streitkräfte weiteres türkisches Territorium besetzt hätten und der Sultan den Verteidigungskrieg erklärt hätte. Als die *Tenacious* etwas später vor Anker lag und die demütigende Kohlenübernahme über sich ergehen ließ, wurde Ashley-Chute informiert, daß ein starker russischer Verband von Sewastopol ausgelaufen sei und ein türkisches Geschwader vernichtet habe. Doch in Ashley-Chutes Befehlsbereich herrschte offensichtlich nur wenig Sympathie für die Türken. Rußland war schließlich mit Großbritannien erst vor sechsundzwanzig Jahren gegen die Türkei verbündet gewesen.

Mehrere französische Kriegsschiffe waren ebenfalls im östlichen Mittelmeer eingetroffen, und ihre Kommandanten diskutierten oft an Bord mit Ashley-Chute die möglichen Strategien.

Die Routine aber ging weiter: Segel- und Geschützexerzieren, Kohlenübernahme und Reinschiff.

Es war auch ein ganz gewöhnlicher Tag, als die Besatzung des Flaggschiffs achteraus gepfiffen wurde, um eine Bekanntgabe des Kommandanten zu hören.

Wenn Ashley-Chute einem Affen glich, dann glich Kapitän Montagu Jervis bestimmt einer Bulldogge. Klein und von kräftigem Körperbau, sah er mit seinem wehenden Backenbart älter aus, als er war. Ernst, sogar streng im Dienst, kam er mit dem Admiral jedoch offenbar gut zurecht. Blackwood fragte sich oft, was wohl aus Ackworthy, Monkeys altem Flaggkapitän, geworden war.

Als die Seeleute an diesem Morgen nach achteraus schwärmten, stand Kapitän Jervis, die Mütze ins Gesicht gezogen, die Hände in den Taschen, neben seinem Befehlshaber, bis schließlich Stille eingetreten war.

Blackwood wartete bei den anderen Offizieren, beobachtete den eindrucksvollen, leicht im Wind wehenden Backenbart des Kommandanten und überlegte, was wohl so wichtig war.

Hart und knapp sagte Jervis: »Es gibt keinen Hinweis darauf, daß die Russen ihren Angriff auf türkisches Gebiet einzustellen beabsichtigen. Ihrer Majestät Regierung hat uns daher befohlen, unverzüglich ins Schwarze Meer einzulaufen.«

Das war alles. Aber nun war es kein gewöhnlicher Tag mehr. Denn Großbritannien befand sich im Krieg.

XIX Im Krimkrieg

Harry Blackwood blickte zur Küste hinüber. »Und das ist das türkische Reich? Wenn der übrige Teil auch so aussieht, dann kämpfen wir, glaube ich, auf der falschen Seite.«

Blackwood beobachtete Harry forschend; sein von Natur aus stets gutgelaunter Halbbruder schien neuerdings ständig gereizt.

Nachdem das Geschwader durch den Bosporus ins Schwarze Meer eingelaufen war, hatte sich die erste Erregung über den Kriegszustand gelegt. Keiner konnte sagen, was er eigentlich erwartet hatte, doch mit Ausnahme einiger Vorpostenfahrzeuge dicht unter der russischen Küste hatten sie nichts vom Feind gesehen.

Nun lagen sie vor dem türkischen Hafen Warna an der Westküste des Binnenmeeres; die Schiffe schwojten um ihre Anker, und die Besatzung blickte sehnsüchtig zur Stadt mit den niedrigen Häusern hinüber.

»Stimmt was nicht, Harry?«

Harry sah ihn unsicher an. »Ich habe dieses Hackenklappen satt. Manchmal möchte ich am liebsten mit der Familientradition brechen und zu einem Linienregiment der Armee gehen. Wenn ich noch einmal eine Ehrengarde für das französische oder türkische Oberkommando befehligen muß, werde ich verrückt.«

Blackwood überging das Unbehagen seines Bruders als unwesentlich. Auf das endlich wieder vor Anker liegende Geschwader hatten hier Säcke voll Post gewartet mit Nachrichten von zu Hause, von Bräuten und Frauen: lebenswichtiges Bindeglied zu einer anderen Welt.

Auch für ihn war ein Brief dabeigewesen, aus Kairo.

An die Adresse, die Davern ihm genannt hatte, hatte er schon mehrmals geschrieben, aber dies war die erste Antwort, die er von ihr erhielt. Anscheinend waren alle seine Briefe auf einmal angekommen. Zu seiner Freude hatte sie sich die Mühe gemacht, sie in der richtigen Reihenfolge und sehr sorgfältig zu lesen. Und ihre Antwort war voll Wärme und Zuneigung, als seien sie Verliebte und nicht nur gute Bekannte.

Grüßend trat ein Fähnrich heran. »Der Kommandant bittet Sie, die Wache antreten zu lassen, Sir. Der Admiral kehrt in Kürze zurück.«

»Danke. Bitte pfeifen Sie nach Sergeant Quintin.«

Der Admiral kam also wieder an Bord. Den ganzen Tag war er drüben auf dem Flaggschiff des obersten Befehlshabers gewesen, wahrscheinlich um seinem Zorn über ihre Untätigkeit Luft zu machen.

Harry zog sein Wehrgehenk fester. Diesmal war es gerade noch gutgegangen. Aber fast hätte er Philip gegenüber etwas von dem Brief erwähnt, den er von Fynmores Frau aus Malta bekommen hatte: Bar aller Liebe und Koketterie, war er nur voller Reue und Angst.

Nach dem Auslaufen des Geschwaders von Malta hatte sie einen anderen Offizier kennengelernt, und aus dem Ton ihres Briefes schloß Harry, daß es ihr diesmal nicht gelungen war, die Oberhand zu behalten. Sie war schwanger und hatte offensichtlich große Angst vor den möglichen Konsequenzen, wenn Fynmore dahinterkam.

Harry starrte auf die vor Anker liegenden Fregatten und die unter ihrem üblichen schmutzigen Rauchschleier schwojenden Dampfkanonenboote. Vielleicht war das Kind bereits da? Sie hatte jedenfalls angedeutet, daß sie ihren Mann um Verzeihung bitten wollte, und wenn das mißlang, wollte sie etwas Schreckliches tun.

Die erste Gruppe Marineinfanteristen trampelte den Niedergang hoch und begab sich zum Empfang des Admirals.

Wenn seine Verbindung zu ihr nun herauskam? Fynmores Mißgunst der Blackwood-Familie gegenüber würde alles zunichte machen.

Hinter dem anderen Flaggschiff kam eine Barkasse hervor und näherte sich der *Tenacious*.

»Wache angetreten zur Musterung, Sir«, meldete Sergeant Quintin.

Blackwood beobachtete, wie sein Halbbruder die Wache kurz und ohne seine übliche Leutseligkeit musterte. Die steinernen Gesichter der Marineinfanteristen zeigten, daß sie ihm diesen unerklärlichen Wechsel übelnahmen.

Kapitän Montagu Jervis schritt gewichtig über das Achterdeck und schaute finster der Barkasse entgegen. Er nickte Blackwood zu und murmelte: »Hoffentlich ist Sir James guter Laune. Die Fregatten haben Kohlenmangel im Hafen gemeldet. Nachschub ist nicht vor einer Woche zu erwarten.« Er blickte zu den festgemachten Segeln auf. »Wie kann man eine moderne Flotte mit Köpfen aus der Steinzeit führen?«

Ashley-Chutes Kopf und Schultern tauchten über der Bordwand auf, er schien ausgesprochen umgänglicher Laune zu sein. Kurz grüßte er zur Wache hinüber und wartete, bis der Chor der Trillerpfeifen verstummte. Dann sagte er, an alle gewandt, fröhlich: »Klar machen zum In-See-Gehen, meine Herren. Diesmal kommt es zum Kampf!«

Selbst Kapitän Jervis' mürrische Mitteilung über den Kohlenmangel schien seine Laune nicht zu dämpfen. »Was haben Sie denn von einem Haufen gottloser Heiden erwartet, Käpt'n?« Er rieb sich die Hände. »Solange nur das Flaggschiff klar bleibt.«

Den Flaggleutnant im Kielwasser, eilte er in seine Räume.

Auf einer eilig zusammengerufenen Besprechung erläuterte Kapitän Jervis später den Grund für des Admirals Begeisterung.

Kurz vor Ausbruch des Krieges mit Rußland hatte die Batterie von Odessa Ihrer Majestät Schiff *Furious* beschossen, obwohl dieses die Parlamentärsflagge führte, um über den Abtransport britischer Staatsangehöriger zu verhandeln. Nach der Kriegserklärung war es einer der ersten Einsätze der britischen Flotte gewesen, diese Batterie und die Hafenanlagen zu zerstören. Aber anscheinend gab es ostwärts von Odessa noch eine zweite schwere Batterie, die dort vor Anker liegende russische Kriegsschiffe schützte.

Im Fall einer großen Invasion mußten die Briten und ihre Verbündeten jedoch die Verbindungswege über See beherrschen, um Truppen und Nachschub transportieren zu können.

»Wir werden diese Schiffe zum Gefecht zwingen und vernichten, ebenfalls die Batterie, wenn es nötig ist«, verkündete Kapitän Jervis in seiner gewohnten ernsten Art.

Das klang ganz einfach. Die Neuigkeit lief von Messe zu Messe und brachte die gesamte Besatzung in Schwung.

Bei Anbruch der Dunkelheit gingen *Tenacious*, begleitet von der Dampffregatte *Sarpedon* und dem kleinen Radkanonenboot *Rupert*, in See.

Enttäuscht und schweigend sahen die anderen Crews zu, wie die

Besatzung des Flaggschiffs zu den Rahen aufenterte und jubelte, als habe sie bereits den Sieg errungen.

Achtern in der großen Kajüte lauschte Ashley-Chute mit schiefem Kopf dem Jubel und genoß den Augenblick. In seiner langen Laufbahn war er oft kritisiert und gescholten worden, und mehr als einmal hatte man ihn wegen seiner Vorstellungen und Methoden abgelöst. Doch in allen Fällen war er von der Richtigkeit seines Verhaltens überzeugt und fest geblieben, auch wenn andere seine Entscheidungen anzweifelten. Eine harte Herausforderung erforderte eben eine harte Lösung. Ihm war klar, daß er seine Tage nicht im Frieden eines Admiralitätszimmers beenden würde, doch das kümmerte ihn nicht mehr. An Bord war sein Platz, unbehindert durch vorgesetzte Dienststellen und mit der Macht auf seiner Seite.

Unter dem Druck des Südwestwindes krängte das Schiff leicht, und der Admiral lächelte beim Gedanken an den Eifer seines Flaggkapitäns, der so gern seine Maschinen eingesetzt hätte. Aber die *Tenacious* mit Vollzeug vor dem Wind – es gab keinen schöneren Anblick. Kein Wunder, daß die Seeleute jubelten. Gewiß, sie waren vielleicht unwissend und widerspenstig, aber doch stolz auf das Schiff und das, was es verkörperte, genau wie er.

Aber daß sie alle Angst vor ihm hatten, amüsierte ihn. Er mußte an seine erste Begegnung mit Blackwood vor Jahren in Neuseeland denken. Damals war er nach heftigem Kampf blaß und zornig gewesen und entschlossen, den Ruf seines toten Majors zu verteidigen. Vielleicht hatte er Hauptmann Blackwood deswegen auf der *Audacious* behalten: Seiner Erinnerung nach war er der einzige, der ihm jemals mutig entgegengetreten war.

Auf Zehenspitzen schlich sein Steward in die Kajüte und wartete ängstlich.

»Ich nehme Portwein, Fisher«, bedeutete ihm Ashley-Chute. »Einen von der besonderen Sorte.«

Der Steward eilte davon, dankbar, daß die Sonne wieder über seines Herrn Haupt strahlte.

Zwei Tage nach dem Ankerlichten in Warna meldete der Ausguck im Mast der *Tenacious* an Backbord voraus Land in Sicht.

Mit dem auffrischenden, achterlichen Südwestwind, der sie kräftig durchs Wasser schob, hatten sie eine gute Zeit herausgesegelt. Die Fregatte und das kleine Kanonenboot waren ihnen zum Glück ohne

Maschinenschaden gefolgt und hatten sogar Segel gesetzt, um mit dem Flaggschiff mitzuhalten.

Innerhalb von Minuten erschien Admiral Sir James Ashley-Chute an Deck. Blackwood, der sich wie üblich auf dem Achterdeck Bewegung machte, begab sich auf die andere Seite, während die kleine, affenähnliche Gestalt zur Reling schritt. Mochte Sir James auch so tun, als sei er ruhig und gelassen, Blackwood kannte ihn besser.

»Wind frischt weiter auf, Sir«, meinte Kapitän Jervis. »Wir werden gleich Segel reffen. Der Master meint, daß wir einen Sturm zu erwarten haben, und auch ich bin dieser Ansicht.«

Ashley-Chute verschränkte die Hände auf dem Rücken. »Sie sind der Kommandant. Tun Sie, was Sie für richtig halten.« Sein Blick schweifte über die See und hinauf zu den niedrigen, schnell ziehenden Wolken. Bereits den ganzen Tag krönten Schaumstreifen die unruhige und aufgewühlte See. Nun wurden sie, wie auch der Himmel, immer dunkler. Offensichtlich war der Sommer im Schwarzen Meer sehr kurz.

Die Unruhe des Admirals war förmlich fühlbar. »Jetzt können wir sowieso nicht mehr viel tun«, bemerkte er knapp. »In zwei Stunden wird es dunkel.« Trotzdem nahm er vom Flaggleutnant ein Fernrohr entgegen und balancierte es aus.

»Die Bucht und die russische Batterie liegen in nordwestlicher Richtung, Sir«, versuchte Jervis ihm zu helfen.

Der Admiral schob das Teleskop zusammen. »Machen Sie Signal an die Fregatte *Sarpedon*, sie soll zur Aufklärung nach Nordwest vorauslaufen.«

Blackwood konnte sich vorstellen, wie erleichtert man auf der schwarzen Fregatte aufatmen würde, die seit dem Auslaufen von Malta ihr ständiger Begleiter war. Endlich, wenn auch nur für kurze Zeit, den wachsamen Augen des Admirals entronnen! Das Bestätigungssignal an der Rah der *Sarpedon* stieg auf und entfaltete sich. Vor den dräuenden Wolken leuchteten die Flaggen ungewöhnlich grell, wie bemaltes Metall.

Ashley-Chute ging ein paar Schritte hin und her.

»Schicken Sie einen zuverlässigen Offizier in den Mast, Kapitän Jervis.« Seine tiefliegenden Augen hafteten plötzlich auf Blackwood. »Oder würden Sie mir den Gefallen tun, Hauptmann?«

Blackwood gab einem Seemann seinen Tschako und legte den Gürtel ab. Er konnte sich denken, was Ashley-Chute wissen wollte, und zwar nicht nur aus Neugier.

»Aye, Sir.«

Ashley-Chute winkte ihn ungeduldig heran.

»Die Russen wissen bestimmt, was wir vorhaben, Blackwood. Ich brauche ein Soldatenauge im Mast und nicht nur das Urteil eines Seemanns. Verstehen Sie?«

Blackwood hastete zum Großmast und schwang sich in die Luvwanten. Beim Aufentern drückte ihn der Wind leicht gegen das geteerte Tauwerk, und die sprühende Gischt durchnäßte seinen Waffenrock. Das machte Spaß, obwohl er sich an Höhen niemals so recht gewöhnt hatte. Hinauf ging es bis zur Marssaling und weiter ins Stengewant. Unter der Gewalt des Windes knarrten die Masten und Spieren.

Auf der Saling kauerte ein stämmiger Seemann, ohne einen Blick für das Deck tief zu seinen Füßen. Wenn er sich wunderte, daß ein Marineinfanterist zu ihm aufenterte, noch dazu ein Offizier, so ließ er sich das jedenfalls nicht anmerken.

»Welche Richtung?« fragte Blackwood.

Der Seemann zeigte auf die lange, im schwindenden Licht schieferfarbene Küstenlinie.

Blackwood wartete, bis der Mast sich wieder überlegte, und richtete dann sein Teleskop auf die angegebene Peilung aus.

Stampfend bahnte sich die Fregatte weit voraus ihren Weg in die Bucht. Sie stieß eine dicke Rauchwolke nach Lee aus, Bug und Schaufelräder brachen durch die wilden Seen und warfen hohe Gischtflagen auf.

Sorgfältig schwenkte Blackwood das Glas, obwohl das geteerte Tauwerk an seiner Haut scheuerte, wenn das Schiff in ein tiefes Wellental sackte. Jervis würde noch wesentlich mehr Segel wegnehmen müssen, wollte er sie nicht alle verlieren, dachte er.

Er zuckte zusammen. Voraus lagen Schiffe vor Anker, doch ihre Umrisse waren, da sie sich überlappten, schwer zu unterscheiden.

»Zwei, vielleicht drei Kriegsschiffe vor Anker, Sir«, rief der Ausguck. »Und außerdem einige Handelsschiffe.«

Das klang recht frohgemut. Er rechnete sich wohl schon seinen Anteil am Prisengeld aus.

Kurz wie ein Wetterleuchten am Berghang flammte drüben ein Stück Küste auf. Blackwood hielt den Atem an und zählte die Sekunden. Dann hörte er das Donnern schwerer Geschütze und sah einige hohe Wassersäulen beidseits der Fregatte aufsteigen. Nein, die russische Batterie war nicht überrascht worden. Das Sprühwasser der zusammenfallenden Wassersäulen wurde vom Wind waagrecht weggerissen. Wahrscheinlich wurden die russischen Geschütze bereits nachgeladen und für die nächste Salve ausgerannt.

Bumm ... Bumm ...

Diesmal lagen die Einschläge noch näher. Blackwood war sich ziemlich sicher, daß die *Sarpedon* mindestens einen Treffer erhalten hatte.

Eine metallische Stimme hallte von Deck herauf. Jervis rief ihn durch das Sprachrohr zurück.

Bald würde es dunkel sein. Blackwood enterte nieder und überlegte, was Ashley-Chute wohl veranlassen würde. Die Russen waren in einer sehr starken Position. Der Wind stand günstig für sie, die *Tenacious* dagegen mußte bald knapp an Manövrierraum werden, wenn sie näher heranging.

»Haben Sie die Batterie ausgemacht?« stieß Ashley-Chute hervor.

Blackwood kam wieder zu Atem. »Ich kann sie auf der Navigationskarte einzeichnen, Sir. Es sind schwere Kaliber.«

Beim Donnern erneuten Geschützfeuers, das wie ein Sturm über Deck fegte, wandten sich beide um.

»Die *Sarpedon* ist getroffen«, rief jemand.

»Verfluchte Schweine!« rief Jervis wütend.

Dann faßte der Kommandant einen Entschluß. »Pfeifen Sie beide Wachen heraus, Mr. Norman. Alle Mann aufentern und Toppsegel reffen. Dann Großsegel bergen, aber ein bißchen lebhaft!«

Pfeifen schrillten, nackte Füße stampften über das Deck; die Seeleute des Flaggschiffs liefen auf ihre Stationen und schwärmten dann die Wanten hoch.

Blackwood beobachtete die winzigen Gestalten auf den Rahen, von denen manche weit über die Bordwand hinausragten, wie sie die geblähten Segel mit Fäusten schlugen und in ihre Gewalt zwangen. Wenn jetzt ein Mann von oben kam, war es sein Ende. Ob er in die See fiel und ertrank oder aufs Deck schlug, kam aufs gleiche heraus.

Blackwood hörte Fynmores Stimme und wandte sich um. Wie aus dem Ei gepellt, stand er mit seinem Stellvertreter, Major Brabazon, da und beobachtete die Arbeiten in der Takelage.

»Signal an *Sarpedon*«, krächzte Ashley-Chute. »Gefecht abbrechen und zum Flaggschiff aufschließen.«

»*Sarpedon* hat bestätigt«, rief der Signalfähnrich.

Ashley-Chute trat neben Jervis an die Reling. »Blackwood sah die

Einschläge. Eine stärkere Batterie, als ich erwartete. Muß wohl einen Grund haben.«

Die Seeleute glitten an Deck, ihre Arbeit war fürs erste getan. Erleichtert beobachtete Jervis, daß das Schiff unter gerefften Segeln zwar träger, aber ruhiger lief.

»Wir kommen in Schwierigkeiten, wenn wir noch näher herangehen, Sir. Wir sind auf Legerwall*, und falls der Wind noch weiter auffrischt ...« Der Rest blieb ungesagt.

Der Admiral reckte das Kinn vor. »Das habe ich auch nicht vor ...« Er brach ärgerlich ab.

»Von *Sarpedon*, Sir: ›Haben zwei Volltreffer und machen Wasser. Unter den vor Anker liegenden feindlichen Schiffen ...‹« Der Signalfähnrich im Want wischte sich Sprühwasser aus den Augen, während sein Helfer, ein anderer Fähnrich, im Signalbuch blätterte, »›... sind drei Kriegsschiffe‹.«

»Bestätigen.« Jervis biß sich auf die Lippen. »Wenn der Seegang noch stärker wird, schneidet die *Sarpedon* bald unter.«

Ashley-Chute nahm keine Notiz davon. »Signalisieren Sie, er soll die Größe der Kriegsschiffe angeben.« Ungeduldig ging er auf die andere Seite.

Der durchnäßte und triefende Fähnrich versuchte es erneut. »Von *Sarpedon*, Sir: ›Feindliche Schiffe vor Anker sind zwei Fregatten und ein Linienschiff‹.«

»Gut gemacht, mein Junge«, rief der Admiral.

Harry rutschte über das gischtnasse Deck zu Blackwood. »So ein Lob für einen so jungen Mann hab' ich noch nie von ihm gehört.«

Ashley-Chute schlug sich mit der Faust in die andere Handfläche. »Begreifen Sie, Kapitän Jervis? Die Russen haben angeblich nur vierzehn Linienschiffe im Schwarzen Meer. Und eines davon liegt dort drüben. Verdammt noch mal, Jervis, ich werde dafür sorgen, daß es da nie wieder wegkommt, nie!«

Der Flaggleutnant hustete nervös. »Ich fürchte, es wird schnell dunkel, Sir. In wenigen Minuten verlieren wir Sichtkontakt zu *Sarpedon*.«

Ashley-Chute sah ihn kühl an. »Das ist mir klar.«

»Um ein Boot auszusetzen, ist die See zu unruhig, Sir«, erklärte Jervis. »Wir könnten die Meldungen mit dem Depeschenbeutel auf die

* Küste, auf die der Wind steht; für Segelschiffe gefährlich

Sarpedon geben und ihr signalisieren, nach Warna zurückzulaufen.«

Der Admiral sah von einem zum anderen. »Aber sinkt die *Sarpedon* unterwegs, dann werden wir niemals erfahren, ob meine Berichte den Kommandierenden Admiral in Warna erreicht haben. Sagen Sie ihr, sie soll beidrehen und die Schäden soweit möglich reparieren.« Mit auf dem Rücken verschränkten Händen ging er auf und ab.

»Ich habe nicht die Absicht, auf Unterstützung zu warten. Da drüben liegt ein Linienschiff, meine Herren, und ich beabsichtige, es bei Hellwerden anzugreifen.« Die Signalmannschaft steckte weitere Flaggengruppen an und ließ sie zu den Rahen aufsteigen. Sir James nickte beifällig. »Und Ihrem – hm – Leitenden Ingenieur können Sie sagen, Kapitän Jervis, daß er gut daran täte, seine 350 Pferdestärken beim ersten Hahnenschrei in Bewegung zu setzen, klar?« Damit entfernte er sich, ohne die Wirkung seiner Worte abzuwarten.

Jervis blickte bekümmert zu der mit Schlagseite fahrenden Fregatte und den an Steuerbord emporquellenden Rauchwolken hinüber.

»Hoffentlich weiß er, was er tut«, meinte Harry leise.

Fynmore kam herüber und suchte an den Netzen Halt. Durchdringend sah er den Leutnant an. »Das gilt für manche, Mr. Blackwood.« Ohne ihn eines weiteren Blickes zu würdigen, ging er davon.

Harry drehte das Gesicht in den Wind und ließ den kalten Sprühregen darauf brennen. Fynmore wußte etwas, allmächtiger Gott, er wußte!

Ohne Harrys Angst zu bemerken, blieb Blackwood bei den Netzen stehen und horchte auf das ferne schwache Rattern der Pumpen auf der Fregatte, die ihren einsamen Kampf ausfocht.

Und morgen sind wir an der Reihe, dachte er.

Noch nie hatte Blackwood auf einem Linienschiff »Klarschiff zum Gefecht« im Ernstfall erlebt. Natürlich hatte das zur Ausbildung und zum Routinedrill gehört, aber nun lief alles doch ganz anders ab.

Alle Mann waren lange vor Tagesanbruch geweckt und zum Frühstück gepfiffen worden, und er bezweifelte, daß von den elfhundert Offizieren und Mannschaften der *Tenacious* viele gut geschlafen hatten. Es war, als stehe ein Stück Geschichte bevor.

Bei Trommelschlag und Pfeifenklang in den Decks konnte sich Blackwood der Erregung nicht verschließen. Es war wie in den Schilderungen seines Großvaters über Abukir, Kopenhagen und Trafalgar.

Die Zwischenwände wurden niedergelegt und das Schiff vom Bug bis zum Heck freigeräumt. Die *Tenacious* führte sechzehn der neuen Acht-Zoll-Vorderlader, doch die Masse ihrer beeindruckenden Bewaffnung bestand aus Zweiunddreißigpfündern, die es seit fast hundert Jahren in der Navy gab. Die »Lange Neun«, wie sie liebevoll vom britischen Seemann genannt wurde, war immer noch, so wurde jedenfalls behauptet, hinsichtlich Treffsicherheit und Wirkung die verläßlichste Waffe.

Als Keene, der Erste Offizier der *Tenacious*, das Schiff »klar zum Gefecht« gemeldet hatte, war Jervis selbst nach achtern gegangen, um dem Admiral Meldung zu machen.

Der Wind hatte zwar abgeflaut und während der Nacht rückgedreht, doch noch nicht genügend, um ihre Gefährdung an dieser Leeküste zu verringern.

Seit Morgengrauen war Blackwood bei seinen Leutnants und Sergeanten gewesen; die vielen zusätzlichen Männer achtern auf der Poop, im Achterdeck und oben auf den drei Marsen wirkungsvoll einzusetzen, stieß auf gewisse Schwierigkeiten. Eine weitere Gruppe wurde in zweiter Reihe bei den Geschützbedienungen aufgestellt. Die Seeleute, die beide Batterien besetzt hatten, sparten nicht mit bissigen Bemerkungen darüber.

Blackwood begab sich zum Achterdeck und meldete Fynmore Vollzug. Der verzog den Mund und blinzelte über die in den Netzen verstauten Hängematten zum Land. »Das Gefecht wird nicht lange dauern, glaube ich.« Sein Ton klang jedoch nicht überzeugend.

Blackwood nahm ein Teleskop und kletterte auf einen Schützenstand. Er peilte zur Küste hinüber, die feindselig und verschwommen im grauen Licht dalag, sowie auf die in unregelmäßiger Reihe an Backbord vor Anker liegenden Schiffe.

Das Linienschiff, ein Dreidecker, war klar zu erkennen, es wandte ihnen den Bug zu. Seine lose aufgegeiten Segel schlugen, und in der Takelage kletterten ameisengleich Figuren umher. Auf der einen russischen Fregatte zeigte sich keinerlei Leben, auf der anderen aber wurde die Kette bereits kurzstag gehievt, um schnell ankerauf gehen zu können, falls der Feind näherkommen sollte.

Schwaches Sonnenlicht glitzerte auf etwas Goldenem; Blackwood schwenkte das Glas weiter bis zur Kuppel einer freistehenden Kirche, die sich zwischen zwei überlappenden Hügeln wie eine riesige Schildwache ausnahm.

»Der Admiral kommt«, meldete Feldwebel M'Crystal. Auch seine Stimme klang fremd, stärker dialektgefärbt als sonst.

Ashley-Chute tauchte an Deck auf, zog ein Paar frischer Handschuhe an, schaute zu den Männern an ihren Geschützen hinüber und dann hinauf zu seiner Flagge im Großtopp.

Zufrieden sog er die frische Luft ein. »Das richtige Wetter!«

»Der Leitende Ingenieur ist vorgewarnt und hält sich klar, Sir«, meldete Jervis. »Soll ich Befehl geben, den Schornstein aufzurichten und die Schraube herabzulassen?«

Der Admiral antwortete nicht sofort. Prüfend und offensichtlich erfreut glitt sein Blick über das Flaggschiff. Dann nahm er ein Teleskop und richtete es zuerst auf die beschädigte *Sarpedon*. Schwarze Spuren an Oberdeck verrieten die durch russischen Beschuß angerichteten Schäden. Dann ging er zu einem anderen Aussichtspunkt und studierte das gegnerische Linienschiff. Mißbilligend schnaubte er, als sich zwei weitere Flaggen an seinem Fock- und Großmast entfalteten. Die weißen Flaggen mit dem blauen Kreuz wirkten seltsam friedlich über so viel Artillerie.

»Setzen Sie zwei weitere Kriegsflaggen, Jervis«, befahl er. »Übrigens ist es die *Rostislav*. Hab' sie vor einigen Jahren in Vigo getroffen.«

Jervis hatte den russischen Dreidecker schon in dem Moment erkannt, als er an Deck gekommen war, aber er hätte dem Admiral die Laune verdorben, wenn er es ihm gesagt hätte.

»Folgendes habe ich vor«, sagte Ashley-Chute. »Die Küstenbatterie ist offensichtlich so aufgestellt, daß sie den Hauptankerplatz und damit die *Rostislav* schützen kann.«

Jervis löste den Blick von den zusätzlichen Gefechtsflaggen, die sich im Wind entfalteten. »Anzunehmen, Sir.«

»Da können Sie sicher sein! Wir werden also vor dem Wind auf sie zulaufen. Wenn wir quer vor ihrem Bug sind, werden wir über Stag gehen und das Feuer eröffnen.« Seine Augen glänzten, als sähe er sie im Geist bereits als Wrack vor sich. »Damit werden wir zwar unsere Luvstellung verlieren, aber das macht nichts. Unsere russischen Freunde ahnen ja nichts von unserem zusätzlichen Antrieb – den Sie fortschrittlich nennen. Wir können also zwischen dem Gegner und der Küstenbatterie durchstoßen und unter Dampf nach Südost aus der Bucht laufen.«

Kapitän Jervis schaute zuerst seinen Ersten Offizier an und dann wieder den Admiral.

»Gewiß, Sir.« Es war schwer zu sagen, ob ihn die Kühnheit des Plans oder das plötzliche Vertrauen des Admirals in die Maschine beunruhigten.

Ashley-Chute nickte, als wolle er seine Überlegungen nochmals bestätigen. »Signal an *Rupert*. Sie soll sich klarhalten, aber außerhalb der Reichweite der russischen Geschütze bleiben.« Und mit einem Lächeln zu Fynmore: »Für Ihre Jungs gibt's heute nicht viel zu tun. Aber vielleicht können sie was lernen.«

Kapitän Jervis atmete tief durch. »Also los, Mr. Keene: laden und ausrennen! Mr. Irving, ändern Sie Kurs zwei Strich nach Backbord. Mr. Aldham, pfeifen Sie die Achtergasten an die Brassen und trimmen Sie den Besan; wenn wir näher ran sind, müssen wir wieder reffen.«

Jervis' Offiziere gaben seine Befehle weiter, die dann von Mann zu Mann durch die Decks liefen. Nach der letzten Rückmeldung wandte sich Jervis wartend dem Admiral zu.

Der Flaggleutnant reichte Ashley-Chute den Säbel, den er an seinen Gurt hängte. Damit sah er noch kleiner aus.

»Also los, Kapitän Jervis!«

In der Bordwand des Flaggschiffes öffneten sich auf das Schrillen einer Pfeife hin die Geschützpforten; nach einem zweiten Pfiff schoben sich die schwarzen Mündungen in die Morgendämmerung hinaus. Unter Deck würde die eine Reihe der Geschützbedienungen als erste den Feind erblicken, auch wenn ihr die Taktik des Admirals ein Rätsel blieb.

Jervis befeuchtete sich die Lippen. »Fallen Sie noch einen Strich ab, Mr. Irving. Der Gegner darf unsere Absicht nicht erkennen.«

Blackwood beobachtete die vor Anker liegenden Schiffe; auf die Herausforderung der *Tenacious* hin öffnete der russische Dreidecker gleichfalls seine Geschützpforten.

Aus einem Ventil wirbelte Dampf und zog mit dem Wind davon; die Ingenieure hatten offenbar Mühe, ihre Kessel bis zum letzten Moment unter Kontrolle zu halten.

Oben am Hauptniedergang stand der Hornist der Marineinfanterie, befeuchtete sich die Lippen und wartete auf den Befehl. Blackwoods Blick traf den seinen, und er lächelte, ohne es selbst zu wissen. Der Junge wollte jede der kostbaren Sekunden bewußt erleben und sich für die Zeit merken, wenn er wieder bei seinen Eltern in Portsmouth sein würde.

Wumm ... Wumm ...

An der noch im Dämmerlicht liegenden Küste blitzte es auf. Blackwood wartete auf die Wassersäulen. Prompt stiegen zwischen der *Tenacious* und dem Russen die hohen Fontänen aus der See und wurden von den wartenden Geschützbedienungen mit Hohnrufen bedacht.

»Bringt die Kerle zur Ruhe«, krächzte Jervis. »Den nächsten, der meine Befehle mißachtet, lasse ich auspeitschen.«

Blackwood sah zum Kommandanten hinüber. Dieser Tag hatte große Bedeutung für ihn, für sein Schiff und seine Zukunft.

Erneut donnerte die feindliche Batterie los; wieder stiegen Wassersäulen über den Schiffen auf und wurden vom Wind zerfetzt.

»Geben Sie weiter an die Karronaden: Vielleicht können sie eingreifen.«

»Ich will sie beschießen, nicht an Bord gehen«, meinte Ashley-Chute trocken.

Jervis war verärgert. »Pfeifen Sie die Männer an die Brassen, Mr. Norman. Lassen Sie die Toppsgasten aufentern und die Reefs lösen. Der Gegner wird denken, wir haben die Gefahr erkannt und gehen über Stag, um aus der Bucht zu laufen.«

Erneut enterten Männer in den Wanten auf, die Rahen wurden herumgeholt, zusätzliche Rudergänger am großen Doppelrad aufgestellt. Jervis warf einen Blick nach vorn, dort stand die Bootsmannsgruppe klar an den Taljen und Fallen, um den langen Schornstein aufzurichten. Unter Deck wartete eine weitere Gruppe auf den Befehl, sich auf das Absenkgerät zu stürzen und Schraube und Welle ins Wasser zu fieren.

Ashley-Chute schlenderte über das Achterdeck und setzte einen Fuß auf eine aufgeschossene Leine. Einen Blick noch zu seiner Flagge und den flatternden Wimpeln am Mast, dann sagte er zu Blackwood: »Ihr Knabe soll loslegen.«

Blackwood hob die Hand und ließ sie wieder fallen.

Alle Augen richteten sich auf den kleinen Hornisten, der die Hakken zusammenschlug und sein Instrument an den Mund setzte.

Sie waren drauf und dran, in die Geschichte einzugehen.

XX Eine schwimmende Zielscheibe

»Eine der Fregatten hat Anker gelichtet, Sir!«

An Backbord der *Tenacious*, etwa drei Kabellängen entfernt, legte sich das russische Kriegsschiff im Wind über und kämpfte sich mit flatternden Segeln vom Ankerplatz frei. Offensichtlich kannte der Kommandant sein Schiff und die Bucht sehr genau. Die Fregatte ging so hart über Stag, daß ihre Großrah die Wellenkämme zu streifen schien; doch dann manövrierte sie hart angebraßt langsam und vorsichtig zwischen ihrem Flaggschiff und den anderen Ankerliegern hindurch.

Blackwood hielt sich an einem Stag fest und sah gespannt zu. Der Kommandant der russischen Fregatte war sich wohl darüber klar, daß er die anderen Schiffe in der Bucht nur schützen konnte, wenn es ihm gelang, mehr Manövrierraum zu gewinnen. Mit dem richtigen Wind konnte er sogar die beschädigte *Sarpedon* angreifen. Dann mußte Ashley-Chute seinen Plan aufgeben und der *Sarpedon* zu Hilfe eilen. Das würde viel Zeit kosten und es dem Gegner ermöglichen, weitere Artillerie in Stellung zu bringen oder mehr Schiffe herbeizurufen, um die Eindringlinge abzuschrecken.

»An die Brassen! Klar zum Halsen!« Jervis reckte das breite Kinn, sein Backenbart wehte nach vorn aus. »Nordost steuern, Mr. Irving.«

Blöcke und Fallen quietschten, als sich die Seeleute mit ihrem ganzen Körpergewicht in die Brassen warfen. Langsam begann die *Tenacious* so zu drehen, daß die feindliche Fregatte wie festgenagelt quer vor ihrem Bug zu hängen schien.

Das russische Schiff setzte mehr Segel und legte sich so weit über, daß der Kupferbeschlag des Unterwasserschiffes sichtbar wurde.

Mit abnehmender Geschwindigkeit, aber unaufhaltsam bewegten sich die *Tenacious* und die Fregatte aufeinander zu. Jervis nutzte die Luvstellung und drehte sein großes Schiff vor dem Wind wie auf einem Teller. In Kürze würde die gesamte Backbordbatterie den Gegner im Schußfeld haben.

Die Fregatte war nun fast in Linie mit der vor Anker liegenden *Rostislav*. Um ihre Erregung zu zügeln, boxten sich die britischen Seeleute und Marineinfanteristen, da sie nicht rufen durften, heimlich in die Seiten. Die Geschützführer duckten sich, peilten über ihre Visiere und warteten, die Hand an der Abzugsleine, auf den Feuerbefehl. Die andere feindliche Fregatte blieb fest vor Anker liegen, selbst die Küstenbatterie hielt das Feuer zurück, da ihr Ziel durch die eigenen Schiffe verdeckt war.

»Die *Rostislav* hievt kurzstag«, bemerkte Ashley-Chute ruhig.

»Zu spät, Sir«, grinste Fynmore.

Da züngelte ein langer, orangefarbener Blitz aus der Bordwand der Fregatte. Mehrere Männer auf dem Achterdeck duckten sich unwillkürlich, eine Kugel pfiff über ihre Köpfe und zerriß ein Fall.

»Backbordbatterie – Achtung!«

Die Reihen der Zweiunddreißigpfünder zeigten auf die wendige, schnell laufende Fregatte.

»Beim Aufwärtsschlingern!«

Kapitän Jervis zuckte zusammen, als eine weitere Kugel über sie hinwegfegte und ein Loch in das Besantoppsegel stanzte.

In den Geschützdecks warteten die Bedienungen mit glänzenden Augen an den Pforten. Wie auf dem Oberdeck standen auch hier die Leutnants in regelmäßigen Zwischenräumen bei ihren Divisionen, Fähnriche und Deckoffiziere wie die Glieder einer Kette zwischen sich.

»Feuer!«

Die Salve fiel mehr auf gut Glück als gezielt. Unter ihren Füßen bäumte sich das Deck auf, die Kanonen fuhren in ihre Taljen zurück, und die Bedienung sprang mit Schwamm und Ansetzer nach vorn. Wie eine feste Trennwand legte sich der Geschützrauch über das Deck.

Blackwood wischte sich die Augen. Die Salve war wie eine unsichtbare Sense vernichtend durch Bordwand und Takelage der Fregatte gefahren. Es war schrecklich anzusehen: Noch einen Augenblick zuvor hatte dort eine prächtige Pyramide aus Segeln gestanden, ein schmuckes Schiff hatte sich so hoch wie möglich an den Wind geschmiegt; nun war es in Sekundenschnelle zum Wrack geworden. Fockmast und Großstenge hingen in einem Gewirr von Spieren und Wanten mit reißenden Segeln über die Bordwand. Große Stücke des Laufstegs und der Poop waren hoch in die Luft geflogen und ringsum ins Wasser geschleudert worden.

»Ausrennen!«

Quietschend wurden die Backbordgeschütze auf ihren Schlitten eiligst wieder an die Pforten geholt. Die Trümmer zogen den Rumpf des feindlichen Schiffes wie ein riesiger Seeanker herum, bis schließlich sein Heck der Breitseite der *Tenacious* ausgesetzt war.

Jervis warf einen Blick zum Admiral. »Feuer einstellen, Sir?«

Ashley-Chute verschränkte die Hände noch fester hinter seinem Rücken. »Nein.«

»Feuer!«

Die Entfernung war nun geringer als eine halbe Kabellänge. Das

Eisen durchschlug den Rumpf des Gegners, prallte gegen die umgekippten Geschütze und fegte mit einem Hagel von Splittern und Planken durch die Decks.

»Klar zur Kursänderung«, rief Jervis.

Wieder schwangen die Rahen herum. Diesmal drehte die *Tenacious* auf das Land zu, denn ihre Steuerbordgeschütze warteten ungeduldig darauf, in den Kampf einzugreifen.

Der Anker des russischen Dreideckers brach aus dem Grund. Mit schlagenden und sich allmählich füllenden Segeln versuchte er, aus der Bucht, die ihm zur Falle geworden war, zu entkommen.

»Steuerbordbatterie – Achtung!«

Bald würde der Fahrt aufnehmende russische Dreidecker quer vor dem Bug der *Tenacious* liegen. Der Wind griff nun in ihre fast back stehenden Segel, derselbe Wind, auf den sich der Gegner verlassen hatte; er sollte die britischen Angreifer auf Abstand halten und sie zur leichten Beute der Küstenbatterie machen.

»Eine Täuschung ist nicht mehr nötig, Kapitän Jervis.«

Jervis sah den Admiral nur kurz an, aber Blackwood merkte, was er damit ausdrücken wollte: Erleichterung, endlich seine Maschine einsetzen zu können, um sein Schiff vor der Strandung zu bewahren; Verachtung aber auch für den Admiral, der ihm befohlen hatte, weiter auf einen sinkenden und entmasteten Gegner zu feuern und damit ein schreckliches und unnötiges Blutbad anzurichten.

»Schornstein aufrichten!«

Die Arbeitsgruppe sprang ans Werk, und der lange Schornstein erhob sich vom Deck, seine Verstagung brummte im Wind. Sofort quoll Rauch aus dem Schornstein, das Deck erbebte und vibrierte dann beständig: Die abgesenkte Schraube begann zu wirken.

Regelmäßiger Geschützdonner schallte über das Wasser, und einige feindliche Geschosse trafen den Rumpf der *Tenacious* wie der gedämpfte Schlag eines gewaltigen Hammers.

»Steuerbordbatterie – Achtung!« Der Erste Offizier kauerte sich nieder, als müsse er selbst jedes einzelne Geschütz richten. »Feuer!«

Da der russische Dreidecker mit dem Bug fast genau auf die *Tenacious* zulag, kam nur etwa ein Viertel der Breitseite zur Wirkung. Rund um die *Rostislav* kochte die See; von hohen Wasserfontänen umgeben und von mehreren Kugeln getroffen, bäumte sie sich auf. Ihre Segel waren plötzlich mit Löchern übersät, und ganze Längen gebrochenen Tauwerks flatterten im Wind.

Ashley-Chute hörte die Geschützbedienung jubeln. »Lassen Sie sie rufen, Kapitän Jervis, diese Schurken da drüben sollen es hören.«

Wütend wandte sich Jervis ab. »Enter auf zum Obersegelreffen! Klar zum Wenden!« Prüfend horchte er auf den Takt der Maschine, doch der ging im Geschützdonner der nächsten Breitseite aus den Pforten der *Tenacious* unter.

Dem russischen Kommandanten war nun klar geworden, was geschah, er konnte jedoch wenig dagegen tun. Wieder war ihm sein Gegner so nahe, daß die Küstenbatterie ihm in seiner bedrängten Lage nicht zu Hilfe kommen konnte. Die Segel der *Tenacious* waren sauber an den Rahen festgemacht, aber von ihrer Maschine getrieben, drehte sie immer weiter in den Wind. Wie ein schwarz-weißer Fels stand sie zwischen dem Russen und dem Land. Mittlerweile war die Bucht so voller Rauch, daß es für den Artillerieoffizier der Batterie ohnehin schwer gewesen wäre, gezielt zu schießen.

Blackwood lief zum Niedergang an der Poop, denn dort zeigte Major Brabazon ins Wasser, das gegen die Rumpfwölbung schlug. An zerbrochene Spieren und einen gekenterten Kutter klammerten sich Schiffbrüchige der russischen Fregatte. Andere trieben, zerrissen und blutig oder vom Pulver geschwärzt, als gräßliches Treibgut auf der Dünung.

»Die Fregatte ist auseinandergebrochen, Philip! Mein Gott, welch ein schreckliches Ende!« überschrie Brabazon den Lärm des Geschützfeuers.

Blackwood zuckte zusammen, denn eine Musketenkugel schlug in die gestapelten Hängematten neben ihm. Waren sie schon so nahe? Und wer war drüben so mutig oder so verrückt, sich mit einer Muskete abzugeben, während die beiden Giganten aufeinander zutrieben?

»Da schwimmt ihr Achterschiff!« schrie Brabazon.

Vor ihnen trieb das zerschossene Heck der Fregatte vorbei, an dem vergoldeten Schnitzwerk hingen Dutzende von Männern wie Seehunde auf einem Felsen. Andere schwammen zwischen tanzenden Wrackstücken umher und riefen um Hilfe. Blackwood glaubte sogar, eine Frau darunter zu sehen.

»Laden!«

Eine feindliche Kugel war vorn durch eine Stückpforte gedrungen, ohne daß man es auf dem Achterdeck bemerkt hatte. Ein Geschütz war umgerissen worden, zwei Mann lagen reglos auf den Planken.

Blut lief über Deck und schimmerte im Sonnenlicht. Aber die anderen Geschütze brüllten erneut auf.

Einige Marines knurrten wütend, schoben ihre Gewehre über die Netze und richteten sie auf die Schwimmer.

»Belege das! Hebt eure Wut für später auf«, schnarrte Sergeant Quintin.

»Feuer einstellen!« Mit vom Rauch geröteten Augen blickte Jervis wütend in die Runde. »Sie sollen nicht schießen, verdammt noch mal!«

Irgendwo schrillte eine Pfeife, Stimmen überbrüllten das Reißen von Segeltuch und das Krachen der Spieren, und der Befehl wurde an die unteren Decks weitergegeben.

Der Ausguck im Mast, einsam und hoffnungslos verloren, wenn sein Sitz unter ihm weggeschossen wurde, hatte wohl schon mehrfach gerufen, doch seine Stimme war ungehört verhallt.

Nun schnappte sich Blackwood ein Teleskop und richtete es durch die Takelage hindurch und am dünnen Schornstein vorbei nach vorn, bis er die See im Blickfeld hatte. Er sah etwas wie aus einem Alptraum. Wie Brabazon gesagt hatte, war die feindliche Fregatte auseinandergebrochen, ihr vorderer Teil war untergegangen. Aber der Stoß, mit dem er auf dem Meeresgrund aufschlug, mußte den Großmast losgebrochen haben, so daß er nun wie eine Rakete aus dem Wasser schoß. Am schlimmsten daran war, daß die wassertriefenden Leichen mit weit aufgerissenen und wie nach Rache schreienden Mündern immer noch in seiner zerfetzten Takelage hingen.

»Ruder mittschiffs!« rief Kapitän Jervis. »Maschine sofort stopp!« Er versuchte, ruhig zu bleiben und seine Angst nicht auf seine Untergebenen zu übertragen.

Nun stellte auch der Gegner das Schießen ein, plötzlich herrschte eine schreckliche Stille. Die Russen hatten zwar den Grund für die unerwartete Kursänderung der *Tenacious* nicht erkannt, nutzten jedoch die Pause, um ihr Schiff der dräuenden Breitseite zu entziehen.

Der gebrochene Mast war wieder ins Wasser zurückgesunken; nun warfen der lange Klüverbaum und der Bugspriet ihre Schatten auf die Ertrunkenen. Als der Mast gegen den Bug des Flaggschiffs scheuerte, empfanden das die Männer an Oberdeck kaum stärker als einen Rippenstoß. Die *Tenacious* war ja ein neues Schiff, gut konstruiert und aus bestem Eichenholz gebaut.

»Maschine hat gestoppt, Sir!«

Jervis ballte die Fäuste, daß die Knöchel weiß hervortraten. »Schraube anheben!«

Ashley-Chute starrte ihn an. »Dann verlieren wir die Kontrolle über das Schiff, Mann!« Er blickte zu den festgemachten Segeln auf, die wehenden Flaggen zeigten nach wie vor zum Land, das sich an beiden Seiten wie ein riesiger Rachen hinzog.

Der gebrochene Mast war mittlerweile bis zur Schraubenwelle gerutscht und schlug heftig dagegen. Dies war nun nicht mehr zu überhören. Und noch ein Schlag, nachdem er sich gedreht hatte und neben dem Ruder untergetaucht war.

»Der Leitende Ingenieur läßt melden, die Schraube ist betriebsunfähig, Sir«, keuchte ein atemloser Läufer. Sein Gesicht wurde noch bleicher, als er die Bedeutung seiner Worte begriff.

Kapitän Jervis eilte zur Querreling.

»Mr. Cuttler! Klar zum Ankern!«

Männer stürzten zum Vorschiff, der Bootsmann schrie der Ankergruppe zu, die Laschen zu kappen und keine Zeit zu verlieren.

Schrill rief der Admiral: »Ankern? Unter diesen verdammten Geschützen?«

Jervis fuhr herum. »Hart Ruder!« Langsam drehte der Bug, das Schiff hatte kaum noch Fahrt. Es war schon zu dicht unter Land, als daß es sich jetzt noch freisegeln konnte. Ohne Maschine mußte es bald stranden.

»Fallen Anker!« Während der große Anker abrauschte, sagte Jervis: »Wir haben keine andere Wahl, Sir.«

»Das russische Schiff wendet, Sir«, ließ sich der Erste Offizier vernehmen, es klang fast entschuldigend. »Ich glaube, es will uns angreifen.«

Jervis nickte sorgenvoll. »Danke, Mr. Irving. Sagen Sie dem Leitenden Ingenieur, er soll an der Welle tun, was er irgend kann, und mich unterrichten, wie ernst die Sache ist. Inzwischen ...«

Ashley-Chute hatte mittlerweile seine Fassung wiedergewonnen. »Fynmore, jetzt bekommen Ihre Leute doch noch eine Chance, wie mir scheint.«

Fynmore warf sich in die Brust. »Marines, auf Stationen! Veranlassen Sie das, Blackwood.«

Blackwood winkte seinem Halbbruder zu. »Scharfschützen in die Takelage!«

Harry schien ihre Lage zu verstehen, obwohl alles so plötzlich gekommen war. Pech oder Selbstüberschätzung hatte sie in ernste Gefahr gebracht. Das Schiff schwojte in die Ankertrosse ein, und die Verzweiflung der Geschützbedienungen, die gerade noch ihren Sieg bejubelt hatten, schien Blackwood fast fühlbar.

Jervis sprach mit dem Ersten Offizier und dem Segelmeister: Wenn der Wind drehte, wenn die Schraube wieder zum Laufen gebracht werden konnte, wenn weitere Schiffe ihnen zur Hilfe kamen ... Es waren zu viele Wenns.

Ashley-Chute stand abseits von seinen Offizieren und beobachtete den russischen Dreidecker, der über Stag ging und vorsichtig näher kam. Er würde auf größte Entfernung Feuer eröffnen, um Manövrierraum zu behalten und bei ungünstigem Wind abdrehen zu können.

Feldwebel M'Crystal trat zu Blackwood und meldete: »Alle auf Position, Sir. Zwei Gruppen habe ich nach unten geschickt, um die Verluste möglichst klein zu halten.« Er sah die näherkommende Pyramide lohfarbener Segel. »Das gefällt mir aber gar nicht, Sir. Wir sind für den ein leichtes Ziel.«

Smithett eilte herbei, um Blackwood seine Pistolen zu bringen.

Die *Sarpedon* war kaum noch in der Lage, sich über Wasser zu halten, und hätte gegen das mächtige Linienschiff ohnehin wenig ausrichten können. Zudem mußte man noch mit der anderen russischen Fregatte rechnen.

Blackwood nahm die Pistolen. »Ein Hoch auf das Zeitalter der Dampfschiffahrt!«

Admiral Sir James Ashley-Chute verschränkte die Arme und beobachtete unbewegt den ansegelnden Dreidecker. Neben ihm stand Blackwood, jederzeit bereit, eine Gruppe Marines zu dem Teil des Flaggschiffs zu befehlen, wo sie am dringendsten benötigt wurde. Ob der Admiral nun wohl seinen übereilten Angriff, seinen blinden Eifer bedauerte? Die *Rostislav* näherte sich auf fast dem gleichen Kurs, den die *Tenacious* bei ihrem ersten Anlauf genommen hatte. Bis auf die Gefechtssegel hatte sie alles Tuch aufgegeit, und das metallische Blinken in ihren Masten verriet die Scharfschützen, die sich zum Nahgefecht sammelten.

»Signal an *Sarpedon* und *Rupert*«, fauchte Ashley-Chute. »›Anlaufen zum Entlastungsangriff‹!«

Blackwood sah den Flaggleutnant zögern, als er zu den Signalgasten eilte. Aber die beschädigte *Sarpedon* und das Kanonenboot waren schließlich alles, was sie noch hatten. Vielleicht konnten sie den Feind vorübergehend ablenken.

Unter dem Winddruck legte sich die *Rostislav* schwer über. Als sie über Stag ging, um vor dem Bug der *Tenacious* vorbeizulaufen, wurde ihr Umriß länger. Die Entfernung betrug jetzt etwa eine halbe Meile, doch die Russen konnten sich Zeit lassen.

Der Flaggleutnant kam wieder zurück. »Signal bestätigt, Sir.«

Die Russen feuerten eine langsame und gezielte Breitseite ab, orangefarben zuckten die Blitze vom Bug bis zum Heck auf, Geschütz für Geschütz suchte sein Ziel.

Die *Tenacious* schwankte, als die feindlichen Kugeln in den Rumpf schlugen oder wie Blitze an der Bordwand entlangschrammten. Befehle gellten, Männer hasteten nach unten, um die Bootsmannsgruppe zu unterstützen oder an den Pumpen mit zuzupacken.

Blackwood sah, wie ein Korporal die Wange von seinem Gewehrkolben hob und über Deck schaute, als müsse er sich beruhigen. Für ihn war die *Tenacious* mehr als ein großartiges Linienschiff, sie war sein Zuhause. Undenkbar, daß sie von einem anmaßenden Russen gestellt und vernichtet werden konnte!

Kapitän Jervis hob das Sprachrohr. »Buggeschütze – Feuer!«

Die vorderen Geschütze fuhren im Rückstoß binnenbords, dicht am Heck des Gegners erhoben sich zwei Wassersäulen. Aber das reichte nicht. Der Russe schoß schon wieder, gleichzeitig schwenkte er seine Rahen, um erneut über Stag zu gehen.

Auch die Küstenbatterie hatte wieder Feuer eröffnet, ein Geschoß schlug ins Steuerbord-Achterschiff der *Tenacious* und explodierte mit einem Hagel von Eisensplittern.

»Sir! Die *Sarpedon* greift den Gegner an!« rief der Flaggleutnant in ungläubigem Staunen.

Die Dampffregatte nahm weder Kurs auf ihr verankertes Flaggschiff noch auf die still daliegende russische Fregatte, sondern direkt auf die *Rostislav*.

»Machen Sie Signal, sie soll wegbleiben«, schrie Jervis.

Die Stimme des Admirals bremste den Leutnant. »Belege das!«

Wieder verschränkte er die Arme und sah kühl zu, als die vorderen Geschütze der *Sarpedon* das Feuer eröffneten. Wie die *Satyr* verfügte sie über zwei schwere Buggeschütze, eines davon war jedoch offensichtlich außer Gefecht gesetzt.

Ein Aufstöhnen lief über die Decks der *Tenacious*, als der Schuß am

Bug des Gegners einschlug und die See sich in einem grünen Wasservorhang über Bugspriet und Galion ergoß.

Der russische Kommandant ließ bereits Vorsegel setzen, um ins offene Wasser hinaus zu kreuzen. Seine Geschützbedienungen waren viel zu eifrig bei der Sache, um sich um die krängende, rauchgeschwärzte *Sarpedon* zu kümmern. Blitze fuhren aus den Geschützpforten, in den Rumpf der *Tenacious* schlug Eisen, pfiff durch die Takelage und ließ das Schiff erbeben.

Ein dumpfes Krachen und das Knallen reißenden Tauwerks hallten über das Schiff. Mit weit aufgerissenen Augen starrten die Männer zum Besanmast, der mit allen Spieren und festgemachten Segeln durch den Rauch von oben kam und über Bord fiel. Die Wanten und Stagen rissen Blöcke und Bolzen aus dem Holz, als seien sie aus Papier, umschlangen die Umstehenden und rissen sie mit über Bord. Ihre Schreie gingen im Höllenlärm der nächsten feindlichen Salve unter.

Aus Poop und offenen Luken quoll Rauch. Die Seeleute kappten mit Äxten die gefährliche Takelage und verschlossen die Ohren vor den Schreien ihrer Kameraden, die in die See gerissen oder von den Leinen in Stücke geschnitten wurden.

»Mr. Irving!« Doch der Erste Wachoffizier lag tot da, das Megaphon noch fest umklammert.

Blackwood sah sich vergeblich nach Fynmore um. Brabazon war bereits mit einigen Marines nach unten gegangen, um bei den Toten und Verwundeten zu helfen.

Weitere Schüsse krachten in die Bordwand, daß sie splitterte. Ein Zweiunddreißigpfünder kippte auf die Seite und begrub zwei Mann seiner Geschützbedienung unter sich. Die anderen versuchten, die schwere Kanone mit Handspaken wieder aufzurichten.

Verzweifelt sah Jervis den Admiral an.

»Wir können uns nicht mehr wehren, Sir. Um Gottes willen, wir verlieren alle Mann!«

Ashley-Chute zog einen Handschuh aus und betupfte damit einen Riß auf seiner Wange.

»Weiterfeuern! Das ist ein Befehl! Ich werde doch vor einem verdammten Russen nicht die Flagge streichen!«

Jervis wandte sich ab und erstarrte plötzlich.

Blackwood eilte zu ihm, weil er glaubte, der Kapitän sei von einem Splitter getroffen. Aber Jervis packte ihn am Arm und zeigte wild über Bord.

»Schauen Sie sich das an!«

Mit hell leuchtenden Signalflaggen über ihrem zersplitterten Deck lag die *Sarpedon* quer zum Wind da. Sie hatte inzwischen offenbar mehrere Schüsse aus ihrem schweren Buggeschütz gefeuert, doch in dem schrecklichen Chaos an Bord des Flaggschiffs waren sie von niemandem bemerkt worden. Und ein Schuß mußte das Heck des Russen durchschlagen und die Ruderanlage zerstört haben. Denn er gehorchte dem Ruder nicht mehr und trieb breitseits unter Segeln auf die *Tenacious* zu.

»Die *Sarpedon* hat's geschafft! Mein Gott!« sagte Jervis rauh.

Aber die Erschütterung der letzten Schüsse schien die Reparaturarbeiten der vergangenen Nacht zunichte gemacht zu haben. Mit gestoppter Maschine und noch stärkerer Schlagseite trieb die *Sarpedon* wie ein Wrack im Wasser. Das Kanonenboot *Rupert* stürmte herbei, um den Gefährten in Schlepp oder die Besatzung an Bord zu nehmen.

»Hauptmann Blackwood«, warnte Ashley-Chute, »der Russe treibt schnell auf uns zu. Unsere Geschütze können ihn nicht mehr auffassen. Sie wissen, was zu tun ist!«

Verzweifelt sah Blackwood den Feind immer näher kommen. Jetzt nach Fynmore zu suchen, war sinnlos, so viel Zeit blieb nicht mehr. Er legte die Hand an den Tschako. »Selbstverständlich, Sir.« Dann zog er seine Batteriepfeife heraus und blies zum Angriff.

Mehrere Rotröcke liefen aus der Reihe der bei den Netzen kauernden Marines herbei, er selbst sprang in die Großwanten und begann aufzuentern. Ohne den Besanmast wirkte das Achterschiff entblößt und verletzlich. Blackwood kletterte schneller und sah plötzlich Sergeant Quintin grinsend über die Schutzwehr des Großmastes zu ihm herunterpeilen.

»Wollen Sie uns Gesellschaft leisten, Sir?«

Blackwood kletterte über das hölzerne Gatter und schaute in die verbissenen, vertrauten Gesichter.

»Also, Frazier, jetzt sind Sie an der Reihe.«

Harry enterte im Fockmast auf, ihre Blicke trafen sich über das Chaos unter ihnen; sie winkten einander zu.

»Der Russe wird auf unsere Ankertrosse treiben«, warnte Blackwood seine Männer. »Er kann uns immer noch beschießen, aber unsere Breitseite erreicht ihn nicht mehr. Sorgt also dafür, daß jeder Schuß trifft. Jetzt kommt's auf euch an!«

Er übergab Smithett, der ihm etwas gemächlicher gefolgt war, seine Pistole und nahm sich ein überzähliges Gewehr. Einmal schaute er zum Deck hinunter und erkannte dort die seltsame Gestalt des Admirals. Um ihn herum hetzten sich Männer ab, zogen stöhnende und schreiende Verwundete, die rote Streifen auf dem Deck hinterließen, zu den Luken. Trotzdem schien der Admiral ganz allein dazustehen. Was jetzt auch geschah, er war ruiniert, darüber mußte er sich klargeworden sein.

Blackwood fiel plötzlich der stille Garten im Lazarett von Malta ein. Wo mochte Davern jetzt wohl sein? Würde sie je erfahren, was mit ihm geschehen war?

Weitere Schüsse hämmerten in den Rumpf, er spürte den Mast heftig schwanken.

»Da kommen die Schufte«, knurrte Quintin. »Zielt gut, Kameraden, und ein Glas Grog dem Sieger!«

Bulford drückte die Wange an das warme Holz des Kolbens und krümmte den Finger am Abzug. Vielleicht ist dies der Tag, an dem alles zu Ende geht, dachte er. Aber selbst das war immer noch besser, als wie sein Vater im Gefängnis zu sitzen.

Frazier dachte einzig und allein an den fremden Mann, den er beobachtete: ein russischer Offizier, prächtig anzusehen in Epauletten und Galarock. Der zuerst!

Mit einem Ruck, der das ganze Schiff erschütterte, fuhr die *Rostislav* über die Ankertrosse der *Tenacious* und begann, auf sie zuzudrehen.

Blackwood zog den Abzug, das neue Gewehr schlug ihm schmerzhaft gegen die Schulter.

Dort unten in der von Rauch und sengenden Blitzen erfüllten Hölle kämpften und starben Männer. Auf dem Achterdeck des Russen lag der Kommandant, bereits gefällt durch einen Schuß aus dem Großmast der *Tenacious*, und viele seiner Offiziere teilten sein Schicksal. Russische Scharfschützen feuerten blindlings in den Rauch, aber ihre Kameraden fielen unter gezielten Schüssen.

Durch den Wechsel des Kriegsglücks verwirrt, versuchten die Russen vergeblich, ihr Schiff wieder unter Kontrolle zu bekommen. Wie betrunken drehte sich die *Rostislav* von der Ankertrosse frei und gab dabei ihr Heck sowie das Unterwasserschiff gerade lange genug preis, um den Zweiten Wachoffizier der *Tenacious* seine restlichen Geschütze richten und abfeuern zu lassen. Diesmal kam kein Gegenschlag; der Russe trieb an der Bordwand der *Tenacious* entlang und wurde auf jedem Meter dieses Weges beschossen, bis das Blut hellrot aus seinen Speigatten rann. Der Qualm hatte sich noch verstärkt, womöglich hatte ein brennender Ladepfropfen oder eine unter Deck umgestürzte Laterne einen Brand verursacht.

Im Großmast der *Tenacious* erhoben sich die Marines und feuerten auf das Deck des Gegners. Offenbar traf jeder Schuß. Auch in ihre Schutzwehr schlugen ein paar Schüsse, doch darauf schrien sie nur um so lauter, wie Männer, die sich eigentlich schon verlorengegeben hatten.

Eine schwere Erschütterung durchlief Mast und Wanten. »Mein Gott, wir sind doch noch aufgelaufen«, rief einer.

Blackwood aber fühlte, daß Quintin unter Mißachtung aller Disziplin seine Hand packte und sie drückte, bis es weh tat.

»Die Maschine, Sir! Mein Gott, die schwarze Crew hat sie tatsächlich wieder in Gang gebracht!«

Blackwood grinste ihn an und spähte über die Schutzwehr zum Fockmast hinüber. Harry sah ihn und winkte ihm einen Gruß zu.

Ganz vorn blitzten Äxte, die die Ankertrosse kappten; nach Beseitigung dieses letzten Hindernisses arbeitete sich die *Tenacious* langsam seewärts.

Als Blackwood müde an Deck niederenterte, merkte er, wie das Schiff gelitten hatte; das konnten auch keine Hurra-Rufe ändern.

»Feuer einstellen!«

Männer wurden zu den Luken getragen, manche schwer verwundet, andere bereits tot. Der Schaden war ungeheuer, doch das regelmäßige Stampfen der Maschine und die stärker werdende Rauchfahne versprachen ihnen ein letztlich gutes Ende.

Jervis sah ihn prüfend an. »Das war gute Arbeit, Blackwood. Ohne Ihre Scharfschützen hätten die Russen uns kapitulationsreif geschossen und dann überrannt. Es hing am seidenen Faden. Ich möchte so was nicht noch mal erleben.« Er schlug ihm auf die Schulter und wandte sich dann einem seiner Offiziere zu, der herbeieilte, um Verluste und Beschädigungen zu melden.

An der Querreling stieß Blackwood auf Major Brabazon, der sich das Gesicht mit einem Stück Flaggentuch wischte. »Auf dem mittleren Geschützdeck sieht es aus wie im Schlachthaus.« Er beäugte ihn forschend. »Mit Ihnen alles in Ordnung, Philip?«

Blackwood starrte auf ein kleines, mit einer Kriegsflagge bedecktes

Bündel an der Treppe hinab. Die ausgestreckte, behandschuhte Hand und der Säbel des Admirals ließen keinen Zweifel zu.

»Man sagt, er hat einfach nur so dagestanden. Hat sich die ganze Zeit nicht bewegt. Aber er war sofort tot«, sagte Brabazon leise.

Blackwood wandte sich ab. Ashley-Chute, der sein halbes Leben bestimmt hatte, war nicht mehr. Aber er hatte viele mit sich genommen.

»Danach wollte er wohl nicht mehr weiterleben.« Mit einem Blick auf die Schäden, die schrecklichen Blutflecken fuhr Blackwood fort: »Er wird mir fehlen. Das hätte ich nie gedacht.« Es überraschte ihn selbst, daß er es ernst meinte.

Später, als sich die *Tenacious* langsam durch den Rauchvorhang ins Freie schob, der die Bucht immer noch einhüllte, schickte Kapitän Jervis seine Männer nach oben, um die Segel loszumachen, damit sie sich freikreuzen konnten, ehe die beschädigte Welle erneut ausfiel.

Dicht neben dem Flaggschiff hing die zusammengeschlagene Fregatte *Sarpedon* an der Schleppleine des Kanonenboots. Dort ahnte man nicht, daß der Admiral gefallen war, sondern war nur dankbar, daß man überlebt hatte.

Blackwood blieb an Deck und sah das Land im Dunst verschwinden. Das war knapp gewesen. Ein Glückstreffer und eine Handvoll Gewehre hatten die Schlacht, wenn auch nur um Haaresbreite, entschieden.

Er mußte oft an Ashley-Chute denken und an die Lehren, die aus der Zeitwende zu ziehen er sich geweigert hatte. Wie würde man ihn in Erinnerung behalten? Er jedenfalls hatte seine Wahl getroffen: besser ein toter Held als ein lebender Sündenbock.

XXI Die Schanze

Hauptmann Philip Blackwood stand auf einem felsigen Landvorsprung und schaute zur überfüllten Reede von Warna hinab. Schiffe jeder Klasse und Größe lagen hier, vom stattlichen Dreidecker bis zum qualmenden Raddampfer, und jeder Tag brachte ein noch stärkeres Kommen und Gehen. Die schwer angeschlagene *Tenacious* war vor Monaten nach England ausgelaufen, zur Reparaturwerft. Angesichts der riesigen Ansammlung alliierter Schiffe war kaum zu glauben, daß ihr Flottenvorstoß je stattgefunden hatte und Ashley-Chute tot war.

Mit dem kleinen Admiral schien das Marineinfanterie-Bataillon auch seine Aufgabe verloren zu haben. Es war ausgeschifft worden und hatte in Warna ein Lager aufgeschlagen. Indessen hatten sich die begeisterten Berichte über die große anglo-französische Streitmacht von fünfundsechzigtausend Mann, ihren Durchbruch durch die russische Verteidigung und ihre Landung auf der Krim gehäuft. Fynmores Truppe dagegen war murrend in der Reserve geblieben. An der Donau hatten die türkischen Streitkräfte den feindlichen Vormarsch auf Konstantinopel aufgehalten, die Flotten in der Ostsee und im Schwarzen Meer hatten seine Flanken bedroht, und nun war sogar eine Armee auf russischem Boden gelandet. Der Feind war in die Defensive gedrängt.

Zwar war ein Versuch, den wichtigen Hafen von Sebastopol zu nehmen, unter schweren Verlusten zurückgeschlagen worden, doch die Briten hatten sich davon nicht abschrecken lassen und waren an anderer Stelle gelandet; sie hatten die Alma überschritten, die russische Festung umgangen und waren nach Süden marschiert, um Stadt und Hafen Balaklava zu nehmen. Doch die Verluste wuchsen. Ständig strömten Verwundete des Krimfeldzuges, wie man ihn jetzt nannte, nach Warna, und das führte den Marineinfanteristen ihre Untätigkeit noch stärker vor Augen.

Der Winter stand vor der Tür; die optimistische Annahme, Weihnachten sei alles vorüber, war der Aussicht gewichen, daß es wohl zunächst zu einem Patt kommen würde, bis günstigeres Wetter einsetzte.

Blackwood hatte einen weiteren Brief von Davern erhalten, kurz, aber sehr persönlich. Sie hatte von Ashley-Chutes Tod gehört und betete, daß Blackwood wohlbehalten und in Sicherheit sei. Ihr Mann hatte einen leitenden Posten bei der britischen Armee erhalten, was für ihn angesichts des Krieges und seiner früheren Forschungsarbeit von erheblicher Bedeutung war.

Auch von seiner Stiefmutter hatte Philip einen Brief bekommen. Oberst Blackwood ging es schlecht, und sein Zustand wurde durch die Nachrichten von der Krim noch verschlimmert. Er und sein treuer Oates studierten täglich die Berichte, und es betrübte Blackwood, daß sein Vater seine Tage enttäuscht beenden sollte.

Blackwood wandte sich von der See ab und ging den Pfad hinunter ins Lager. Ebensogut hätte er jetzt auch bei seinem Vater in Hawk's Hill sein können, dachte er bitter. Die Untätigkeit und ihre unsichere Zukunft lastete auf jedem, am meisten aber auf Harry. Es war fast unmöglich, ein vernünftiges Wort mit ihm zu sprechen, selbst wenn es um seinen Vater ging.

Ein Marineinfanterist eilte auf Blackwood zu und grüßte schneidig. »Verzeihung, Sir, aber der Kommandeur hat in einer Stunde eine Offiziersbesprechung angesetzt.«

»Danke, Keele.«

Worum würde es wohl diesmal gehen? Um Nachlässigkeit bei der Ausbildung oder Bestrafung von Marines, die aus dem Lager ausgebrochen waren, um die zweifelhaften Vergnügungen von Warna zu genießen? Später, auf dem Weg zum Kommandozelt, stellte er Major Brabazon die gleiche Frage.

Brabazon blinzelte ihm zu. »Viel besser, Philip. Wir haben neue Befehle bekommen. Nur unter uns: Wir gehen auf die Krim.«

Blackwood wandte sich ab, um seine Gefühle nicht zu verraten. Das hatte er erwartet und, wenn er ehrlich war, sogar erhofft. Nun aber, da es eintraf, war ihm seltsam zumute.

Munter fuhr Brabazon fort: »Unser Abschnittsbefehlshaber ist Generalmajor Richmond, ein ziemlicher Eisenfresser. Muß schon schwer in der Klemme stecken, wenn er jetzt nach den Marines schreit.« Das klang recht selbstsicher.

Fynmore – immer wie aus dem Ei gepellt – trat zu seinen Offizieren und wartete, bis Ruhe eingetreten war. Sein schmales Gesicht wirkte so überanstrengt, als schliefe er seit einiger Zeit nicht gut.

»Meine Herren, das Bataillon wird in dieser Woche zur Krim eingeschifft.« Als einige der jungen Leutnants jubelten, runzelte er leicht die Stirn. »Das reicht wohl, meine Herren!« Er zeigte auf eine große Karte. »Wir landen in Balaklava und erhalten dort weitere Befehle. Die Zugführer haben sicherzustellen, daß unsere Männer entsprechend meinen ständigen Befehlen mit einem weiteren Paar Stiefel, mit Schanzgerat und zusatzlicher Munition ausgerüstet werden.«

Blackwood beobachtete Fynmore nachdenklich. Nur bei dienstlichen Anlässen hatten sich ihre Wege gekreuzt, sonst nicht, was in einem so überfüllten Lager Absicht sein mußte. Lag es an der Belobigung, die ihnen nach ihrer Rückkehr ausgesprochen worden war? Der Befehlshaber hatte die Rolle der Marines in der letzten Phase der Schlacht besonders hervorgehoben. Ohne das schnelle Eingreifen der

Scharfschützen in den Masten, darüber hatte er keinen Zweifel gelassen, wäre die *Tenacious* eine Prise des Feindes geworden, zur immerwährenden Schmach für die Alliierten. Fynmore hätte darüber stolz und glücklich sein müssen, es sei denn ... Blackwood hatte seine Zweifel. Wo war er gewesen, als die beiden Schiffe zusammenstießen? Brabazon hatte ihn nicht gesehen und auch der Leutnant auf dem Geschützdeck nicht.

Was war bloß los mit Fynmore?

Dieser fuhr fort: »Ich erwarte von allen Dienstgraden vorbildliche Disziplin und Entschlossenheit. Denken Sie daran, wir kämpfen unter den Augen und dem Gesamtbefehl der Armee.« Plötzlich schien er den Faden zu verlieren; die Offiziere wurden unruhig und warteten darauf, daß er fortfuhr. Unsicher sagte er: »Es kommt jetzt auf das Corps an und auf ...« Damit brach er unvermittelt ab und nickte Brabazon zu. »Machen Sie weiter.«

Verwirrt hasteten die jüngeren Offiziere aus dem Zelt, nur Brabazon, Hauptmann Ogilvie von der B-Kompanie und Blackwood blieben zurück.

Fynmore nahm einige Schreiben auf und ließ sie wieder auf den Klapptisch fallen.

»Stimmt etwas nicht, Sir?« Brabazon sah ihn besorgt an.

»Was soll hier nicht stimmen, verdammt noch mal?« Fynmore funkelte ihn an. »Aber natürlich mache ich mir Sorgen, wie sich meine Truppe verhalten wird. Ich verlasse mich darauf, daß Sie das Beste aus den Leuten herausholen, verstanden?«

»Verstanden.«

Blackwood und die übrigen verließen das Zelt.

Ogilvie, ein freundlicher, aber einfallsloser Mann, bemerkte: »Hat bestimmt Ärger mit seiner Frau, der alte Knabe. Das riecht man drei Meilen gegen den Wind. Immer das gleiche, wenn man eine viel Jüngere heiratet, was?« Er übersah Brabazons warnenden Blick. »Nur ein ganzer Kerl kriegt so eine in den Griff.« Damit schlenderte er zu seiner Kompanie zurück.

Blackwood dachte an seinen Vater; wie würde *seine* junge Frau sich wohl verhalten, wenn sich sein Zustand weiter verschlechterte?

Die Marines brachen ihr Lager ab und marschierten unter den Klängen einer Armeekapelle zum Hafen, um auf die verschiedenen Schiffe zu gehen. Zur Überraschung Blackwoods war auch die Fregatte *Satyr* darunter, älter geworden, verschrammt und abgenutzt. An Bord erwartete ihn eine weitere Überraschung: Tobin trat auf ihn zu und begrüßte ihn wie einen alten Freund. Ihr Wiedersehen war herzlich, obwohl Tobin nun den Breitwimpel eines Kommodore im Topp führte. Blackwood konnte sich niemanden vorstellen, der dies mehr verdient hätte.

Als die Flottille der so verschiedenartigen Schiffe nach Nordosten ins Schwarze Meer auslief, verschlechterte sich bald das Wetter; Staub und Hitze der Türkei waren vergessen, die Luft wurde schneidend, und der Wind drang wie kalter Stahl durch die Kleidung.

Wie auf allen anderen Schiffen waren die Marines auch auf der *Satyr* wie Heringe im Faß zusammengedrängt. Doch sie schienen guten Mutes und tatendurstig, auch wenn sich M'Crystal immer noch bitter über seine irischen Unruhestifter beklagte.

Noch ehe Land in Sicht kam, trafen sie auf eine patrouillierende Brigg; nach kurzem Signalaustausch mit ihr befahl Tobin eine Kursänderung. Der letzte Teil des Anmarsches sollte bei Nacht erfolgen, aus Sicherheitsgründen. Ganz so einfach, wie Fynmore vorausgesagt hatte, schien die Sache also doch nicht.

In seiner Kammer hörte Blackwood Stimmengemurmel an Deck. Er zog seinen Mantel an, eilte den Niedergang hoch und sah Marines und Besatzungsangehörige sich an Deck drängen. Tobin stand neben dem Kommandanten am Kompaß.

»Soll ich die Marines unter Deck befehlen, Sir?«

Tobin schüttelte den Kopf; er paffte eine gewaltige Pfeife. »Sie sollen sich das ruhig ansehen, könnte für später ganz nützlich sein.«

Über die ganze Breite des Horizonts zuckten Blitze. Dumpfes Artilleriefeuer grollte ohne Unterbrechung, wie Donner bei einem starken Gewitter.

Tobin kaute auf seiner Pfeife. »Arme Kerle. So geht das jede Nacht: Feuerüberfall und Vergeltungsfeuer, Schuß um Schuß. Sie kommen nicht zur Ruhe.« Er wischte sich den Schneeregen vom Gesicht. »Und bei Tag geht es wieder von vorne los.«

Blackwood schritt durch die Reihen seiner Männer, spürte ihre Unsicherheit, ihre Überraschung angesichts des Krieges, mit dem sie nun konfrontiert wurden.

Jemand zog ihn am Ärmel; er erkannte Harrys von Blitzen erleuchtetes, bleiches Gesicht.

»Philip, ich muß mit dir sprechen.«

Blackwood zog ihn beiseite. »Worum geht's?«

»Um Fynmore. Seine Frau hat mir geschrieben. Sie bekommt ein Baby, hat es vermutlich schon, wenn nichts schiefgegangen ist.« Die Worte brachen aus ihm heraus, er konnte das Geheimnis nicht länger mit sich herumtragen. »Ich fürchte, sie hat ihm erzählt, daß ich gelegentlich ...« Er schlug die Augen nieder. »Na, du weißt ja.«

»Aber es kann doch nicht dein Kind sein!« Blackwood nickte langsam. »Trotzdem wird man dir die Schuld geben, das ist klar.« Er packte den Arm seines Halbbruders, sein Zorn und sein Mitleid hielten sich die Waage. »Du bist ein Idiot, Harry! Ich hätte das vermutlich ahnen sollen, aber ich war zu sehr mit eigenen Problemen beschäftigt.«

»Es könnte Schande über die ganze Familie bringen«, flüsterte Harry aufgeregt. »Du weißt doch, wie Fynmore ist.«

Blackwood fühlte, wie sich sein Magen zusammenzog. Angenommen, Fynmore wußte oder ahnte etwas von der Untreue seiner Stiefmutter, dann würde er auch das höchstwahrscheinlich gegen sie ins Feld führen.

»Jedenfalls bin ich froh, daß du's mir erzählt hast. Vielleicht passiert ja gar nichts.« Er wandte sich um, denn über das schwarze Wasser rollte jetzt besonders starker Donner heran. Es war wirklich nicht die rechte Zeit, sich über Liebesaffären Gedanken zu machen. »Versuche nur, den Kommandeur nicht zu reizen.«

Harry grinste schwach. »Das krieg' ich schon hin.« Er hob den Kopf und fuhr sich mit den Fingern durchs Haar. »Es hat mich fast zum Wahnsinn getrieben, Philip, aber jetzt ist mir wohler. Ich fürchte, so was liegt bei meinem Zweig der Familie im Blut.«

Blackwood fuhr auf. »Wen meinst du damit?«

Doch Harry dachte an jemand anderen. »Georgina. Hat dir Mutter nicht davon erzählt? Man hat sie nach Paris geschickt, damit es keine Scherereien mit ihrem Liebhaber vom Garderegiment zu Fuß gibt.« Seufzend sog er die kalte Luft ein. »Ich leg' mich jetzt hin. Und danke, daß du mich angehört hast. Ich werde dich nicht wieder enttäuschen.«

Blackwood blieb an der Reling stehen, bis das Deck sich geleert hatte.

Es wurde immer schlimmer, dachte er, nicht besser.

Ihre Landung in Balaklava verlief fast ohne Zwischenfall. Ehe der Morgen über dem dunklen Gelände dämmerte, waren auch der letzte Marineinfanterist und das letzte Gerät auf festem Boden.

Fynmore und Brabazon trafen sich mit einem Armeemajor, indes die anderen Offiziere ihre Männer musterten und sich vergewisserten, daß nichts an Bord zurückgeblieben war.

Etwas abseits stand Blackwood und wartete auf die Meldungen seiner Leutnants. Die Marines schienen sich in den wenigen Stunden irgendwie verändert zu haben. Sie waren nervös, das dauernde Grummeln des Geschützfeuers und das Bild unglaublicher Verwüstung verstörten sie. Inmitten der zusammengeschossenen Häuser bildeten kleine Zentren von Ordnung einen starken Kontrast: Das waren die Hütten und Zelte, die Geschütze und Protzen, die Trainwagen, die Kisten- und Fässerstapel der offenbar unsichtbaren Armee. Die wenigen Soldaten sahen müde und finster aus, ihre Uniformen waren fleckig und zerlumpt. Viele trugen Bärte, was im Corps nicht üblich war. Selbst der Major, der eifrig mit Fynmore sprach und dabei mit seinem Stöckchen fuchtelte, kam ganz bestimmt nicht von der Parade.

Blackwood blickte zu den roten Reihen seiner Männer hinüber. Einige schauten sehnsüchtig zu den vor Anker liegenden Schiffen zurück, andere beobachteten den Himmel und bemühten sich, das Bombardement zu überhören. Die Männer standen gebückt unter der Last ihrer Waffen und Ausrüstung da, denn außer Gewehr und Seitengewehr trug jeder einen vollen Tornister mit Proviant für drei Tage und Ersatzwäsche, ein zusätzliches Paar Stiefel, Decke und Mantel, sowie dicht verpackt in der schwarzen Patronentasche sechzig Schuß Munition und Zündhütchen. Beim Marsch hatte jeder ein Gewicht von nahezu siebzig Pfund auf dem Rücken.

»A-Kompanie abmarschbereit, Sir.«

Sergeant Quintin verzog das Gesicht, als einige Soldaten riefen: »Was haben wir hier zu suchen? Wir sind *See*-Soldaten!«

Quintin murmelte vor sich hin: »Weiß Gott, *Seh*-Soldaten!«

»B-Kompanie abmarschbereit, Sir!«

Eine besonders starke Explosion erschütterte den Boden, doch die Soldaten der Armee nahmen keine Notiz davon; das gehörte zu ihrem Leben.

Fynmore kam herüber und schnaubte wütend. »Ein Marsch von fünf Meilen bis zu den vordersten Linien! Und keine Pferde für die Offiziere! Ist das zu glauben?« Er warf einen Blick über die Reihen der Marines. »Die Armee hat Späher da draußen, die uns führen. Wir marschieren nach Nordwesten.« Er gab seiner Ordonnanz Aufzeichnungen. »Es wird Nacht werden, bis wir an Ort und Stelle sind.«

»Darf ich fragen, was unsere Aufgabe sein wird?« Das war Hauptmann Ogilvie.

Fynmores helle Augen folgten Harry Blackwood, der am ersten Zug vorbeiging, aber er riß sich zusammen. »Der Feind hat sich in diesem Sektor gut verschanzt. Freies Gelände. Schwere Artillerie.« Jeder Satz kam kurz und bündig. »Starke Verluste.«

Brabazon zog seine Handschuhe an und stampfte frierend mit den Füßen auf. »Ein schöner Anfang! Wie ein Blinder bei der Kavallerie.«

Niemand lachte.

Die sorgsam eingehüllte Fahne auf den breiten Schultern, stand M'Crystal bei seiner Gruppe: an einem Tag Seemann, am anderen Infanterist.

Die Zugführer nahmen ihre Plätze ein, die Marines schulterten die Gewehre, und ohne weitere Förmlichkeiten zogen sie aus dem Hafen ab. In der Kolonne wurde kaum gesprochen.

Längs der holprigen, gewundenen Straße waren die Spuren des Krieges, der nun auch der ihre werden sollte, nicht zu übersehen. Große Pfützen, schon mit dünnem Eis bedeckt, verbargen die Löcher, die feindliche Granaten geschlagen hatten. Zusammengebrochene und verbrannte Wagen, weggeworfenes Schanzzeug und halbgefüllte Sandsäcke markierten die Vormarschrichtung. Hier und da sahen sie kleine Steinhügel, einige mit einem rohen Kreuz versehen, andere mit der Kopfbedeckung oder dem Säbel des Gefallenen. Wahrscheinlich war der Boden schon zu hart, um ein Grab zu schaufeln, dachte Blackwood.

Dann kamen die Verwundeten. Als die Geschütze lauter wurden, wuchs auch die Zahl der Verwundeten. Arm in Arm, an Stöcken humpelnd oder auf Bahren getragen, zogen sie an den Marines vorüber, ohne sie eines Blickes zu würdigen.

Blackwood beschleunigte den Schritt, um Harry an der Spitze des ersten Zuges zu erreichen. Im Vorbeigehen blickte er in die Gesichter der Männer; die meisten waren wie versteinert, aber vielen sah man auch die Angst vor dem Kommenden an.

»Alles in Ordnung, Harry?«

Harry starrte einen auf dem Rücken liegenden Mann an, der die Hände wie Klauen erhoben hatte. Korporal Jones scherte aus der Kolonne aus, kam jedoch bald wieder zurück und rief: »Tot, Sir!« Der Soldat mußte auf dem Weg zum Verbandsplatz allein gestorben sein.

»Hast du die Soldaten gesehen?« murmelte Harry. »Sie tragen noch immer ihre Sommeruniformen.« Wie um seine Bemerkung zu unterstreichen, brachen seine Füße knirschend durch Eis.

Blackwood hatte es ebenfalls bemerkt. Auch wenn sich die Marines über ihr schweres Gepäck beklagten, so hatten sie doch wenigstens Mäntel und Decken.

Ein Melder hastete vorbei: »Kolonne anhalten!«

Fynmore schlenderte an die Spitze und klopfte mit dem Stock ungeduldig auf den Boden. »Verdammte Armee«, murmelte er.

Angekündigt von plötzlichem Hufgeklapper, trabten zwei Offiziere, gefolgt von ihren Ordonnanzen, um die nächste Biegung. Der ältere, ein grauhaariger Generalmajor, zügelte sein Pferd und schien die Marines eine Ewigkeit lang zu mustern.

»Oberstleutnant Fynmore?« fragte er mit heller, schneidender Stimme. »Sie kommen zwei Tage zu spät.« Er stieg nicht ab. »Alle Vorbereitungen für die Verstärkung der Front durch Sie sind längst getroffen worden.«

Fynmore stand gerade wie ein Ladestock, sein Mund zuckte vor kaum gebändigtem Zorn. »Wir hatten Befehl, wegen des Bombardements auf Abstand zu bleiben, Sir.«

Der Generalmajor wandte sich an seinen Begleiter, der laut lachte. »Hast du das gehört, Percy? Wegen des Bombardements! Typisch!« Er tippte mit der Reitpeitsche an seine Mütze und spornte das Pferd zum Galopp an.

Brabazon biß auf seinen Kinnriemen. »Das war General Richmond. Gott, steh uns bei!«

»Royal Marines, nach rechts ...« Und weiter ging's.

Je näher sie ihrem zugewiesenen Sektor kamen, um so flacher wurde das Gelände: niedrige Hügel, von Pfaden und zum Teil künstlich angelegten Gräben wie ein Labyrinth durchzogen.

Die Späher der Armee verstanden ihr Geschäft. Sie schienen es riechen zu können, wo eine Granate niedergehen würde. Und sie brachten den Marines bei, daß man sich in den noch verbleibenden Sekunden schnell bewegen mußte: runter aufs Gesicht, dann wieder hoch und weiter auf das Geschützfeuer zu. Vorher noch ein schneller, nervöser Blick zum Nebenmann, um sich zu beruhigen.

So krochen und robbten sie durch endlose Zickzack-Gräben, duckten sich und warteten. Granaten schlugen um sie ein oder rauschten bösartig über ihre Köpfe hinweg.

Schließlich kamen sie zu einer freigeräumten, tellerförmigen Geschützstellung. Als die ersten Marines herankeuchten, brach dort jemand in ironische Hochrufe aus.

Blackwood sah die vertrauten blauen Röcke bei den schweren Geschützen, das freundliche Grinsen. Trotz der Gefahr war es, als kämen sie nach Hause: Hier stand eine Abteilung der Royal Marine Artillery. Beim Näherkommen gewahrte Blackwood einen großen Leutnant, der mit ausgestreckten Armen auf ihn zulief.

»Lassen Sie seitlich raustreten, Sergeant Quintin«, krächzte Fynmore. »Zehn Minuten Pause, nicht länger.« Und mit einem Blick auf den Leutnant: »Wer sind Sie, Sir?«

Blackwood schüttelte die Hand des Mannes. »Das ist Leutnant Dick Cleveland, Sir. Er war auf der *Audacious* mein Stellvertreter. Du bist also zu den Kanonieren übergewechselt, Dick?«

Cleveland lachte. »Ich hielt es für sicherer.« Die Erde erzitterte unter einem weiteren Einschlag. »War ein Irrtum.«

Blackwood sah zu seinem Halbbruder hinüber. Hätte sich Cleveland seinerzeit nicht nach einer Sauftour daheim in England das Bein gebrochen, wäre Harry auf ein anderes Schiff gekommen. Vielleicht säße er jetzt sogar bei ihrem Vater in Hawk's Hill.

»Genug Zeit vergeudet.« Fynmore zog seine Uhr. »Lassen Sie die Männer aufstehen. Es sieht nach Schnee aus.« Er kehrte zu Brabazon und den anderen zurück.

Cleveland verzog den Mund. »Sie tun mir leid, Sir. Seltsam, daß wir uns ausgerechnet hier wiedertreffen.«

»Genau das dachte ich auch. Wie lange liegen die Tage auf der *Audacious*, die Sommerbälle und die Regatten zurück!«

»Das meine ich nicht.« Die Marines traten wieder an, und Cleveland mußte schreien, um sich verständlich zu machen. »Wir sind von Anfang an hier. Ohne unsere Batterie hätten sie es hier überhaupt nicht geschafft. Aber vor einer Woche haben wir im Hauptlager Proviant und Sanitätsmaterial empfangen, da hat's mich beinahe umgehauen, Philip, äh, Sir. Es gibt Frauen hier, ausgerechnet auf der verdammten Krim! Was sagen Sie dazu?« Er legte den Kopf schräg und lächelte. »Und die hübscheste von allen kam direkt auf mich zu und fragte, ob ich ausgerechnet Sie kenne!«

Um sich durch den nächsten Laufgraben zu schlängeln, schoben sich die Marines in Einzelreihe vorbei. Aber Blackwood konnte sich noch nicht losreißen.

»Erzählen Sie, bei Gott!«

Der Leutnant nickte. »Hätte ich mir denken können. Sie heißt Davern sowieso. Sie müssen vorhin an ihr vorbeimarschiert sein.«

Mit knirschenden Stiefeln kam Sergeant Quintin auf sie zu. »Hauptmann Blackwood, der Kommandeur wünscht, daß Sie sich an die Spitze setzen.«

Blackwood ergriff die Hand des Leutnants. »Danke, vielen, vielen Dank!«

Während sich die gewundene Reihe der Marines in den Laufgraben einfädelte, kletterte ein Secondeleutnant aus dem Geschützstand zu Cleveland am Wegrand hinauf.

»Wer war denn das?«

»Das war Hauptmann Blackwood. Der beste Soldat, mit dem ich je zusammen war.« Verbittert starrte er ihm nach. »Und immer noch Hauptmann. Eigentlich müßte er Kommandeur dieses Haufens sein.« Cleveland drehte sich um und dachte an die dunkelhaarige Frau am Hafen. Die Verwundeten und Kranken nannten die Krankenschwestern bereits ›barmherzige Engel‹. Der nächste schwere Artillerieeinschlag erschütterte die Stellung, und Cleveland versuchte, nicht mehr an Blackwood und an das, was ihm bevorstand, zu denken. Zweihundert Mann waren in dem Sektor in weniger als zwei Wochen gefallen.

»Klar zum Feuern. Genau zur Stunde, jede Stunde, klar?« befahl er.

Der Secondeleutnant nickte und eilte davon.

Immer wieder gingen die Marines nach Weisung der Armeespäher und -posten in Deckung. Atemlos und durch das Brüllen des Artilleriefeuers beider Seiten wie gelähmt, erreichten sie schließlich ihren zugewiesenen Sektor. Dort hatten die Soldaten Unterstände in den Boden und die Seitenwände der Schützengräben gebaut und mit kräftigen Balken abgestützt. Ein Hauptmann der Armee versicherte Fynmore, daß auf der nächstgelegenen Höhe tiefe Höhlen seien, in denen ein ganzer Zug Schutz finden und kochen könne. Wenn sie dort bei jedem Bombardement Deckung suchten, bestand für sie wenig Gefahr, außer der, von herabstürzendem Felsgestein begraben zu werden. Wie die anderen sah auch der Hauptmann erschöpft aus; seine dunklen Augenringe verrieten die Anstrengung.

Blackwood und Brabazon machten sich Notizen, Ogilvie hielt ihnen eine Karte hin. Zur Rechten lag ein schottisches Bataillon, zur

Linken ein leichtes Infanterieregiment. Nervös trat der Armeehauptmann von einem Fuß auf den anderen; er wollte weg.

Wieder erbebte die Erde, lose Steine rollten über den Rand der mit Sandsäcken befestigten Brustwehr. Weit hinten lag ein weiterer Hügel hellgrau im fahlen Licht.

»Und was ist direkt vor unserer Front?« fragte Ogilvie.

Der Hauptmann tippte mit einem schmutzigen Finger auf die Karte. »Abfallendes Gelände und dann die Anhöhe. Dort ist der Feind.«

Fynmore zupfte an seiner Unterlippe und starrte eine Schneeflocke an, die auf seinem Rock schmolz.

»Machen Sie weiter, Blackwood«, sagte er. »Gruppenweise Posten beziehen. Ich inspiziere sie, wenn Sie fertig sind.« Er winkte seiner Ordonnanz. »Such meine Unterkunft und mach alles zurecht.« Aufrecht schritt er mit Brabazon davon.

Der Hauptmann der Armee stieß den Atem aus. »Gott sei Dank!« Er winkte einem seiner Sergeanten, und auf dessen Kommando begannen die Soldaten, aus ihren Stellungen zu klettern. »Ich hätte nie gedacht ...« Er sah Blackwood an und versuchte zu lächeln. »Tut mir leid, aber wir können nicht mehr. So habe ich mich noch nie gefreut, jemand kommen zu sehen.«

Er schickte sich zum Gehen an, doch Blackwood hielt ihn zurück. »Wenn Sie eine Mrs. Hadley im Hauptlager sehen ... Sie ist die Frau eines Arztes ...« Er wußte nicht, was er hinzufügen sollte.

Doch der Hauptmann nickte verstehend. »Ich werde daran denken, Blackwood. Ich sage es ihr.« Dann war er weg.

Was wollte er ihr sagen? Die Erde bebte, Dreck flog über die Sandsäcke. Blackwood mußte an das denken, was Tobin von den Nächten und dem ständigen Beschuß berichtet hatte. Die Verschanzungen sahen zwar ganz solide aus, aber keine Armee konnte Boden gewinnen, wenn sie sich nicht von der Stelle rührte.

Harry kam einen Erdwall herabgerutscht.

»Alles erledigt?« fragte Blackwood.

Harry nickte. »Jawohl, Sir.« Er mußte über ihre Förmlichkeit lächeln. »Ich habe die Erfahrenen unter die Neuen verteilt, obwohl seit der *Tenacious* anzunehmen ist, daß die meisten wissen, was sie erwartet.« Er sah seinen Bruder an und fragte: »Stimmt was nicht?«

Blackwood schaute zu den dunklen Wolken auf, Schnee fiel ihm ins Gesicht, so leicht und zart wie ein heimlicher Kuß. Davern war also hier, nur ein paar Meilen entfernt. Er war dicht an ihr vorbeimarschiert. Was machte sie hier, mitten in all dem Schrecken und Leiden?

»Wenn ich falle, Harry, sprich mit ihr. Würdest du das tun?«

Harry blickte ihn entsetzt an. »Du wirst nicht fallen! Was sollte ich ohne dich anfangen?« Er verdrängte den Gedanken. »Sprich du selbst mit ihr.«

»Wenn Sie endlich mit Plaudern fertig sind, meine Herren«, ertönte Fynmores schneidende Stimme, »dann möchte ich die Stellungen inspizieren.«

Als es dunkel wurde, verkrochen sich die Marines in Löcher und Unterstände und wickelten sich in ihre Mäntel und Decken; im Artilleriefeuer trat eine Pause ein.

Blackwood ging seine Runde durch die im Zickzack angelegten Laufgräben und besichtigte die Posten, die in Zwischenräumen an der Brustwehr aus Sandsäcken aufgestellt waren.

Es war zu dunkel, um die Gesichter zu sehen, doch viele erkannte er an der Stimme, wenn sie Meldung machten: Dialekte aus Yorkshire und Dorset, aus seiner Heimat Hampshire oder aus Schottland wie M'Crystal, dann wie bei Quintin der rauhe Akzent der Londoner Slums.

Aus der Ferne drang Dudelsack-Klang herüber, das würde M'Crystal rühren. Die Schotten drüben entspannten sich, zumindest vorübergehend. Essensduft hing in der Luft.

Plötzlich erhellten so grelle Blitze den Himmel, daß Blackwoods Augen schmerzten. Das nächtliche Sperrfeuer hatte eingesetzt. Pfeifen schrillten, Männer gingen in Deckung, die Luft vibrierte unter dem Beschuß. Er kam von der Höhe direkt gegenüber, der russischen Schanze.

Blackwood drückte sich an die Sandsäcke und knirschte mit den Zähnen.

Wumm ... Wumm ... Wumm ...

Das mußte Dick Clevelands Batterie beim Gegenschlag sein. So ging es die ganze Nacht weiter; es war unmöglich, einen klaren Gedanken zu fassen. Aber Großvater hätte sich hier heimisch gefühlt, dachte Blackwood.

Langsam schritt er weiter an der Brustwehr entlang, klopfte hier einem auf die Schulter, murmelte dort einem anderen geduckten Schatten ein kurzes Wort zu.

In dem engen, ihm zugewiesenen Unterstand wärmte Smithett einen Topf auf kleinem Feuer; sogar ein altes Stück Segeltuch hatte er gefunden und vor den Eingang gehängt. Blackwood ließ sich auf eine Decke fallen und streckte die Hände den Flammen entgegen.

»Du bist ein Prachtkerl, Smithett!«

Der grinste nur trübselig und goß heißen Kaffee in einen Becher.

Schon beim Trinken fielen Blackwood die Augen zu. Wie die meisten Kameraden hatte auch Smithett inzwischen alles über die Frau im Hauptlager gehört. Er dachte daran, wie er seinem Hauptmann geholfen hatte, sie aus der Hütte zu tragen. In der Missionsstation, wo man über sie hergefallen war und er einen von denen mit seinem Bajonett niedergestochen hatte.

Schlaf gut, Hauptmann. Er lauschte dem Wummern der Geschütze, das nun, da der Gegner Zielwechsel machte, gedämpfter klang. Wir brauchen dich morgen. Er griff hinüber und nahm Blackwood den Becher aus der schlaffen Hand.

XXII Sturm

Blackwood stieg auf eine Erdstufe und hob den Kopf über die Brüstung. Unmittelbar vor ihm wölbte sich sanft die Anhöhe, die im frühen Morgenlicht eher braun als grau aussah. Nichts regte sich. Er leckte sich die Lippen, die noch nach Smithetts Kaffee schmeckten, und prüfte das freie Gelände, das zwischen ihrem Graben und der Anhöhe lag und die Schanzanlagen des Gegners verbarg. Der Anblick war erschreckend, ein Bild unbeschreiblicher Verwüstung. Das gesamte Gebiet war mit Überresten militärischer Ausrüstung bedeckt, mit Tschakos und Lanzenspitzen und gelegentlich einem ehemals stolzen Messinghelm, dazu verrostete Waffen und verwesende Pferdekadaver. Nirgends war ein toter Soldat zu sehen, aber das machte das Ganze irgendwie noch schlimmer. Als ob die Toten den Ort, wo man sie niedergeschossen hatte, vor Ekel verlassen hätten.

In den Schützenständen standen die Marines, flüsterten miteinander und richteten ihre Gewehre auf das leere Schlachtfeld. Von den Stellungen der Armee rechts und links konnte Blackwood nichts erkennen, ihm fiel jedoch auf, daß der Sektor der Marines im Gegensatz zu den anderen zum Feinde hin leicht anstieg. Bei einem feindlichen Angriff würde über diese Stelle also der Hauptstoß kommen.

M'Crystal und Quintin hatten die Nacht genutzt und sich bei den schottischen Nachbarn möglichst gut informiert. Die Russen konnten demnach mit der britischen Feuerkraft nicht mithalten, besonders nicht beim Schützenfeuer. Sie griffen stets in breiter Front an, an der man zwar nicht vorbeischießen, die man aber auch kaum aufhalten konnte.

Fitzclarence, einer der neu eingetroffenen Secondeleutnants, inspizierte die Bereitschaftsmunition und den Bestand an Handgranaten, den ihnen die Armee zur Verfügung gestellt hatte. Dabei unterhielt er sich mit Korporal Jones. Armer Fitzclarence, er war so eifrig, daß es direkt peinlich war. Die Marines nannten ihn wegen seines sanften Wesens und zarten Äußeren hinter seinem Rücken ›Puppchen‹.

Durch den Graben kam ein Melder gestürzt und hielt vor Blackwood an. »Der Kommandeur bittet Sie, sofort zur B-Kompanie zu kommen, Sir.«

Ohne auf Antwort zu warten, lief er davon.

Blackwood sprang hinunter und nickte Fitzclarence zu. »Ich bin bei Hauptmann Ogilvie, wenn Sie mich brauchen.«

Die B-Kompanie hielt den äußersten linken Flügel des Sektors besetzt. Dort war wochenlang schwere Beschießung niedergegangen und die Schutzwehr großenteils eingestürzt. Die Lücken waren mit Sandsäcken und zusammengebundenen Knüppeln ausgefüllt; ›Faschinen‹ nannte sie die Armee. Sie waren horizontal gestapelt und angeblich ein guter Schutz gegen Handfeuerwaffen.

Hauptmann Ogilvie stand auf einem Schützenpodest und studierte die feindlichen Stellungen ohne große Begeisterung.

»Verdammt schwierig, etwas zu erkennen, Philip.« Er grinste, als Blackwood zu ihm trat. »Gerade kam eine Nachricht vom Kommandeur: Die Armee wird einen Großangriff bei Inkerman führen. Ich bemühe mich gerade, diesen verdammten Ort auf der Karte zu finden.« Er schüttelte sich. »Verflucht kalt!«

Blackwood schaute über die Sandsäcke hinaus, aber das Bild war hier das gleiche; ein paar Ausfallgräben schlängelten sich zur Linken ins Gelände, wahrscheinlich von der Armee begonnen, um eine günstige Ausfallposition zu schaffen. Doch die Sappeure hatten entweder aufgegeben oder waren draußen durch einen Angriff überrascht worden.

»Gib mir mal ein Glas.«

Er nahm das Teleskop von Ogilvies Ordonnanz und legte es zwischen zwei Sandsäcken auf.

In der Vergrößerung sah er, daß das Feld doch nicht völlig menschenleer war. In einigen zerfetzten Uniformen steckten Leichen oder Leichenteile. Neben dem Kadaver seines Pferdes lag ein russischer Kavallerist, den Säbel noch fest in der Hand.

Er hob das Glas an und erkannte die hellere Linie der feindlichen Brustwehren. Wenn die Armee bei Inkerman angriff, wurden die Russen vielleicht gezwungen, diese Schanze zu räumen. Waren sie womöglich schon weg?

Blackwood bemerkte, daß Ogilvie einen der neuen fünfschüssigen Adamsrevolver besaß, der einen Riesenvorteil gegenüber der gewöhnlichen Pistole bot, die oft danebenschoß, selbst wenn man Zeit fand, sie nachzuladen.

Ogilvie sah seinen Blick und grinste. »Hab' ich in London einem Yankee abgekauft. Ich brenne darauf, das Ding zu benutzen.«

Beide fuhren herum, als eine Stimme rief: »Da kommen sie!«

Der Alarm ging wie ein Lauffeuer durch den Graben. Es schien Blackwood unerklärlich, daß ein so großer feindlicher Truppenverband wie eine menschliche Welle aus dem Boden wachsen konnte. Diese Massen mußten sich unbemerkt um den Fuß der Anhöhe herumgearbeitet haben und rückten nun dichtgedrängt auf die britischen Linien zu.

Ogilvie kritzelte etwas und drückte den Zettel einem Melder in die Hand.

»Gib das dem Kommandeur, marsch, marsch!« Er spähte die Brustwehr entlang und rief: »Noch nicht schießen!«

Zu seinem eigenen Erstaunen konnte Blackwood die vorrückenden Russen ohne Furcht betrachten. Ihm war, als sähe er alles aus großer Entfernung oder sei überhaupt nicht dabei. Lange Mäntel, blitzende Bajonette, hier und da ein berittener Offizier: eine Flut von Menschen, die sich, wenn sie Gräben überquerte oder Geländefalten, wie Wellen hob und senkte.

Von den Verteidigern war jeder mit seinen eigenen Gedanken beschäftigt; die Marines hatten ihre Gewehre gehoben und sahen dem Feind entgegen. Vorbeischießen war nicht möglich.

Dumpfe Abschüsse und das Heulen der Granaten über ihren Köpfen zeigten, daß die britische Artillerie ebenfalls wach geworden war. Sie riß breite Lücken in die näherkommende Masse. Beim Anblick der klaffenden, blutigen Bahnen, die sich sofort durch Nachdrängende schlossen, wurde es Blackwood übel.

Irgendwo schmetterte ein Horn. Blackwood hatte das Gefühl, die ganze alliierte Front müsse sich ihnen zuwenden und auf diesen kleinen Abschnitt des Krieges horchen.

Die Front der vorrückenden Russen war noch etwa vierhundert Meter entfernt, und die britische Artillerie richtete, obwohl sie durch das abfallende Gelände und die Sorge, auf die eigenen Linien zu schießen, behindert war, unter den dichtgedrängten Soldaten furchtbaren Schaden an.

»Es müssen zehntausend sein«, bemerkte Ogilvie völlig unbesorgt.

Bei ihren Gruppen liefen die Sergeanten hin und her. »Ruhig, Jungs, schont eure Augen, bis der Befehl kommt!«

Im anderen Sektor dröhnten mehrere heftige Explosionen, und Blackwood vermutete, daß die Schotten unter Artilleriebeschuß lagen, weil man sie am Eingreifen hindern wollte.

Auf uns haben sie's abgesehen, dachte er. Wahrscheinlich wissen sie, daß wir neu an der Front sind. Aber wie kann eine so große, gesichtslose Masse denken und planen?

Blackwood zwang sich zur Ruhe und sagte: »Ich gehe jetzt.«

»Gute Idee. Wir wollen nicht zwei unserer besten Eier in einem Korb haben, was?« Ogilvie schüttelte sich vor lautlosem Gelächter.

»Der Graben, Sir!« rief ein Mann fast hysterisch.

Blackwood sprang auf die Stufe und erstarrte ungläubig. Die verlassene Sappe, die sich zur Linken dahinschlängelte, quoll plötzlich über von einer Menschenflut, die sich gegen die britischen Linien wälzte.

»Zielwechsel, hundert Yards, legt an!«

Der Feind schoß bereits beim Näherkommen, aus den Reihen blitzte es auf, Kugeln schlugen in die Sandsäcke. Das war das Signal für die angreifende Hauptmacht. Blackwood sah, wie die ganze Masse zum Sturm ansetzte; die Offiziere ritten vornübergebeugt vor der Front, als ob sie Angst hätten, daß man sie überhole.

»Feuer!«

Die Marines im Graben zielten und drückten ab. Jeder Schuß mußte sitzen. Wahrscheinlich schlugen die spitzen Geschosse durch die vorderen Soldaten und trafen auch die dahinter.

Ogilvie zog seinen Revolver und prüfte ihn kurz.

»Mußt sie zurücktreiben«, sagte er und schien dabei das Wort an den Revolver zu richten.

»Schnellfeuer!«

Die Marines schossen und luden, so schnell sie konnten. Mit verbissenen Gesichtern stiegen sie zur durchlöcherten Brustwehr hinauf und zielten auf die Anführer. Wiehernd brachen Pferde zusammen und wurden von der Infanterie überrannt. Blackwood hörte die anfeuernden Rufe sich zu lautem Gebrüll vereinigen.

»Mein Gott, wir können sie nicht aufhalten!« schrie Ogilvie.

Ein schreckliches Krachen – und Ogilvies Stirn war nur noch ein großes rotes Loch.

Blackwood riß ihm den Revolver aus der Hand und starrte den vorstürmenden Russen entgegen. Fünfzig Meter entfernt, vielleicht weniger. Sie hatten keine Zeit mehr zum Nachladen, sie wollten allen Widerstand einfach niederwalzen.

Einige Marines fingerten an ihren Waffen und Patronentaschen herum, andere feuerten ungezielt. In Sekunden würde alles vorbei sein.

Blackwood zog seinen Säbel. Es ging nicht anders.

»Seitengewehr – pflanzt auf!« Er schwang sich auf die Sandsäcke und blickte über die Brustwehr. »Raus, Marines!«

Mit heiserem Geschrei kletterten die Marines aus dem Schützengraben und sahen ihren Angreifern über die Bajonette hinweg entgegen.

Blackwood hob den Revolver und schoß. Ein Mann stolperte und fiel, ein Offizier wandte sein Pferd gegen ihn und spornte es an.

Der unerwartete Angriff der Marines ließ die Russen zögern. Nur noch eine letzte unregelmäßige Salve schlug in die ersten britischen Reihen, dann stießen die Bajonette zu, die Säbel klirrten, und beide Gruppen verkeilten sich ineinander.

Der russische Offizier war abgestiegen und trieb seine Männer mit geschwungenem Säbel vorwärts. Er war ein großer, gut aussehender Mann; Blackwood bemerkte, wie er einen Marineinfanteristen offensichtlich ohne große Mühe niederschlug.

Doch seine Augen waren auf Blackwood gerichtet. Ogilvies ältester Sergeant sprang herbei und keuchte: »Passen Sie auf den auf, Sir!«

Der Sergeant taumelte, denn ein russisches Bajonett war ihm durch Zähne und Kinnlade gefahren. Der Länge nach stürzte er in den Schützengraben zurück.

Blackwood parierte den Säbelhieb, aber es war, als träfe er einen Pflug mit einem Besenstiel. Die Augen des Offiziers verhärteten sich. Er hob den Säbel zum nächsten Hieb, aber dann starrte er Blackwood ungläubig an, der Ogilvies Revolver direkt vor seiner Brust abfeuerte. Wie ein gefällter Baum brach er zusammen.

Der Angriff kam ins Stocken. Während die Russen auf ihre eigenen Linien zurückzulaufen begannen, knieten die Marines nieder und schossen, um ihnen Beine zu machen.

Ein Horn schmetterte den Befehl zur Feuereinstellung und zum Rückzug. Eine Welle wilden Jubels lief durch den Graben. An der Flanke ging nun auch leichte Kavallerie gegen feindliche Nachzügler vor.

Blackwood sprang auf das Schützenpodest hinunter und musterte atemlos die ihm zunächststehenden Männer. Einige lagen am Boden, manche waren tot oder so schwer verwundet, daß sie nicht mehr kämpfen konnten. Er sah in Ogilvies blutüberströmtes Gesicht und war ihm für seinen Revolver dankbar. Sonst ...

»Krankenträger, schnell!«

Blackwood wischte sich Gesicht und Hals und sah dabei Blut an seinem Handgelenk. Er fürchtete fast, daß seine Beine versagen würden, wenn er von der Brustwehr wegtrat. Als sei das alte Fieber wieder ausgebrochen, so zitterte er am ganzen Leib.

Smithett wischte sein Bajonett mit einem Lumpen ab.

»Ob sie zurückkommen, Sir?«

»Vielleicht später.«

Geschützdonner erschütterte die Luft, die Granaten heulten über den Graben und barsten in den Nachschubgräben hinter ihnen. Ein kurzer Blick über das Schlachtfeld: der Feind war verschwunden, wie vom Boden verschluckt.

Blackwood ließ den Blick über die rauchgeschwärzten Löcher, die verstreuten Leichen und einige kriechende Verwundete wandern. Ein einzelnes Pferd galoppierte durch das Chaos und suchte seine Truppe. Blackwood beugte sich vor und sah den Offizier, den er niedergeschossen hatte, neben einem toten Marineinfanteristen liegen. Das Pferd würde einen neuen Herrn bekommen.

Schritte erklangen im Graben, Harry lief auf ihn zu.

»Du lebst, Gott sei Dank!«

Blackwood stieg von dem Podest herab, jeder Muskel schmerzte. »Ogilvie ist tot. Von den anderen weiß ich noch nichts Näheres.«

Zwei Marines eilten mit einer Bahre vorbei, das schmerzverzerrte Gesicht des Verwundeten blickte kurz zu den Offizieren auf.

Ein Leutnant, ohne Kopfbedeckung, den Säbel noch in der Hand, kam vom anderen Ende des Grabens. Fassungslos starrte er Ogilvies Leiche an.

»Übernehmen Sie das Kommando hier, Mr. Frère. Ich muß dem Kommandeur Meldung machen«, sagte Blackwood.

Gemeinsam gingen sie durch den Graben, bis sie Fynmore in seinem Gefechtsstand fanden.

Brabazon sagte ernst: »Ein Jammer um Ogilvie.« Das war alles.

Fynmore breitete seine Karte auf einem umgestülpten Kasten aus. »Gerade habe ich Nachricht von General Richmond bekommen. Die Armee ist auf dem Vormarsch. Dieser Sektor ist der einzige, wo Gefahr droht.« Mit roten, überanstrengten Augen schaute er auf. »Die Schanze muß genommen werden«, sagte er entschlossen. »Es geht nicht anders.«

»Das hat die Armee schon mehrfach versucht«, gab der Adjutant zu bedenken, aber unter Fynmores Blicken schien er zu schrumpfen.

»Dann erst recht.« Fynmore wandte sich erneut seiner Karte zu. »Außerdem ist es ein Befehl von Richmond persönlich, hol ihn der Teufel!«

Draußen dröhnten und krachten die Geschütze, der Himmel war von ziehendem Rauch verdeckt, und dennoch schien Fynmores Konzentration den Krieg auf Abstand zu halten.

»Die Russen hofften, bei uns durch die Front brechen zu können. Wir hätten dann um Unterstützung bitten müssen, und das hätte den Vormarsch der Armee aufgehalten. Angesichts des Wetters hätte der General vielleicht sogar alles aufschieben müssen.«

»Mir scheint, die Russen waren von dem heißen Empfang überrascht«, meinte Brabazon.

»Ganz gewiß, Major.« Fynmore strahlte ihn an. »Verstehen Sie? Sie werden jetzt den richtigen Augenblick abwarten und auf Zeit setzen.« Er faltete seine Karte sorgfältig zusammen. »Wenn wir ihnen Zeit lassen. Einen Angriff werden sie so bald nicht erwarten, was?«

Die anderen sahen sich an.

»Von uns, Sir?« fragte Brabazon zweifelnd.

Doch Fynmore war in Gedanken schon woanders. »So mit mir zu sprechen, als wären wir Feiglinge! Dem werde ich zeigen, was Marines leisten können, verdammt noch mal!«

Sie waren entlassen.

Außerhalb des Unterstands vibrierte die Luft vom Artilleriefeuer, das jedoch auf einen anderen Sektor gerichtet war. Es gab eine Menge zu tun. Sie mußten die Toten begraben, die Verschanzungen wieder instandsetzen, wenn möglich die Verwundeten nach hinten bringen.

Brabazon nahm Blackwood zur Seite. »Ganz unter uns, und vielleicht wissen Sie es ohnehin schon, Philip. Aber der Kommandeur hat Nachricht von seiner Frau.«

»Ja.«

»Er beschuldigt Ihren Bruder und ist vor Eifersucht und Wut außer sich. Und Richmonds Grobheiten waren noch Salz auf die Wunde. Ich dachte nur, Sie sollten das wissen.«

Blackwood nickte. Er ging zu seinem kleinen Unterstand und hockte sich auf eine Kiste. Dann nahm er einen Block aus Smithetts geräumigem Sack und begann nach kurzem Zögern zu schreiben:

Meine geliebte Davern ...

Dies war vielleicht der einzige Brief, den er ihr schicken konnte. Aber sie sollte wenigstens wissen, daß er an sie dachte.

Blackwood gähnte und reckte sich; neben ihm kauerte Korporal Jones und wartete.

»Wie ist das Wetter?«

Blackwood wischte sich das Gesicht mit einem feuchten Tuch, das Smithett neben einen Becher Kaffee gelegt hatte. Die Kälte drang ihm bis in die Knochen. Vor dem groben Vorhang war es dunkel. Noch eine Stunde bis Sonnenaufgang. Er fröstelte.

»Es schneit, Sir«, grunzte Jones. In dem schwachen Schein von Smithetts Kerze sah er zerknittert und unrasiert aus.

Wie wir alle, dachte Blackwood und sah sich in dem winzigen Unterstand um. Seit dem russischen Angriff war ein ganzer Tag ohne Zwischenfall verstrichen. Selbst die Artillerie war bis auf kurze Duelle ruhig geblieben. Als hielte sie den Atem an.

Heute sollte es nun losgehen. Ein dutzendmal und mehr hatten sie das Ganze durchgesprochen. Wenn etwas schiefging, ehe sie die Entfernung bis zur feindlichen Linie überwunden hatten, konnte es gefährlich werden. Blackwood klopfte seine Taschen ab und nahm dann Ogilvies guten Schlagbolzenrevolver auf. Falls er sterben mußte, wollte er noch fünf Feinde mitnehmen. Aber dann lächelte er verbissen über diese törichte Überlegung.

»Es wird Zeit.«

Draußen vor dem Unterstand war die Luft schneidend kalt. Jeder Mann war hellwach und bereit zum Angriff.

Im Gefechtsstand traf Blackwood auf Fynmore und seinen Adjutanten. Die Karte war zusammengefaltet und weggelegt; sollten sie etwas übersehen haben – jetzt war es zu spät. Fynmore sah ihn dumpf an. In den letzten Tagen schien er ungeheuer gealtert.

»Wenn der Gegner Verdacht schöpft, daß Sie die Sappe benutzen, müssen Sie versuchen, sein Feuer auf sich zu ziehen. Major Brabazon wird dann den Angriff von der anderen Seite aus vortragen.« Er zog die Uhr, steckte sie jedoch blicklos wieder ein.

Blackwood nickte. Er hatte die einzelnen Männer sorgfältig ausgesucht, kannte jeden entweder vom Sehen oder nach seinem Ruf. Seltsamerweise waren die Leutnants die einzigen Unerfahrenen, aber das würde sich bald ändern. Nur Harry war eine Ausnahme.

Er sah sich um. »Ich dachte, mein Bruder sei bei Ihnen, Sir?«

»Das war er.« Fynmore hielt seine Pistole ins Licht. »Ich habe ihn mit einem Sonderauftrag losgeschickt.« Er sah auf. »Natürlich hat er sich freiwillig gemeldet.«

Blackwood starrte ihn an und mußte an Brabazons Warnung denken. Aber doch nicht hier? Nicht heute?

»Darf ich fragen, worum es geht, Sir?«

Ein Sergeant steckte den Kopf durch den Vorhang. »Alles bereit, Sir«, flüsterte er.

»Er ist mit seinem Zug vor Ihrer Kompanie aufgebrochen.« Das sollte beiläufig klingen. »Zu einem Handgranatenangriff.«

Blackwood meinte, sich verhört zu haben. »Aber er versteht nichts von Handgranaten, Sir!«

Fynmore blies die Laterne aus. »Gute Chance, es zu lernen. Daß er mit Ihnen verwandt ist, gibt ihm noch keinen Anspruch auf besondere Schonung.«

Blackwood fühlte eine seltsame Ruhe in sich. Selbst seine Stimme klang ausdruckslos und unbewegt.

»Es ist wegen Ihrer Frau, nicht wahr? Sie haben ihn nur losgeschickt, um sich an ihm blutig zu rächen.«

Fynmores Stimme klang rauh vor Wut. »Wie können Sie es wagen! Ich werde Sie vor ein Kriegsgericht stellen, Ihnen vor dem ganzen Bataillon die Abzeichen herunterreißen lassen! Bei Gott, das werde ich!«

Draußen warteten die Leute auf den Abmarschbefehl, der für sie Leben oder Sterben bedeutete. Doch Blackwood sah nur Harrys Gesicht vor sich, damals, als er ihm von Fynmores Frau erzählt hatte.

»Das hat noch Zeit, Oberst. Ogilvie ist tot, und Major Brabazon schafft nicht alles allein.« Er wandte sich ab. »Und was macht es schon? Ihre Frau hätte Sie betrogen, ganz gleich, was Sie tun.«

Fynmore schrie: »Mit Ihnen bin ich noch nicht fertig! Nehmen Sie Haltung an, wenn ich mit Ihnen rede! Diesmal sind Sie zu weit gegangen...«

Blackwood trat in den eisigen Wind hinaus, der Schnee kühlte seinen Zorn und Ärger ein wenig ab.

»Scheren Sie sich zum Teufel, Sir!« sagte er.

Die Marines in der Nähe des Befehlsunterstandes traten zur Seite, um ihn durchzulassen. Mit quietschenden Stiefeln ging er durch den Schneematsch des Grabens und wartete darauf, daß Fynmore ihn festnehmen ließ. Doch nichts geschah.

Es war ein langer Weg bis zum anderen Ende des Sektors: vorbei an der Stelle, wo Ogilvie gefallen war, und über zerschossene Faschinen und zerrissene Sandsäcke, die nun fast friedlich unter einer Schneedecke lagen.

Zwei Leutnants, Frère und der gertenschlanke Fitzclarence, würden ihn begleiten. Scharf abgezeichnet vor dem hellen Hintergrund sah er M'Crystal und Quintin bei den anderen stehen.

Quintin meldete knapp: »Alles gemustert, Sir. Tornister und überflüssige Ausrüstung sind in einer Höhle verstaut. Nur Waffen und Munition.« Nicht einmal Mäntel trugen die Marines, nichts, was ihre Beweglichkeit behindern konnte.

»Wir haben von Leutnant Blackwoods Stoßtrupp gehört«, murmelte M'Crystal und blickte in die treibenden Flocken. »Da draußen wird er jetzt sein.«

Blackwood antwortete nicht. Niemand konnte jetzt noch etwas tun. Harry hatte Frazier und Fellowes, den neuen Korporal, bei sich, zwei gute Männer. Er dachte an Harrys Lächeln. Nein, drei gute Männer.

»Nun, dann wollen wir mal!«

Er kletterte über die zerstörte Schutzwehr, schlitterte einen Hang hinunter, tastete mit den Füßen nach festem Grund und rief sich den Lauf der Sappengräben in Erinnerung.

Es dauerte nahezu zwanzig Minuten, bis sie den ersten Graben gefunden hatten. Die Marines ließen sich hineinfallen und krochen auf Knien weiter; ihre Rücken waren durch die niedrigen Seitenwände gerade verdeckt.

Der Schnee kam wie gerufen, dachte Blackwood. Es herrschte ein schrecklicher Gestank, und seine Hand faßte mehrfach Dinge an, die man besser nicht sah.

Einmal, an einer Stelle des Grabens, die durch Bretter abgestützt war, stockte sein Herz beim Anblick einer einzelnen Gestalt, die sich vom Schnee abhob und ihr langsames Näherkommen beobachtete.

Entsetzlich fluchend stieß Quintin die Leiche mit seiner Muskete zur Seite; ein zweiter Mann würgte, als die Waffe in das verwesende Fleisch eindrang.

»Durchgeben: absolute Ruhe!«

Langsam, bis Kopf und Schultern über den Graben ragten, erhob sich Blackwood. Zu seiner Rechten, offensichtlich ganz nah, lag die Anhöhe. Er wollte sich umschauen, wie weit sie gekrochen waren, wagte jedoch nicht, sich zu rühren. Er roch brennendes oder verkohltes Holz, hörte die Ratten bei ihrer nächtlichen Jagd quieken, und fast rebellierte sein Magen.

Der Feind hatte hier keine Schützengräben nötig gehabt. Die Schanze, irgendwo dort oben auf der Höhe, gab genug Deckung.

Er sah auf seine Hände nieder, der Ärmel seiner Uniform ließ schon das Rot erkennen. Jeden Augenblick konnte der Morgen dämmern.

Ob Brabazon mit dem Hauptteil der Marines auf dem anderen Flügel gut vorankam? Wenn sie im freien Gelände erwischt wurden, hatten sie nicht einmal die Chance zur Flucht. Flucht? Das ließ Fynmore niemals zu, eher würde er sterben. Oder war er hinten in seinem leeren Gefechtsstand? Gar nicht dabei, wie damals auf der *Tenacious*?

Frère schlängelte sich heran und flüsterte: »Leutnant Blackwoods Gruppe hat drei Granaten pro Mann, Sir. Ich sah sie abrücken. Sie wollen die Granaten in Netze tun, die der Adjutant aufgestöbert hat, und sie dann zusammen werfen.«

Blackwood biß sich auf die Lippen. Eine Handgranate war mit ihrem unzuverlässigen, gefährlichen Zünder für den, der damit umgehen mußte, immer gefährlich. Aber drei in einem Netz waren es noch weit mehr.

Wo mochten sie sein? Gefangengenommen oder irgendwo aufgehalten, hilflos auf das erste Anzeichen des Angriffs hoffend?

»Ich kann nicht länger warten!«

Er zog sich aus dem Graben und nahm Ogilvies Revolver in die linke Hand. Die anderen schickten sich an, ihm zu folgen. Er strengte seine Augen an, um das letzte Stück freien Geländes abzuschätzen. Weniger als hundert Meter. Wie zehn Meilen schien es ihm.

Ein Blick noch auf die Männer neben ihm: Quintin und Jones, Doak und Bulford. Als Doak an ihm vorbeistrich, roch er eine starke Rumfahne. Sie hatten die Bajonette bereits aufgepflanzt.

»Los!«

Blackwood verließ den Graben; die Marines trabten hinter ihm her und schwärmten nach beiden Seiten aus.

Man hatte ihnen gesagt, was sie tun sollten, aber es war nicht leicht, keine weiteren Geräusche zu machen. Sie bewegten sich nun schon schneller, die Augen weit aufgerissen, und gelegentlich blitzten ihre Bajonette im Schneewirbel auf.

Plötzlich ein Aufschrei, eine Gestalt wuchs vor ihren Füßen direkt aus dem Boden. Blackwood sah verschwommen eine erhobene Muskete, dann verschwand der Mann wieder im Schnee. Irgend jemand hatte ihn mit dem Bajonett niedergestoßen.

Weitere Rufe, das Schrillen einer Pfeife. Jetzt war es soweit.

»Drauf!« schrie Blackwood.

Mit aller Kraft rannte er los, wich Felsgestein und den Resten einer verlassenen Geschützstellung aus und sah nichts anderes als die Anhöhe.

Blitze schossen durch den Schnee und beleuchteten die nächsten Gesichter und stampfenden Füße. Schneller, schneller!

Mehr Kugeln fegten durch ihre Reihe und an ihnen vorbei. Blackwood hörte jemanden aufschreien und fallen.

Das Abwehrfeuer vom Hang herab wurde stärker; weitere Marines verschwanden im Schnee, ihre Schreie gingen im Krachen der feindlichen Musketen unter.

Plötzlich eine riesige Explosion, die den Hang in grelles Rot tauchte. Und während Blackwoods Augen noch schmerzten, gab es eine weitere, noch stärkere Explosion. Das mußte an der Schanze gewesen sein.

Für die keuchenden Marines wirkte es wie ein Signal, eine Chance fürs Überleben. Noch eben hatten sie gemeint, sterben zu müssen.

Blackwood rutschte aus und fiel beinahe über einen umgestürzten Baum. Er hörte M'Crystal mit gewaltiger Stimme den Angriff vorantreiben und seine Herde wie ein Schäfer zusammenhalten.

»Erin go bragh *!«

* irisch: Irland über alles!

Mit diesem wilden Schrei stürzten die irischen Marines aus Liverpool, die ihrem Feldwebel das Leben so sauer gemacht hatten, den Hang hinauf. Die anderen schrien sinnlose Worte. Die erste Gruppe der russischen Verteidiger brach aus der Deckung und versuchte, zur Schanze zurückzulaufen. Im Schneegestöber stießen Bajonette zu und klirrend gegeneinander. Einige Russen blieben stehen und schossen, mehrere Marines brachen tot zusammen oder rollten, die Hände auf die Wunde gepreßt, zur Seite.

Ein Soldat rannte frontal auf Blackwood zu; mit seinem Säbel parierte er dessen Muskete. Weitere tauchten aus einer Geländesenke auf. Er leerte den Revolver in die dichtgedrängte Gruppe, so daß die Männer wieder zurückfielen und den anderen den Weg versperrten.

Ein Marineinfanterist fiel aufs Gesicht, und als Blackwood vorbeirannte, sah er seinen Nebenmann zögern; er versuchte, sich einen Rückweg durch die gefällten Bajonette zu bahnen.

»Vorwärts, verdammter Kerl!« schrie Blackwood. Er packte den Mann am Gürtel und riß ihn herum. »Weiter!« Es war einer der Rocke-Zwillinge.

»Mein Bruder, Sir. Er liegt da hinten!«

Blackwood achtete nicht mehr auf ihn. Weitere Schüsse hämmerten von der Höhe herab, Kugeln pfiffen durch die Reihe der Angreifer.

In der Schanze war Feuer ausgebrochen, wahrscheinlich durch die Handgranaten. Aber es waren nur zwei Explosionen gewesen, nicht drei.

Ein Mann kroch auf eine weggeworfene Muskete zu. Blackwood versetzte ihm einen Hieb über die Schulter und stürmte das letzte Stück den Anhang hinauf. Er griff in verbranntes Holz und Sandsäcke; Leutnant Frère, dem es gelungen war, vor ihm die feindliche Brustwehr zu erreichen, drehte sich einmal um sich selbst und fiel. Eine Muskete hatte ihm direkt ins Gesicht gefeuert.

Die Stellung glich einem Inferno. Irgendein Magazin oder Lager brannte, und vor den züngelnden Flammen erkannte Blackwood plötzlich Harry. Um ihn herum wirbelte Schnee, dessen Flocken im Feuerschein rot wie Blutstropfen glühten.

Hinter Harry, schwach erkennbar durch Rauch und Schnee, stand eins der großen russischen Geschütze. Langsam ließ Harry sein Netz über dem Kopf kreisen und warf es hinüber. Im Fortlaufen erkannte er Philip und winkte ihm zu.

Bei der ohrenbetäubenden Explosion warfen sich die Marines nieder und rangen in der glühenden Hitzewelle nach Luft. Das Geschütz stürzte auf die Seite.

Blackwood sprang auf und griff nach seinem Säbel.

»Feuer eröffnen!«

Die Marines fielen auf die Knie oder eröffneten stehend das Feuer, zum erstenmal, seit sie ihre Linien verlassen hatten.

Der Lärm explodierender Munition erhöhte noch die Verwirrung. Und das erste Tageslicht enthüllte Gesichter voll wilder Kampfeswut.

Blackwood schwenkte seinen Säbel.

»Noch eine Salve!«

Sein Schrei schien in der Luft hängen zu bleiben wie etwas, das nicht mehr zu ihm gehörte. Klirrend fiel sein Säbel über die umgestürzte Kanone, ein stechender Schmerz durchfuhr ihn, er stürzte zu Boden. Wie durch eine Decke gedämpft, drangen Stimmen zu ihm. Er versuchte, auf die Füße zu kommen, die Männer mitzureißen, doch seine Sinne verließen ihn, und er brach wieder zusammen.

Dann kam der Schmerz, und als er nach seiner Seite tastete, fühlte er Feuchtigkeit und etwas Gezacktes zwischen seinen Fingern. Irgend jemand schrie in schrecklicher Qual auf. War das womöglich seine eigene Stimme?

Dann sah er, daß Harry sich über ihn beugte; sein Gesicht war nur wenige Zentimeter entfernt. In seinem zerzausten Haar hing Schnee, Tränen liefen über seine Wangen und bahnten sich einen Weg durch den Ruß der letzten schrecklichen Explosion. Bei dem Versuch, ihn zu beruhigen und den Arm zu heben, durchfuhr Philip ein Schmerz, als habe eine weißglühende Axt in seinen Körper geschlagen.

Hinter Harry hörte er jubelnde Rufe, das nahm er noch wahr. Und ein Horn.

Dann nichts mehr.

Philip Blackwood öffnete die Augen und heftete sie fest auf einen Punkt über seinem Kopf. Er hatte erwartet, Harry zu sehen, der ihm sagen würde, daß alles in Ordnung sei. Die Erkenntnis, daß niemand zu sehen war und völlige Stille um ihn herrschte, ließ ihn vor Schreck erstarren.

Ich bin tot.

Als er sich zu bewegen versuchte, fühlte er nichts. Selbst die Luft um ihn war trübe und warm und hätte doch eiskalt sein sollen.

Ein Lichtschein fiel herein, und er beobachtete fasziniert, wie er auf den Brettern über ihm spielte.

Bedächtig nickend sah ein Gesicht auf ihn herab. Der Mann trug einen weißen Kittel mit kleinen roten Punkten darauf: Blut.

Die Erkenntnis schoß durch seinen betäubten Kopf.

»Wo bin ich?« Seine Stimme klang fremd.

Das Gesicht sagte: »Im Stützpunktlazarett.« Erneut nickte es. »Willkommen unter den Lebenden, Hauptmann.«

Es wandte sich ab, und ein anderes Gesicht schien herbeizuschwimmen, von irgendeinem weißen Stoff umgeben. Philip kämpfte gegen die Bewußtlosigkeit an. Denn wenn er sie jetzt verlor, würde sie für immer verschwinden.

Davern legte ihm die Hand auf die Schulter, auf seiner brennenden Haut wirkte sie ganz kühl.

»Ich bin hier, Philip. Ich werde dich nie mehr verlassen.«

Blackwood ließ die Dunkelheit endlich über sich zusammenschlagen. Nun war alles andere gleichgültig. Er hatte sie wiedergefunden.

Ausklang

Philip Blackwood saß in einem alten Rohrstuhl, die Beine auf einen Schemel gestützt, und blickte über den gepflegten Rasen zum Tor von Hawk's Hill hinüber. Es war später Nachmittag, und er grübelte auf der vertrauten, fliesenbedeckten Terrasse vor sich hin. Wie ruhig es war, Haus und Park schienen verlassen. Nur von fern unterbrach der Chor der Krähen und das Blöken des Viehs in der benachbarten Farm die Stille.

Hier und da hatten sich die Bäume bereits rot und golden gefärbt. Unglaublich, aber es war bereits Herbstanfang.

Er wandte sich im Stuhl um und sah am Haus hoch. Es fiel ihm noch immer schwer, sich mit dem Tod seines Vaters abzufinden. Jetzt hätte er am Fenster neben seinem Tisch sitzen sollen und auf die neuesten Nachrichten über die Royal Marines warten.

Bei der Bewegung spürte Philip heftigen Schmerz in seiner Seite. Vielleicht würde er ihn nie wieder los, hatten die Ärzte gesagt. Und das war eigentlich nicht überraschend, dachte er bitter. Der russische Granatsplitter hatte eine Rippe zertrümmert und ein faustgroßes Loch gerissen.

Sein Vater war in dem Augenblick gestorben, als das Lazarettschiff von der Krim in den Downs vor Anker gegangen war. Im Schlaf, wie seine Stiefmutter erzählt hatte und er sich das wohl gewünscht hätte. Mit kalten Lippen, so wie er sie in Erinnerung hatte, hatte sie ihn leicht geküßt. Dann hatte sie nach einem letzten Rundgang durch das Haus und einem letzten Gespräch mit den Bediensteten Hawk's Hill verlassen und war zu ihrer Tochter nach Paris gereist. Ihr war keinerlei Bewegung anzumerken, auch nicht, ob sie den Abschied als Verlust empfand. Fast schien es, als hätte sie sich im Haus als Gefangene gefühlt.

»Es gehört jetzt dir, Philip, der Oberst wollte es so.« Seinen Protest hatte sie abgewehrt. »Du bist hier gut versorgt. Richte dir dein Leben ein, wie du möchtest.« Damit war sie gegangen.

Durch das Wäldchen wanderte der alte Oates auf seine Kate zu, ein Alleingelassener. Ein Überlebender ohne weiteres Ziel. Sie hätten gemeinsam sterben sollen, die beiden alten Krieger.

Blackwood erinnerte sich an den Tag, nachdem seine Stiefmutter das Haus verlassen hatte. Sie hatten auf Dr. Sturges und einen Sanitätsoffizier gewartet, die Philips Wunde abschließend untersuchen sollten. Da hatte Oates den Säbel des Obersten ins Zimmer gebracht. Er hatte ihn zweifellos für den ersten Blackwood, der wieder nach Hause kam, aufgehoben.

Das lag nun drei Monate zurück. Nach all den ärztlichen Behandlungen und Schmerzen, der Ungewißheit und den ersten Schritten im Lazarettkorridor ging er immer noch an zwei Stöcken. Er haßte sie und überlegte, was sie wohl sagen würde, wenn sie ihn sah. Falls sie kam ... Panik überfiel ihn. In diesem einen wunderbaren Brief nach ihrem Wiedersehen in Balaklava hatte sie ihm berichtet, ihr Mann habe beschlossen, die Ehe aufzulösen. Man hatte ihm eine wichtige Stellung in Indien angeboten, dort sollten mehrere Lazarette unter seiner Oberaufsicht gebaut werden. Die Trennung erfolgte in gegenseitigem Einvernehmen. Es war keine Liebesehe gewesen, und doch hatten sie einander in einem bestimmten Moment ihres Lebens seltsam nötig gehabt.

›Ich werde Dich niemals verlassen, mein Liebster‹, hatte sie geschrieben. ›Ich werde Dich lieben und für Dich sorgen‹.

Doch das war damals gewesen. Der Krieg war weitergegangen, die Verluste gestiegen. Erschüttert hatte Blackwood von den Heldentaten der Marines gelesen und von ihrem Preis. Bei diesem letzten tollen Angriff auf die Schanze hatte Major Brabazon einen Arm verloren. Feldwebel M'Crystal, Korporal Jones, der schlanke Leutnant Fitzclarence, sie und viele andere waren an diesem Tag gefallen. Selbst der harte Frazier war von einer seiner eigenen Handgranaten getötet worden.

Und Wochen später, während Philip noch gegen den Schmerz in seiner Wunde kämpfte, waren andere ihnen gefolgt. Bei der Belagerung von Sewastopol war der zähe Sergeant Quintin gefallen, und der überlebende Rocke-Zwilling hatte mit aufgepflanztem Bajonett allein einen Trupp Russen angegriffen. Er wollte wohl nach dem Verlust seines Bruders in den Tod gehen. Ob Quintin jemals herausgekriegt hatte, wer von den beiden wer war, ehe auch er fiel?

Harry hatte ihm einen seltsam reifen Brief geschrieben, in dem er von Fynmore erzählte. Da Brabazon im Lazarett lag und die meisten seiner fronterfahrenen Offiziere tot oder verwundet waren, mußte Fynmore selbst den letzten Angriff gegen eine Anhöhe führen, die Ausblick auf die Stellungen der Armee bot.

Harry schrieb ganz schlicht: ›Das Tapferste, was ich je erlebte. Fynmore fürchtete sich. Schon lange, ehe Du die Schanze nahmst, war er mit seinen Nerven am Ende, vielleicht schon damals in Afrika. Er liebte das Corps mehr als sein Leben, führte seine Männer zum Sieg und fiel dabei. So voller Angst zu sein und doch so zu handeln, dazu gehört wirklich Tapferkeit‹.

Es war Blackwood zu Ohren gekommen, daß Fynmore posthum als einer der ersten mit der neuen Tapferkeitsmedaille der Queen ausgezeichnet werden sollte. Darüber hätte er sich gefreut.

Auf den Fliesen hörte er Schritte, Smithett kam über die Terrasse. Wir beide werden schon wie Vater und Oates, dachte er.

»Zeit hineinzugehen, Sir. Es liegt Frost in der Luft.«

In seinem schlichten schwarzen Rock war er jeder Zoll der vollkommene Diener. Dies und weit mehr. Manchmal, wenn Blackwood bei einem letzten Drink in der Bibliothek saß, kam Smithett herein, schätzte ab, ob er in der rechten Stimmung war, und rückte dann mit seinen vielen kleinen Erinnerungen heraus: über den Soundso auf der *Audacious*, oder wie sie den Marineinfanteristen Doak aus einem Bordell in Malta geholt hatten ...

Blackwood blickte zum Tor. Vielleicht war Davern noch gar nicht in London angekommen? Sie hatte geschrieben, sie wolle zuerst die Slades besuchen. Womöglich hatte sie es sich dort anders überlegt mit ihnen beiden? Er hätte ihr daraus keinen Vorwurf machen können.

»Sehen Sie, Sir«, Smithett nahm die Decke von Blackwoods Bein weg, »meine alte Großmutter sagte immer: ›Wenn man darauf wartet, kocht der Topf nie‹. Sie wird schon kommen, warten Sie's ab.«

Blackwood lächelte ihn an. Natürlich, er hatte fast vergessen, wie eng Smithett mit ihnen beiden verbunden war. Die Hütte am Fluß, den Geruch des Todes, den Blick ihrer Augen damals, das alles kannte er.

Der Abend brach an und ließ die Bäume des Wäldchens undurchdringlich dunkel erscheinen. Das gehörte nun alles ihm, und doch kam er sich wie ein Eindringling vor. Jeden Augenblick meinte er, seinen Vater über den Rasen kommen zu sehen, während er Befehle an Woodstock, den Obergärtner, gab wie einst an seinen Hauptfeldwebel.

Hinter dem Tor hörte er Wagenräder und seufzte. »Wieder der verdammte Doktor.«

Smithett faltete die Decke zusammen, sein trübseliges Gesicht zeigte die Andeutung eines Lächelns.

»Davon weiß ich nichts, Sir. Und jetzt stehen wir auf, ganz langsam und vorsichtig.« Er bemerkte Blackwoods plötzliche Unruhe. »Sie hat uns bestimmt nicht vergessen, Sir.«

Blackwood sah die elegante Kutsche mit Slades Wappen die Auffahrt heraufkommen und hörte hinter sich die rauhe Stimme der Haushälterin die Bediensteten auf Abstand halten. Smithett mußte wohl vorher mit ihr über diesen Augenblick gesprochen haben.

Blackwood machte einen Schritt in Richtung auf die Auffahrt und stöhnte vor Schmerzen. Nicht jetzt, mein Gott, nur nicht jetzt umkippen!

»Ihr Stock, Sir.« Smithett drückte ihn ihm in die Hand. »Sie hat vermutlich mehr Verwundete gesehen als wir.«

Doch der Stock flog klappernd die Stufen hinunter, denn Davern sprang aus der Kutsche und lief auf ihn zu.

Blackwood fühlte ihre Arme um seinen Nacken und schmeckte ihre Tränen. Oder waren es seine?

Smithett sah ein paar Sekunden zu, dann hob er den Stock auf und zog sich diskret zurück. Der Hauptmann brauchte nun keine Stütze mehr.